Entwürfe

eines Gesetzes, betreffend

Aenderungen des Gerichtsverfassungsgesetzes und der Strafprozeßordnung

sowie eines Gesetzes, betreffend

Aenderungen der Civilprozeßordnung

und eines

zugehörigen Einführungsgesetzes.

Reichstagsvorlage.

Berlin SW48.
Wilhelmstr. 119/120.
J. Guttentag, Verlagsbuchhandlung.
1897.

Inhaltsverzeichniß.

Seite

Gerichtsverfassungsgesetz und Strafprozeßordnung . 5

Artikel I 5

Artikel II 8

Artikel III 9

Artikel IV 9

Civilprozeßordnung 10

Artikel I 10

Artikel II 92

Einführungsgesetz 94

Artikel I 94

Artikel II 94

Artikel III 95

Artikel IV 95

Artikel V 100

Artikel VI 101

Artikel VII 101

Artikel VIII 103

Artikel IX 104

Entwurf eines Gesetzes

betreffend

Aenderungen des Gerichtsverfassungsgesetzes und der Strafprozeßordnung.

Wir **Wilhelm**, von Gottes Gnaden Deutscher Kaiser, König von Preußen 2c.

verordnen im Namen des Reichs, nach erfolgter Zustimmung des Bundesraths und des Reichstags, was folgt:

Artikel I.

Das Gerichtsverfassungsgesetz wird dahin geändert:

1. Im §. 14 Nr. 2 werden hinter den Worten „und dergleichen" die Worte eingeschaltet:
   „sowie die Entscheidung von bürgerlichen Rechtsstreitigkeiten über Rechtsverhältnisse des Nachbarrechts oder gesetzliche Beschränkungen der Ausübung von Grunddienstbarkeiten".
2. An die Stelle des §. 22 Abs. 2 Satz 1 tritt folgende Vorschrift:
   Ist ein Amtsgericht mit mehreren Richtern besetzt, so wird einem derselben vor der Landesjustizverwaltung die allgemeine Dienstaufsicht übertragen; ist die Zahl der Richter höher als fünfzehn, so kann die Dienstaufsicht zwischen mehreren von ihnen getheilt werden.
3. Im §. 23 Nr. 2 treten an die Stelle der Abs. 1, 2 folgende Vorschriften:
   Streitigkeiten zwischen dem Vermiether und dem Miether oder Untermiether von Wohnräumen oder anderen Räumen oder zwischen dem Miether und dem Untermiether solcher Räume wegen Ueberlassung, Be-

nutzung oder Räumung, sowie wegen Zurückhaltung der von dem Miether oder dem Untermiether in die Miethsräume eingebrachten Sachen;

Streitigkeiten zwischen Dienstherrschaft und Gesinde, zwischen Arbeitgebern und Arbeitern hinsichtlich des Dienst- oder Arbeitsverhältnisses, sowie die im §. 3 Abs. 1 des Gesetzes, betreffend die Gewerbegerichte, vom 29. Juli 1890 bezeichneten Streitigkeiten, insofern dieselben während der Dauer des Dienst-, Arbeits- oder Lehrverhältnisses entstehen.

4. Der §. 74 erhält folgende Fassung:

Die Strafkammern sind als erkennende Gerichte ausschließlich zuständig:

1. für die nach §. 145a des Strafgesetzbuchs strafbaren Handlungen;
2. für Zuwiderhandlungen gegen das Gesetz vom 25. Oktober 1867, betreffend die Nationalität der Kauffahrteischiffe 2c.;
3. für Zuwiderhandlungen gegen die Bestimmungen der §§. 1, 2 und 3 des Gesetzes vom 8. Juni 1871, betreffend die Inhaberpapiere mit Prämien;
4. für die nach §. 67 und §. 69 des Gesetzes vom 6. Februar 1875, betreffend die Beurkundung des Personenstandes 2c., strafbaren Handlungen;
5. für die nach §. 59 des Bankgesetzes vom 14. März 1875 strafbaren Handlungen.

5. Der §. 101 wird durch folgende Vorschrift ersetzt:

Vor die Kammern für Handelssachen gehören nach Maßgabe der folgenden Vorschriften diejenigen den Landgerichten in erster Instanz zugewiesenen bürgerlichen Rechtsstreitigkeiten, in welchen durch die Klage ein Anspruch geltend gemacht wird:

1. gegen einen Kaufmann im Sinne des Handelsgesetzbuchs aus Geschäften, welche für beide Theile Handelsgeschäfte sind;
2. aus einem Wechsel im Sinne der Wechselordnung oder aus einer der im §. 363 des Handelsgesetzbuchs bezeichneten Urkunden;
3. aus einem der nachstehend bezeichneten Rechtsverhältnisse:

a) aus dem Rechtsverhältnisse zwischen den Mitgliedern einer Handelsgesellschaft oder zwischen dieser und ihren Mitgliedern oder zwischen dem stillen Gesellschafter und dem Inhaber des Handelsgeschäfts, sowohl während des Bestehens als auch nach Auflösung des Gesellschaftsverhältnisses, ingleichen aus dem Rechtsverhältnisse zwischen den Vorstehern oder den Liquidatoren einer Handelsgesellschaft und der Gesellschaft oder deren Mitgliedern;

b) aus dem Rechtsverhältnisse, welches das Recht zum Gebrauche der Handelsfirma betrifft;

c) aus den Rechtsverhältnissen, welche sich auf den Schutz der Waarenbezeichnungen, Muster und Modelle beziehen;

d) aus dem Rechtsverhältnisse, welches durch den Erwerb eines bestehenden Handelsgeschäfts unter Lebenden zwischen dem bisherigen Inhaber und dem Erwerber entsteht;

e) aus dem Rechtsverhältnisse zwischen dem Prokuristen, Handlungsbevollmächtigten, Handlungsgehülfen oder Handlungslehrling und dem Inhaber des Handelsgeschäfts, sowie aus dem Rechtsverhältnisse zwischen einem Dritten und demjenigen, welcher wegen mangelnden Nachweises der Prokura oder Handlungsvollmacht haftet;

f) aus den Rechtsverhältnissen des Seerechts oder des Rechts der Binnenschiffahrt, insbesondere aus denjenigen, welche sich auf die Rhederei, auf die Rechte und Pflichten des Rheders oder Schiffseigners, des Korrespondentrheders und der Schiffsbesatzung, auf die Bodmerei und die Haverei, auf den Schadensersatz im Falle des Zusammenstoßes von Schiffen, auf die Bergung und Hülfeleistung und auf die Ansprüche der Schiffsgläubiger beziehen.

6. An die Stelle des §. 102 Abs. 1 treten folgende Vorschriften:

Die Verhandlung des Rechtsstreits erfolgt vor der Kammer für Handelssachen, wenn der Kläger dies in der Klageschrift beantragt hat.

Die Einlassungsfrist (§. 234 der Civilprozeßordnung) beträgt mindestens zwei Wochen, in Meß- und Marktsachen mindestens vierundzwanzig Stunden. Ist die Zustellung im Auslande vorzunehmen, so hat der Vorsitzende bei Festsetzung des Termins die Einlassungsfrist zu bestimmen. Ein Vortermin findet nicht statt.

7. An die Stelle des §. 137 Abs. 4 tritt folgende Vorschrift:

Vor der Entscheidung der vereinigten Strafsenate oder derjenigen des Plenums, sowie in Ehe- und Entmündigungssachen und in Rechtsstreitigkeiten, welche die Feststellung des Rechtsverhältnisses zwischen Eltern und Kindern oder die Anfechtung einer Todeserklärung zum Gegenstande haben, ist der Ober-Reichsanwalt mit seinen schriftlichen Anträgen zu hören.

8. Im §. 172 Abs. 1 werden hinter den Worten „wegen Geisteskrankheit" die Worte eingeschaltet:

„oder wegen Geistesschwäche".

9. Im §. 202 Abs. 2 wird

a) die Nr. 4 durch folgende Vorschrift ersetzt:

4. Streitigkeiten zwischen dem Vermiether und dem Miether oder Untermiether von Wohnräumen oder anderen Räumen oder zwischen dem Miether und dem Untermiether solcher Räume wegen Ueberlassung, Benutzung oder Räumung, sowie wegen Zurückhaltung der von dem Miether oder dem Untermiether in die Miethsräume eingebrachten Sachen;

b) als Nr. 4a folgende Vorschrift eingestellt:

4a. Streitigkeiten zwischen Dienstherrschaft und Gesinde, zwischen Arbeitgebern und Arbeitern hinsichtlich des Dienst- oder Arbeitsverhältnisses, sowie die im §. 3 Abs. 1 Nr. 1, 2 des Gesetzes, betreffend die Gewerbegerichte, vom 29. Juli 1890 bezeichneten Streitigkeiten.

Artikel II.

Der §. 5 des Einführungsgesetzes zum Gerichtsverfassungsgesetze, der §. 71 Abs. 1 der Strafprozeßordnung und der §. 4

des Einführungsgesetzes zur Strafprozeßordnung erhalten folgenden Zusatz:

Das Gleiche gilt in Ansehung der Mitglieder des vormaligen Hannoverschen Königshauses, des vormaligen Kurhessischen und des vormaligen Herzoglich Nassauischen Fürstenhauses.

Artikel III.

An die Stelle der §§. 9, 10 des Einführungsgesetzes zum Gerichtsverfassungsgesetze treten folgende Vorschriften:

§. 9.

Durch die Gesetzgebung eines Bundesstaates, in welchem mehrere Oberlandesgerichte errichtet werden, kann die Verhandlung und Entscheidung der zur Zuständigkeit der Oberlandesgerichte gehörenden Revisionen und Beschwerden in Strafsachen ausschließlich einem der mehreren Oberlandesgerichte oder an Stelle eines solchen Oberlandesgerichts dem obersten Landesgerichte zugewiesen werden.

§. 10.

Die allgemeinen, sowie die in den §§. 126, 132, 133, 134, 183 Abs. 1 enthaltenen besonderen Vorschriften des Gerichtsverfassungsgesetzes finden auf die obersten Landesgerichte als Behörden der ordentlichen streitigen Gerichtsbarkeit entsprechende Anwendung. Das Gleiche gilt, sofern ein Civilsenat des obersten Landesgerichts von der Entscheidung eines anderen Civilsenats oder der vereinigten Civilsenate abweichen will, in Ansehung der Vorschriften der §§. 137, 139 des Gerichtsverfassungsgesetzes.

Die Besetzung der Senate bestimmt sich in Strafsachen nach §. 124, in bürgerlichen Rechtsstreitigkeiten nach §. 140 des Gerichtsverfassungsgesetzes.

Artikel IV.

Dieses Gesetz tritt gleichzeitig mit dem Bürgerlichen Gesetzbuch in Kraft.

Urkundlich 2c.

Gegeben 2c.

Entwurf eines Gesetzes,

betreffend

Aenderungen der Civilprozeßordnung.

Wir **Wilhelm**, von Gottes Gnaden Deutscher Kaiser, König von Preußen ꝛc.

verordnen im Namen des Reichs, nach erfolgter Zustimmung des Bundesraths und des Reichstags, was folgt:

Artikel I.

Die Civilprozeßordnung wird dahin geändert:

1. An die Stelle des §. 14 tritt folgende Vorschrift:

   Ist der für den Wohnsitz einer Militärperson maßgebende Garnisonort in mehrere Gerichtsbezirke getheilt, so wird der als Wohnsitz geltende Bezirk von der Landesjustizverwaltung durch allgemeine Anordnung bestimmt.

2. Der §. 15 wird aufgehoben.
3. Im §. 16 Abs. 1 treten an Stelle der Sätze 2, 3 folgende Vorschriften:

   In Ermangelung eines solchen Wohnsitzes gilt die Hauptstadt des Heimathsstaats als ihr Wohnsitz; ist die Hauptstadt in mehrere Gerichtsbezirke getheilt, so wird der als Wohnsitz geltende Bezirk von der Landesjustizverwaltung durch allgemeine Anordnung bestimmt. Gehört ein Deutscher einem Bundesstaate nicht an, so gilt als sein Wohnsitz die Stadt Berlin; ist die Stadt Berlin in mehrere Gerichtsbezirke getheilt, so wird der als Wohnsitz geltende Bezirk von dem Reichskanzler durch allgemeine Anordnung bestimmt.

4. Der §. 17 wird aufgehoben.
5. Als §. 20a wird folgende Vorschrift eingestellt:

   Ist der Ort, an welchem eine Behörde ihren Sitz hat, in mehrere Gerichtsbezirke getheilt, so wird der Bezirk, welcher im Sinne der §§. 19, 20 als Sitz der Behörde gilt, für die Reichsbehörden von dem Reichskanzler, im Uebrigen von der Landesjustizverwaltung durch allgemeine Anordnung bestimmt.

6. Der §. 21 Abs. 2 erhält folgenden Zusatz:

Die Vorschrift des §. 14 findet entsprechende Anwendung.

7. An die Stelle des §. 25 Abs. 2 tritt folgende Vorschrift:

Bei den eine Grunddienstbarkeit, ein Reallast oder ein Vorkaufsrecht betreffenden Klagen ist die Lage des dienenden oder belasteten Grundstücks entscheidend.

8. An die Stelle des §. 28 treten folgende Vorschriften:

§. 28.

Klagen, welche die Feststellung des Erbrechts, Ansprüche des Erben gegen einen Erbschaftsbesitzer, Ansprüche aus Vermächtnissen oder sonstigen Verfügungen von Todeswegen, Pflichttheilsansprüche oder die Theilung der Erbschaft zum Gegenstande haben, können vor dem Gericht erhoben werden, bei welchem der Erblasser zur Zeit seines Todes den allgemeinen Gerichtsstand gehabt hat.

Ist der Erblasser ein Deutscher und hatte er zur Zeit seines Todes im Inlande keinen allgemeinen Gerichtsstand, so können die im Abs. 1 bezeichneten Klagen vor dem Gericht erhoben werden, in dessen Bezirke der Erblasser seinen letzten inländischen Wohnsitz hatte; in Ermangelung eines solchen Wohnsitzes finden die Vorschriften des §. 16 Abs. 1 Satz 2, 3 entsprechende Anwendung.

§. 28a.

In dem Gerichtsstande der Erbschaft können auch Klagen wegen anderer Nachlaßverbindlichkeiten erhoben werden, solange sich der Nachlaß noch ganz oder theilweise im Bezirke des Gerichts befindet oder die vorhandenen mehreren Erben noch als Gesammtschuldner haften.

9. Der erste Titel des zweiten Abschnitts erhält folgende Ueberschrift:

Parteifähigkeit. Prozeßfähigkeit.

10. Als §. 49a wird folgende Vorschrift eingestellt:

Parteifähigkeit ist, wer rechtsfähig ist.

Ein Verein, der nicht rechtsfähig ist, kann verklagt werden; in dem Rechtsstreite hat der Verein die Stellung eines rechtsfähigen Vereins.

11. Im §. 51 tritt an die Stelle der Abs. 2, 3 folgende Vorschrift:

Die Prozeßfähigkeit einer Frau wird dadurch, daß sie Ehefrau ist, nicht beschränkt.

12. Als §. 51a wird folgende Vorschrift eingestellt:

Wird eine prozeßfähige Person durch einen Pfleger vertreten, so steht sie für den Rechtsstreit einer nicht prozeßfähigen Person gleich.

13. Im §. 54 Abs. 2 werden die Worte „den Mangel der Prozeßfähigkeit“ ersetzt durch die Worte:

„den Mangel der Parteifähigkeit, der Prozeßfähigkeit“.

14. Als §. 55a wird folgende Vorschrift eingestellt:

Soll ein Recht an einem Grundstücke, das von dem bisherigen Eigenthümer nach §. 928 des Bürgerlichen Gesetzbuchs aufgegeben und von dem Aneignungsberechtigten noch nicht erworben worden ist, im Wege der Klage geltend gemacht werden, so hat der Vorsitzende des Prozeßgerichts auf Antrag einen Vertreter zu bestellen, welchem bis zur Eintragung eines neuen Eigenthümers die Wahrnehmung der sich aus dem Eigenthum ergebenden Rechte und Verpflichtungen im Rechtsstreit obliegt.

15. Im §. 72 Satz 1 werden die Worte „gerichtlich hinterlegt“ ersetzt durch die Worte:

„unter Verzicht auf das Recht zur Rücknahme hinterlegt“.

16. Im §. 73 werden

a) der Abs. 1 durch folgende Vorschrift ersetzt:

Wer als Besitzer einer Sache verklagt ist, die er auf Grund eines Rechtsverhältnisses der im §. 868 des Bürgerlichen Gesetzbuchs bezeichneten Art zu besitzen behauptet, kann, wenn er dem mittelbaren Besitzer vor der Verhandlung zur Hauptsache den Streit verkündet und ihn unter Benennung an den Kläger zur Erklärung ladet, bis zu dieser Erklärung oder bis zum Schlusse des Termins, in welchem sich der Benannte zu erklären hat, die Verhandlung zur Hauptsache verweigern.

b) im Abs. 3 die Worte „im Namen eines Dritten“ ersetzt durch die Worte:

„auf Grund eines Rechtsverhältnisses der im Abs. bezeichneten Art“.

17. Als §. 73a wird folgende Vorschrift eingestellt:

Ist von dem Eigenthümer einer Sache oder von demjenigen, dem ein Recht an einer Sache zusteht, wegen einer Beeinträchtigung des Eigenthums oder seines Rechts Klage auf Beseitigung der Beeinträchtigung oder auf Unterlassung weiterer Beeinträchtigungen erhoben, so finden die Vorschriften des §. 73 entsprechende Anwendung, sofern der Beklagte die Beeinträchtigung in Ausübung des Rechts eines Dritten vorgenommen zu haben behauptet.

18. An die Stelle des §. 84 tritt folgende Vorschrift:

Das Gericht hat den Mangel der Vollmacht von Amtswegen zu berücksichtigen.

19. Der §. 85 Abs. 1 erhält folgenden Zusatz:

Ist zu der Zeit, zu welcher das Endurtheil erlassen wird, die Genehmigung nicht beigebracht, so ist der einstweilen zur Prozeßführung Zugelassene zum Ersatze der dem Gegner in Folge der Zulassung erwachsenen Kosten zu verurtheilen; auch hat er dem Gegner die in Folge der Zulassung entstandenen Schäden zu ersetzen.

20. Der §. 87 Abs. 1 erhält folgenden Zusatz:

Die Kostenerstattung umfaßt auch die Entschädigung des Gegners für die durch nothwendige Reisen oder durch die nothwendige Wahrnehmung von Terminen entstandene Zeitversäumniß; die für die Entschädigung von Zeugen geltenden Vorschriften finden entsprechende Anwendung.

21. Der §. 88 Abs. 1 erhält folgenden Zusatz:

Sind die Kosten gegen einander aufgehoben, so fallen die Gerichtskosten jeder Partei zur Hälfte zur Last.

22. Als §. 89a wird folgende Vorschrift eingestellt:

Macht der Kläger einen auf ihn übergegangenen Anspruch geltend, ohne daß er vor der Erhebung der Klage dem Beklagten den Uebergang mitgetheilt und auf Verlangen nachgewiesen hat, so fallen ihm die Prozeßkosten insoweit zur Last, als sie dadurch entstanden sind, daß der Beklagte durch die Unterlassung der Mittheilung oder des Nachweises veranlaßt worden ist, den Anspruch zu bestreiten.

23. Der §. 94 erhält folgenden Abs. 2:

Ist eine Entscheidung in der Hauptsache nicht ergangen, so findet gegen die Entscheidung über den Kostenpunkt sofortige Beschwerde statt. Vor der Entscheidung über die Beschwerde ist der Gegner zu hören.

24. Der §. 95 Abs. 4 wird durch folgende Vorschriften ersetzt:
Werden mehrere Beklagte als Gesammtschuldner verurtheilt, so haften sie auch für die Kostenerstattung, unbeschadet der Vorschrift des Abs. 3, als Gesammtschuldner. Die Vorschriften des bürgerlichen Rechts, nach denen sich diese Haftung auf die im Abs. 3 bezeichneten Kosten erstreckt, bleiben unberührt.

25. Als §. 97a werden folgende Vorschriften eingestellt:
Im Verfahren vor den Amtsgerichten kann der Betrag der zu erstattenden Prozeßkosten, wenn er sofort zu ermitteln ist, in dem Urtheile festgesetzt werden. Gegen diese Festsetzung findet ausschließlich die sofortige Beschwerde statt.

Im Uebrigen erfolgt die Festsetzung der zu erstattenden Prozeßkosten im besonderen Verfahren nach Maßgabe der §§. 98—100.

26. Als §. 100a werden folgende Vorschriften eingestellt:
Ergeht nach der Kostenfestsetzung eine Entscheidung, durch welche der Werth des Streitgegenstandes festgesetzt wird, so ist, falls diese Entscheidung von der Werthsberechnung abweicht, welche der Kostenfestsetzung zu Grunde liegt, auf Antrag die Kostenfestsetzung entsprechend abzuändern. Ueber den Antrag entscheidet das Gericht erster Instanz.

Der Antrag ist binnen der Frist von einem Monat bei dem Gericht anzubringen; er kann vor dem Gerichtsschreiber zu Protokoll erklärt werden. Die Frist beginnt mit der Zustellung und, wenn es einer solchen nicht bedarf, mit der Verkündung des den Werth des Streitgegenstandes festsetzenden Beschlusses.

Die Entscheidung kann ohne vorgängige mündliche Verhandlung erfolgen. Gegen die Entscheidung findet sofortige Beschwerde statt.

27. Hinter §. 101 werden folgende Vorschriften eingestellt:

§. 101a.

Ist die Veranlassung für eine Sicherheitsleistung weggefallen, so hat auf Antrag das Gericht, welches die Bestellung der Sicherheit angeordnet oder zugelassen hat, eine Frist zu bestimmen, binnen welcher ihm die Partei, zu deren Gunsten die Sicherheit geleistet ist, die Einwilligung in die Rückgabe der Sicherheit zu erklären oder die Erhebung der Klage wegen ihrer Ansprüche nachzuweisen hat.

Nach Ablauf der Frist hat das Gericht auf Antrag die Rückgabe der Sicherheit anzuordnen, wenn nicht inzwischen die Erhebung der Klage nachgewiesen ist.

Die Anträge und die Einwilligung in die Rückgabe der Sicherheit können vor dem Gerichtsschreiber zu Protokoll erklärt werden. Die Entscheidungen können ohne vorgängige mündliche Verhandlung erfolgen.

Gegen den Beschluß, durch welchen der im Abs. 1 vorgesehene Antrag abgelehnt wird, steht dem Antragsteller, gegen die im Abs. 2 bezeichnete Entscheidung steht beiden Theilen die sofortige Beschwerde zu.

§. 101 b.

In den Fällen der §§. 650, 652 kann das im §. 101a Abs. 1 bezeichnete Gericht auf Antrag die Rückgabe der Sicherheit anordnen, wenn ein Zeugniß über die Rechtskraft des für vorläufig vollstreckbar erklärten Urtheils vorgelegt wird. Die Vorschriften des §. 101a Abs. 3 finden entsprechende Anwendung.

28. Als §. 107a werden folgende Vorschriften eingestellt:

Insoweit nicht eine Vertretung durch Anwälte geboten oder ein Anwalt gemäß §. 34 der Rechtsanwaltsordnung beigeordnet ist, kann einer armen Partei, welche nicht im Bezirke des Prozeßgerichts wohnt, zur unentgeltlichen Wahrnehmung ihrer Rechte in der mündlichen Verhandlung ein Justizbeamter, der nicht als Richter angestellt ist, oder ein Rechtskundiger, der die vorgeschriebene erste Prüfung für den Justizdienst bestanden hat, auf Antrag beigeordnet werden. Die in Folge dessen erwachsenden baaren Auslagen werden von der Staatskasse bestritten und als Gerichtskosten in Ansatz gebracht.

29. An die Stelle des §. 136 Abs. 2 treten folgende Vorschriften:

Dasselbe gilt, wenn der Beklagte eine Widerklage erhoben hat und der Gegenanspruch mit dem in der Klage geltend gemachten Anspruche nicht in rechtlichem Zusammenhange steht.

Macht der Beklagte die Aufrechnung einer Gegenforderung geltend, welche mit der in der Klage geltend gemachten Forderung nicht in rechtlichem Zusammenhange steht, so kann das Gericht anordnen, daß über die Klage und über die Aufrechnung getrennt verhandelt werde; die Vorschriften des §. 174 finden Anwendung.

30. Hinter §. 141 werden folgende Vorschriften eingestellt:

§. 141a.

Hängt die Entscheidung eines Rechtsstreits davon ab, ob eine Ehe nichtig ist, so hat das Gericht, wenn die Nichtigkeit nur im Wege der Nichtigkeitsklage geltend gemacht werden kann, auf Antrag das Verfahren auszusetzen und, falls die Nichtigkeitsklage noch nicht erhoben ist, eine Frist zur Erhebung der Klage zu bestimmen. Ist die Nichtigkeitsklage erledigt oder wird sie nicht vor dem Ablaufe der bestimmten Frist erhoben, so ist die Aufnahme des ausgesetzten Verfahrens zulässig.

§. 141b.

Hängt die Entscheidung eines Rechtsstreits davon ab, ob eine im Wege der Anfechtungsklage angefochtene Ehe anfechtbar ist, so hat das Gericht auf Antrag das Verfahren auszusetzen. Ist der Rechtsstreit über die Anfechtungsklage erledigt, so findet die Aufnahme des ausgesetzten Verfahrens statt.

§. 141c.

Hängt die Entscheidung eines Rechtsstreits davon ab, ob ein Kind, dessen Ehelichkeit im Wege der Anfechtungsklage angefochten worden ist, unehelich ist, so finden die Vorschriften des §. 141b entsprechende Anwendung.

§. 141d.

Wird im Laufe eines Rechtsstreits streitig, ob zwischen den Parteien eine Ehe bestehe oder nicht bestehe, und hängt von der Entscheidung dieser Frage die Entscheidung des Rechtsstreits ab, so hat das Gericht auf Antrag das Verfahren auszusetzen, bis der Streit über das Bestehen oder Nichtbestehen der Ehe im Wege der Feststellungsklage erledigt ist.

Diese Vorschrift findet entsprechende Anwendung, wenn im Laufe eines Rechtsstreits streitig wird, ob zwischen den Parteien ein Eltern- oder Kindesverhältniß bestehe oder nicht bestehe oder ob der einen Partei die elterliche Gewalt über die andere zustehe oder nicht zustehe, und von der Entscheidung dieser Fragen die Entscheidung des Rechtsstreits abhängt.

§. 141e.

In den Fällen der §§. 141a—141c kann das Gericht auf Antrag die Anordnung, durch welche das Verfahren ausgesetzt ist, aufheben, wenn die Betreibung des Rechtsstreits verzögert wird, welcher die Richtigkeit oder die Anfechtung der Ehe oder die Anfechtung der Ehelichkeit zum Gegenstande hat.

31. An die Stelle des §. 143 Abs. 4 tritt folgende Vorschrift:

Die Vorschriften der Abs. 1, 2 finden auf Rechtsanwälte, die Vorschrift des Abs. 2 findet auf Personen, denen das mündliche Verhandeln vor Gericht durch eine seitens der Justizverwaltung getroffene Anordnung gestattet ist, keine Anwendung.

32. Hinter der Ueberschrift des zweiten Titels wird folgende Ueberschrift eingeschaltet:

I. Zustellungen auf Betreiben der Parteien.

33. An die Stelle des §. 152 treten folgende Vorschriften:

Die von den Parteien zu betreibenden Zustellungen erfolgen durch Gerichtsvollzieher.

In dem Verfahren vor den Amtsgerichten kann die Partei den Gerichtsvollzieher unter Vermittelung des Gerichtsschreibers des Prozeßgerichts mit der Zustellung beauftragen. Das Gleiche gilt für Anwaltsprozesse in Ansehung der Zustellungen, durch welche eine Nothfrist gewahrt werden soll.

34. Der §. 154 wird durch folgende Vorschrift ersetzt:

Insoweit eine Zustellung unter Vermittelung des Gerichtsschreibers zulässig ist, hat dieser einen Gerichtsvollzieher mit der erforderlichen Zustellung zu beauftragen, sofern nicht die Partei erklärt hat, daß sie selbst einen Gerichtsvollzieher beauftragen wolle; in Anwaltsprozessen muß die Erklärung in dem zuzustellenden Schriftsatz enthalten sein.

35. An die Stelle des §. 156 Abs. 2 tritt folgende Vorschrift:

Die Beglaubigung geschieht durch den Gerichtsvollzieher, bei den auf Betreiben von Rechtsanwälten oder in Anwaltsprozessen zuzustellenden Schriftstücken durch den Anwalt.

36. Als §. 158a wird folgende Vorschrift eingestellt:

Die Zustellung für einen Gefangenen kann an den Gefängnißvorsteher erfolgen.

37. Als §. 162a werden folgende Vorschriften eingestellt:

Ist der Aufenthalt eines Prozeßbevollmächtigten unbekannt, so hat, wenn er nicht Rechtsanwalt ist, das Prozeßgericht auf Antrag die Zustellung an den Zustellungsbevollmächtigten, in Ermangelung eines solchen an den Gegner selbst zu bewilligen.

Die Entscheidung über den Antrag kann ohne vorgängige mündliche Verhandlung erlassen werden. Eine Anfechtung der die Zustellung bewilligenden Entscheidung findet nicht statt.

38. Der §. 164 erhält folgenden Abs. 3:

Ist der Aufenthalt des für die erste Instanz bestellten Prozeßbevollmächtigten unbekannt, so finden, wenn er nicht Rechtsanwalt ist, die Vorschriften des §. 162a entsprechende Anwendung.

39. Als §. 169a wird folgende Vorschrift eingestellt:

Die Zustellung an eine der in den §§. 166, 168 und im §. 169 Abs. 1 bezeichneten Personen hat zu unterbleiben, wenn die Person an dem Rechtsstreit als Gegner der Partei, an welche die Zustellung erfolgen soll, betheiligt ist.

40. Als §. 170a wird folgende Vorschrift eingestellt:

Ergiebt sich aus den Erklärungen einer Partei, daß eine ihr unter Verletzung der Vorschriften der §§. 166 bis 170 zugestellte Ladung in ihre Hände gelangt ist, so ist die Zustellung als mit dem Zeitpunkte bewirkt anzusehen, in welchem die Partei nach ihren Erklärungen die Ladung erhalten hat.

41. An die Stelle des §. 171 Abs. 1 treten folgende Vorschriften:

Zur Nachtzeit, sowie an Sonntagen und allgemeinen Feiertagen darf eine Zustellung, sofern sie nicht durch Aufgabe zur Post bewirkt wird, nur mit richterlicher Erlaubniß erfolgen. Die Nachtzeit umfaßt in dem Zeitraume vom 1. April bis 30. September die Stunden von neun Uhr Abends bis vier Uhr Morgens und in dem Zeitraume vom 1. Oktober bis 31. März die Stunden von neun Uhr Abends bis sechs Uhr Morgens.

42. Im §. 173 Abs. 4 werden die Worte: „wenn die Zustellung von Amtswegen angeordnet ist, dem Gerichtsschreiber“ gestrichen.

43. Im §. 174 treten an die Stelle der Nr. 2, 6 folgende Vorschriften:

2. die Bezeichnung der Person, für welche zugestellt werden soll;

6. die Bemerkung, daß eine Ausfertigung oder eine beglaubigte Abschrift des zuzustellenden Schriftstücks und daß eine beglaubigte Abschrift der Zustellungsurkunde übergeben ist;

44. Im §. 177 wird

a) der Satz 2 gestrichen;

b) als Abs. 2 folgende Vorschrift hinzugefügt:

Der Gerichtsvollzieher hat auf dem bei der Zustellung zu übergebenden Schriftstücke zu vermerken, für welche Person er dasselbe der Post übergiebt, und auf der Urschrift des zuzustellenden Schriftstücks oder auf einem mit derselben zu verbindenden Bogen zu bezeugen, daß die Uebergabe in der im Abs. 1 bezeichneten Art und für wen sie geschehen ist.

45. Der §. 181 Abs. 2 erhält folgenden Zusatz:

Der Anwalt, welcher zustellt, hat dem anderen Anwalt auf Verlangen eine Bescheinigung über die Zustellung zu ertheilen.

46. Der §. 186 erhält folgenden Abs. 3:

Das Gleiche gilt, wenn die Zustellung aus dem Grunde nicht bewirkt werden kann, weil die Wohnung einer nach den §§. 18, 19 des Gerichtsverfassungsgesetzes der Gerichtsbarkeit nicht unterworfenen Person der Ort der Zustellung ist.

47. An die Stelle des §. 187 Abs. 2 Satz 1 tritt folgende Vorschrift:

Die öffentliche Zustellung erfolgt durch Anheftung der zuzustellenden Ausfertigung oder einer beglaubigten Abschrift des zuzustellenden Schriftstücks an die Gerichtstafel.

48. Der §. 190 erhält folgenden Abs. 2:

Wird ein Schriftsatz, dessen Zustellung unter Vermittelung des Gerichtsschreibers erfolgen soll, innerhalb einer Frist von zwei Wochen nach der Einreichung bei dem Gerichtsschreiber zugestellt, so tritt, sofern durch die Zustellung eine Nothfrist gewahrt wird, die Wirkung der Zustellung bereits mit der Einreichung ein.

49. Hinter §. 190 werden unter der folgenden Ueberschrift die nachstehenden Vorschriften eingestellt:

II. Zustellungen von Amtswegen.

§. 190a.

Auf die von Amtswegen zu bewirkenden Zustellungen finden die Vorschriften über die Zustellungen auf Betreiben der Parteien entsprechende Anwendung, soweit nicht aus den nachfolgenden Bestimmungen sich Abweichungen ergeben.

§. 190b.

Für die Bewirkung der Zustellung hat der Gerichtsschreiber Sorge zu tragen.

§. 190c.

Die Beglaubigung der bei der Zustellung zu übergebenden Abschrift geschieht durch den Gerichtsschreiber.

§. 190d

Der Gerichtsschreiber hat das zu übergebende Schriftstück in einem durch das Gerichtssiegel verschlossenen, mit der Adresse der Person, an welche zugestellt werden soll, versehenen und mit einer Geschäftsnummer bezeichneten Briefumschlag einem Gerichtsdiener oder der Post zur Zustellung auszuhändigen. Auf den Briefumschlag ist der Vermerk zu setzen: Vereinfachte Zustellung.

Die auf dem Briefumschlag angegebene Geschäftsnummer ist in den Akten zu vermerken.

Die Vorschrift des §. 177 Abs. 2 findet keine Anwendung.

§. 190e.

Die Beurkundung der Zustellung durch den Gerichtsdiener oder den Postboten erfolgt nach den Vorschriften des §. 178 Abs. 2 mit der Maßgabe, daß eine Abschrift der Zustellungsurkunde nicht zu übergeben, der Tag der Zustellung jedoch auf dem Briefumschlage zu vermerken ist.

Die Zustellungsurkunde ist dem Gerichtsschreiber zu überliefern.

§. 190f.

Ist die Zustellung durch Aufgabe zur Post (§. 161) erfolgt, so hat der Gerichtsschreiber in den Akten zu vermerken, zu welcher Zeit und unter welcher Adresse die Aufgabe geschehen ist. Der Aufnahme einer Zustellungsurkunde bedarf es nicht.

50. Der §. 192 wird aufgehoben.

51. Als §. 193a wird folgende Vorschrift eingestellt:

In Anwaltsprozessen hat der Vorsitzende bei der Terminsbestimmung, sofern die Ladung nicht einem Rechtsanwalte zuzustellen ist, die zu ladende Partei durch einen der Terminsbestimmung hinzuzufügenden Vermerk aufzufordern, einen bei dem Prozeßgerichte zugelassenen Anwalt zu bestellen.

52. Der §. 196 Abs. 2 erhält folgenden Zusatz:

Das Gleiche gilt in Ansehung der Mitglieder des vormaligen Hannoverschen Königshauses, des vormaligen Kurhessischen und des vormaligen Herzoglich Nassauischen Fürstenhauses.

53. Der §. 199 wird aufgehoben.

54. Im §. 200 wird

a) der Abs. 1 durch folgende Vorschrift ersetzt:

Für die Berechnung der Fristen gelten die Vorschriften des Bürgerlichen Gesetzbuchs.

b) als Abs. 3 folgende Vorschrift hingefügt:

Bei der Berechnung einer Frist, welche nach Stunden bestimmt ist, werden Sonntage und allgemeine Feiertage nicht mitgerechnet.

55. Im §. 213 Abs. 1 werden die Worte „insoweit die Zustellung unter Vermittelung des Gerichtsschreibers zulässig ist“ ersetzt durch die Worte:

„sofern die Zustellung unter Vermittelung des Gerichtsschreibers erfolgen soll“.

56. Im §. 214 Abs. 1 wird die Nr. 3 durch folgende Vorschrift ersetzt:

3. die Nachholung der versäumten Prozeßhandlung oder, wenn diese bereits nachgeholt ist, die Bezugnahme hierauf; im Falle der Versäumung der im §. 430a bezeichneten Nothfrist auch die Ladung des Gegners zur Eidesleistung und zur weiteren mündlichen Verhandlung.

57. Im §. 217 wird

a) der Abs. 4 durch folgende Vorschrift ersetzt:

Erscheinen die Rechtsnachfolger in dem Termine nicht, so ist auf Antrag die behauptete Rechtsnachfolge als zugestanden anzunehmen und zur Hauptsache zu verhandeln.

b) als Abs. 5 folgende Vorschrift hinzugefügt:

Der Erbe ist vor der Annahme der Erbschaft zur Fortsetzung des Rechtsstreits nicht verpflichtet.

58. Der §. 219 erhält folgenden Abs. 2:

Diese Vorschrift findet entsprechende Anwendung, wenn eine Nachlaßverwaltung angeordnet wird.

59. Als §. 219a wird folgende Vorschrift eingestellt:

Tritt während des Rechtsstreits zwischen einem Vorerben und einem Dritten über einen der Nacherbfolge unterliegenden Gegenstand der Fall der Nacherbfolge ein, so finden, sofern der Vorerbe befugt war, ohne Zustimmung des Nacherben über den Gegenstand zu verfügen, hinsichtlich der Unterbrechung und der Aufnahme des Verfahrens die Vorschriften des §. 217 entsprechende Anwendung.

60. An die Stelle des §. 220 tritt folgende Vorschrift:

Wird im Falle der Unterbrechung des Verfahrens durch den Tod einer Partei ein Nachlaßpfleger bestellt oder ist ein zur Führung des Rechtsstreits berechtigter Testamentsvollstrecker vorhanden, so kommen die Vorschriften des §. 219 und, wenn über den Nachlaß der Konkurs eröffnet wird, die Vorschriften des §. 218 in Betreff der Aufnahme des Verfahrens zur Anwendung.

61. Der §. 223 wird durch folgende Vorschriften ersetzt:

Fand in den Fällen des Todes, des Verlustes der Prozeßfähigkeit, des Wegfalls des gesetzlichen Vertreters, der Anordnung einer Nachlaßverwaltung oder des Eintritts der Nacherbfolge (§§. 217, 219, 219a) eine Vertretung durch einen Prozeßbevollmächtigten statt, so tritt eine Unterbrechung des Verfahrens nicht ein; das Prozeßgericht hat jedoch auf Antrag des Bevollmächtigten, in den Fällen des Todes und der Nacherbfolge auch auf Antrag des Gegners die Aussetzung des Verfahrens anzuordnen.

Die Dauer der Aussetzung und die Aufnahme des Verfahrens richtet sich nach den Vorschriften der §§. 217, 219, 219a, 220; in den Fällen des Todes und der Nacherbefolge ist der die Ladung enthaltende Schriftsatz auch dem Bevollmächtigten zuzustellen.

62. Hinter §. 230 werden folgende Vorschriften eingestellt:

§. 230a.

Wird mit der Klage auf Rechnungslegung oder auf Vorlegung eines Vermögensverzeichnisses oder auf Leistung des Offenbarungseides die Klage auf Herausgabe desjenigen verbunden, was der Beklagte aus dem zu Grunde liegenden Rechtsverhältnisse schuldet, so kann die bestimmte Angabe der Leistungen, welche der Kläger beansprucht, vorbehalten werden, bis die Rechnung mitgetheilt, das Vermögensverzeichniß vorgelegt oder der Offenbarungseid geleistet ist.

§. 230b.

Hat der Kläger für den Fall, daß der Beklagte nicht vor dem Ablauf einer ihm zu bestimmenden Frist den erhobenen Anspruch befriedigt, das Recht, Schadensersatz wegen Nichterfüllung zu fordern oder die Aufhebung eines Vertrags herbeizuführen, so kann er verlangen, daß die Frist im Urtheile bestimmt wird.

Das Gleiche gilt, wenn dem Kläger das Recht, die Anordnung einer Verwaltung zu verlangen, für den Fall zusteht, daß der Beklagte nicht vor dem Ablauf einer ihm zu bestimmenden Frist die beanspruchte Sicherheit leistet, sowie im Falle des §. 2193 Abs. 2 des Bürgerlichen Gesetzbuchs für die Bestimmung einer Frist zur Vollziehung der Auflage.

63. Hinter §. 231 werden folgende Vorschriften eingestellt:

§. 231a.

Ist die Geltendmachung einer nicht von einer Gegenleistung abhängigen Geldforderung oder die Geltendmachung des Anspruchs auf Räumung eines Grundstücks, eines Wohnraums oder eines anderen Raumes an den Eintritt eines Kalendertags geknüpft, so kann Klage auf künftige Zahlung oder Räumung erhoben werden.

§. 231b.

Bei wiederkehrenden Leistungen kann auch wegen der erst nach Erlassung des Urtheils fällig werdenden Leistungen Klage auf künftige Entrichtung erhoben werden.

§. 231c.

Klage auf künftige Leistung kann außer den Fällen der §§. 231a, 231b erhoben werden, wenn den Umständen nach die Besorgniß gerechtfertigt ist daß der Schuldner sich der rechtzeitigen Leistung entziehen werde.

64. Der §. 232 Abs. 2 wird aufgehoben.

65. Im §. 233 wird hinter Abs. 1 folgende Vorschrift als Abs. 2 eingestellt:

Der Termin kann zunächst zur Erledigung der Sache ohne Streitverhandlung bestimmt werden (Vortermin).

66. An die Stelle des §. 234 Abs. 1 treten folgende Vorschriften:

Zwischen der Zustellung der Klageschrift und dem Termine zur mündlichen Verhandlung muß ein Zeitraum von mindestens einem Monat, im Falle der Bestimmung eines Vortermins ein Zeitraum von mindestens zwei Wochen liegen (Einlassungsfrist).

In Meß- und Marktsachen beträgt die Einlassungsfrist mindestens vierundzwanzig Stunden. Ein Vortermin findet nicht statt.

67. Im §. 235 wird die Nr. 3 gestrichen.

68. Als §. 235a wird folgende Vorschrift eingestellt:

Nach dem Eintritte der Rechtshängigkeit ist eine Aenderung der Klage nur zuzulassen, wenn der Beklagte einwilligt oder wenn nach dem Ermessen des Gerichts durch die Aenderung die Vertheidigung des Beklagten nicht wesentlich erschwert wird.

69. Im §. 236 werden

a) im Abs. 1 die Worte „zu zediren" ersetzt durch das Wort: „abzutreten";

b) im Abs. 2 das Wort „Zession" ersetzt durch das Wort: „Abtretung";

c) der Abs. 3 durch folgende Vorschrift ersetzt:

Hat der Kläger veräußert oder abgetreten, so kann ihm, sofern das Urtheil nach §. 293c gegen den Rechtsnachfolger nicht wirksam sein würde, der Einwand entgegengesetzt werden, daß er zur Geltendmachung des Anspruchs nicht mehr befugt sei.

70. Der §. 237 erhält folgenden Abs. 2:

Diese Bestimmung kommt insoweit nicht zur Anwendung, als ihr Vorschriften des bürgerlichen Rechts zu Gunsten derjenigen, welche Rechte von einem Nichtberechtigten herleiten, entgegenstehen. In einem solchen Falle findet, wenn der Kläger veräußert hat, die Vorschrift des §. 236 Abs. 3 Anwendung.

71. Der §. 238 wird aufgehoben.

72. Der §. 242 wird durch folgende Vorschrift ersetzt:

Eine Anfechtung der Entscheidung, daß eine Aenderung der Klage nicht vorliege oder daß die Aenderung zuzulassen sei, findet nicht statt.

73. Im §. 247 tritt an die Stelle der Nr. 6 folgende Vorschrift:

6. die Einrede der mangelnden Parteifähigkeit, der mangelnden Prozeßfähigkeit oder der mangelnden gesetzlichen Vertretung.

74. Im §. 255 Abs. 2 werden die Worte „sechsten bis zehnten Titels" ersetzt durch die Worte:

„siebenten bis elften Titels".

75. Im §. 257 werden die Worte „fünften bis elften Titels" ersetzt durch die Worte:

„sechsten bis zwölften Titels".

76. Als §. 264a werden folgende Vorschriften eingestellt:

Stellt das Gesetz für das Vorhandensein einer Thatsache eine Vermuthung auf, so ist der Beweis des Gegentheils zulässig, sofern nicht das Gesetz ein Anderes vorschreibt. Dieser Beweis kann auch durch Eideszuschiebung nach Maßgabe der §§. 410ff. geführt werden.

77. An die Stelle des §. 274 treten folgende Vorschriften:

Hat der Beklagte die Aufrechnung einer Gegenforderung geltend gemacht, welche mit der in der Klage geltend gemachten Forderung nicht in rechtlichem Zusammenhange steht, so kann, wenn nur die Verhandlung über die Forderung zur Entscheidung reif ist, diese unter Vorbehalt der Entscheidung über die Aufrechnung erfolgen.

Enthält das Urtheil keinen Vorbehalt, so kann die Ergänzung des Urtheils nach Vorschrift des §. 292 beantragt werden.

Das Urtheil, welches unter Vorbehalt der Entscheidung über die Aufrechnung ergeht, ist in Betreff der Rechtsmittel und der Zwangsvollstreckung als Endurtheil anzusehen.

In Betreff der Aufrechnung, über welche die Entscheidung vorbehalten ist, bleibt der Rechtsstreit anhängig. Soweit sich in dem weiteren Verfahren ergiebt, daß der Anspruch des Klägers unbegründet war, ist das frühere Urtheil aufzuheben, der Kläger mit dem Anspruch abzuweisen und über die Kosten anderweit zu entscheiden. Der Kläger ist zum Ersatze des Schadens verpflichtet, der dem Beklagten durch die Vollstreckung des Urtheils oder durch eine zur Abwendung der Vollstreckung gemachte Leistung entstanden ist. Der Beklagte kann den Anspruch auf Schadensersatz in dem anhängigen Rechtsstreite geltend machen; wird der Anspruch geltend gemacht, so ist er als zur Zeit der Zahlung oder Leistung rechtshängig geworden anzusehen.

78. Als §. 276a werden folgende Vorschriften eingestellt:

Durch die Geltendmachung der dem Erben nach den §§. 2014, 2015 des Bürgerlichen Gesetzbuchs zustehenden Einreden wird eine unter dem Vorbehalte der beschränkten Haftung ergehende Verurtheilung des Erben nicht ausgeschlossen.

Das Gleiche gilt für die Geltendmachung der Einreden, die im Falle der fortgesetzten Gütergemeinschaft dem überlebenden Ehegatten nach dem §. 1489 Abs. 2 und den §§. 2014, 2015 des Bürgerlichen Gesetzbuchs zustehen.

79. Im §. 284 Nr. 1 werden die Worte „der Parteien und ihrer gesetzlichen Vertreter" ersetzt durch die Worte:

„der Parteien, ihrer gesetzlichen Vertreter und der Prozeßbevollmächtigten".

80. An die Stelle des §. 293 Abs. 2 tritt folgende Vorschrift:

Hat der Beklagte die Aufrechnung einer Gegenforderung geltend gemacht, so ist die Entscheidung, daß die Gegenforderung nicht besteht, bis zur Höhe des Betrags, für welchen die Aufrechnung geltend gemacht worden ist, der Rechtskraft fähig.

81. Hinter §. 293 werden folgende Vorschriften eingestellt:

§. 293a.

Tritt im Falle der Verurtheilung zu künftig fällig werdenden wiederkehrenden Leistungen eine wesentliche Aenderung derjenigen Verhältnisse ein, welche für die Verurtheilung zur Entrichtung der Leistungen, für die Bestimmungen der Höhe der Leistungen oder der Dauer ihrer Entrichtung maßgebend waren, so ist jeder Theil berechtigt, im Wege der Klage eine entsprechende Abänderung des Urtheils zu verlangen.

Die Klage ist nur insoweit zulässig, als die Gründe, auf welche sie gestützt wird, erst nach dem Schlusse der mündlichen Verhandlung, in der eine Erweiterung des Klagantrags oder die Geltendmachung von Einwendungen spätestens hätte erfolgen müssen, entstanden sind und durch Einspruch nicht mehr geltend gemacht werden können.

Die Abänderung des Urtheils darf nur für die Zeit nach Erhebung der Klage erfolgen.

§. 293 b.

Ist bei einer nach den §§. 843—845 oder nach den §§. 1578—1582 des Bürgerlichen Gesetzbuchs erfolgten Verurtheilung zur Entrichtung einer Geldrente nicht auf Sicherheitsleistung erkannt, so kann der Berechtigte gleichwohl Sicherheitsleistung verlangen, wenn sich die Vermögensverhältnisse des Verpflichteten erheblich verschlechtert haben; unter der gleichen Voraussetzung kann er eine Erhöhung der in dem Urtheile bestimmten Sicherheit verlangen.

§. 293 c.

Das rechtskräftige Urtheil wirkt für und gegen die Parteien und diejenigen Personen, welche nach dem Eintritte der Rechtshängigkeit Rechtsnachfolger der Parteien geworden sind oder den Besitz der in Streit befangenen Sache in solcher Weise erlangt haben, daß eine der Parteien oder ihr Rechtsnachfolger mittelbarer Besitzer geworden ist.

Die Vorschriften des bürgerlichen Rechts zu Gunsten derjenigen, welche Rechte von einem Nichtberechtigten herleiten, finden entsprechende Anwendung.

Betrifft das Urtheil einen Anspruch aus einer eingetragenen Reallast, Hypothek, Grundschuld oder Rentenschuld, so wirkt es im Falle einer Veräußerung des belasteten Grundstücks in Ansehung des Grundstücks gegen den Rechtsnachfolger auch dann, wenn dieser die Rechtshängigkeit nicht gekannt hat. Gegen den Ersteher eines im Wege der Zwangsversteigerung veräußerten Grundstücks wirkt das Urtheil nur dann, wenn die Rechtshängigkeit spätestens im Versteigerungstermine vor der Aufforderung zur Abgabe von Geboten angemeldet worden ist.

§. 293d.

Ein Urtheil, das zwischen einem Vorerben und einem Dritten über einen gegen den Vorerben als Erben gerichteten Anspruch oder über einen der Nacherbfolge unterliegenden Gegenstand ergeht, wirkt, sofern es vor dem Eintritte der Nacherbfolge rechtskräftig wird, für den Nacherben.

Ein Urtheil, das zwischen einem Vorerben und einem Dritten über einen der Nacherbfolge unterliegenden Gegenstand ergeht, wirkt auch gegen den Nacherben, sofern der Vorerbe befugt ist, ohne Zustimmung des Nacherben über den Gegenstand zu verfügen.

§. 293e.

Ein Urtheil, das zwischen einem Testamentsvollstrecker und einem Dritten über ein der Verwaltung des Testamentsvollstreckers unterliegendes Recht ergeht, wirkt für und gegen den Erben.

Das Gleiche gilt von einem Urtheile, welches zwischen einem Testamentsvollstrecker und einem Dritten über einen gegen den Nachlaß gerichteten Anspruch ergeht, wenn der Testamentsvollstrecker zur Führung des Rechtsstreits berechtigt ist.

§. 293f.

Die Anerkennung des Urtheils eines ausländischen Gerichts ist ausgeschlossen:

1. wenn die Gerichte des Staates, dem das ausländische Gericht angehört, nach den deutschen Gesetzen nicht zuständig sind;
2. wenn der unterlegene Beklagte ein Deutscher ist und sich auf den Prozeß nicht eingelassen hat, sofern die den Prozeß einleitende Ladung oder Verfügung ihm weder in dem Staate des Prozeßgerichts in Person noch durch Gewährung deutscher Rechtshülfe zugestellt ist;
3. wenn in dem Urtheil zum Nachtheil einer deutschen Partei von den Vorschriften des Artikel 13 Abs. 1, 3 oder der Artikel 17, 18, 22 des Einführungsgesetzes zum Bürgerlichen Gesetzbuch oder von der Vorschrift des auf den Artikel 13 Abs. 1 bezüglichen Theiles des Artikel 27 desselben Gesetzes oder im Falle des Artikel 9 Abs. 3 zum Nach-

theile der Ehefrau eines für todt erklärten Ausländers von der Vorschrift des Artikel 13 Abs. 2 abgewichen ist;

4. wenn die Anerkennung des Urtheils gegen die guten Sitten oder gegen den Zweck eines deutschen Gesetzes verstoßen würde;

5. wenn die Gegenseitigkeit nicht verbürgt ist.

Die Vorschrift der Nr. 5 steht der Anerkennung des Urtheils nicht entgegen, wenn das Urtheil einen nicht vermögensrechtlichen Anspruch betrifft und nach den deutschen Gesetzen ein Gerichtsstand im Inlande nicht begründet war.

82. Hinter §. 312 werden unter der folgenden Ueberschrift die nachstehenden Vorschriften eingestellt:

Vierter Titel.

Vortermin.

§. 312a.

Die Bestimmung eines Vortermins zur mündlichen Verhandlung findet statt, wenn der Kläger es beantragt oder wenn nach dem Ermessen des Vorsitzenden die Lage des Falles zu der Annahme berechtigt, daß die Sache sich ohne Streitverhandlung werde erledigen lassen.

§. 312b.

In dem Vortermine kann der Beklagte ohne Anwalt erscheinen. Die Vorschrift des §. 193a findet keine Anwendung.

§. 312c.

Erscheint in dem Vortermine nur der Kläger oder nur der Beklagte, so ist auf Antrag, unbeschadet der Vorschriften des §. 296 Abs. 2 und der §§. 300, 302, das Versäumnißurtheil zu erlassen.

Erscheinen beide Parteien und kommt ein Vergleich zu Stande, so ist dieser durch das Sitzungsprotokoll festzustellen. Erledigt sich der Klaganspruch durch Zurücknahme der Klage, durch Verzicht oder durch Anerkenntniß, so ist auf Antrag das Urtheil gemäß §. 243 Abs. 3, §. 277 oder §. 278 zu erlassen.

Der Vorsitzende hat dahin zu wirken, daß der ohne Anwalt erschienene Beklagte die sachdienlichen Anträge stellt. Diese Anträge sind durch das Sitzungsprotokoll festzustellen.

§. 312d.

Bleibt der Klaganspruch streitig, so kann im Einverständnisse mit den Parteien zur Streitverhandlung geschritten werden, wenn der Beklagte durch einen bei dem Prozeßgerichte zugelassenen Anwalt vertreten ist und das Gericht die sofortige Verhandlung für thunlich erachtet.

Treffen diese Voraussetzungen nicht zu, so ist ein Termin zur Streitverhandlung anzuberaumen. Der Vorsitzende hat den Beklagten, wenn dieser ohne Anwalt erschienen ist, bei der Verkündigung des Termins zur Bestellung eines Anwalts aufzufordern.

§. 312e.

Wird der Rechtsstreit in dem Vortermine nicht erledigt, so findet ein neuer Vortermin nur auf übereinstimmenden Antrag der Parteien statt.

83. In der Ueberschrift vor dem §. 313 treten an die Stelle der Worte „Vierter Titel." die Worte:

„Fünfter Titel."

In der Ueberschrift der folgenden Titel tritt die entsprechende Aenderung der Zahl ein.

84. Der §. 340 Abs. 2 enthält folgenden Zusatz:

Das Gleiche gilt in Ansehung der Mitglieder des vormaligen Hannoverschen Königshauses, des vormaligen Kurhessischen und des vormaligen Herzoglich Nassauischen Fürstenhauses.

85. An die Stelle des §. 345 Abs. 2 tritt folgende Vorschrift:

Im Falle wiederholten Ausbleibens ist die Strafe noch einmal zu erkennen, auch kann die zwangsweise Vorführung des Zeugen angeordnet werden.

86. Der §. 387 wird durch folgende Vorschrift ersetzt:

Der Gegner ist zur Vorlegung der Urkunde verpflichtet, wenn der Beweisführer nach den Vorschriften des bürgerlichen Rechts die Herausgabe oder die Vorlegung der Urkunde verlangen kann.

87. An die Stelle des §. 391 Abs. 3 tritt folgende Vorschrift:

Auf die Leistung des Eides durch Streitgenossen, gesetzliche Vertreter und die im §. 435 Abs. 2, 3 bezeichneten Personen finden die Vorschriften der §§. 434 bis 436 entsprechende Anwendung.

88. An die Stelle des §. 430 treten folgende Vorschriften:

§. 430.

Erscheint der Schwurpflichtige in dem zur Eidesleistung bestimmten Termine nicht, so ist auf Antrag der Eid als verweigert anzusehen und zur Hauptsache zu verhandeln.

§. 430a.

Der Schwurpflichtige kann die Folge der Versäumung des zur Eidesleistung bestimmten Termins dadurch beseitigen, daß er nachträglich bei dem Gerichte die Abnahme des Eides beantragt. Der Antrag ist nur innerhalb der Nothfrist von einer Woche nach dem Termine zulässig; er kann zum Protokolle des Gerichtsschreibers erfolgen.

§. 430b.

Gilt der Eid in Folge der Versäumung des Termins als verweigert, so ist, falls auf die Verhandlung in der Hauptsache ein Urtheil oder ein Beweisbeschluß ergeht, diese Entscheidung in einem besonderen, über eine Woche hinaus anzusetzenden Termine zu verkünden; für den Fall, daß die Abnahme des Eides rechtzeitig beantragt wird, ist der Termin zur Eidesleistung und zur weiteren mündlichen Verhandlung bestimmt. Hat die Verhandlung die Erlassung eines Urtheils oder eines Beweisbeschlusses nicht zur Folge, so ist, wenn die Abnahme des Eides rechtzeitig beantragt wird, der nächste Termin zur mündlichen Verhandlung auch zur Eidesleistung bestimmt.

Ist die Abnahme des Eides einem Mitgliede des Prozeßgerichts oder einem anderen Gericht übertragen, so ist, wenn der Schwurpflichtige in dem Termine nicht erscheint, jedoch innerhalb der Nothfrist die Abnahme des Eides beantragt, zu diesem Zwecke ein neuer Termin anzuberaumen.

§. 430c.

Erscheint der Schwurpflichtige auch in dem zweiten zur Eidesleistung bestimmten Termine nicht, so ist ein nochmaliger Antrag auf Abnahme des Eides nicht zulässig.

89. Im §. 431 Satz 2 wird das Wort „Eidesform“ ersetzt durch das Wort:

„Eidesnorm“.

90. An die Stelle des §. 435 Abs. 2 treten folgende Vorschriften:

Minderjährigen, welche das sechszehnte Lebensjahr vollendet haben, sowie Volljährigen, welche wegen Geistesschwäche, Verschwendung oder Trunksucht entmündigt sind, kann über Thatsachen, die in Handlungen derselben bestehen oder Gegenstand ihrer Wahrnehmung gewesen sind, der Eid zugeschoben oder zurückgeschoben werden, sofern dies von dem Gericht auf Antrag des Gegners nach den Umständen des Falles für zulässig erklärt wird. Das Gleiche gilt von einer prozeßfähigen Partei, die in dem Rechtsstreite durch einen Pfleger vertreten wird.

Auf Volljährige, welche unter vorläufige Vormundschaft gestellt sind, finden in Betreff der Zuschiebung oder Zurückschiebung des Eides diejenigen Vorschriften Anwendung, welche nach Abs. 1, 2 bei eingetretener Entmündigung gelten.

91. Der §. 441 Abs. 2 und der §. 444 Abs. 3 erhalten folgenden Zusatz:

Das Gleiche gilt in Ansehung der Mitglieder des vormaligen Hannoverschen Königshauses, des vormaligen Kurhessischen und des vormaligen Herzoglich Nassauischen Fürstenhauses.

92. Als §. 449a werden folgende Vorschriften eingestellt:

Die Beweisaufnahme kann, auch ohne daß die Voraussetzungen des §. 447 vorliegen, beantragt werden, wenn Mängel einer Sache oder eines Werkes festzustellen sind, aus denen ein Recht gegen den Gegner hergeleitet werden soll, oder wenn der Zustand eines Gutes festzustellen ist, für dessen Beweis ein Kommissionär, Spediteur, Lagerhalter oder Frachtführer zu sorgen verpflichtet ist.

Hat der Erwerber einer Sache dem Veräußerer einen Mangel angezeigt oder die Annahme der Sache wegen Mangelhaftigkeit abgelehnt, so kann auch der Veräußerer die Beweisaufnahme nach Maßgabe des Abs. 1 beantragen. In gleicher Weise ist der Unternehmer eines Werkes zu dem Antrage berechtigt, wenn der Besteller ihm einen Mangel angezeigt oder die Abnahme des Werkes wegen Mangelhaftigkeit verweigert hat.

93. Der §. 458 wird durch folgende Vorschrift ersetzt:

Nach erfolgter Bestimmung des Termins zur mündlichen Verhandlung hat der Gerichtsschreiber für die Zustellung der Klage Sorge zu tragen, sofern nicht der Kläger in der Klageschrift oder dem Protokoll erklärt hat, dieses selbst thun zu wollen.

94. Im §. 462 werden vor dem Schlußworte „soll“ die Worte eingeschaltet:
„oder wenn die Klage oder der Einspruch zurückgenommen werden“.

95. Der §. 469 wird durch folgende Vorschrift ersetzt:
Die Vorschriften des §. 233, Abs. 2 des §. 269 und der §§. 312a—319 finden auf das Verfahren vor den Amtsgerichten keine Anwendung.

96. An die Stelle des §. 470 treten folgende Vorschriften:
Anträge, Geständnisse, sowie die Erklärungen über Annahme oder Zurückschiebung zugeschobener Eide sind durch das Sitzungsprotokoll festzustellen; anstatt der Feststellung genügt die Bezugnahme auf den Inhalt eines vorbereitenden Schriftsatzes.
Sonstige Erklärungen einer Partei sind durch das Protokoll insoweit festzustellen, als das Gericht bei dem Schlusse der mündlichen Verhandlung die Feststellung für angemessen erachtet.

97. Der §. 481 erhält folgenden Zusatz:
Ein Vortermin findet nicht statt.

98. Der §. 489 wird durch folgende Vorschrift ersetzt:
Eine Aenderung der Klage ist nur mit Einwilligung des Gegners statthaft.

99. An die Stelle des §. 491 Abs. 2 treten folgende Vorschriften:
Neue Ansprüche dürfen, abgesehen von den Fällen des §. 240 Nr. 2, 3, nur mit Einwilligung des Gegners erhoben werden.
Macht der Beklagte die Aufrechnung einer Gegenforderung geltend, so ist die hierauf gegründete Einwendung zurückzuweisen, wenn nicht der Kläger in die Geltendmachung einwilligt oder der Beklagte glaubhaft macht, daß er ohne sein Verschulden außer Stande gewesen ist, die Aufrechnung in erster Instanz geltend zu machen. Im Falle der Zurückweisung finden die Vorschriften der §§. 502, 503 Anwendung.

100. Im §. 500 wird die Nr. 3 durch folgende Vorschrift ersetzt:
3. wenn im Falle eines nach Grund und Betrag streitigen Anspruchs durch das angefochtene Urtheil über den Grund des Anspruchs vorab entschieden oder die Klage abgewiesen ist.

101. Der §. 503 Abs. 2 erhält folgenden Zusatz:
Die Erstattungspflicht des Klägers bestimmt sich nach den Vorschriften über die Herausgabe einer ungerechtfertigten Bereicherung. Wird der Antrag gestellt, so ist der Anspruch auf Erstattung als zur Zeit der Zahlung oder Leistung rechtshängig geworden anzusehen; die mit der Rechtshängigkeit nach den Vorschriften des bürgerlichen Rechts verbundenen Wirkungen treten mit der Zahlung oder Leistung auch dann ein, wenn der Antrag nicht gestellt wird.

102. Im §. 508 Abs. 1 wird das Wort „fünfzehnhundert" ersetzt durch das Wort:
„dreitausend".

103. Der §. 517 erhält folgenden Zusatz:
Ein Vortermin findet nicht statt.

104. An die Stelle des §. 528 treten folgende Vorschriften:

§. 528.

Im Falle der Aufhebung des Urtheils ist, unbeschadet der Vorschriften der §§. 528a, 528b, die Sache zur anderweiten Verhandlung und Entscheidung an das Berufungsgericht zurückzuverweisen.

Das Berufungsgericht hat die rechtliche Beurtheilung, welche der Aufhebung zu Grunde gelegt ist, auch seiner Entscheidung zu Grunde zu legen.

§. 528a.

Das Revisionsgericht kann in der Sache selbst entscheiden, wenn es einer Beweisaufnahme vor der Endentscheidung nicht bedarf.

§. 528b.

Das Revisionsgericht hat in der Sache selbst zu entscheiden:

1. wenn die Aufhebung des Urtheils nur wegen Gesetzesverletzung bei Anwendung des Gesetzes auf das festgestellte Sachverhältniß erfolgt und nach letzterem die Sache zur Endentscheidung reif ist;
2. wenn die Aufhebung des Urtheils wegen Unzuständigkeit des Gerichts oder wegen Unzulässigkeit des Rechtswegs erfolgt.

Kommt in den Fällen der Nr. 1 und 2 für die in der Sache selbst zu erlassende Entscheidung die Anwendbarkeit von Gesetzen, auf deren Verletzung die Revision nach §. 511 nicht gestützt werden kann, in Frage, so kann die Sache zur anderweiten Verhandlung und Entscheidung an das Berufungsgericht zurückverwiesen werden.

105. Der §. 529 erhält folgenden Abs. 2:

Das Gleiche gilt, falls das Revisionsgericht von der im §. 528a bezeichneten Befugniß Gebrauch macht, von den sonstigen das Verfahren der Berufungsinstanz betreffenden Vorschriften; die Bestimmung des §. 525 bleibt jedoch unberührt.

106. Der §. 530 enthält folgenden Abs. 2:

Gegen die in Betreff der Prozeßkosten erlassenen Entscheidungen der Oberlandesgerichte ist die Beschwerde nur zulässig, wenn die Beschwerdesumme den Betrag von einhundert Mark übersteigt.

107. Im §. 531 erhält der Abs. 2 folgende Fassung:

Gegen die Entscheidung des Beschwerdegerichts ist, soweit nicht in derselben ein neuer selbständiger Beschwerdegrund enthalten ist, eine weitere Beschwerde nicht zulässig.

Als Abs. 3, 4 werden folgende Vorschriften hinzugefügt:

Entscheidungen der Landgerichte in Betreff der Prozeßkosten unterliegen einer weiteren Beschwerde nur, wenn die Beschwerdesumme den Betrag von fünfzig Mark übersteigt; auf die weitere Beschwerde gegen die Entscheidungen der Oberlandesgerichte findet die Vorschrift des §. 530 Abs. 2 entsprechende Anwendung.

Gegen die Entscheidungen der Oberlandesgerichte über das Rechtsmittel der weiteren Beschwerde findet eine weitere Beschwerde nicht statt.

108. An die Stelle des §. 535 Abs. 1 tritt folgende Vorschrift:

Die Beschwerde hat nur dann aufschiebende Wirkung, wenn sie gegen eine der in den §§. 101a, 345, 355, 374, 579, 599a, 619 erwähnten Entscheidungen gerichtet ist.

109. Der §. 536 Abs. 2 wird durch folgende Vorschriften ersetzt:

Ordnet das Gericht eine schriftliche Erklärung an, so kann die Abgabe derselben durch einen Anwalt erfolgen, der bei dem Gerichte zugelassen ist, von welchem oder von dessen Vorsitzenden die angefochtene Entscheidung erlassen ist. In den Fällen, in welchen die Beschwerde zum Protokolle des Gerichtsschreibers eingelegt werden darf, kann auch die Erklärung zum Protokolle des Gerichtsschreibers abgegeben werden.

110. An die Stelle des §. 540 Abs. 3 tritt folgende Vorschrift:
Das Gericht ist, abgesehen von den Fällen des §. 97a Abs. 1 und des §. 99 Abs. 3, zu einer Abänderung seiner der Beschwerde unterliegenden Verfügung nicht befugt.

111. Der §. 555 erhält folgenden Zusatz:
Als ein Anspruch, welcher die Zahlung einer Geldsumme zum Gegenstande hat, gilt auch der Anspruch aus einer Hypothek, einer Grundschuld oder einer Rentenschuld.

112. Als §. 557a werden folgende Vorschriften eingestellt:
In Anwaltsprozessen beträgt die Einlassungsfrist in erster Instanz, unbeschadet der Vorschriften des §. 234 Abs. 2 Satz 1, Abs. 3, mindestens zwei Wochen. Ein Vortermin findet nicht statt.

113. Der §. 563 Abs. 2 wird durch folgende Vorschrift ersetzt:
Soweit sich in diesem Verfahren ergiebt, daß der Anspruch des Klägers unbegründet war, finden die Vorschriften des §. 274 Abs. 4 Satz 2—4 Anwendung.

114. An die Stelle des §. 567 Abs. 2 treten folgende Vorschriften:
Die Einlassungsfrist beträgt, unbeschadet der Vorschrift des §. 234 Abs. 2 Satz 1, wenn die Klage am Sitze des Prozeßgerichts zugestellt wird, mindestens vierundzwanzig Stunden; wenn sie an einem anderen Orte innerhalb des Landgerichtsbezirkes, in welchem das Prozeßgericht seinen Sitz hat, zugestellt wird, mindestens drei Tage; wenn sie an einem anderen deutschen Orte zugestellt wird, mindestens eine Woche. Das Gleiche gilt von der Ladungsfrist, soweit sie nicht nach den allgemeinen Bestimmungen kürzer, als die im ersten Satze festgesetzte Einlassungsfrist ist.
Auf das Verfahren in den höheren Instanzen finden die Vorschriften des Abs. 2 entsprechende Anwendung.

115. Als §. 567a wird folgende Vorschrift eingestellt:
Zur Berücksichtigung einer Nebenforderung genügt, daß sie glaubhaft gemacht ist.

116. Das sechste Buch erhält folgende Ueberschrift:

Ehesachen. Feststellung des Rechtsverhältnisses zwischen Eltern und Kindern. Entmündigungssachen.

117. An die Stelle des §. 568 treten folgende Vorschriften:

Für die Rechtsstreitigkeiten, welche die Scheidung, Nichtigkeit oder Anfechtung einer Ehe oder die Feststellung des Bestehens oder Nichtbestehens einer Ehe zwischen den Parteien oder die Herstellnng des ehelichen Lebens zum Gegenstande haben (Ehesachen), ist das Landgericht, bei welchem der Ehemann seinen allgemeinen Gerichtsstand hat, ausschließlich zuständig.

Ist der Ehemann ein Deutscher und hat er im Inlande keinen allgemeinen Gerichtsstand, so kann die Klage bei dem Landgericht erhoben werden, in dessen Bezirk er den letzten Wohnsitz im Inlande hatte; in Ermangelung eines solchen Wohnsitzes finden die Vorschriften des §. 16 Abs. 1 Satz 2, 3 entsprechende Anwendung. Das Gleiche gilt, sofern der Ehemann im Inlande keinen allgemeinen Gerichtsstand hat, in dem Falle, daß der Ehemann die Reichsangehörigkeit verloren, die Ehefrau sie aber behalten hat oder daß beide Ehegatten die Reichsangehörigkeit verloren haben, der Ehemann aber eine andere Staatsangehörigkeit nicht erworben hat.

Ist eine Deutsche eine Ehe mit einem Ausländer eingegangen und hat dieser im Inlande keinen allgemeinen Gerichtsstand, so können die Nichtigkeitsklage und die Anfechtungsklage von der Ehefrau bei dem Landgericht erhoben werden, in dessen Bezirke sie den letzten Wohnsitz im Inlande hatte; in Ermangelung eines solchen Wohnsitzes finden die Vorschriften des §. 16 Abs. 1 Satz 2, 3 entsprechende Anwendung. Das Gleiche gilt, sofern nicht nach Abs. 2 Satz 2 ein Gerichtsstand begründet ist, in dem Falle, daß eine Deutsche eine Ehe mit einem Deutschen eingegangen ist, dieser aber die Reichsangehörigkeit verloren und im Inlande keinen allgemeinen Gerichtsstand hat.

Sind beide Ehegatten Ausländer, so kann die Scheidungsklage im Inlande nur erhoben werden, wenn das inländische Gericht auch nach den Gesetzen des Staates zuständig ist, dem der Ehemann angehört.

118. Im §. 570 wird das Wort „Ehescheidungsklage“ ersetzt durch das Wort:

„Scheidungsklage“.

119. An die Stelle des §. 571 Abs. 2 tritt folgende Vorschrift:

Bestimmt sich das für die Klage zuständige Landgericht nach den Vorschriften des §. 568 Abs. 2, so finden diese Vorschriften auf die Bestimmung des für den Sühnetermin zuständigen Amtsgerichts entsprechende Anwendung.

120. Der §. 572 Abs. 2 Satz 1 wird durch folgende Vorschrift ersetzt:

Erscheint der Kläger oder erscheinen beide Parteien im Sühnetermine nicht, so muß der Kläger die Anberaumung eines neuen Sühnetermins beantragen und den Beklagten zu dem Termine laden.

121. Hinter §. 573 werden folgende Vorschriften eingestellt:

§. 573a.

In Ehesachen ist ein in der Geschäftsfähigkeit beschränkter Ehegatte prozeßfähig; dies gilt jedoch insoweit nicht, als nach §. 1336 Abs. 2 Satz 2 des Bürgerlichen Gesetzbuchs nur sein gesetzlicher Vertreter die Ehe anfechten kann.

Für einen geschäftsunfähigen Ehegatten wird der Rechtsstreit durch den gesetzlichen Vertreter geführt. Der gesetzliche Vertreter ist jedoch zur Erhebung der Klage auf Herstellung des ehelichen Lebens nicht befugt; zur Erhebung der Scheidungsklage oder der Anfechtungsklage bedarf er der Genehmigung des Vormundschaftsgerichts.

§. 573b.

Der Bevollmächtigte des klagenden Ehegatten bedarf einer besonderen auf den Rechtsstreit gerichteten Vollmacht.

122. Der §. 575 Abs. 1 wird durch folgende Vorschrift ersetzt:

Die Klage auf Herstellung des ehelichen Lebens, die Scheidungsklage und die Anfechtungsklage können verbunden werden.

123. An die Stelle der §§. 576, 577 treten folgende Vorschriften:

§. 576.

Der Kläger, welcher mit der Scheidungsklage oder der Anfechtungsklage abgewiesen ist, kann das Recht, die Scheidung zu verlangen oder die Ehe anzufechten, nicht mehr auf Thatsachen gründen, welche er in dem früheren Rechtsstreite geltend gemacht hat oder welche er in dem früheren Rechtsstreit oder durch Verbindung der Klagen geltend machen konnte. Das Gleiche gilt im Falle der Abweisung der Scheidungsklage oder der Anfechtungsklage für den Beklagten in Ansehung der Thatsachen, auf welche er eine Widerklage zu gründen im Stande war.

§. 577.

Die Vorschrift über die Wirkung eines Anerkenntnisses kommt nicht zur Anwendung.

Die Vorschriften über die Folgen der unterbliebenen oder verweigerten Erklärung über Thatsachen oder über die Echtheit von Urkunden, die Vorschriften über den Verzicht der Parteien auf die Beeidigung von Zeugen und Sachverständigen, die Vorschriften über die Wirkung eines gerichtlichen Geständnisses und der Erlassung eines Eides, sowie die Vorschriften über die Eideszuschiebung und den Antrag, dem Gegner die Vorlegung einer Urkunde aufzugeben, finden keine Anwendung in Ansehung solcher Thatsachen, welche die Scheidung oder die Anfechtung der Ehe oder das Recht, die Herstellung des ehelichen Lebens zu verweigern, begründen sollen.

In einem Rechtsstreite, welcher die Nichtigkeit der Ehe oder die Feststellung des Bestehens oder Nichtbestehens einer Ehe zwischen den Parteien zum Gegenstande hat, finden die im Abs. 2 bezeichneten Vorschriften sowohl in Ansehung solcher Thatsachen, welche die Nichtigkeit oder das Nichtbestehen der Ehe, als auch in Ansehung solcher Thatsachen keine Anwendung, welche die Gültigkeit oder das Bestehen der Ehe begründen sollen.

§. 577a.

Ein Vortermin findet nicht statt.

124. Der §. 578 Abs. 4 wird durch folgende Vorschrift ersetzt:

Ein Versäumnißurtheil gegen den Beklagten ist unzulässig.

125. An die Stelle des §. 580 treten folgende Vorschriften:

§. 580.

Hat der Kläger die Aussetzung des Verfahrens über eine Scheidungsklage beantragt, so darf das Gericht auf Scheidung nicht erkennen, bevor die Aussetzung stattgefunden hat. Die Aussetzung ist von Amtswegen anzuordnen, wenn die Scheidung auf Grund des §. 1568 des Bürgerlichen Gesetzbuchs beantragt ist und die Aussicht auf Aussöhnung der Parteien nicht ausgeschlossen erscheint.

Auf Grund dieser Bestimmungen darf die Aussetzung im Laufe des Rechtsstreits nur einmal und höchstens auf zwei Jahre angeordnet werden.

§. 580a.

Die Aussetzung des Verfahrens über eine Klage auf Herstellung des ehelichen Lebens kann das Gericht von Amtswegen anordnen, wenn eine Aussöhnung der Parteien nicht unwahrscheinlich ist.

Auf Grund dieser Bestimmung darf die Aussetzung im Laufe des Rechtsstreit nur einmal und höchstens auf ein Jahr angeordnet werden.

126. Der §. 581 erhält folgenden Abs. 2:

Diese Vorschriften finden in einem Rechtsstreite, welcher die Nichtigkeit der Ehe oder die Feststellung des Bestehens oder Nichtbestehens einer Ehe zwischen den Parteien zum Gegenstande hat, auch zum Zwecke der Ermittelung, ob die Ehe nichtig ist oder nicht besteht, Anwendung.

127. Hinter §. 581 werden folgende Vorschriften eingestellt:

§. 581a.

Auf Scheidung wegen Geisteskrankheit darf nicht erkannt werden, bevor das Gericht einen oder mehrere Sachverständige über den Geisteszustand des Beklagten gehört hat.

§. 581b.

Wird wegen Ehebruchs auf Scheidung erkannt und ergiebt sich aus den Verhandlungen, mit welcher Person der Ehebruch begangen worden ist, so ist diese Person in dem Urtheile festzustellen.

128. Der §. 582 wird durch folgende Vorschrift ersetzt:

Urtheile, durch welche auf Scheidung oder Nichtigkeit der Ehe erkannt ist, sind von Amtswegen zuzustellen.

129. An die Stelle des §. 584 treten folgende Vorschriften:

Hat der Rechtsstreit die Scheidung, Nichtigkeit oder Anfechtung der Ehe zum Gegenstande, so kann das Gericht auf Antrag eines der Ehegatten durch einstweilige Verfügung für die Dauer des Rechtsstreits das Getrenntleben der Ehegatten gestatten, die gegenseitige Unterhaltspflicht der Ehegatten nach Maßgabe des §. 1361 des Bürgerlichen Gesetzbuchs ordnen, wegen der Sorge für die Person der gemeinschaftlichen minderjährigen Kinder, soweit es sich nicht um die gesetzliche Vertretung handelt, Anordnungen treffen und die Unterhaltspflicht der Ehegatten den Kindern gegenüber im Verhältnisse der Ehegatten zu einander regeln.

Die einstweilige Verfügung ist zulässig, sobald der Termin zur mündlichen Verhandlung oder im Falle einer Scheidungsklage der Termin zum Sühneversuch bestimmt oder im Wege der Widerklage die Scheidung beantragt oder die Ehe angefochten ist.

Von der einstweiligen Verfügung hat das Prozeßgericht, wenn ein gemeinschaftliches minderjähriges Kind der Ehegatten vorhanden ist, dem Vormundschaftsgerichte Mittheilung zu machen.

Im Uebrigen gelten für die einstweilige Verfügung die Bestimmungen der §§. 815—822.

130. Hinter §. 584 werden folgende Vorschriften eingestellt:

§. 584a.

Stirbt einer der Ehegatten vor der Rechtskraft des Urtheils, so ist der Rechtsstreit in Ansehung der Hauptsache als erledigt anzusehen.

§. 584b.

Das auf eine Richtigkeitsklage oder eine Anfechtungsklage ergehende Urtheil wirkt, sofern es bei Lebzeiten beider Ehegatten rechtskräftig wird, für und gegen Alle. Ist jedoch die Richtigkeitsklage auf Grund des §. 1326 des Bürgerlichen Gesetzbuchs erhoben, so wirkt das Urtheil, durch welches sie abgewiesen wird, gegen den Dritten, mit dem die frühere Ehe geschlossen war, nur dann, wenn er an dem Rechtsstreite Theil genommen hat.

Diese Vorschriften gelten auch für ein Urtheil, durch welches das Bestehen oder Richtbestehen einer Ehe festgestellt wird.

§. 584c.

Nach dem Eintritte der Rechtskraft des Urtheils hat das Prozeßgericht, wenn ein gemeinschaftliches minderjähriges Kind der Ehegatten vorhanden ist, dem Vormundschaftsgerichte Mittheilung zu machen.

131. An die Stelle des §. 586 Abs. 1 treten folgende Vorschriften:

Die Klage kann von jedem der Ehegatten sowie von dem Staatsanwalt erhoben werden, im Falle des §. 1326 des Bürgerlichen Gesetzbuchs auch von dem Dritten, mit dem die frühere Ehe geschlossen war. Im Uebrigen kann die Klage von einem Dritten nur erhoben werden, wenn für ihn von der Richtigkeit der Ehe ein Recht oder von der Gültigkeit der Ehe eine Verpflichtung abhängt.

132. Der §. 587 wird durch folgende Vorschriften ersetzt:

Mit der Nichtigkeitsklage kann nur eine Klage auf Feststellung des Bestehens oder Nichtbestehens einer Ehe zwischen den Parteien verbunden werden.

Eine Widerklage ist nur statthaft, wenn sie eine Nichtigkeitsklage oder eine Feststellungsklage der im Abs. 1 bezeichneten Art ist.

133. Der §. 588 wird aufgehoben.

134. Als §. 589a wird folgende Vorschrift eingestellt:

Das Versäumnißurtheil gegen den im Termine zur mündlichen Verhandlung nicht erschienenen Kläger ist dahin zu erlassen, daß die Klage als zurückgenommen gelte.

135. Als §. 591a wird folgende Vorschrift eingestellt:

Die Vorschriften der §§. 587, 589a finden auf die Klage, welche die Feststellung des Bestehens oder Nichtbestehens einer Ehe zwischen den Parteien zum Gegenstand hat, entsprechende Anwendung.

136. An die Stelle des §. 592 tritt folgende Vorschrift:

Im Sinne dieses Abschnitts ist unter Scheidung auch die Aufhebung der ehelichen Gemeinschaft zu verstehen.

137. Hinter §. 592 werden unter der folgenden Ueberschrift die nachstehenden Vorschriften eingestellt:

Zweiter Abschnitt.

Verfahren in Rechtsstreitigkeiten, welche die Feststellung des Rechtsverhältnisses zwischen Eltern und Kindern zum Gegenstande haben.

§. 592a.

Auf einen Rechtsstreit, der die Feststellung des Bestehens oder Nichtbestehens eines Eltern- und Kindesverhältnisses zwischen den Parteien oder die Feststellung des Bestehens oder Nichtbestehens der elterlichen Gewalt der einen Partei über die andere zum Gegenstande hat, finden die Vorschriften der §§. 569, 573b, des §. 577 Abs. 1, 3 und der §§. 577a—579, 581—583, 584a, 589a entsprechende Anwendung.

Mit einer der im Abs. 1 bezeichneten Klagen kann eine Klage anderer Art nicht verbunden werden. Eine Widerklage anderer Art kann nicht erhoben werden.

§. 592b.

Wird die Ehelichkeit eines Kindes oder die Anerkennung der Ehelichkeit von dem Ehemanne der Mutter durch Erhebung der Anfechtungsklage angefochten, so finden die Vorschriften der §§. 569, 573b, des §. 577 Abs. 1, 2, der §§. 577a—579, des §. 581 Abs. 1 und der §§. 582, 583, 584a entsprechende Anwendung.

Der Ehemann ist prozeßfähig, auch wenn er in der Geschäftsfähigkeit beschränkt ist. Für einen geschäftsunfähigen Ehemann wird der Rechtsstreit durch den gesetzlichen Vertreter geführt; der gesetzliche Vertreter kann die Anfechtungsklage nur mit Genehmigung des Vormundschaftsgerichts erheben.

Mit der einen Anfechtungsklage kann nur die andere Anfechtungsklage verbunden werden. Eine Widerklage kann nicht erhoben werden.

§. 592c.

Ist in den Fällen der §§. 592a, 592b der Beklagte ein Deutscher und hat er im Inlande keinen allgemeinen Gerichtsstand, so kann die Klage bei dem Landgericht erhoben werden, in dessen Bezirk er den letzten Wohnsitz im Inlande hatte; in Ermangelung eines solchen Wohnsitzes finden die Vorschriften des §. 16 Abs. 1 Satz 2, 3 entsprechende Anwendung. Das Gleiche gilt, sofern der Beklagte im Inlande keinen allgemeinen Gerichtsstand hat, in dem Falle, daß der Beklagte die Reichsangehörigkeit verloren, der Kläger sie aber behalten hat oder daß beide Parteien die Reichsangehörigkeit verloren haben, der Beklagte aber eine andere Staatsangehörigkeit nicht erworben hat.

§. 592d.

In den Fällen der §§. 592a, 592b wirkt das Urtheil, sofern es bei Lebzeiten der Parteien rechtskräftig wird, für und gegen Alle. Ein Urtheil, welches das Bestehen des Eltern- und Kindesverhältnisses oder der elterlichen Gewalt feststellt, wirkt jedoch gegenüber einem Dritten, welcher das elterliche Verhältniß oder die elterliche Gewalt für sich in Anspruch nimmt, nur dann, wenn er an dem Rechtsstreite Theil genommen hat.

§. 592e.

Die Vorschriften der §§. 592a—592d gelten nicht für einen Rechtsstreit, der die Feststellung des Bestehens oder Nichtbestehens der unehelichen Vaterschaft zum Gegenstande hat.

138. In der Ueberschrift vor dem §. 593 treten an die Stelle der Worte „Zweiter Abschnitt." die Worte:

„Dritter Abschnitt."

139. Der §. 593 Abs. 1 wird durch folgende Vorschrift ersetzt:

Die Entmündigung wegen Geisteskrankheit oder wegen Geistesschwäche erfolgt durch Beschluß des Amtsgerichts.

140. Der §. 594 wird gestrichen.

141. An die Stelle des §. 595 Abs. 1 treten folgende Vorschriften:

Der Antrag kann von dem Ehegatten, einem Verwandten oder demjenigen gesetzlichen Vertreter des zu Entmündigenden gestellt werden, welchem die Sorge für die Person zusteht. Gegen eine Person, die unter elterlicher Gewalt oder unter Vormundschaft steht, kann der Antrag von einem Verwandten nicht gestellt werden. Gegen eine Ehefrau kann der Antrag von einem Verwandten nur gestellt werden, wenn auf Aufhebung der ehelichen Gemeinschaft erkannt ist oder wenn der Ehemann die Ehefrau verlassen hat oder wenn der Ehemann zur Stellung des Antrags dauernd außer Stande oder sein Aufenthalt dauernd unbekannt ist.

142. Hinter §. 596 werden folgende Vorschriften eingestellt:

§. 596a.

Für die Einleitung des Verfahrens ist das Amtsgericht, bei welchem der zu Entmündigende seinen allgemeinen Gerichtsstand hat, ausschließlich zuständig.

Gegen einen Deutschen, welcher im Inlande keinen allgemeinen Gerichtsstand hat, kann der Antrag bei dem

Amtsgerichte gestellt werden, in dessen Bezirke der zu Entmündigende den letzten Wohnsitz im Inlande hatte; in Ermangelung eines solchen Wohnsitzes finden die Vorschriften des §. 16 Abs. 1 Satz 2, 3 entsprechende Anwendung.

§. 596b.

Das Gericht kann vor der Einleitung des Verfahrens die Beibringung eines ärztlichen Zeugnisses anordnen.

§. 596c.

Das Gericht kann nach der Einleitung des Verfahrens, wenn es mit Rücksicht auf die Verhältnisse des zu Entmündigenden erforderlich erscheint, die Verhandlung und Entscheidung dem Amtsgericht überweisen, in dessen Bezirke der zu Entmündigende sich aufhält.

Die Ueberweisung ist nicht mehr zulässig, wenn das Gericht den zu Entmündigenden vernommen hat (§. 598 Abs. 1).

Wird die Uebernahme abgelehnt, so entscheidet das im Instanzenzuge zunächst höhere Gericht.

§. 596d.

Wenn nach der Uebernahme des Verfahrens durch das Gericht, an welches die Ueberweisung erfolgt ist, ein Wechsel im Aufenthaltsorte des zu Entmündigenden eintritt, so ist dieses Gericht zu einer weiteren Ueberweisung befugt.

Die Vorschriften des §. 596c finden entsprechende Anwendung.

§. 596e.

Der Staatsanwalt kann in allen Fällen das Verfahren durch Stellung von Anträgen betreiben und den Terminen beiwohnen. Er ist von der Einleitung des Verfahrens, sowie von einer nach den §§. 596c, 596d erfolgten Ueberweisung und von allen Terminen in Kenntniß zu setzen.

143. An die Stelle des §. 597 treten folgende Vorschriften:

Das Gericht hat unter Benutzung der in dem Antrag angegebenen Thatsachen und Beweismittel von Amtswegen die zur Feststellung des Geisteszustandes erforderlichen Ermittelungen zu veranstalten und die erheblich erscheinenden Beweise aufzunehmen. Zuvor ist dem zu Entmündigenden Gelegenheit zur Bezeichnung von Beweismitteln zu geben, desgleichen demjenigen gesetzlichen Vertreter des zu Entmündigenden, welchem die Sorge für die Person zusteht, sofern er nicht die Entmündigung beantragt hat.

Für die Vernehmung und Beeidigung der Zeugen und Sachverständigen kommen die Bestimmungen im achten und neunten Titel des ersten Abschnitts des zweiten Buchs zur Anwendung. Die Anordnung der Haft im Falle des §. 355 kann von Amtswegen erfolgen.

144. Im §. 598 wird

a) dem Abs. 1 folgende Vorschrift hinzugefügt:

Zu diesem Zwecke kann die Vorführung des zu Entmündigenden angeordnet werden.

b) der Abs. 3 durch folgende Vorschrift ersetzt:

Die Vernehmung darf nur unterbleiben, wenn sie mit besonderen Schwierigkeiten verbunden oder nicht ohne offenbaren Nachtheil für den Gesundheitszustand des zu Entmündigenden ausführbar ist.

145. Als §. 599a werden folgende Vorschriften eingestellt:

Mit Zustimmung des Antragstellers kann das Gericht anordnen, daß der zu Entmündigende auf die Dauer von höchstens vier Wochen in eine Heilanstalt gebracht werde, wenn dies nach ärztlichem Gutachten zur Feststellung des Geisteszustandes geboten erscheint. Vor der Entscheidung sind die im §. 595 bezeichneten Personen soweit thunlich zu hören.

Gegen den Beschluß, durch welchen die Unterbringung angeordnet wird, steht dem zu Entmündigenden, dem Staatsanwalt und binnen der für den zn Entmündigenden laufenden Frist den sonstigen im §. 595 bezeichneten Personen die sofortige Beschwerde zu.

146. An die Stelle des §. 603 treten folgende Vorschriften:

§. 603.

Der die Entmündigung aussprechende Beschluß ist von Amtswegen der Vormundschaftsbehörde mitzutheilen und, wenn der Entmündigte unter elterlicher Gewalt oder unter Vormundschaft steht, auch demjenigen gesetzlichen Vertreter zuzustellen, welchem die Sorge für die Person des Entmündigten zusteht. Im Falle der Entmündigung wegen Geistesschwäche ist der Beschluß außerdem dem Entmündigten selbst zuzustellen.

§. 603 a.

Die Entmündigung wegen Geisteskrankheit tritt, wenn der Entmündigte unter elterlicher Gewalt oder unter Vormundschaft steht, mit der Zustellung des Beschlusses an denjenigen gesetzlichen Vertreter, welchem die Sorge für die Person zusteht, andernfalls mit der Bestellung des Vormundes in Wirksamkeit.

Die Entmündigung wegen Geistesschwäche tritt mit der Zustellung des Beschlusses an den Entmündigten in Wirksamkeit.

§. 603 b.

Der die Entmündigung ablehnende Beschluß ist von Amtswegen auch demjenigen zuzustellen, dessen Entmündigung beantragt war.

147. Der §. 604 Abs. 2 wird durch folgende Vorschrift ersetzt:

In dem Verfahren vor dem Beschwerdegerichte finden die Vorschriften der §§. 596 e, 597 entsprechende Anwendung.

148. Im §. 605 treten an die Stelle der Abs. 2, 3 folgende Vorschriften:

Zur Erhebung der Klage sind der Entmündigte selbst, derjenige gesetzliche Vertreter des Entmündigten, welchem die Sorge für die Person zusteht, und die übrigen im §. 595 bezeichneten Personen befugt.

Die Frist beginnt im Falle der Entmündigung wegen Geisteskrankheit für den Entmündigten mit dem Zeitpunkt, in welchem er von der Entmündigung Kenntniß erlangt, für die übrigen Personen mit dem Zeitpunkt, in welchem die Entmündigung in Wirksamkeit tritt. Im Falle der Entmündigung wegen Geistesschwäche beginnt die Frist für den gesetzlichen Vertreter des unter elterlicher Gewalt oder unter Vormundschaft stehenden Entmündigten mit dem Zeitpunkt, in welchem ihm der Beschluß zugestellt wird, für den Entmündigten selbst und die übrigen Personen mit der Zustellung des Beschlusses an den Entmündigten.

149. Der §. 606 wird durch folgende Vorschrift ersetzt:

Für die Klage ist das Landgericht ausschließlich zuständig, in dessen Bezirke das Amtsgericht, welches über die Entmündigung entschieden hat, seinen Sitz hat.

150. An die Stelle des §. 607 Abs. 2 tritt folgende Vorschrift:

Wird die Klage von dem Staatsanwalt erhoben, so ist sie gegen denjenigen gesetzlichen Vertreter des Entmündigten zu richten, welchem die Sorge für die Person zusteht.

151. Der §. 611 Abs. 1 wird durch folgende Vorschrift ersetzt:

Die Vorschriften des §. 577 Abs. 1, 3 und der §§. 577a, 578, 581 finden entsprechende Anwendung.

152. Der §. 613 Abs. 2 wird aufgehoben.

153. Der §. 616 wird durch folgende Vorschrift ersetzt:

Die Wiederaufhebung der Entmündigung erfolgt auf Antrag des Entmündigten oder desjenigen gesetzlichen Vertreters des Entmündigten, welchem die Sorge für die Person zusteht, oder des Staatsanwalts durch Beschluß des Amtsgerichts.

154. Im §. 617 treten an die Stelle der Abs. 2, 3 folgende Vorschriften:

Ist der Entmündigte ein Deutscher und hat er im Inlande keinen allgemeinen Gerichtsstand, so kann der Antrag bei dem Amtsgerichte gestellt werden, welches über die Entmündigung entschieden hat. Das Gleiche gilt, wenn ein Ausländer, welcher im Inlande entmündigt worden ist, im Inlande keinen allgemeinen Gerichtsstand hat.

Die Bestimmungen des §. 596 und der §§. 596b—599 finden entsprechende Anwendung.

155. Im §. 620 treten an die Stelle der Abs. 2 bis 4 folgende Vorschriften:

Zur Erhebung der Klage ist derjenige gesetzliche Vertreter des Entmündigten, welchem die Sorge für die Person zusteht, und der Staatsanwalt befugt.

Will der gesetzliche Vertreter die Klage nicht erheben, so kann der Vorsitzende des Prozeßgerichts dem Entmündigten einen Rechtsanwalt als Vertreter beiordnen.

Auf das Verfahren finden die Vorschriften der §§. 606 bis 608, 610—615 entsprechende Anwendung.

156. Im §. 621 wird

a) der Absatz 1 durch folgende Vorschrift ersetzt:

Die Entmündigung wegen Verschwendung oder wegen Trunksucht erfolgt durch Beschluß des Amtsgerichts.

b) der Abs. 3 durch folgende Vorschrift ersetzt:

Auf das Verfahren finden die Vorschriften des §. 595 Abs. 1 und der §§. 596, 596a, 597, 600, 604 entsprechende Anwendung.

c) als Abs. 5 folgende Vorschrift hinzugefügt:

Die landesgesetzlichen Vorschriften, nach welchen eine Gemeinde oder ein der Gemeinde gleichstehender Verband oder ein Armenverband berechtigt ist, die Entmündigung wegen Verschwendung oder wegen Trunksucht zu beantragen, bleiben unberührt.

157. Als §. 621a wird folgende Vorschrift eingestellt:

Ist die Entmündigung wegen Trunksucht beantragt, so kann das Gericht die Beschlußfassung über die Entmündigung aussetzen, wenn Aussicht besteht, daß der zu Entmündigende sich bessern werde.

158. An die Stelle des §. 625 tritt folgende Vorschrift:

Die Wiederaufhebung der Entmündigung erfolgt auf Antrag des Entmündigten oder desjenigen gesetzlichen Vertreters des Entmündigten, welchen die Sorge für die Person zusteht, durch Beschluß des Amtsgerichts unter entsprechender Anwendung der §§. 596, 597, des §. 617 Abs. 1, 2, des §. 618 und des §. 619 Abs. 1, 3.

159. Im §. 626 wird

a) der Abs. 2 Satz 1 durch folgende Vorschrift ersetzt:

Zur Erhebung der Klage ist derjenige gesetzliche Vertreter des Entmündigten befugt, welchem die Sorge für die Person zusteht.

b) der Abs. 4 durch folgende Vorschrift ersetzt:

Auf das Verfahren finden die Vorschriften der §§. 606, 608, 610, 611, 613—615 entsprechende Anwendung.

160. Im §. 627 werden hinter den Worten „wegen Verschwendung" die Worte eingeschaltet:

„oder wegen Trunksucht".

161. Der §. 628 Abs. 1 erhält folgenden Zusatz:
Als ein Anspruch, welcher die Zahlung einer Geldsumme zum Gegenstande hat, gilt auch der Anspruch aus einer Hypothek, einer Grundschuld oder einer Rentenschuld.

162. An die Stelle des §. 629 Abs. 2 tritt folgende Vorschrift:
Ausschließlich zuständig ist das Amtsgericht, bei welchem der allgemeine persönliche Gerichtsstand, der Gerichtsstand des Aufenthalts (§. 21) oder der dingliche Gerichtsstand für die im ordentlichen Verfahren erhobene Klage begründet sein würde, wenn die Amtsgerichte in erster Instanz sachlich unbeschränkt zuständig wären.

163. Im §. 632 werden die Worte „zwei Wochen" ersetzt durch die Worte:
„einer Woche".

164. An die Stelle des §. 644 Abs. 2 tritt folgende Vorschrift:
Urtheile in Ehesachen und in Rechtsstreitigkeiten, welche die Feststellung des Rechtsverhältnisses zwischen Eltern und Kindern zum Gegenstande haben, dürfen nicht für vorläufig vollstreckbar erklärt werden.

165. Der §. 646 erhält folgenden Absatz 3:
Ist von einer Partei ein Schriftsatz behufs Einlegung eines Rechtsmittels oder des Einspruchs zur Terminsbestimmung eingereicht, so kann nach Ablauf der Nothfrist und, sofern die Vornahme der Zustellung unter Vermittelung des Gerichtsschreibers eingeleitet war, nach Ablauf der im §. 190 Abs. 2 bestimmten Frist der Gegner beantragen, daß der Partei von dem Gerichtsschreiber eine Frist zum Nachweise der Zustellung bestimmt werde. Nach fruchtlosem Ablaufe dieser Frist ist das Zeugniß über die Rechtskraft zu ertheilen.

166. Der §. 648 Nr. 6 wird durch folgende Vorschrift ersetzt:
6. Urtheile, welche die Verpflichtung zur Entrichtung von Alimenten oder zur Entrichtung einer nach den §§. 843, 844 des Bürgerlichen Gesetzbuchs geschuldeten Geldrente aussprechen, soweit die Entrichtung für die Zeit nach der Erhebung der Klage und für das der Erhebung der Klage vorausgehende letzte Vierteljahr zu erfolgen hat.

167. Im §. 649 treten an die Stelle der Nr. 1, 2 folgende Vorschriften:
1. Streitigkeiten zwischen dem Vermiether und dem Miether oder Untermiether von Wohnräumen oder anderen Räumen

oder zwischen dem Miether und dem Untermiether solcher Räume wegen Ueberlassung, Benutzung oder Räumung sowie wegen Zurückhaltung der von dem Miether oder dem Untermiether in die Miethsräume eingebrachten Sachen;

2. Streitigkeiten zwischen Dienstherrschaft und Gesinde zwischen Arbeitgebern und Arbeitern hinsichtlich des Dienst- oder Arbeitsverhältnisses, sowie die im §. 3 Abs. 1 des Gesetzes, betreffend die Gewerbegerichte, vom 29. Juli 1890 (Reichs-Gesetzbl. S. 141) bezeichneten Streitigkeiten, insofern dieselben während der Dauer des Dienst-, Arbeits- oder Lehrverhältnisses entstehen.

168. Als §. 650a wird folgende Vorschrift eingestellt:

Urtheile der Oberlandesgerichte sind auf Antrag auch ohne Sicherheitsleistung für vorläufig vollstreckbar zu erklären, wenn die Voraussetzungen der §§. 508, 509 für die Zulässigkeit der Revision nach dem Ermessen des Gerichts unzweifelhaft nicht vorliegen.

169. An die Stelle des §. 655 Abs. 2 treten folgende Vorschriften:

Wird ein für vorläufig vollstreckbar erklärtes Urtheil aufgehoben oder abgeändert, so ist der Kläger zum Ersatze des Schadens verpflichtet, der dem Beklagten durch die Vollstreckung des Urtheils oder durch eine zur Abwendung der Vollstreckung gemachte Leistung entstanden ist. Der Beklagte kann den Anspruch auf Schadensersatz in dem anhängigen Rechtsstreite geltend machen; wird der Anspruch geltend gemacht, so ist er als zur Zeit der Zahlung oder Leistung rechtshängig geworden anzusehen.

170. Der §. 658 wird aufgehoben.

171. Als §. 659a werden folgende Vorschriften eingestellt:

Wird auf Räumung einer Wohnung erkannt, so kann das Gericht auf Antrag dem Schuldner eine den Umständen nach angemessene Frist zur Räumung gewähren.

Auf den Antrag finden die Vorschriften der §§. 653, 654 entsprechende Anwendung.

172. An die Stelle des §. 661 Abs. 2 treten folgende Vorschriften:

Das Vollstreckungsurtheil ist erst zu erlassen, wenn das Urtheil des ausländischen Gerichts nach dem für dieses Gericht geltenden Rechte die Rechtskraft erlangt hat. Es ist nicht zu erlassen, wenn die Anerkennung des Urtheils nach §. 293 f ausgeschlossen ist.

173. Der §. 664 erhält folgenden Abs. 2:

Hängt die Vollstreckung von einer Zug um Zug zu bewirkenden Leistung des Gläubigers an den Schuldner ab, so ist der Beweis, daß der Schuldner befriedigt oder im Verzuge der Annahme ist, nur dann erforderlich, wenn die dem Schuldner obliegende Leistung in der Abgabe einer Willenserklärung besteht.

174. An die Stelle des §. 665 treten folgende Vorschriften:

§. 665.

Eine vollstreckbare Ausfertigung kann für den Rechtsnachfolger des in dem Urtheile bezeichneten Gläubigers sowie gegen denjenigen Rechtsnachfolger des in dem Urtheile bezeichneten Schuldners und denjenigen Besitzer der in Streit befangenen Sache, gegen welche das Urtheil nach §. 293 c wirksam ist, ertheilt werden, sofern die Rechtsnachfolge oder das Besitzverhältniß bei dem Gericht offenkundig ist oder durch öffentliche Urkunden nachgewiesen wird.

Ist die Rechtsnachfolge oder das Besitzverhältniß bei dem Gericht offenkundig, so ist dies in der Vollstreckungsklausel zu erwähnen.

§. 665 a.

Ist gegenüber dem Vorerben ein nach §. 293 d dem Nacherben gegenüber wirksames Urtheil ergangen, so finden auf die Ertheilung einer vollstreckbaren Ausfertigung für und gegen den Nacherben die Vorschriften des §. 665 entsprechende Anwendung.

Das Gleiche gilt, wenn gegenüber einem Testamentsvollstrecker ein nach §. 293 e dem Erben gegenüber wirksames Urtheil ergangen ist, für die Ertheilung einer vollstreckbaren Ausfertigung für und gegen den Erben. Eine vollstreckbare Ausfertigung kann gegen den Erben ertheilt werden, auch wenn die Verwaltung des Testamentsvollstreckers noch besteht.

§. 665 b.

Hat Jemand das Vermögen eines Anderen durch Vertrag mit diesem nach der rechtskräftigen Feststellung einer Schuld des Anderen übernommen, so finden auf die Ertheilung einer vollstreckbaren Ausfertigung des Urtheils gegen den Uebernehmer die Vorschriften des §. 665 entsprechende Anwendung.

Das Gleiche gilt für die Ertheilung einer vollstreckbaren Ausfertigung gegen denjenigen, welcher ein unter Lebenden erworbenes Handelsgeschäft unter der bisherigen Firma fortführt, in Ansehung der Verbindlichkeiten, für welche er nach §. 25 Abs. 1 Satz 1, Abs. 2 des Handelsgesetzbuchs haftet, sofern sie vor dem Erwerbe des Geschäfts gegen den früheren Inhaber rechtskräftig festgestellt worden sind.

175. Der §. 666 Abs. 1 wird durch folgende Vorschrift ersetzt:

In den Fällen des §. 664 Abs. 1 und den §§. 665 bis 665b darf die vollstreckbare Ausfertigung nur auf Anordnung des Vorsitzenden ertheilt werden.

176. An die Stelle des §. 667 tritt folgende Vorschrift:

Kann der nach dem §. 664 Abs. 1 und den §§. 665 bis 665b erforderliche Nachweis durch öffentliche Urkunden nicht geführt werden, so hat der Gläubiger bei dem Prozeßgericht erster Instanz aus dem Urtheil auf Ertheilung der Vollstreckungsklausel Klage zu erheben.

177. Hinter §. 670 werden folgende Vorschriften eingestellt:

§. 670a.

Zur Zwangsvollstreckung in das Vermögen eines nicht rechtsfähigen Vereins genügt ein gegen den Verein ergangenes Urtheil.

§. 670b.

Zur Zwangsvollstreckung in das Gesellschaftsvermögen einer nach §. 705 des Bürgerlichen Gesetzbuchs eingegangenen Gesellschaft ist ein gegen alle Gesellschafter ergangenes Urtheil erforderlich.

§. 670c.

Bei dem Nießbrauch an einem Vermögen ist wegen der vor der Bestellung des Nießbrauchs entstandenen Verbindlichkeiten des Bestellers die Zwangsvollstreckung in die dem Nießbrauch unterliegenden Gegenstände ohne Rücksicht auf den Nießbrauch zulässig, wenn der Besteller zu der Leistung und der Nießbraucher zur Duldung der Zwangsvollstreckung verurtheilt ist.

Das Gleiche gilt bei dem Nießbrauch an einer Erbschaft für die Nachlaßverbindlichkeiten.

§. 670d.

Ist die Bestellung des Nießbrauchs an einem Vermögen nach der rechtskräftigen Feststellung einer Schuld des Bestellers erfolgt, so finden auf die Ertheilung einer in Ansehung der dem Nießbrauch unterliegenden Gegenstände vollstreckbaren Ausfertigung des Urtheils gegen den Nießbraucher die Vorschriften der §§. 665, 666—668 entsprechende Anwendung.

Das Gleiche gilt bei dem Nießbrauch an einer Erbschaft für die Ertheilung einer vollstreckbaren Ausfertigung des gegen den Erblasser ergangenen Urtheils.

§. 670e.

Bei dem Güterstande der Verwaltung und Nutznießung, der Errungenschaftsgemeinschaft oder der Fahrnißgemeinschaft ist die Zwangsvollstreckung in das eingebrachte Gut der Ehefrau nur zulässig, wenn die Ehefrau zu der Leistung und der Ehemann zur Duldung der Zwangsvollstreckung in das eingebrachte Gut verurtheilt ist.

§. 670f.

Bei dem Güterstande der allgemeinen Gütergemeinschaft, der Errungenschaftsgemeinschaft oder der Fahrnißgemeinschaft ist zur Zwangsvollstreckung in das Gesammtgut ein gegen den Ehemann ergangenes Urtheil erforderlich und genügend.

§. 670g.

Betreibt die Ehefrau selbständig ein Erwerbsgeschäft, so ist zur Zwangsvollstreckung in das eingebrachte Gut und in das Gesammtgut ein gegen die Ehefrau ergangenes Urtheil genügend, es sei denn, daß zur Zeit des Eintritts der Rechtshängigkeit der Einspruch des Ehemanns gegen den Betrieb des Erwerbsgeschäfts oder der Widerruf seiner Einwilligung zu dem Betrieb im Güterrechtsregister eingetragen war.

§. 670h.

Ist der Güterstand der Verwaltung und Nutznießung, der Errungenschaftsgemeinschaft oder der Fahrnißgemeinschaft erst eingetreten, nachdem ein von der Ehefrau oder gegen sie geführter Rechtsstreit rechtshängig geworden ist, so finden auf die Ertheilung einer in Ansehung des eingebrachten Gutes der Ehefrau vollstreckbaren Ausfertigung des Urtheils für oder gegen den Ehemann die Vorschriften der §§. 665, 666—668 entsprechende Anwendung.

Das Gleiche gilt für die Ertheilung einer in Ansehung des Gesammtguts vollstreckbaren Ausfertigung, wenn die allgemeine Gütergemeinschaft oder die Fahrnißgemeinschaft erst eingetreten ist, nachdem ein von der Ehefrau oder gegen sie geführter Rechtsstreit rechtshängig geworden ist.

§. 670i.

Nach der Beendigung der allgemeinen Gütergemeinschaft, der Errungenschaftsgemeinschaft oder der Fahrnißgemeinschaft ist vor der Auseinandersetzung die Zwangsvollstreckung in das Gesammtgut nur zulässig, wenn beide Ehegatten zu der Leistung oder der eine Ehegatte zu der Leistung und der andere zur Duldung der Zwangsvollstreckung verurtheilt sind.

§. 670k.

Ist die Beendigung der allgemeinen Gütergemeinschaft, der Errungenschaftsgemeinschaft oder der Fahrnißgemeinschaft nach der Beendigung eines Rechtsstreits des Ehemanns eingetreten, so finden auf die Ertheilung einer in Ansehung des Gesammtguts vollstreckbaren Ausfertigung des Urtheils gegen die Ehefrau die Vorschriften der §§. 665, 666—668 entsprechende Anwendung.

§. 670l.

Im Falle der fortgesetzten Gütergemeinschaft ist zur Zwangsvollstreckung in das Gesammtgut ein gegen den überlebenden Ehegatten ergangenes Urtheil erforderlich und genügend.

Nach der Beendigung der fortgesetzten Gütergemeinschaft finden die Vorschriften der §§. 670i, 670k mit der Maßgabe Anwendung, daß an die Stelle des Ehemanns der überlebende Ehegatte, an die Stelle der Ehefrau die antheilsberechtigten Abkömmlinge treten.

§. 670m.

Zur Zwangsvollstreckung in das der elterlichen Nutznießung unterliegende Vermögen des Kindes ist ein gegen das Kind ergangenes Urtheil genügend.

§. 670n.

Zur Zwangsvollstreckung in einen Nachlaß ist, wenn mehrere Erben vorhanden sind, bis zur Theilung ein gegen alle Erben ergangenes Urtheil erforderlich.

§. 670o.

Unterliegt ein Nachlaß der Verwaltung eines Testamentsvollstreckers, so ist zur Zwangsvollstreckung in den Nachlaß ein gegen den Testamentsvollstrecker ergangenes Urtheil erforderlich und genügend.

Steht dem Testamentsvollstrecker nur die Verwaltung einzelner Nachlaßgegenstände zu, so ist die Zwangsvollstreckung in diese Gegenstände nur zulässig, wenn der Erbe zu der Leistung, der Testamentsvollstrecker zur Duldung der Zwangsvollstreckung verurtheilt ist.

Zur Zwangsvollstreckung wegen eines Pflichttheilsanspruchs ist im Falle des Abs. 1 wie im Falle des Abs. 2 ein sowohl gegen den Erben als gegen den Testamentsvollstrecker ergangenes Urtheil erforderlich.

§. 670p.

Auf die Ertheilung einer vollstreckbaren Ausfertigung eines für oder gegen den Erblasser ergangenen Urtheils für oder gegen den Testamentsvollstrecker finden die Vorschriften der §§. 665, 666—668 entsprechende Anwendung. Auf Grund einer solchen Ausfertigung ist die Zwangsvollstreckung nur in die der Verwaltung des Testamentsvollstreckers unterliegenden Nachlaßgegenstände zulässig.

178. An die Stelle des §. 671 Abs. 2 tritt folgende Vorschrift:

Handelt es sich um die Vollstreckung eines Urtheils, dessen vollstreckbare Ausfertigung nach §. 664 Abs. 1 ertheilt worden ist, oder soll ein Urtheil, welches nach den §§. 665—665b, 670d, 670h, 670k, dem §. 670l Abs. 2 und dem §. 670p für oder gegen eine der dort bezeichneten Personen wirksam ist, für oder gegen eine dieser Personen vollstreckt werden, so muß außer dem zu vollstreckenden Urtheil auch die demselben beigefügte Vollstreckungsklausel und, sofern die Vollstreckungsklausel auf Grund öffentlicher Urkunden ertheilt ist, auch eine Abschrift dieser Urkunden vor Beginn der Zwangsvollstreckung zugestellt sein oder gleichzeitig mit Beginn derselben zugestellt werden.

179. Als §. 676a wird folgende Vorschrift eingestellt:

Hängt die Vollstreckung von einer Zug um Zug zu bewirkenden Leistung des Gläubigers an den Schuldner ab, so darf der Gerichtsvollzieher die Zwangsvollstreckung nicht beginnen, bevor er dem Schuldner die diesem gebührende Leistung in einer den Verzug der Annahme begründenden Weise angeboten hat, sofern nicht der Beweis, daß der Schuldner befriedigt oder im Verzuge der Annahme ist, durch öffentliche Urkunden geführt wird und eine Abschrift dieser Urkunden bereits zugestellt ist oder gleichzeitig zugestellt wird.

180. Im §. 681 wird

a) der Abs. 1 durch folgende Vorschrift ersetzt:

Zur Nachtzeit (§. 171 Abs. 1), sowie an Sonntagen und allgemeinen Feiertagen darf eine Vollstreckungshandlung nur mit Erlaubniß des Amtsrichters erfolgen, in dessen Bezirke die Handlung vorgenommen werden soll.

b) der Abs. 3 gestrichen.

181. Im §. 683 tritt an die Stelle des Abs. 2 Satz 1 folgende Vorschrift:

Kann die mündliche Ausführung nicht erfolgen, so hat der Gerichtsvollzieher eine Abschrift des Protokolls unter entsprechender Anwendung der §§. 158, 158a, 166—170 zuzustellen oder, wenn demjenigen, an welchen die Aufforderung oder Mittheilung zu richten ist, am Orte der Zwangsvollstreckung nicht zugestellt werden kann, durch die Post zu übersenden.

182. Als §. 684a werden folgende Vorschriften eingestellt:

Hängt die Vollstreckung von einer Zug um Zug zu bewirkenden Leistung des Gläubigers an den Schuldner ab, so darf das Vollstreckungsgericht eine Vollstreckungsmaßregel nur anordnen, wenn der Beweis, daß der Schuldner befriedigt oder im Verzuge der Annahme ist, durch öffentliche Urkunden geführt wird und eine Abschrift dieser Urkunden bereits zugestellt ist. Der Zustellung bedarf es nicht, wenn bereits der Gerichtsvollzieher die Zwangsvollstreckung nach §. 676a begonnen hatte und der Beweis durch das Protokoll des Gerichtsvollziehers geführt wird.

183. An die Stelle des §. 687 tritt folgende Vorschrift:

Die Bestimmungen des §. 686 Abs. 1, 3 finden entsprechende Anwendung, wenn in den Fällen des §. 664 Abs. 1, der §§. 665—665b, 670d, 670h, 670k, des §. 670l Abs. 2 und des §. 670p der Schuldner den bei der Ertheilung der Vollstreckungsklausel als bewiesen angenommenen Eintritt der Voraussetzung für die Ertheilung der Vollstreckungsklausel bestreitet, unbeschadet der Befugniß des Schuldners, in diesen Fällen Einwendungen gegen die Zulässigkeit der Vollstreckungsklausel in Gemäßheit des §. 668 zu erheben.

184. Hinter §. 690 werden folgende Vorschriften eingestellt:

§. 690a.

Solange ein Veräußerungsverbot der in den §§. 135, 136 des Bürgerlichen Gesetzbuchs bezeichneten Art besteht, soll der Gegenstand, auf welchen es sich bezieht, wegen eines persönlichen Anspruchs oder auf Grund eines in Folge des Verbots unwirksamen Rechts nicht im Wege der Zwangsvollstreckung veräußert oder überwiesen werden. Auf Grund des Veräußerungsverbots kann nach Maßgabe des §. 690 Widerspruch erhoben werden.

§. 690b.

Ein Gegenstand, der zu einer Vorerbschaft gehört, soll nicht im Wege der Zwangsvollstreckung veräußert oder überwiesen werden, wenn die Veräußerung oder die Ueberweisung im Falle des Eintritts der Nacherbfolge nach §. 2115 des Bürgerlichen Gesetzbuchs dem Nacherben gegenüber unwirksam ist. Der Nacherbe kann nach Maßgabe des §. 690 Widerspruch erheben.

§. 690c.

Findet nach §. 670g die Zwangsvollstreckung in das eingebrachte Gut der Ehefrau oder in das Gesammtgut statt, so kann der Ehemann nach Maßgabe des §. 690 Widerspruch erheben, wenn das gegen die Ehefrau ergangene Urtheil in Ansehung des eingebrachten Gutes oder des Gesammtguts ihm gegenüber unwirksam ist.

185. Hinter §. 692 werden folgende Vorschriften eingestellt:

§. 692a.

Hat der Gläubiger eine bewegliche Sache des Schuldners im Besitz, in Ansehung deren ihm ein Pfandrecht oder ein Zurückbehaltungsrecht für seine Forderung zusteht, so kann der Schuldner der Zwangsvollstreckung in sein übriges Vermögen nach §. 685 widersprechen, soweit die Forderung durch den Werth der Sache gedeckt ist. Steht dem Gläubiger ein solches Recht in Ansehung der Sache auch für eine andere Forderung zu, so ist der Widerspruch nur zulässig, wenn auch diese Forderung durch den Werth der Sache gedeckt ist.

§. 692b.

Solange der Erbe die Erbschaft nicht angenommen hat, ist eine Zwangsvollstreckung wegen eines Anspruchs, der sich gegen den Nachlaß richtet, nur in den Nachlaß zulässig.

Wegen eigener Verbindlichkeiten des Erben ist eine Zwangsvollstreckung in den Nachlaß vor der Annahme der Erbschaft nicht zulässig.

186. An die Stelle des §. 693 Abs. 2 treten folgende Vorschriften:

Ist bei einer Vollstreckungshandlung die Zuziehung des Schuldners nöthig, so hat, wenn die Erbschaft noch nicht angenommen oder wenn der Erbe unbekannt oder es ungewiß ist, ob er die Erbschaft angenommen hat, das Vollstreckungsgericht auf Antrag des Gläubigers dem Erben einen einstweiligen besonderen Vertreter zu bestellen. Die Bestellung hat zu unterbleiben, wenn ein Nachlaßpfleger bestellt ist, oder wenn die Verwaltung des Nachlasses einem Testamentsvollstrecker zusteht.

187. Der §. 694 wird aufgehoben.

188. An die Stelle der §§. 695, 696 treten folgende Vorschriften:

§. 695.

Der als Erbe des Schuldners verurtheilte Beklagte kann die Beschränkung seiner Haftung nur geltend machen, wenn sie ihm im Urtheile vorbehalten ist.

Der Vorbehalt ist nicht erforderlich, wenn der Fiskus als gesetzlicher Erbe verurtheilt wird oder wenn das Urtheil über eine Nachlaßverbindlichkeit gegen einen Nachlaßverwalter oder einen anderen Nachlaßpfleger oder gegen einen Testamentsvollstrecker, dem die Verwaltung des Nachlasses zusteht, erlassen wird.

§. 696.

Bei der Zwangsvollstreckung gegen den Erben des Schuldners bleibt die Beschränkung der Haftung unberücksichtigt, bis auf Grund derselben gegen die Zwangsvollstreckung von dem Erben Einwendungen erhoben werden.

§. 696a.

Der Erbe kann auf Grund der ihm nach den §§. 2014, 2015 des Bürgerlichen Gesetzbuchs zustehenden Einreden nur verlangen, daß die Zwangsvollstreckung für die Dauer der dort bestimmten Fristen auf solche Maßregeln beschränkt wird, die zur Vollziehung eines Arrestes zulässig sind. Wird vor dem Ablaufe der Frist die Eröffnung des Nachlaßkonkurses beantragt, so ist auf Antrag die Beschränkung der Zwangsvollstreckung auch nach dem Ablauf der Frist aufrecht zu erhalten, bis über die Eröffnung des Konkursverfahrens rechtskräftig entschieden ist.

§. 696b.

In Ansehung der Nachlaßgegenstände kann der Erbe die Beschränkung der Zwangsvollstreckung nach §. 696a auch gegenüber den Gläubigern verlangen, die nicht Nachlaßgläubiger sind, es sei denn, daß er für die Nachlaßverbindlichkeiten unbeschränkt haftet.

§. 696c.

Ist eine Nachlaßverwaltung angeordnet oder der Nachlaßkonkurs eröffnet, so kann der Erbe verlangen, daß Maßregeln der Zwangsvollstreckung, die zu Gunsten eines Nachlaßgläubigers in sein nicht zum Nachlasse gehörendes Vermögen erfolgt sind, aufgehoben werden, es sei denn, daß er für die Nachlaßverbindlichkeiten unbeschränkt haftet. Im Falle der Nachlaßverwaltung steht dem Nachlaßverwalter das gleiche Recht gegenüber Maßregeln der Zwangsvollstreckung zu, die zu Gunsten eines anderen Gläubigers als eines Nachlaßgläubigers in den Nachlaß erfolgt sind.

§. 696d.

Die Erledigung der auf Grund der §§. 696—696c erhobenen Einwendungen erfolgt nach den Bestimmungen der §§. 686, 688, 689.

§. 696e.

Die Bestimmungen des §. 695 Abs. 1 und der §§. 696 bis 696d finden auf die nach §. 1489 des Bürgerlichen Gesetzbuchs eintretende beschränkte Haftung, die Bestimmungen des §. 695 Abs. 1 und der §§. 696, 696d finden auf die nach den §§. 419, 1480, 1504, 2187 des Bürgerlichen Gesetzbuchs eintretende beschränkte Haftung entsprechende Anwendung.

§. 696f.

Soll durch die Zwangsvollstreckung ein Recht an einem Grundstücke, das von dem bisherigen Eigenthümer nach §. 928 des Bürgerlichen Gesetzbuchs aufgegeben und von dem Aneignungsberechtigten noch nicht erworben worden ist, geltend gemacht werden, so hat das Vollstreckungsgericht auf Antrag einen Vertreter zu bestellen, dem bis zur Eintragung eines neuen Eigenthümers die Wahrnehmung der sich aus dem Eigenthum ergebenden Rechte und Verpflichtungen im Zwangsvollstreckungsverfahren obliegt.

189. Als §. 700a wird folgende Vorschrift eingestellt:

Bedarf der Gläubiger zum Zwecke der Zwangsvollstreckung eines Erbscheins oder einer anderen Urkunde, die dem Schuldner auf Antrag von einer Behörde, einem Beamten oder einem Notar zu ertheilen ist, so kann er die Ertheilung an Stelle des Schuldners verlangen.

190. Im §. 702 wird

a) die Nr. 1 durch folgende Vorschrift ersetzt:

1. aus Vergleichen, welche nach Erhebung der Klage zwischen den Parteien oder zwischen einer Partei und einem Dritten zur Beilegung des Rechtsstreits seinem ganzen Umfange nach oder in Betreff eines Theils des Streitgegenstandes vor einem deutschen Gericht abgeschlossen sind;

b) der Nr. 5 als Satz 2 folgende Vorschrift hinzugefügt:

Als ein Anspruch, welcher die Zahlung einer Geldsumme zum Gegenstande hat, gilt auch der Anspruch aus einer Hypothek, einer Grundschuld oder einer Rentenschuld.

c) als Abs. 2 folgende Vorschrift hinzugefügt:

Soweit nach den Vorschriften der §§. 670c, 670e, 670i, des §. 670l Abs. 2 und des §. 670o Abs. 2

die Verurtheilung eines Betheiligten zur Duldung der Zwangsvollstreckung erforderlich ist, wird sie dadurch ersetzt, daß der Betheiligte in einer nach Abs. 1 Nr. 5 aufgenommenen Urkunde die sofortige Zwangsvollstreckung in die seinem Rechte unterworfenen Gegenstände bewilligt.

191. Im §. 703 wird statt „§§. 704, 705" gesetzt „§§. 704—705b".

192. Im §. 704 werden

a) der Abs. 1 durch folgende Vorschrift ersetzt:

Vollstreckungsbefehle bedürfen der Vollstreckungsklausel nur, wenn die Zwangsvollstreckung für einen anderen als den in dem Befehle bezeichneten Gläubiger oder gegen einen anderen als den in dem Befehle bezeichneten Schuldner erfolgen soll.

b) im Abs. 3 die Worte „oder die bei der Ertheilung der Vollstreckungsklausel als eingetreten angenommene Rechtsnachfolge" ersetzt durch die Worte:

„oder der bei der Ertheilung der Vollstreckungsklausel als bewiesen angenommene Eintritt der Voraussetzung für die Ertheilung der Vollstreckungsklausel".

193. Im §. 705 Abs. 5 treten an die Stelle der Worte „Eintritt der Thatsache, von welcher die Vollstreckung aus der Urkunde abhängt, oder die als eingetreten angenommene Rechtsnachfolge" die Worte:

„Eintritt der Voraussetzung für die Ertheilung der Vollstreckungsklausel".

194. Hinter §. 705 werden folgende Vorschriften eingestellt:

§. 705a.

Hat sich der Eigenthümer eines mit einer Hypothek, einer Grundschuld oder einer Rentenschuld belasteten Grundstücks in einer nach §. 702 Nr. 5 aufgenommenen Urkunde der sofortigen Zwangsvollstreckung unterworfen und ist dem Rechtsnachfolger des Gläubigers eine vollstreckbare Ausfertigung ertheilt, so ist die Zustellung der die Rechtsnachfolge nachweisenden öffentlichen Urkunde nicht erforderlich, wenn der Rechtsnachfolger als Gläubiger im Grundbuch eingetragen ist.

§. 705b.

Der Eigenthümer kann sich in einer nach §. 702 Nr. 5 aufgenommenen Urkunde in Ansehung einer Hypothek, einer Grundschuld oder einer Rentenschuld der sofortigen Zwangsvollstreckung in der Weise unterwerfen, daß die Zwangsvollstreckung aus der Urkunde gegen den jeweiligen Eigenthümer des Grundstücks zulässig sein soll. Die Unterwerfung bedarf in diesem Falle der Eintragung in das Grundbuch.

Bei der Zwangsvollstreckung gegen einen späteren Eigenthümer, der im Grundbuch eingetragen ist, bedarf es nicht der Zustellung der den Erwerb des Eigenthums nachweisenden öffentlichen Urkunde.

Ist die sofortige Zwangsvollstreckung gegen den jeweiligen Eigenthümer zulässig, so ist für die im §. 705 Abs. 5 bezeichneten Klagen das Gericht zuständig, in dessen Bezirke das Grundstück belegen ist.

195. Der §. 706 Abs. 2 wird aufgehoben.

196. Als §. 710a wird folgende Vorschrift eingestellt:

Wird ein Gegenstand auf Grund der Pfändung veräußert, so steht dem Erwerber wegen eines Mangels im Rechte oder wegen eines Mangels der veräußerten Sache ein Anspruch auf Gewährleistung nicht zu.

197. Im §. 711 werden die Worte „daß er sein Vermögen vollständig angegeben und wissentlich nichts verschwiegen habe." ersetzt durch die Worte:

„daß er nach bestem Wissen sein Vermögen so vollständig angegeben habe, als er dazu im Stande sei."

198. An die Stelle der §§. 714, 715 treten folgende Vorschriften:

§. 714.

Früchte, die von dem Boden noch nicht getrennt sind, können gepfändet werden, so lange nicht ihre Beschlagnahme im Wege der Zwangsvollstreckung in das unbewegliche Vermögen erfolgt ist. Die Pfändung darf nicht früher als einen Monat vor der gewöhnlichen Zeit der Reife erfolgen.

Ein Gläubiger, der ein Recht auf Befriedigung aus dem Grundstücke hat, kann der Pfändung nach Maßgabe des §. 690 widersprechen.

§. 715.

Folgende Sachen sind der Pfändung nicht unterworfen:

1. die Kleidungsstücke, die Betten, die Wäsche, das Haus- und Küchengeräth, insbesondere die Heiz- und Kochöfen, soweit diese Gegenstände für den Bedarf des Schuldners oder zur Erhaltung eines angemessenen Hausstandes unentbehrlich sind;
2. die für den Schuldner, seine Familie und sein Gesinde auf zwei Wochen erforderlichen Nahrungs- und Feuerungsmittel oder, soweit diese nicht vorhanden und ihre Beschaffung auf anderem Wege nicht gesichert ist, der zur Beschaffung erforderliche Geldbetrag;
3. eine Milchkuh oder nach der Wahl des Schuldners statt einer solchen zwei Ziegen oder zwei Schafe nebst den zum Unterhalt und zur Streu für dieselben auf zwei Wochen erforderlichen Futter- und Streuvorräthen oder, soweit diese nicht vorhanden, dem zur Beschaffung erforderlichen Geldbetrage, wenn die bezeichneten Thiere für die Ernährung des Schuldners, seiner Familie und seines Gesindes unentbehrlich sind;
4. bei Personen, welche Landwirthschaft betreiben, das zum Wirthschaftsbetrieb erforderliche Geräth und Vieh nebst dem nöthigen Dünger, sowie die landwirthschaftlichen Erzeugnisse, soweit sie zur Fortführung der Wirthschaft bis zu der Zeit erforderlich sind, zu welcher gleiche oder ähnliche Erzeugnisse voraussichtlich gewonnen werden;
5. bei Künstlern, Handwerkern, gewerblichen Arbeitern und anderen Personen, welche aus Handarbeit oder sonstigen persönlichen Leistungen ihren Erwerb ziehen, sowie bei Hebammen die zur persönlichen Fortsetzung der Berufsthätigkeit unentbehrlichen Gegenstände;
6. bei Offizieren, Deckoffizieren, Beamten, Geistlichen, Lehrern an öffentlichen Unterrichtsanstalten, Rechtsanwälten, Notaren und Aerzten die zur Verwaltung des Dienstes oder Ausübung des Berufs erforderlichen Gegenstände, sowie anständige Kleidung;
7. bei Offizieren, Militärärzten, Deckoffizieren, Beamten, Geistlichen und Lehrern an öffentlichen Unterrichtsanstalten ein Geldbetrag, welcher dem der Pfändung

nicht unterworfenen Theile des Diensteinkommens oder der Pension für die Zeit von der Pfändung bis zum nächsten Termine der Gehalts- oder Pensionszahlung gleichkommt;

8. die zum Betriebe einer Apotheke unentbehrlichen Geräthe, Gefäße und Waaren;
9. die Bücher, welche zum Gebrauche des Schuldners und seiner Familie in der Kirche oder Schule oder bei der häuslichen Andacht bestimmt sind;
10. die in Gebrauch genommenen Haushaltungs- und Geschäftsbücher, die Familienpapiere, sowie die Trauringe, Orden und Ehrenzeichen;
11. künstliche Gliedmaßen, Brillen und andere wegen körperlicher Gebrechen nothwendigen Hülfsmittel, soweit diese Gegenstände zum Gebrauche des Schuldners und seiner Familie bestimmt sind;
12. die zur unmittelbaren Verwendung für die Bestattung bestimmten Gegenstände.

§. 715a.

Gegenstände, welche zum gewöhnlichen Hausrathe gehören und im Haushalte des Schuldners gebraucht werden, sollen nicht gepfändet werden, wenn ohne Weiteres ersichtlich ist, daß durch deren Verwerthung nur ein Erlös erzielt werden würde, welcher zu dem Werthe außer allem Verhältnisse steht.

§. 715b.

Zur Pfändung von Früchten, die von dem Boden noch nicht getrennt sind, und zur Pfändung von Gegenständen der im §. 715 Nr. 4 bezeichneten Art bei Personen, welche Landwirthschaft betreiben, soll ein landwirthschaftlicher Sachverständiger zugezogen werden, sofern anzunehmen ist, daß der Werth der zu pfändenden Gegenstände den Betrag von eintausend Mark übersteigt.

199. Der §. 716 Abs. 2 wird gestrichen.

200. Als §. 716a werden folgende Vorschriften eingestellt:

Gepfändetes Geld ist dem Gläubiger abzuliefern.

Wird dem Gerichtsvollzieher glaubhaft gemacht, daß an gepfändetem Gelde ein die Veräußerung hinderndes Recht eines Dritten bestehe, so ist das Geld zu hinterlegen. Die Zwangsvollstreckung ist fortzusetzen, wenn nicht binnen einer Frist von zwei Wochen seit dem Tage der Pfändung eine Entscheidung des nach §. 690 Abs. 1 zuständigen Gerichts über die Einstellung der Zwangsvollstreckung beigebracht wird.

Die Wegnahme des Geldes durch den Gerichtsvollzieher gilt als Zahlung von Seiten des Schuldners, sofern nicht nach Abs. 2 oder nach §. 659 die Hinterlegung zu erfolgen hat.

201. Der §. 717 erhält folgenden Abs. 4:

Bei der Versteigerung finden die Vorschriften des §. 1239 Abs. 1 Satz 1, Abs. 2 des Bürgerlichen Gesetzbuchs entsprechende Anwendung.

202. Im §. 718 werden

a) der Abs. 1 durch folgende Vorschrift ersetzt:

Dem Zuschlag an den Meistbietenden soll ein dreimaliger Aufruf vorausgehen; die Vorschriften des §. 156 des Bürgerlichen Gesetzbuchs finden Anwendung.

b) als Abs. 4 folgende Vorschriften hinzugefügt:

Wird der Zuschlag dem Gläubiger ertheilt, so ist dieser von der Verpflichtung zur baaren Zahlung soweit befreit, als der Erlös nach Abzug der Kosten der Zwangsvollstreckung zu seiner Befriedigung zu verwenden ist, sofern nicht dem Schuldner nachgelassen ist, durch Sicherheitsleistung oder durch Hinterlegung die Vollstreckung abzuwenden. Soweit der Gläubiger von der Verpflichtung zur baaren Zahlung befreit ist, gilt der Betrag als von dem Schuldner an den Gläubiger gezahlt.

203. An die Stelle des §. 727 Abs. 1 tritt folgende Vorschrift:

Zur Pfändung bereits gepfändeter Sachen genügt die in das Protokoll aufzunehmende Erklärung des Gerichtsvollziehers, daß er die Sachen für seinen Auftraggeber pfände.

204. Der §. 731 wird durch folgende Vorschriften ersetzt:

Zur Pfändung einer Forderung, für welche eine Hypothek besteht, ist außer dem Pfändungsbeschlusse die Uebergabe des Hypothekenbriefs an den Gläubiger erforderlich. Wird die Uebergabe im Wege der Zwangsvollstreckung erwirkt, so gilt sie als erfolgt, wenn der Gerichtsvollzieher den Brief zum Zwecke der Ablieferung an den Gläubiger wegnimmt. Ist die Ertheilung des Hypothekenbriefs ausgeschlossen, so ist die Eintragung der Pfändung in das Grundbuch erforderlich; die Eintragung erfolgt auf Grund des Pfändungsbeschlusses.

Wird der Pfändungsbeschluß vor der Uebergabe des Hypothekenbriefs oder der Eintragung der Pfändung dem Drittschuldner zugestellt, so gilt die Pfändung diesem gegenüber mit der Zustellung als bewirkt.

Diese Vorschriften finden keine Anwendung, soweit es sich um die Pfändung der Ansprüche auf die im §. 1159 des Bürgerlichen Gesetzbuchs bezeichneten Leistungen handelt. Das Gleiche gilt bei einer Sicherungshypothek im Falle des §. 1187 des Bürgerlichen Gesetzbuchs von der Pfändung der Hauptforderung.

205. An die Stelle des §. 736 Abs. 3 tritt folgende Vorschrift:

Die Bestimmungen des §. 730 Abs. 2, 3 finden auf die Ueberweisung entsprechende Anwendung.

206. Im §. 737 wird

a) hinter Abs. 1 folgende Vorschrift als Abs. 2 eingestellt:

Der Ueberweisungsbeschluß gilt, auch wenn er mit Unrecht erlassen ist, zu Gunsten des Drittschuldners dem Schuldner gegenüber solange als rechtsbeständig, bis er aufgehoben wird und die Aufhebung zur Kenntniß des Drittschuldners gelangt.

b) im bisherigen Abs. 2, jetzt Abs. 3, der Satz 1 durch folgende Vorschrift ersetzt:

Der Schuldner ist verpflichtet, dem Gläubiger die zur Geltendmachung der Forderung nöthige Auskunft zu ertheilen und ihm die über die Forderung vorhandenen Urkunden herauszugeben.

207. Hinter §. 737 werden folgende Vorschriften eingestellt:

§. 737a.

Zur Ueberweisung einer gepfändeten Forderung, für welche eine Hypothek besteht, genügt die Aushändigung des Ueberweisungsbeschlusses an den Gläubiger. Ist die Ertheilung des Hypothekenbriefs ausgeschlossen, so ist zur Ueberweisung an Zahlungsstatt die Eintragung der Ueberweisung in das Grundbuch erforderlich; die Eintragung erfolgt auf Grund des Ueberweisungsbeschlusses.

Diese Vorschriften finden keine Anwendung, soweit es sich um die Ueberweisung der Ansprüche auf die im §. 1159 des Bürgerlichen Gesetzbuchs bezeichneten Leistungen handelt. Das Gleiche gilt bei einer Sicherungshypothek im Falle des §. 1187 des Bürgerlichen Gesetzbuchs von der Ueberweisung der Hauptforderung.

Bei einer Sicherungshypothek der im §. 1190 des Bürgerlichen Gesetzbuchs bezeichneten Art kann die Hauptforderung nach den allgemeinen Vorschriften gepfändet und überwiesen werden, wenn der Gläubiger die Ueberweisung der Forderung ohne die Hypothek an Zahlungsstatt beantragt.

§. 737 b.

Wird eine durch ein Pfandrecht an einer beweglichen Sache gesicherte Forderung überwiesen, so kann der Schuldner die Herausgabe der Pfandes an den Gläubiger verweigern, bis ihm Sicherheit für die Haftung geleistet wird, die für ihn aus einer Verletzung der dem Gläubiger dem Verpfänder gegenüber obliegenden Verpflichtungen entstehen kann.

208. Im §. 747 werden hinter Abs. 1 folgende Vorschriften als Abs. 2 eingestellt:

Ist der Anspruch auf Uebertragung des Eigenthums gerichtet, so hat die Auflassung an den Sequester als Vertreter des Schuldners zu erfolgen. Mit dem Uebergange des Eigenthums auf den Schuldner erlangt der Gläubiger eine Sicherungshypothek für seine Forderung. Der Sequester hat die Eintragung der Sicherungshypothek zu bewilligen.

209. Im §. 749 treten

a) im Abs. 1 an die Stelle der Nr. 1 bis 3 folgende Vorschriften:
   1. der Arbeits- oder Dienstlohn nach den Bestimmungen des Reichsgesetzes vom 21. Juni 1869;
   2. die auf gesetzlicher Vorschrift beruhenden Alimentenforderungen und die nach §. 844 des Bürgerlichen Gesetzbuchs wegen der Entziehung einer solchen Forderung zu entrichtende Geldrente;
   3. die fortlaufenden Einkünfte, welche ein Schuldner aus Stiftungen oder sonst auf Grund der Fürsorge und

Freigebigkeit eines Dritten bezieht, insoweit der Schuldner zur Bestreitung des nothdürftigen Unterhalts für sich, seinen Ehegatten und seine noch unversorgten Kinder dieser Einkünfte bedarf;

b an die Stelle des Abs. 3 folgende Vorschrift:

Die nach §. 843 des Bürgerlichen Gesetzbuchs wegen einer Verletzung des Körpers oder der Gesundheit zu entrichtende Geldrente ist nur soweit der Pfändung unterworfen, als der Gesammtbetrag die Summe von fünfzehnhundert Mark für das Jahr übersteigt.

210. Hinter §. 749 werden folgende Vorschriften eingestellt:

§. 749a.

Eine Forderung ist in Ermangelung besonderer Vorschriften der Pfändung nur insoweit unterworfen, als sie übertragbar ist.

Eine nach §. 399 des Bürgerlichen Gesetzbuchs nicht übertragbare Forderung kann insoweit gepfändet und zur Einziehung überwiesen werden, als der geschuldete Gegenstand der Pfändung unterworfen ist.

Ein Pachtrecht kann, auch wenn dem Pächter nicht gestattet ist, die Ausübung des Rechts einem Dritten zu überlassen, in der Weise gepfändet werden, daß eine Verwaltung angeordnet wird.

§. 749b.

Der Pflichttheilsanspruch ist der Pfändung nur unterworfen, wenn er durch Vertrag anerkannt oder rechtshängig geworden ist.

Das Gleiche gilt für den nach §. 528 des Bürgerlichen Gesetzbuchs dem Schenker zustehenden Anspruch auf Herausgabe des Geschenkes.

211. Im §. 754 wird

a hinter Abs. 2 folgende Vorschrift als Abs. 3 eingestellt:

Ein unveräußerliches Recht ist in Ermangelung besonderer Vorschriften der Pfändung insoweit unterworfen, als die Ausübung einem Anderen überlassen werden kann.

b der Abs. 3, jetzt Abs. 4, durch folgende Vorschriften ersetzt:

Das Gericht kann bei der Zwangsvollstreckung in unveräußerliche Rechte, deren Ausübung einem Anderen überlassen werden kann, besondere Anordnungen erlassen. Es kann insbesondere bei der Zwangsvollstreckung in Nutzungsrechte eine Verwaltung anordnen; in diesem Falle wird die Pfändung durch Uebergabe der zu benutzenden Sache an den Verwalter bewirkt, sofern sie nicht durch Zustellung des Beschlusses bereits vorher bewirkt ist.

c) hinter Abs. 4, jetzt Abs. 5, folgende Vorschrift als Abs. 6 eingestellt:

Auf die Zwangsvollstreckung in eine Reallast, eine Grundschuld oder eine Rentenschuld finden die Vorschriften über die Zwangsvollstreckung in eine Forderung, für welche eine Hypothek besteht, entsprechende Anwendung.

212. Hinter §. 754 werden folgende Vorschriften eingestellt:

§. 754 a.

Auf die Zwangsvollstreckung in den Antheil an einem im Schiffsregister eingetragenen Schiffe (Schiffspart) finden die Bestimmungen des §. 754 mit folgenden Abweichungen Anwendung.

Als Vollstreckungsgericht ist das Amtsgericht zuständig, in dessen Bezirke sich der Heimathshafen oder der Heimathsort des Schiffes befindet.

Dem Antrag auf Anordnung der Veräußerung der Part ist ein Auszug aus dem Schiffsregister beizufügen, der alle die Part betreffenden Eintragungen enthält; der Auszug darf nicht älter als eine Woche sein.

Der Pfändungsbeschluß soll dem Korrespondentrheder zugestellt werden; die Pfändung wird auch mit dieser Zustellung wirksam.

Das Vollstreckungsgericht soll der Registerbehörde von der Erlassung des Pfändungsbeschlusses unverzüglich Mittheilung machen.

Ergiebt der Auszug aus dem Schiffsregister, daß die Part mit einem Pfandrechte belastet ist, welches einem anderen als dem betreibenden Gläubiger zusteht, so ist die Hinterlegung des Erlöses anzuordnen. Die Vertheilung des Erlöses erfolgt in diesem Falle nach den Bestimmungen der §§. 759—768; Forderungen, für die ein Pfandrecht an der Part eingetragen ist, sind nach dem Inhalte des Schiffsregisters in den Theilungsplan aufzunehmen.

§. 754 b.

Der Antheil eines Gesellschafters an dem Gesellschaftsvermögen einer nach §. 705 des Bürgerlichen Gesetzbuchs eingegangenen Gesellschaft ist der Pfändung unterworfen. Der Antheil eines Gesellschafters an den einzelnen zu dem Gesellschaftsvermögen gehörenden Gegenständen ist der Pfändung nicht unterworfen.

Die gleichen Vorschriften gelten für den Antheil eines Miterben an dem Nachlaß und an den einzelnen Nachlaßgegenständen.

§. 754 c.

Bei dem Güterstande der allgemeinen Gütergemeinschaft, der Errungenschaftsgemeinschaft oder der Fahrnißgemeinschaft ist der Antheil eines der Ehegatten an dem Gesammtgut und an den einzelnen dazu gehörenden Gegenständen der Pfändung nicht unterworfen. Das Gleiche gilt bei der fortgesetzten Gütergemeinschaft von den Antheilen des überlebenden Ehegatten und der Abkömmlinge.

Nach der Beendigung der Gemeinschaft ist der Antheil an dem Gesammtgute zu Gunsten der Gläubiger des Antheilsberechtigten der Pfändung unterworfen.

§. 754 d.

Das Recht, welches bei dem Güterstande der Verwaltung und Nutznießung dem Ehemann an dem eingebrachten Gute zusteht, ist der Pfändung nicht unterworfen. Die von dem Ehemann erworbenen Früchte des eingebrachten Gutes sind der Pfändung nicht unterworfen, soweit sie zur Erfüllung der in den §§. 1384 bis 1387 des Bürgerlichen Gesetzbuchs bestimmten Verpflichtungen des Ehemanns, zur Erfüllung der ihm seiner Ehefrau, seiner früheren Ehefrau oder seinen Verwandten gegenüber gesetzlich obliegenden Unterhaltspflicht und zur Bestreitung seines standesmäßigen Unterhalts erforderlich sind.

Der Widerspruch kann auch von der Ehefrau nach §. 685 geltend gemacht werden.

§. 754 e.

Das Recht, welches dem Vater oder der Mutter kraft der elterlichen Nutznießung an dem Vermögen des

Kindes zusteht, ist der Pfändung nicht unterworfen. Das Gleiche gilt von den ihnen nach den §§. 1655, 1656 des Bürgerlichen Gesetzbuchs zustehenden Ansprüchen, solange die Ansprüche nicht fällig sind.

Auf die Pfändung der von dem Vater oder der Mutter kraft der elterlichen Nutznießung erworbenen Früchte finden die Vorschriften des §. 754d Abs. 1 Satz 2 mit der Maßgabe entsprechende Anwendung, daß die in den §§. 1655, 1656 des Bürgerlichen Gesetzbuchs bezeichneten Ansprüche, wenn sie fällig sind, den erworbenen Früchten gleichstehen.

Der Widerspruch kann auch von dem Kinde nach §. 685 geltend gemacht werden.

§. 754f.

Ist der Schuldner als Erbe nach §. 2338 des Bürgerlichen Gesetzbuchs durch die Einsetzung eines Nacherben beschränkt, so sind die Nutzungen der Erbschaft der Pfändung nicht unterworfen, soweit sie zur Erfüllung der dem Schuldner seinem Ehegatten, seinem früheren Ehegatten oder seinen Verwandten gegenüber gesetzlich obliegenden Unterhaltspflicht und zur Bestreitung seines standesmäßigen Unterhalts erforderlich sind. Das Gleiche gilt, wenn der Schuldner nach §. 2338 des Bürgerlichen Gesetzbuchs durch die Ernennung eines Testamentsvollstreckers beschränkt ist, für seinen Anspruch auf den jährlichen Reinertrag.

Die Pfändung ist unbeschränkt zulässig, wenn der Anspruch eines Nachlaßgläubigers oder ein auch dem Nacherben oder dem Testamentsvollstrecker gegenüber wirksames Recht geltend gemacht wird.

Diese Vorschriften finden entsprechende Anwendung, wenn der Antheil eines Abkömmlinges an dem Gesammtgute der fortgesetzten Gütergemeinschaft nach §. 1513 Abs. 2 des Bürgerlichen Gesetzbuchs einer Beschränkung der im Abs. 1 bezeichneten Art unterliegt.

213. Die §§. 755, 756 werden aufgehoben.

214. An die Stelle des §. 757 treten folgende Vorschriften:

§. 757.

Der Zwangsvollstreckung in das unbewegliche Vermögen unterliegen außer den Grundstücken die Berechtigungen, für welche die sich auf Grundstücke beziehenden Vorschriften gelten, und die im Schiffsregister eingetragenen Schiffe.

Die Zwangsvollstreckung in den Bruchtheil eines Grundstücks oder einer Berechtigung ist nur zulässig, wenn der Bruchtheil in dem Antheil eines Miteigenthümers besteht oder wenn sich der Anspruch des Gläubigers auf ein Recht gründet, mit welchem der Bruchtheil als solcher belastet ist.

§. 757a.

Die Zwangsvollstreckung in das unbewegliche Vermögen umfaßt auch die Gegenstände, auf welche sich bei Grundstücken und Berechtigungen die Hypothek, bei Schiffen das eingetragene Pfandrecht erstreckt.

Diese Gegenstände können, soweit sie Zubehör sind, nicht gepfändet werden. Im Uebrigen unterliegen sie der Zwangsvollstreckung in das bewegliche Vermögen, solange nicht ihre Beschlagnahme im Wege der Zwangsvollstreckung in das unbewegliche Vermögen erfolgt ist.

§. 757b.

Die Zwangsvollstreckung in ein Grundstück erfolgt durch Eintragung einer Sicherungshypothek für die Forderung, durch Zwangsversteigerung und durch Zwangsverwaltung.

Der Gläubiger kann verlangen, daß eine dieser Maßregeln allein oder neben den übrigen ausgeführt werde.

§. 757c.

Die Sicherungshypothek wird auf Antrag des Gläubigers in das Grundbuch eingetragen; die Eintragung ist auf dem vollstreckbaren Titel zu vermerken. Mit der Eintragung entsteht die Hypothek. Das Grundstück haftet auch für die dem Schuldner zur Last fallenden Kosten der Eintragung.

Sollen mehrere Grundstücke des Schuldners mit der Hypothek belastet werden, so ist der Betrag der Forderung auf die einzelnen Grundstücke zu vertheilen; die Größe der Theile bestimmt der Gläubiger.

§. 757d.

Wird durch eine vollstreckbare Entscheidung die zu

vollstreckende Entscheidung oder ihre vorläufige Vollstreckbarkeit aufgehoben oder die Zwangsvollstreckung für unzulässig erklärt oder deren Einstellung angeordnet, so erwirbt der Eigenthümer des Grundstücks die Hypothek.

Das Gleiche gilt, wenn durch eine gerichtliche Entscheidung die einstweilige Einstellung der Vollstreckung und zugleich die Aufhebung der erfolgten Vollstreckungsmaßregeln angeordnet wird oder wenn die zur Abwendung der Vollstreckung nachgelassene Sicherheitsleistung oder Hinterlegung erfolgt.

§. 757e.

Die Zwangsversteigerung und die Zwangsverwaltung werden durch ein besonderes Gesetz geregelt.

§. 757f.

Auf die Zwangsvollstreckung in eine Berechtigung, für welche die sich auf Grundstücke beziehenden Vorschriften gelten, finden die Vorschriften über die Zwangsvollstreckung in Grundstücke entsprechende Anwendung.

Die Zwangsvollstreckung in ein eingetragenes Schiff erfolgt nur durch Zwangsversteigerung.

§. 757g.

Unberührt bleiben die landesgesetzlichen Vorschriften, nach welchen, wenn ein Anderer als der Eigenthümer einer Eisenbahn oder Kleinbahn den Betrieb der Bahn kraft eigenen Nutzungsrechts ausübt, das Nutzungsrecht und gewisse dem Betriebe gewidmete Gegenstände in Ansehung der Zwangsvollstreckung zum unbeweglichen Vermögen gehören und die Zwangsvollstreckung abweichend von den Vorschriften der Reichsgesetze geregelt ist.

215. Der §. 759 wird durch folgende Vorschrift ersetzt:

Das zuständige Amtsgericht (§§. 728, 750, 751) hat nach Eingang der Anzeige über die Sachlage an jeden der betheiligten Gläubiger die Aufforderung zu erlassen, binnen zwei Wochen eine Berechnung der Forderung an Kapital, Zinsen, Kosten und sonstigen Nebenforderungen einzureichen.

216. Im §. 772 werden hinter dem Worte „Pfändung" die Worte eingeschaltet: „und Ueberweisung".

217. An die Stelle des §. 774 Abs. 2 tritt folgende Vorschrift:

Diese Bestimmung kommt im Falle der Verurtheilung zur Eingehung einer Ehe sowie im Falle der Verurtheilung zur Herstellung des ehelichen Lebens nicht zur Anwendung.

218. Als §. 774a werden folgende Vorschriften eingestellt:

Ist der Schuldner auf Grund der Vorschriften des bürgerlichen Rechts zur Leistung eines Offenbarungseides verurtheilt, so erfolgt die Eidesleistung vor dem Prozeßgericht erster Instanz. Auf die Abnahme des Eides finden die Vorschriften der §§. 440—446 Anwendung.

Erscheint der Schuldner in dem zur Eidesleistung bestimmten Termine nicht oder verweigert er die Eidesleistung, so ist nach §. 774 zu verfahren. Ist der Schuldner zur Erzwingung der Eidesleistung in Haft genommen, so finden die Vorschriften des §. 783 Anwendung.

219. Im §. 777 werden hinter den Worten „des §. 678 Abs. 3" die Worte eingeschaltet:

„und des §. 679".

220. Hinter §. 779 werden folgende Vorschriften eingestellt:

§. 779a.

Ist durch ein vorläufig vollstreckbares Urtheil der Schuldner zur Abgabe einer Willenserklärung verurtheilt, auf Grund deren eine Eintragung in das Grundbuch oder das Schiffsregister erfolgen soll, so gilt die Eintragung einer Vormerkung oder eines Widerspruchs als bewilligt.

§. 779b.

Soll auf Grund eines Urtheils, das eine Willenserklärung des Schuldners ersetzt, eine Eintragung in ein öffentliches Buch oder Register vorgenommen werden, so kann der Gläubiger an Stelle des Schuldners die Ertheilung der im §. 700a bezeichneten Urkunden verlangen, soweit er dieser Urkunden zur Herbeiführung der Eintragung bedarf.

§. 779c.

Ist der Schuldner zur Uebertragung des Eigenthums oder zur Bestellung eines Rechts an einer beweglichen Sache verurtheilt, so gilt die Uebergabe der Sache als erfolgt, wenn der Gerichtsvollzieher die Sache zum Zwecke der Ablieferung an den Gläubiger wegnimmt.

Das Gleiche gilt, wenn der Schuldner zur Bestellung einer Hypothek, Grundschuld oder Rentenschuld oder zur Abtretung oder Belastung einer Hypothekenforderung, Grundschuld oder Rentenschuld verurtheilt ist, für die Uebergabe des Hypotheken-, Grundschuld- oder Rentenschuldbriefs.

§. 779 d.

Auf einen Erwerb, der sich nach den §§. 779, 779 c vollzieht, finden die Vorschriften des bürgerlichen Rechts zu Gunsten derjenigen, welche Rechte von einem Nichtberechtigten herleiten, Anwendung.

221. Im §. 780 werden hinter den Worten „des Offenbarungseides“ die Worte eingeschaltet:

„In den Fällen der §§. 711, 769“.

222. Im §. 781 wird

a) hinter Abs. 1 folgende Vorschrift als Abs. 2 eingestellt:

Die Anwesenheit des Gläubigers in dem Termin ist nicht erforderlich.

b) der bisherige Abs. 2, jetzt Abs. 3, durch folgende Vorschriften ersetzt:

Bestreitet der Schuldner die Verpflichtung zur Leistung des Eides, so ist von dem Gerichte durch Beschluß über den Widerspruch zu entscheiden. Die Eidesleistung erfolgt erst nach Eintritt der Rechtskraft der Entscheidung; das Vollstreckungsgericht kann jedoch die Eidesleistung vor Eintritt der Rechtskraft anordnen, wenn bereits ein früherer Widerspruch rechtskräftig verworfen ist.

223. Der §. 784 erhält folgenden Abs. 2:

Diese Vorschrift findet keine Anwendung, wenn seit der Eidesleistung fünf Jahre verstrichen sind.

224. Der §. 795 erhält folgenden Abs. 2:

Diese Vorschrift findet keine Anwendung, wenn seit der Beendigung der Haft fünf Jahre verstrichen sind.

225. Als §. 795 a werden folgende Vorschriften eingestellt:

Das Vollstreckungsgericht hat ein Verzeichniß derjenigen Personen zu führen, welche vor ihm den im §. 711 erwähnten Offenbarungseid geleistet haben oder gegen welche wegen Verweigerung des Eides die Haft angeordnet ist. Die Vollstreckung einer Haft ist in dem Verzeichnisse zu vermerken, wenn sie sechs Monate gedauert hat.

Nach Ablauf der im §. 784 Abs. 2 oder der im §. 795 Abs. 2 bezeichneten Frist ist die Eintragung dadurch zu löschen, daß der Name unkenntlich gemacht wird.

Die Einsicht des Verzeichnisses ist Jedem gestattet.

226. An die Stelle des §. 796 Abs. 2 tritt folgende Vorschrift:

Die Zulässigkeit des Arrestes wird nicht dadurch ausgeschlossen, daß der Anspruch ein betagter oder ein bedingter ist, es sei denn, daß der bedingte Anspruch wegen der entfernten Möglichkeit des Eintritts der Bedingung einen gegenwärtigen Vermögenswerth nicht hat.

227. Der §. 809 Abs. 1 wird durch folgende Vorschrift ersetzt:

Arrestbefehle bedürfen der Vollstreckungsklausel nur, wenn die Vollziehung für einen anderen als den in dem Befehle bezeichneten Gläubiger oder gegen einen anderen als den in dem Befehle bezeichneten Schuldner erfolgen soll.

228. Als § 810a werden folgende Vorschriften eingestellt:

Die Vorschriften des §. 810 gelten auch für die Vollziehung des Arrestes in ein Schiff, das im Schiffsregister eingetragen ist.

Ist zur Zeit der Arrestvollziehung die Zwangsversteigerung des Schiffes eingeleitet, so gilt die in diesem Verfahren erfolgte Beschlagnahme des Schiffes als erste Pfändung im Sinne des §. 727; die Abschrift des Pfändungsprotokolls ist dem Vollstreckungsgericht einzureichen.

Das Arrestpfandrecht wird auf Antrag des Gläubigers in das Schiffsregister eingetragen; der nach §. 803 festgestellte Geldbetrag ist als der Höchstbetrag zu bezeichnen, für welchen das Schiff haftet. Im Uebrigen finden die Vorschriften des Bürgerlichen Gesetzbuchs über das durch Rechtsgeschäft bestellte Pfandrecht an einem Schiffe Anwendung.

229. An die Stelle des §. 811 treten folgende Vorschriften:

Die Vollziehung des Arrestes in ein Grundstück oder in eine Berechtigung, für welche die sich auf Grundstücke beziehenden Vorschriften gelten, erfolgt durch Eintragung einer Sicherungshypothek für die Forderung; der nach §. 803 festgestellte Geldbetrag ist als der Höchstbetrag zu bezeichnen, für welchen das Grundstück oder die Berechtigung haftet.

Im Uebrigen finden die Vorschriften der §§. 757c, 757d Anwendung.

Der Antrag auf Eintragung der Hypothek gilt im Sinne des §. 809 Abs. 2, 3 als Vollziehung des Arrestbefehls.

230. Der §. 812 erhält folgenden Zusatz:

In den Haftbefehl ist der nach §. 803 festgestellte Geldbetrag aufzunehmen.

231. Als §. 819a wird folgende Vorschrift eingestellt:

Hat auf Grund der einstweiligen Verfügung eine Eintragung in das Grundbuch oder das Schiffsregister zu erfolgen, so ist das Gericht befugt, das Grundbuchamt oder die Registerbehörde um die Eintragung zu ersuchen.

232. Im §. 820 werden hinter Abs. 1 folgende Vorschriften als Abs. 2 eingestellt:

Die einstweilige Verfügung, auf Grund deren eine Vormerkung oder ein Widerspruch gegen die Richtigkeit des Grundbuchs oder des Schiffsregisters eingetragen werden soll, kann von dem Amtsgericht, in dessen Bezirke das Grundstück belegen ist oder der Heimathshafen oder der Heimathsort des Schiffes sich befindet, erlassen werden, auch wenn der Fall für dringlich nicht erachtet wird. Die Bestimmung der im Abs. 1 bezeichneten Frist hat nur auf Antrag des Gegners zu erfolgen.

233. Der §. 821 erhält folgenden Abs. 2:

Das Gericht der Hauptsache ist für die nach §. 101a zu treffenden Anordnungen ausschließlich zuständig, wenn die Hauptsache anhängig ist oder anhängig gewesen ist.

234. Als §. 822a wird folgende Vorschrift eingestellt:

Erweist sich die Anordnung eines Arrestes oder einer einstweiligen Verfügung als von Anfang an ungerechtfertigt oder wird die angeordnete Maßregel auf

Grund des §. 806 Abs. 2 oder des §. 820 Abs. 3 aufgehoben, so ist die Partei, welche die Anordnung erwirkt hat, verpflichtet, dem Gegner den Schaden zu ersetzen, der ihm aus der Vollziehung der angeordneten Maßregel oder dadurch entsteht, daß er Sicherheit leistet, um die Vollziehung abzuwenden oder die Aufhebung der Maßregel zu erwirken.

235. Im §. 827 wird hinter dem Worte „Zeitraum" eingeschaltet: „(Aufgebotsfrist)".

236. Hinter §. 836 werden folgende Vorschriften eingestellt:

§. 836a.

Für das Aufgebotsverfahren zum Zwecke der Todeserklärung gelten die nachfolgenden besonderen Bestimmungen.

§. 836b.

Zuständig ist das Gericht, in dessen Bezirke der Verschollene den letzten inländischen Wohnsitz hatte. In Ermangelung eines solchen Wohnsitzes wird das zuständige Gericht für Angehörige eines Bundesstaats von der Landesjustizverwaltung durch allgemeine Anordnung, für andere Verschollene von dem Reichskanzler durch allgemeine Anordnung bestimmt.

§. 836c.

Antragsberechtigt ist der gesetzliche Vertreter des Verschollenen sowie Jeder, der an der Todeserklärung ein rechtliches Interesse hat.

Der gesetzliche Vertreter bedarf zu dem Antrage der Genehmigung des Vormundschaftsgerichts.

§. 836d.

Der Antragsteller hat die zur Begründung des Antrags erforderlichen Thatsachen vor der Einleitung des Verfahrens glaubhaft zu machen.

§. 836e.

In das Aufgebot ist aufzunehmen:

1. die Aufforderung an den Verschollenen, sich spätestens im Aufgebotstermine zu melden, widrigenfalls die Todeserklärung erfolgen werde;
2. die Aufforderung an Alle, welche Auskunft über Leben oder Tod des Verschollenen zu ertheilen vermögen,

spätestens im Aufgebotstermine dem Gericht Anzeige zu machen.

§. 836f.

Die Aufgebotsfrist muß mindestens sechs Monate betragen.

§. 836g.

In den Fällen der §§. 15—17 des Bürgerlichen Gesetzbuchs kann die Bekanntmachung des Aufgebots durch öffentliche Blätter unterbleiben. Das Gleiche gilt, wenn seit der Geburt des Verschollenen hundert Jahre verstrichen sind.

Unterbleibt die Bekanntmachung durch öffentliche Blätter, so muß die Aufgebotsfrist mindestens sechs Wochen betragen, sie beginnt in diesem Falle mit der Anheftung des Aufgebots an die Gerichtstafel.

§. 836h.

Jeder Antragsberechtigte kann neben dem Antragsteller oder statt des Antragstellers in das Verfahren eintreten. Durch den Eintritt erlangt er die rechtliche Stellung eines Antragstellers.

§. 836i.

Das Gericht hat unter Benutzung der in dem Antrag angegebenen Thatsachen und Beweismittel von Amtswegen die zur Feststellung des Sachverhalts erforderlichen Ermittelungen zu veranstalten und die geeignet erscheinenden Beweise aufzunehmen.

§. 836k.

Wird derjenige, welcher sich als der angeblich Verschollene meldet, als solcher von dem Antragsteller nicht anerkannt, so ist das Verfahren auszusetzen.

§. 836l.

Das Gericht hat die Todeserklärung nur auszusprechen, wenn die zur Begründung derselben erforderlichen Thatsachen für erwiesen erachtet werden.

In dem Urtheil ist der Zeitpunkt des Todes nach Maßgabe des §. 18 Abs. 2 des Bürgerlichen Gesetzbuchs festzustellen.

§. 836m.

Die dem Antragsteller erwachsenen Kosten, welche

zur zweckentsprechenden Durchführung des Verfahrens nothwendig waren, fallen, wenn die Todeserklärung erfolgt, dem Nachlasse zur Last.

§. 836n.

Die Erledigung der Aufgebotsanträge kann von der Landesjustizverwaltung für mehrere Amtsgerichtsbezirke einem Amtsgericht übertragen werden. Auf Verlangen des Antragstellers erfolgt die Erledigung durch das nach §. 836b zuständige Gericht.

Wird das Aufgebot durch ein anderes als das nach §. 836b zuständige Gericht erlassen, so ist das Aufgebot auch durch Anheftung an die Gerichtstafel des letzteren Gerichts öffentlich bekannt zu machen.

§. 836o.

Die Anfechtungsklage findet außer den Fällen des §. 834 Abs. 2 auch dann statt, wenn die Todeserklärung mit Unrecht erfolgt oder der Zeitpunkt des Todes des Verschollenen unrichtig festgestellt ist.

§. 836p.

Zur Erhebung der Anfechtungsklage ist Jeder berechtigt, der an der Aufhebung der Todeserklärung oder an der Berichtigung des Zeitpunkt des Todes ein rechtliches Interesse hat.

Die Anfechtungsklage ist gegen denjenigen zu richten, welcher die Todeserklärung erwirkt hat, falls aber dieser die Klage erhebt oder falls er verstorben oder sein Aufenthalt unbekannt oder im Ausland ist, gegen den Staatsanwalt.

§. 836q.

Auf das Verfahren über die Anfechtungsklage finden die Vorschriften der §§. 608, 610, 611, des §. 614 Abs. 1 und des §. 833 entsprechende Anwendung.

§. 836r.

Die Anfechtungsklage ist, sofern sie nicht auf einen der im §. 834 Abs. 2 bezeichneten Gründe gestützt wird, nur innerhalb der Frist von einem Monate zulässig. Die Frist beginnt mit der Erlassung des die Todeserklärung aussprechenden Urtheils. Die mündliche Verhandlung erfolgt nicht vor Ablauf dieser Frist.

Mehrere Anfechtungsprozesse sind zum Zwecke gleichzeitiger Verhandlung und Entscheidung zu verbinden. Die Vorschrift des §. 59 findet Anwendung.

Wird in Folge einer Anfechtungsklage die Todeserklärung aufgehoben oder eine andere Todeszeit festgestellt, so wirkt das Urtheil für und gegen Alle.

§. 836 s.

Für das Aufgebotsverfahren zum Zwecke der Ausschließung des Eigenthümers eines Grundstücks nach §. 927 des Bürgerlichen Gesetzbuchs gelten die nachfolgenden besonderen Bestimmungen.

§. 836 t.

Zuständig ist das Gericht, in dessen Bezirke das Grundstück belegen ist.

§. 836 u.

Antragsberechtigt ist derjenige, welcher das Grundstück seit der im §. 927 des Bürgerlichen Gesetzbuchs bestimmten Zeit im Eigenbesitze hat.

§. 836 v.

Der Antragsteller hat die zur Begründung des Antrags erforderlichen Thatsachen vor der Einleitung des Verfahrens glaubhaft zu machen.

§. 836 w.

In dem Aufgebot ist der bisherige Eigenthümer aufzufordern, sein Recht spätestens im Aufgebotstermin anzumelden, widrigenfalls seine Ausschließung erfolgen werde.

§. 836 x.

Für das Aufgebotsverfahren zum Zwecke der Ausschließung eines Hypotheken-, Grundschuld- oder Rentenschuldgläubigers auf Grund der §§. 1170, 1171 des Bürgerlichen Gesetzbuchs gelten die nachfolgenden besonderen Bestimmungen.

§. 836 y.

Zuständig ist das Gericht, in dessen Bezirke das belastete Grundstück belegen ist.

§. 836 z.

Antragsberechtigt ist der Eigenthümer des belasteten Grundstücks.

Im Falle des §. 1170 des Bürgerlichen Gesetzbuchs ist auch ein im Range gleich- oder nachstehender Gläubiger, zu dessen Gunsten eine Vormerkung nach §. 1179 des Bürgerlichen Gesetzbuchs eingetragen ist, und bei einer Gesammthypothek, Gesammtgrundschuld oder Gesammtrentenschuld außerdem derjenige antragsberechtigt, welcher auf Grund eines im Range gleich- oder nachstehenden Rechts Befriedigung aus einem der belasteten Grundstücke verlangen kann, sofern der Gläubiger oder der sonstige Berechtigte für seinen Anspruch einen vollstreckbaren Schuldtitel erlangt hat.

§. 836 aa.

Der Antragsteller hat vor der Einleitung des Verfahrens glaubhaft zu machen, daß der Gläubiger unbekannt ist.

§. 836 bb.

Im Falle des §. 1170 des Bürgerlichen Gesetzbuchs hat der Antragsteller vor der Einleitung des Verfahrens auch glaubhaft zu machen, daß nicht eine das Aufgebot ausschließende Anerkennung des Rechts des Gläubigers erfolgt ist.

Ist die Hypothek für die Forderung aus einer Schuldverschreibung auf den Inhaber bestellt oder der Grundschuld- oder Rentenschuldbrief auf den Inhaber ausgestellt, so hat der Antragsteller glaubhaft zu machen, daß die Schuldverschreibung oder der Brief bis zum Ablaufe der im §. 801 des Bürgerlichen Gesetzbuchs bezeichneten Frist nicht vorgelegt und der Anspruch nicht gerichtlich geltend gemacht worden ist. Ist die Vorlegung oder die gerichtliche Geltendmachung erfolgt, so ist die im Abs. 1 vorgeschriebene Glaubhaftmachung erforderlich.

Zur Glaubhaftmachung genügt in den Fällen der Abs. 1, 2 die eidliche Versicherung des Antragstellers, unbeschadet der Befugniß des Gerichts, anderweitige Ermittelungen anzuordnen.

In dem Aufgebot ist als Rechtsnachtheil anzudrohen, daß die Ausschließung des Gläubigers mit seinem Rechte erfolgen werde.

Wird das Aufgebot auf Antrag eines nach §. 836 z Abs. 2 Antragsberechtigten erlassen, so ist es dem Eigenthümer des Grundstücks von Amtswegen mitzutheilen.

§. 836cc.

Im Falle des §. 1171 des Bürgerlichen Gesetzbuchs hat der Antragsteller sich vor der Einleitung des Verfahrens zur Hinterlegung des dem Gläubiger gebührenden Betrags zu erbieten.

In dem Aufgebot ist als Rechtsnachtheil anzudrohen, daß der Gläubiger nach der Hinterlegung des ihm gebührenden Betrags seine Befriedigung statt aus dem Grundstücke nur noch aus dem hinterlegten Betrage verlangen könne und sein Recht auf diesen erlösche, wenn er sich nicht vor dem Ablaufe von dreißig Jahren nach der Erlassung des Ausschlußurtheils bei der Hinterlegungsstelle melde.

Hängt die Fälligkeit der Forderung von einer Kündigung ab, so erweitert sich die Aufgebotsfrist um die Kündigungsfrist.

Das Ausschlußurtheil darf erst dann erlassen werden, wenn die Hinterlegung erfolgt ist.

§. 836dd.

Die Vorschriften des §. 836y, des §. 836z Abs. 1, des §. 836aa, des §. 836bb Abs. 1—4 und des §. 836cc finden auf das Aufgebotsverfahren zum Zwecke der in den §§. 887, 1104, 1112, 1269 des Bürgerlichen Gesetzbuchs für die Vormerkung, das Vorkaufsrecht, die Reallast und für das Pfandrecht an Schiffen bestimmten Ausschließung des Berechtigten entsprechende Anwendung.

In den Fällen der §§. 887, 1104, 1112 des Bürgerlichen Gesetzbuchs ist auch derjenige antragsberechtigt, welcher auf Grund eines im Range gleich- oder nachstehenden Rechts Befriedigung aus dem Grundstücke verlangen kann, sofern er für seinen Anspruch einen vollstreckbaren Schuldtitel erlangt hat. Das Aufgebot ist dem Eigenthümer des Grundstücks von Amtswegen mitzutheilen.

§. 836ee.

Für das Aufgebotsverfahren zum Zwecke der Ausschließung von Nachlaßgläubigern auf Grund des §. 1970 des Bürgerlichen Gesetzbuchs gelten die nachfolgenden besonderen Bestimmungen.

§. 836 ff.

Zuständig ist das Amtsgericht, dem die Verrichtungen des Nachlaßgerichts obliegen. Sind diese Verrichtungen einer anderen Behörde als einem Amtsgericht übertragen, so ist das Amtsgericht zuständig, in dessen Bezirke die Nachlaßbehörde ihren Sitz hat.

§. 836 gg.

Antragsberechtigt ist jeder Erbe, sofern er nicht für die Nachlaßverbindlichkeiten unbeschränkt haftet.

Zu dem Antrage sind auch ein Nachlaßpfleger und ein Testamentsvollstrecker berechtigt, wenn ihnen die Verwaltung des Nachlasses zusteht.

Der Erbe und der Testamentsvollstrecker können den Antrag erst nach der Annahme der Erbschaft stellen.

§. 836 hh.

Dem Antrag ist ein Verzeichniß der bekannten Nachlaßgläubiger mit Angabe ihres Wohnorts beizufügen.

§. 836 ii.

Das Aufgebot soll nicht erlassen werden, wenn die Eröffnung des Nachlaßkonkurses beantragt ist.

Durch die Eröffnung des Nachlaßkonkurses wird das Aufgebotsverfahren beendigt.

§. 836 kk.

Die Aufgebotsfrist soll höchstens sechs Monate betragen.

Das Aufgebot soll den Nachlaßgläubigern, welche dem Nachlaßgericht angezeigt sind und deren Wohnort bekannt ist, von Amtswegen zugestellt werden. Die Zustellung kann durch Aufgabe zur Post erfolgen.

§. 836 ll.

In dem Aufgebot ist den Nachlaßgläubigern, welche sich nicht melden, als Rechtsnachtheil anzudrohen, daß sie, unbeschadet des Rechts, vor den Verbindlichkeiten aus Pflichttheilsrechten, Vermächtnissen und Auflagen berücksichtigt zu werden, von dem Erben nur insoweit Befriedigung verlangen können, als sich nach Befriedigung der nicht ausgeschlossenen Gläubiger noch ein Ueberschuß ergiebt.

§. 836 mm.

Die Anmeldung einer Forderung hat die Angabe des Gegenstandes und des Grundes der Forderung zu enthalten. Urkundliche Beweisstücke sind in Urschrift oder in Abschrift beizufügen.

Das Gericht hat die Einsicht der Anmeldungen Jedem zu gestatten, der ein rechtliches Interesse glaubhaft macht.

§. 836 nn.

Sind mehrere Erben vorhanden, so kommen der von einem Erben gestellte Antrag und das von ihm erwirkte Ausschlußurtheil, unbeschadet der Vorschriften des Bürgerlichen Gesetzbuchs über die unbeschränkte Haftung, auch den anderen Erben zu Statten. Als Rechtsnachtheil ist den Nachlaßgläubigern, welche sich nicht melden, auch anzudrohen, daß jeder Erbe nach der Theilung des Nachlasses nur für den seinem Erbtheil entsprechenden Theil der Verbindlichkeit haftet.

Die Erlassung des Aufgebots mit Androhung des im Abs. 1 Satz 2 bestimmten Rechtsnachtheils kann von jedem Erben auch dann beantragt werden, wenn er für die Nachlaßverbindlichkeiten unbeschränkt haftet.

§. 836 oo.

Im Falle der Nacherbfolge findet die Vorschrift des §. 836 nn Abs. 1 Satz 1 auf den Vorerben und den Nacherben entsprechende Anwendung.

§. 836 pp.

Ist eine Ehefrau die Erbin und gehört der Nachlaß zum eingebrachten Gute oder zum Gesammtgute, so kann sowohl die Ehefrau als der Ehemann das Aufgebot beantragen, ohne daß die Zustimmung des anderen Theiles erforderlich ist. Das Gleiche gilt, wenn der Nachlaß zum Gesammtgute gehört, auch nach der Beendigung der Gemeinschaft. Der von dem einen Ehegatten gestellte Antrag und das von ihm erwirkte Ausschlußurtheil kommen auch dem anderen Ehegatten zu Statten.

§. 836 qq.

Hat der Erbe die Erbschaft verkauft, so kann sowohl der Käufer als der Erbe das Aufgebot beantragen. Der von dem einen Theile gestellte Antrag und das von ihm erwirkte Ausschlußurtheil kommen, unbeschadet der Vorschriften des Bürgerlichen Gesetzbuchs über die unbeschränkte Haftung, auch dem anderen Theile zu Statten.

Diese Bestimmungen finden entsprechende Anwendung, wenn Jemand eine durch Vertrag erworbene Erbschaft verkauft oder sich zur Veräußerung einer ihm angefallenen oder anderweit von ihm erworbenen Erbschaft in sonstiger Weise verpflichtet hat.

§. 836rr.

Die Bestimmungen der §§. 836ff—836mm, 836pp, 836qq finden im Falle der fortgesetzten Gütergemeinschaft auf das Aufgebotsverfahren zum Zwecke der nach dem §. 1489 Abs. 2 und dem §. 1970 des Bürgerlichen Gesetzbuchs zulässigen Ausschließung von Gesammtgutsgläubigern entsprechende Anwendung.

237. Der §. 837 wird durch folgende Vorschrift ersetzt:

Für das Aufgebotsverfahren zum Zwecke der Kraftloserklärung einer Urkunde gelten die nachfolgenden besonderen Bestimmungen.

238. Im §. 838 Abs. 1 treten an die Stelle der Worte „der letzte Inhaber" die Worte:

„der bisherige Inhaber des abhanden gekommenen oder vernichteten Papiers".

239. Als §. 839a werden folgende Vorschriften eingestellt:

Die Erledigung der Anträge auf Erlassung des Aufgebots zum Zwecke der Kraftloserkärung eines auf den Inhaber lautenden Papiers kann von der Landesjustizverwaltung für mehrere Amtsgerichtsbezirke einem Amtsgericht übertragen werden. Auf Verlangen des Antragstellers erfolgt die Erledigung durch das nach §. 839 zuständige Gericht.

Wird das Aufgebot durch ein anderes als das nach §. 839 zuständige Gericht erlassen, so ist das Aufgebot auch durch Anheftung an die Gerichtstafel des letzteren Gerichts öffentlich bekannt zu machen.

Unberührt bleiben die landesgesetzlichen Vorschriften, durch welche für das Aufgebotsverfahren zum Zwecke der Kraftloserklärung von Schuldverschreibungen auf den Inhaber, die ein Bundesstaat oder eine ihm angehörende Körperschaft, Stiftung oder Anstalt des öffentlichen Rechts ausgestellt oder für deren Bezahlung ein Bundesstaat die Haftung übernommen hat, ein bestimmtes Amtsgericht für ausschließlich zuständig erklärt wird.

240. Der §. 842 erhält folgenden Abs. 3:

Betrifft das Aufgebot ein auf den Inhaber lautendes Papier und ist in der Urkunde vermerkt oder in den Bestimmungen, unter denen die erforderliche staatliche Genehmigung ertheilt worden ist, vorgeschrieben, daß die öffentliche Bekanntmachung durch bestimmte andere Blätter zu erfolgen habe, so muß die Bekanntmachung auch durch Einrückung in diese Blätter erfolgen. Das Gleiche gilt bei Schuldverschreibungen, die von einem Bundesstaat ausgegeben sind, wenn die öffentliche Bekanntmachung durch bestimmte Blätter landesgesetzlich vorgeschrieben ist.

241. Im §. 843 Abs. 1 treten an die Stelle der Worte „Zinsscheine oder Gewinnantheilscheine" die Worte:

„Zins-, Renten- oder Gewinnantheilscheine"

und an die Stelle der Worte „Reihe von Zinsscheinen oder Gewinnantheilscheinen" die Worte:

„Reihe von Zins-, Renten- oder Gewinnantheilscheinen".

242. Im §. 844 Abs. 1 treten an die Stelle der Worte „Zinsscheine oder Gewinnantheilscheine" die Worte:

„Zins-, Renten- oder Gewinnantheilscheine"

und an die Stelle der Worte „Zinsen oder Gewinnantheile bezahlt" die Worte:

„Zinsen, Renten oder Gewinnantheile gezahlt".

243. Im §. 845 treten an die Stelle der Worte „Zinsscheine oder Gewinnantheilscheine" die Worte:

„Zins-, Renten- oder Gewinnantheilscheine".

244. Als §. 845a werden folgende Vorschriften eingestellt:

Die Vorschriften der §§. 843—845 finden insoweit keine Anwendung, als die Zins-, Renten- oder Gewinnantheilscheine, deren Fälligkeit nach diesen Vorschriften eingetreten sein muß, von dem Antragsteller vorgelegt werden. Der Vorlegung der Scheine steht es gleich, wenn das Zeugniß der betreffenden Behörde, Kasse oder Anstalt beigebracht wird, daß die fällig gewordenen Scheine ihr von dem Antragsteller vorgelegt worden seien.

245. Der §. 847 wird durch folgende Vorschriften ersetzt:
Die Aufgebotsfrist muß mindestens sechs Monate betragen. Der Aufgebotstermin darf nicht über ein Jahr hinaus bestimmt werden; solange ein so naher Termin nicht bestimmt werden kann, ist das Aufgebot nicht zulässig.

246. Als §. 847a werden folgende Vorschriften eingestellt:
Meldet der Inhaber der Urkunde vor dem Aufgebotstermine seine Rechte unter Vorlegung der Urkunde an, so hat das Gericht den Antragsteller hiervon zu benachrichtigen und ihm die Einsicht der Urkunde innerhalb einer zu bestimmenden Frist zu gestatten. Auf Antrag des Inhabers der Urkunde ist zur Vorlegung derselben ein Termin zu bestimmen.

247. Der §. 848 Abs. 2 erhält folgenden Zusatz:
Die Vorschriften des §. 842 Abs. 3 finden entsprechende Anwendung.

248. Der §. 849 wird aufgehoben.

249. Der §. 850 erhält folgenden Abs. 2:
Wird das Ausschlußurtheil in Folge einer Anfechtungsklage aufgehoben, so bleiben die auf Grund des Urtheils von dem Verpflichteten bewirkten Leistungen auch Dritten, insbesondere dem Anfechtungskläger, gegenüber wirksam, es sei denn, daß der Verpflichtete zur Zeit der Leistung die Aufhebung des Ausschlußurtheils gekannt hat.

250. Hinter §. 850 werden folgende Vorschriften eingestellt:

§. 850a.

Bezweckt das Aufgebotsverfahren die Kraftloserklärung eines auf den Inhaber lautenden Papiers, so hat das Gericht auf Antrag an den Aussteller sowie an die in dem Papier und die von dem Antragsteller bezeichneten Zahlstellen das Verbot zu erlassen, an den Inhaber des Papiers eine Leistung zu bewirken, insbesondere neue Zins-, Renten- oder Gewinnantheilscheine oder einen Erneuerungsschein auszugeben (Zahlungssperre); mit dem Verbot ist die Benachrichtigung von der Einleitung des Aufgebotsverfahrens zu verbinden. Das Verbot ist in gleicher Weise wie das Aufgebot öffentlich bekannt zu machen.

Das an den Aussteller erlassene Verbot ist auch den Zahlstellen gegenüber wirksam, welche nicht in dem Papiere bezeichnet sind.

Die Einlösung der vor dem Verbot ausgegebenen Zins-, Renten- oder Gewinnantheilscheine wird von dem Verbote nicht betroffen.

§. 850b.

Ist die sofortige Einleitung des Aufgebotsverfahrens nach §. 847 Satz 2 unzulässig, so hat das Gericht die Zahlungssperre auf Antrag schon vor der Einleitung des Verfahrens zu verfügen, sofern die übrigen Erfordernisse für die Einleitung vorhanden sind. Auf den Antrag finden die Vorschriften des §. 824 Abs. 1 Anwendung. Das Verbot ist nach Maßgabe des §. 825 öffentlich bekannt zu machen.

§. 850c.

Wird die Zahlungssperre angeordnet, bevor seit der Zeit des glaubhaft gemachten Verlustes Zins-, Renten- oder Gewinnantheilscheine ausgegeben worden sind, so ist die Beibringung des im §. 843 Abs. 2 vorgeschriebenen Zeugnisses nicht erforderlich.

§. 850d.

Wird das in Verlust gekommene Papier dem Gerichte vorgelegt oder wird das Aufgebotsverfahren in anderer Weise ohne Erlassung eines Ausschlußurtheils erledigt, so ist die Zahlungssperre von Amtswegen aufzuheben. Das Gleiche gilt, wenn die Zahlungssperre vor der Einleitung des Aufgebotsverfahrens angeordnet worden ist und die Einleitung nicht binnen sechs Monaten nach der Beseitigung des ihr entgegenstehenden Hindernisses beantragt wird. Ist das Aufgebot oder die Zahlungssperre öffentlich bekannt gemacht worden, so ist die Erledigung des Verfahrens oder die Aufhebung der Zahlungssperre von Amtswegen durch den Deutschen Reichsanzeiger bekannt zu machen.

Im Falle der Vorlegung des Papiers ist die Zahlungssperre erst aufzuheben, nachdem dem Antragsteller die Einsicht nach Maßgabe des §. 847a gestattet worden ist.

Gegen den Beschluß, durch welchen die Zahlungssperre aufgehoben wird, findet sofortige Beschwerde statt.

§. 850e.

Bezweckt das Aufgebotsverfahren die Kraftloserklärung einer Urkunde der im §. 808 des Bürgerlichen Gesetzbuchs bezeichneten Art, so finden die Vorschriften des §. 839a, des §. 842 Abs. 3, des §. 848 Abs. 2 Satz 2 und der §§. 850a—850d entsprechende Anwendung. Die Landesgesetze können über die Veröffentlichung des Aufgebots und der in den §§. 850a bis 850d vorgeschriebenen Bekanntmachungen sowie über die Aufgebotsfrist abweichende Vorschriften erlassen.

§. 850f.

Für das Aufgebotsverfahren zum Zwecke der Ausschließung von Schiffsgläubigern auf Grund des §. 765 des Handelsgesetzbuchs und des §. 111 des Gesetzes, betreffend die privatrechtlichen Verhältnisse der Binnenschiffahrt, vom 15. Juni 1895 (Reichs-Gesetzbl. S. 301) gelten die nachfolgenden besonderen Bestimmungen.

Zuständig ist das Gericht, in dessen Bezirke sich der Heimathshafen oder der Heimathsort des Schiffes befindet.

Unterliegt das Schiff der Eintragung in das Schiffsregister, so kann der Antrag erst nach der Eintragung der Veräußerung des Schiffes gestellt werden.

Der Antragsteller hat die ihm bekannten Forderungen von Schiffsgläubigern anzugeben.

Die Aufgebotsfrist muß mindestens drei Monate betragen.

In dem Aufgebot ist den Schiffsgläubigern, welche sich nicht melden, als Rechtsnachtheil anzudrohen, daß ihre Pfandrechte erlöschen, sofern nicht ihre Forderungen dem Antragsteller bekannt sind.

§. 850g.

Bei Aufgeboten, welche auf Grund der §§. 887, 927, 1104, 1112, 1162, 1170, 1171, 1269 des Bürgerlichen Gesetzbuchs sowie auf Grund des §. 765 des Handelsgesetzbuchs und des §. 111 des Gesetzes, betreffend die privatrechtlichen Verhältnisse der Binnenschiffahrt, vom 15. Juni 1895 ergehen, können die Landesgesetze die Art der Veröffentlichung des Aufgebots und die Aufgebotsfrist anders bestimmen, als in den §§. 825, 827 vorgeschrieben ist.

Bei Aufgeboten, welche auf Grund des §. 1162 des Bürgerlichen Gesetzbuchs ergehen, können die Landesgesetze die Art der Veröffentlichung des Aufgebots und die Aufgebotsfrist auch anders bestimmen, als in den §§. 842, 846, 847 vorgeschrieben ist.

251. An die Stelle des §. 871 treten folgende Vorschriften:

§. 871.

Für die gerichtlichen Entscheidungen über die Ernennung oder die Ablehnung eines Schiedsrichters oder über das Erlöschen eines Schiedsvertrags oder über die Anordnung der von den Schiedsrichtern für erforderlich erachteten richterlichen Handlungen ist das Amtsgericht oder das Landgericht zuständig, welches in einem schriftlichen Schiedsvertrag als solches bezeichnet ist, und in Ermangelung einer derartigen Bezeichnung das Amtsgericht oder das Landgericht, welches für die gerichtliche Geltendmachung des Anspruchs zuständig sein würde.

Die Entscheidung kann ohne vorgängige mündliche Verhandlung erfolgen. Vor der Entscheidung ist der Gegner zu hören.

Gegen die Entscheidung findet sofortige Beschwerde statt.

§. 871 a.

Das im §. 871 Abs. 1 bezeichnete Gericht ist auch für die Klagen zuständig, welche die Unzulässigkeit des schiedsrichterlichen Verfahrens, die Aufhebung eines Schiedsspruchs oder die Erlassung des Vollstreckungsurtheils zum Gegenstande haben.

§. 871 b.

Unter mehreren nach den §§. 871, 871 a zuständigen Gerichten ist und bleibt dasjenige Gericht zuständig, an welches sich zuerst eine Partei oder das Schiedsgericht (§. 865) gewendet hat.

Artikel II.

Der Reichskanzler wird ermächtigt, den Text der Civilprozeßordnung, wie er sich aus den Gesetzen vom 30. April 1886 (Reichs-Gesetzbl. S. 130) und vom 29. März 1897 (Reichs-

Gesetzbl. S. 159) sowie aus den im Artikel I vorgesehenen Aenderungen ergiebt, unter fortlaufender Nummernfolge der Paragraphen durch das Reichs-Gesetzblatt bekannt zu machen.

Soweit in Reichsgesetzen oder in Landesgesetzen auf Vorschriften der Civilprozeßordnung verwiesen ist, treten die entsprechenden Vorschriften des durch den Reichskanzler bekannt gemachten Textes an ihre Stelle.

Urkundlich ꝛc.

Gegeben ꝛc.

Entwurf eines Einführungsgesetzes

zu dem

Gesetze, betreffend Aenderungen der Civilprozeßordnung.

Wir Wilhelm, von Gottes Gnaden Deutscher Kaiser, König von Preußen rc.

verordnen im Namen des Reichs, nach erfolgter Zustimmung des Bundesraths und des Reichstags, was folgt:

Artikel I.

Das Gesetz, betreffend Aenderungen der Civilprozeßordnung, tritt gleichzeitig mit dem Bürgerlichen Gesetzbuch in Kraft.

Artikel II.

Das Gesetz, betreffend die Einführung der Civilprozeßordnung, wird dahin geändert:

1. Der §. 5 erhält folgenden Abs. 2:

   Das Gleiche gilt in Ansehung der Mitglieder des vormaligen Hannoverschen Königshauses, des vormaligen Kurhessischen und des vormaligen Herzoglich Nassauischen Fürstenhauses.

2. An die Stelle des §. 11 tritt folgende Vorschrift:

   Die Landesgesetze können bei Aufgeboten, deren Zulässigkeit auf landesgesetzlichen Vorschriften beruht, die Anwendung der Bestimmungen der Civilprozeßordnung über das Aufgebotsverfahren ausschließen oder diese Bestimmungen durch andere Vorschriften ersetzen.

3. Im §. 15 werden

   a) im Abs. 1 die Nr. 2 bis 5 durch folgende Vorschriften ersetzt:

      2. die landesgesetzlichen Vorschriften über das Verfahren bei Streitigkeiten, welche die Zwangsenteignung und die Entschädigung wegen derselben betreffen;
      3. die landesgesetzlichen Vorschriften über die Zwangsvollstreckung wegen Geldforderungen gegen den Fiskus,

eine Körperschaft, Stiftung oder Anstalt des öffentlichen Rechts oder eine unter der Verwaltung einer öffentlichen Behörde stehenden Körperschaft oder Stiftung, soweit nicht dingliche Rechte verfolgt werden.

b) der Abs. 2 gestrichen.

4. An die Stelle des §. 16 treten folgende Vorschriften:

Unberührt bleiben:

1. die Vorschriften des bürgerlichen Rechts über die Beweiskraft der Beurkundung des bürgerlichen Standes in Ansehung der Erklärungen, welche über Geburten und Sterbefälle von den zur Anzeige gesetzlich verpflichteten Personen abgegeben werden;
2. die Vorschriften des bürgerlichen Rechts über die Verpflichtung zur Leistung des Offenbarungseides;
3. die Vorschriften des bürgerlichen Rechts, nach welchen in bestimmten Fällen einstweilige Verfügungen erlassen werden können.

5. Als §. 24 wird folgende Vorschrift eingestellt:

Unter Zustimmung des Bundesraths kann durch Anordnung des Reichskanzlers bestimmt werden, daß gegen einen ausländischen Staat sowie dessen Angehörige und ihre Rechtsnachfolger ein Vergeltungsrecht zur Anwendung gebracht wird.

Artikel III.

Im §. 4 des Gesetzes, betreffend die Beschlagnahme des Arbeits- oder Dienstlohnes, vom 21. Juni 1869 (Bundes-Gesetzbl. S. 242) wird die Nr. 4 dahin geändert:

4. insoweit der Gesammtbetrag der Vergütung (§§. 1, 3) die Summe von fünfzehnhundert Mark für das Jahr übersteigt.

Artikel IV.

Das Gerichtskostengesetz (Reichs-Gesetzbl. 1878 S. 141 und 1881 S. 178) wird dahin geändert:

1. An die Stelle des §. 4 Abs. 2 tritt folgende Vorschrift:

Gegen die Entscheidung findet Beschwerde nach Maßgabe des §. 530 Abs. 2 und der §§. 531 bis 538 der Civilprozeßordnung, in Strafsachen nach Maßgabe der §§. 346 bis 352 der Strafprozeßordnung statt.

2. Als §. 10a wird folgende Vorschrift eingestellt:

Im Falle des §. 230a der Civilprozeßordnung ist für die Werthsberechnung nur einer der verbundenen Ansprüche und zwar der höhere maßgebend.

3. Im §. 15 werden die Worte „der Revision“ ersetzt durch die Worte:

„des Rechtsmittels“.

4. An die Stelle des §. 16 Abs. 2 tritt folgende Vorschrift:

Gegen den Beschluß findet Beschwerde nach Maßgabe des §. 530 Abs. 2 und der §§. 531 bis 538 der Civilprozeßordnung sowie des §. 4 Abs. 3 dieses Gesetzes statt.

5. Im §. 20 wird die Nr. 1 durch folgende Vorschrift ersetzt:

1. für eine nicht kontradiktorische mündliche Verhandlung in Ehesachen, in Rechtsstreitigkeiten, welche die Feststellung des Rechtsverhältnisses zwischen Eltern und Kindern zum Gegenstande haben, in den vor die Landgerichte gehörigen Entmündigungssachen und in dem Verfahren über die gegen eine Todeserklärung erhobene Anfechtungsklage, sofern der Kläger verhandelt;

6. Im §. 26 Abs. 1 erhalten die Nr. 2, 3, 8 im Eingang und die Nr. 10 folgende Fassung:

2. die Unzuständigkeit des Gerichts, die Unzulässigkeit des Rechtsweges, den Mangel der Parteifähigkeit, der Prozeßfähigkeit, ...

3. die Entlassung des Beklagten aus dem Rechtsstreite (Civilprozeßordnung §§. 72 bis 73a), ...

8. die Ertheilung der Vollstreckungsklausel, sofern sie im Wege der Klage beantragt oder angefochten wird (Civilprozeßordnung §§. 667, 670d, 670h, 670k, 670l Abs. 2, §§. 670p, 687), ...

10. die Unzulässigkeit des schiedsrichterlichen Verfahrens oder die Aufhebung eines Schiedsspruchs (Civilprozeßordnung §. 871a).

7. An die Stelle des §. 34 treten folgende Vorschriften:

Drei Zehntheile der Gebühr (§. 8) werden erhoben für die Entscheidung, einschließlich des Verfahrens:

1. über Anträge auf Entmündigung oder Wiederaufhebung einer Entmündigung, soweit die Amtsgerichte

zuständig sind (Civilprozeßordnung §§. 593 bis 603b, 616 bis 619, 621 bis 623, 625);

2. über die Ernennung oder Ablehnung eines Schiedsrichters, das Erlöschen eines Schiedsvertrags oder die Anordnung der von Schiedsrichtern für erforderlich erachteten richterlichen Handlungen (Civilprozeßordnung §. 871).

8. Im §. 35 werden die Nr. 1, 2 durch folgende Vorschriften ersetzt:

1. auf vorläufige Einstellung, Beschränkung oder Aufhebung einer Zwangsvollstreckung (Civilprozeßordnung §§. 647, 657, 688, 690 Abs. 3, §§. 696d, 696e, 710 Abs. 4, §. 714 Abs. 2);

2. auf gerichtliche Handlungen der Zwangsvollstreckung (Civilprozeßordnung §§. 684, 700, 723, 724, 726, 729, 730 Abs. 1, §§. 736, 738, 743, 745 bis 747, 754, 754a, 771 Abs. 4, §§. 772, 781 Abs. 3, §§. 782, 810 Abs. 3);

9. An die Stelle des §. 38 treten folgende Vorschriften:

Ein Zehntheil der Gebühr (§. 8) wird erhoben für die Entscheidung, einschließlich des vorangegangenen Verfahrens, über Anträge:

1. auf Festsetzung der vom Gegner zu erstattenden Prozeßkosten, sofern dieselbe im besonderen Verfahren erfolgt (Civilprozeßordnung §. 99), oder auf Abänderung der Kostenfestsetzung (Civilprozeßordnung §. 100a);

2. auf Bestimmung einer Frist zur Rückgabe und auf Anordnung der Rückgabe einer Sicherheit in den Fällen des §. 101a Abs. 1, 2 der Civilprozeßordnung;

3. auf Ertheilung der Vollstreckungsklausel in den Fällen, in welchen dieselbe auf Anordnung des Vorsitzenden zu erfolgen hat, oder auf Zurücknahme der Vollstreckungsklausel, sofern diese Anträge nicht im Wege der Klage gestellt werden (Civilprozeßordnung §§. 664 bis 666, 668, 670d, 670h, 670k, 670l Abs. 2, §§. 670p, 703, 704 Abs. 1, §. 705 Abs. 3, §. 809) oder auf Ertheilung einer weiteren vollstreckbaren Ausfertigung (Civilprozeßordnung §. 669).

10. Der §. 39 erhält folgenden Abs. 3:

Die im besonderen Verfahren erfolgte Festsetzung der Kosten und die Abänderung der Kostenfestsetzung

(§. 38 Nr. 1) gelten als Ein Rechtsstreit. Das Gleiche gilt von dem Verfahren über die im §. 38 Nr. 2 bezeichneten Anträge.

11. Der §. 42 erhält im Eingange folgende Fassung:

Für das Vertheilungsverfahren (Civilprozeßordnung §. 754a Abs. 6, §§. 758 bis 763, 768) . . . . .

12. An die Stelle des §. 43 treten folgende Vorschriften:

Für die Verhandlung in dem zur Abnahme des Offenbarungseides bestimmten Termine werden im Falle des §. 774a der Civilprozeßordnung zwei Zehntheile der Gebühr (§. 8) erhoben.

Das Gleiche gilt für die Fälle der §§. 781, 782 der Civilprozeßordnung, sofern nicht über einen Widerspruch des Schuldners oder über einen spätestens im Termine gestellten Antrag auf Erzwingung der Eidesleistung zu entscheiden ist.

13. Der §. 44 wird durch folgende Vorschriften ersetzt:

Im Aufgebotsverfahren (Civilprozeßordnung §§. 823 bis 833, 836 bis 836n, 836s bis 850g) wird ein Zehntheil der Gebühr (§. 8) erhoben:

1. für die Entscheidung über die Zulässigkeit des Antrags auf Erlassung des Aufgebots;
2. für die vor der Einleitung des Aufgebotsverfahrens erfolgende Entscheidung über den Antrag auf Anordnung der Zahlungssperre;
3. für die Verhandlung im Aufgebotstermine;
4. für die Endentscheidung.

14. Im §. 47 erhalten

a) im Abs. 1 die Nr. 3 am Schlusse und die Nr. 9, 12, 16 folgende Fassung:

3. . . . . . über die Bestimmung des zuständigen Gerichts (Civilprozeßordnung §. 36), die Uebernahme eines Entmündigungsverfahrens (Civilprozeßordnung §. 596c Abs. 3, §. 596d Abs. 2), die Bestimmung eines Gerichtsvollziehers (Civilprozeßordnung §. 728 Abs. 1, §. 751 Abs. 1) oder eines Sequesters (Civilprozeßordnung §§. 747, 752);

9. über die Bestellung eines Vertreters für eine nicht prozeßfähige oder unbekannte Partei, für ein von dem Eigenthümer aufgegebenes Grundstück oder für einen

Erben, der die Erbschaft noch nicht angenommen hat (Civilprozeßordnung §§. 55, 55a, 455, 609, 620, 626, 693, 696g);

12. über die Zulassung einer Zustellung oder eines Aktes der Zwangsvollstreckung zur Nachtzeit oder an einem Sonntag oder allgemeinen Feiertage (Civilprozeßordnung §§. 171, 681);

16. über Anträge auf Anordnung der Rückgabe einer Sicherheit im Falle des §. 101b der Civilprozeßordnung, sowie über Gesuche um Ertheilung des Zeugnisses der Rechtskraft oder um Ertheilung des Zeugnisses, daß innerhalb der Nothfrist ein Schriftsatz zum Zwecke der Terminsbestimmung nicht eingereicht sei, oder um Bestimmung einer Frist zum Nachweise der Zustellung eines Schriftsatzes (Civilprozeßordnung §. 646).

b) der Abs. 2 Satz 2 folgende Fassung:

Gegen den Beschluß findet Beschwerde nach Maßgabe des §. 530 Abs. 2 und der §§. 531 bis 538 der Civilprozeßordnung sowie des §. 4 Abs. 3 dieses Gesetzes statt.

15. An die Stelle des §. 48 Abs. 2 tritt folgende Vorschrift:

Gegen den Beschluß findet Beschwerde nach Maßgabe des §. 530 Abs. 2 und der §§. 531 bis 538 der Civilprozeßordnung sowie des §. 4 Abs. 3 dieses Gesetzes statt

16. Der §. 53 Abs. 2 wird durch folgende Vorschrift ersetzt:

Wird das Verfahren durch Versagung der Zulassung des Antrags (Konkursordnung §. 97 Abs. 1, §. 194 Abs. 2, §§. 194a, 199 Abs. 2, §. 205 Abs. 2, §. 205a Abs. 2, §. 206f, Gesetz, betreffend die Erwerbs- und Wirthschaftsgenossenschaften, vom 1. Mai 1889 §. 93 Abs. 2) oder durch Zurücknahme des zugelassenen Antrags erledigt, so wird nur ein Zehntheil der Gebühr (§. 8) erhoben.

17. An die Stelle des §. 57 Abs. 2 tritt folgende Vorschrift:

Im Falle der Beschwerde gegen den Beschluß über Eröffnung des Konkursverfahrens (Konkursordnung §. 101) oder den Beschluß über Bestätigung eines Zwangsvergleichs (Konkursordnung §§. 174, 206 Abs. 2, §. 206f) finden die Vorschriften des §. 52 Anwendung.

18. Im §. 92 werden die Worte „der Civilprozeßordnung §. 697" ersetzt durch die Worte:
„der Civilprozeßordnung §. 95 Abs. 4, §. 697.

Artikel V.

Die Gebührenordnung für Gerichtsvollzieher (Reichs-Gesetzbl. 1878 S. 166 und 1881 S. 178) wird dahin geändert:

1. Im §. 4 wird

a) hinter Abs. 1 folgende Vorschrift als Abs. 2 eingestellt:

Erfolgt die Pfändung zur Vollziehung eines Arrestes, so ist der in dem Arrestbefehle nach §. 803 der Civilprozeßordnung festgestellte Geldbetrag maßgebend. Bei der Pfändung eines im Schiffsregister eingetragenen Schiffes (Civilprozeßordnung §. 810a) ist der Mindestbetrag der Gebühr drei Mark.

b) der bisherige Abs. 3, jetzt Abs. 4, durch folgende Vorschrift ersetzt:

Ist eine versuchte Pfändung ohne Erfolg geblieben, weil nach Inhalt des Protokolls pfändbare Gegenstände nicht vorhanden waren oder die Pfändung nach §. 708 Abs. 2, §. 715a der Civilprozeßordnung zu unterbleiben hatte, so erhält der Gerichtsvollzieher die Hälfte der Gebühr.

2. Im §. 10 werden die Worte „in den Fällen der §§. 4, 5 die Hälfte der im §. 4 Abs. 1 bestimmten Gebühr," ersetzt durch die Worte:
„in den Fällen der §§. 4, 5 die Hälfte der im §. 4 Abs. 1, 2 bestimmten Gebühr, im Falle des §. 4 Abs. 2 Satz 2 jedoch nicht unter zwei Mark,";

3. Im §. 12 tritt an die Stelle der Nr. 1 folgende Vorschrift:
1. die Nachsuchung der Unterstützung der polizeilichen Vollzugsorgane und die Zuziehung der Zeugen und Sachverständigen (Civilprozeßordnung §§. 678, 679, 715b, 716);

4. Der §. 16 wird durch folgende Vorschrift ersetzt:

Dem in den Fällen der §§. 715b, 716 der Civilprozeßordnung zugezogenen Sachverständigen kann eine Vergütung nach dem ortsüblichen Preise einer solchen Leistung gewährt werden.

Artikel VI.

Der §. 17 Abs. 3 der Gebührenordnung für Zeugen und Sachverständige vom 30. Juni 1878 (Reichs-Gesetzbl. S. 173) wird dahin geändert:

Gegen die Festsetzung findet Beschwerde nach Maßgabe des §. 530 Abs. 2 und der §§. 531 bis 538 der Civilprozeßordnung sowie des §. 4 Abs. 3 des Gerichtskostengesetzes, in Strafsachen nach Maßgabe der §§. 346 bis 352 der Strafprozeßordnung statt.

Artikel VII.

Die Gebührenordnung für Rechtsanwälte vom 7. Juli 1879 (Reichs-Gesetzbl. S. 176) wird dahin geändert:

1. Der §. 12 wird durch folgende Vorschrift ersetzt:

   Gegen den im §. 16 des Gerichtskostengesetzes bezeichneten Beschluß steht dem Rechtsanwalte die Beschwerde nach Maßgabe des §. 530 Absatz 2 und der §§. 531 bis 538 der Civilprozeßordnung zu.

2. Im §. 16 Abs. 1 tritt an die Stelle des Satzes 2 folgende Vorschrift:

   Diese Minderung tritt in den im §. 20 Nr. 1. des Gerichtskostengesetzes bezeichneten Rechtsstreitigkeiten nicht ein, sofern der Kläger verhandelt.

3. Im §. 22 tritt an die Stelle des Satzes 1 folgende Vorschrift:

   Der Rechtsanwalt erhält die Prozeßgebühr und die Verhandlungsgebühr nur zu fünf Zehntheilen, wenn seine Thätigkeit Anträge auf Sicherung des Beweises (Civilprozeßordnung §§. 447 bis 455) oder eine gerichtliche Entscheidung über die Ernennung oder Ablehnung eines Schiedsrichters, das Erlöschen eines Schiedsvertrags oder die Anordnung der von Schiedsrichtern für erforderlich erachteten richterlichen Handlungen (Civilprozeßordnung §. 871) betrifft.

4. Im §. 23 wird die Nr. 1 durch folgende Vorschrift ersetzt:

   1. die im Gerichtskostengesetze §. 27 Nr. 1, §. 35 Nr. 1, 3, §. 38 Nr. 1, 2, §. 47 Nr. 1 bis 12 bezeichneten Angelegenheiten;

5. An die Stelle des §. 24 tritt folgende Vorschrift:

Zwei Zehntheile der in den §§. 13 bis 18 bestimmten Gebühren erhält der Rechtsanwalt, wenn seine Thätigkeit die im Gerichtskostengesetze §. 38 Nr. 3, §. 47 Nr. 15, 16 bezeichneten Anträge oder Gesuche betrifft.

6. Der §. 27 Abs. 3 wird aufgehoben.

7. Im §. 29 erhält die Nr. 4 am Schlusse folgende Fassung:

..... (Civilprozeßordnung §§. 647, 657, 688, 690 Absatz 3, §§. 696d, 696e, 710 Absatz 4, §. 714 Absatz 2), soweit das Verfahren mit dem Verfahren über die Hauptsache verbunden ist;

8. Im §. 30 werden

a) im Abs. 1 die Nr. 2, 3 durch folgende Vorschriften ersetzt:

2. das Verfahren über einen Antrag auf Anordnung oder Aufhebung eines Arrestes oder einer einstweiligen Verfügung, sowie über einen Antrag auf vorläufige Einstellung, Beschränkung oder Aufhebung einer Zwangsvollstreckung (Civilprozeßordnung §§. 688, 690 Absatz 3, §§. 696d, 696e, 710 Absatz 4, §. 714 Absatz 2), sofern das Verfahren von dem Verfahren über die Hauptsache getrennt ist;

3. die im Gerichtskostengesetze §. 38 Nr. 1, 2 bezeichneten Angelegenheiten.

b) als Abs. 3 folgende Vorschriften hinzugefügt:

Die im besonderen Verfahren erfolgte Festsetzung der Kosten und die Abänderung der Kostenfestsetzung (Gerichtskostengesetz §. 38 Nr. 1) bilden Eine Instanz. Das Gleiche gilt von dem Verfahren über die im Gerichtskostengesetze §. 38 Nr. 2 bezeichneten Anträge.

9. An die Stelle des §. 31 Abs. 2 tritt folgende Vorschrift:

Die landesgesetzlichen Bestimmungen in Betreff der Gebühren für eine den Vorschriften der Civilprozeßordnung nicht unterliegende Zwangsvollstreckung bleiben unberührt.

10. Der §. 32 erhält am Schlusse folgende Fassung:

..... und die Ausführung der Zwangsvollstreckung in ein gepfändetes Vermögensrecht durch Verwaltung (Civilprozeßordnung §. 749a Absatz 3, §. 754 Absatz 4) bilden besondere Instanzen der Zwangsvollstreckung.

11. Der §. 35 erhält im Eingange folgende Fassung:

Für die einmalige Erwirkung des Zeugnisses der Rechtskraft (Civilprozeßordnung §. 646) oder der Vollstreckungsklausel (Civilprozeßordnung §§. 662 bis 666, 670d, 670h, 670k, 670l Absatz 2, §§. 670p, 703, 704 Absatz 1, §. 705 Absatz 1, 2, §. 809) . . . . .

12. An die Stelle des §. 37 Abs. 1 tritt folgende Vorschrift:

Für die Mitwirkung bei einem der Klage vorausgehenden Sühneverfahren (Civilprozeßordnung §§. 471, 571, 572) erhält der Rechtsanwalt drei Zehntheile der Sätze des §. 9.

13. Der §. 39 erhält im Eingange folgende Fassung:

Für die Vertretung im Vertheilungsverfahren (Civilprozeßordnung §. 754a Absatz 6, §§. 758 bis 763, 768) . . .

14. An die Stelle des §. 40 Abs. 1 treten folgende Vorschriften:

Im Aufgebotsverfahren (Civilprozeßordnung §§. 823 bis 833, 836 bis 836n, 836s bis 850g) stehen dem Rechtsanwalt als Vertreter des Antragstellers (Civilprozeßordnung §. 824) drei Zehntheile der Sätze des §. 9 zu:

1. für den Betrieb des Verfahrens einschließlich der Information;
2. für den Antrag auf Erlaß des Aufgebots;
3. für den Antrag auf Anordnung der Zahlungssperre, sofern derselbe vor dem Antrag auf Erlaß des Aufgebots gestellt wird;
4. für die Wahrnehmung des Aufgebotstermins.

15. Der §. 59 Abs. 1 wird durch folgende Vorschrift ersetzt:

Die Gebühren der §§. 54 bis 56 sowie des §. 58 im Falle der Beschwerde gegen den Beschluß über Eröffnung des Konkursverfahrens (Konkursordnung §. 101) oder den Beschluß über Bestätigung eines Zwangsvergleichs (Konkursordnung §§. 174, 206 Abs. 2, §. 206f) werden, wenn der Auftrag von dem Gemeinschuldner ertheilt ist, nach dem Betrage der Aktivmasse (Gerichtskostengesetz §. 52) berechnet.

Artikel VIII.

Die landesgesetzlichen Vorschriften über die Vollstreckbarkeit von Hypothekenurkunden bleiben in Ansehung der Hypotheken in Kraft, welche schon zu der Zeit bestehen, zu welcher das Grundbuch als angelegt anzusehen ist.

Artikel IX.

Eine Frist, die zur Zeit des Inkrafttretens des Gesetzes, betreffend Aenderungen der Civilprozeßordnung, läuft, wird nach den bisherigen Vorschriften berechnet.

Die Frist zur Erhebung des Widerspruchs gegen einen Zahlungsbefehl richtet sich nach den bisherigen Vorschriften, wenn der Zahlungsbefehl vor dem Inkrafttreten des im Abs. 1 bezeichneten Gesetzes erlassen ist.

Urkundlich 2c.

Gegeben 2c.

Begründung

der Entwürfe eines Gesetzes

betreffend

Aenderungen des Gerichtsverfassungsgesetzes und der Strafprozeßordnung

sowie eines Gesetzes

betreffend

Aenderungen der Civilprozeßordnung

und eines

zugehörigen Einführungsgesetzes.

Reichstagsvorlage.

Berlin SW 48.

Wilhelmstr. 119/120.

J. Guttentag, Verlagsbuchhandlung.

1897.

Inhaltsverzeichniß.

	Seite
Einleitung	5
Gerichtsverfassungsgesetz und Strafprozeßordnung	6
Artikel I	6
Artikel II	11
Artikel III	11
Artikel IV	12
Civilprozeßordnung	12
Artikel I	12
Artikel II	185
Einführungsgesetz	186
Artikel I	186
Artikel II	186
Artikel III	188
Artikel IV	188
Artikel V	190
Artikel VII	190
Artikel VIII	191
Artikel IX	191

Einleitung.

Der Art. 1 des Einführungsgesetzes zum Bürgerlichen Gesetzbuche bestimmt, daß das Gesetzbuch gleichzeitig mit einem Gesetze, betreffend Aenderungen des Gerichtsverfassungsgesetzes, der Civilprozeßordnung und der Konkursordnung, in Kraft tritt. Die vorliegenden Entwürfe sollen zunächst zur Ausführung dieser Bestimmung dienen, soweit sie das Gerichtsverfassungsgesetz und die Civilprozeßordnung zum Gegenstande hat.

Der Entwurf eines Gesetzes, betreffend Aenderungen des Gerichtsverfassungsgesetzes und der Strafprozeßordnung, enthält übrigens auch einige Vorschläge, welche mit dem bürgerlichen Rechte nicht zusammenhängen, aber aus andern Gründen angezeigt erscheinen.

Ebenso sieht der Entwurf eines Gesetzes, betreffend Aenderungen der Civilprozeßordnung, im Art. I neben den mit dem bürgerlichen Rechte in unmittelbarer Verbindung stehenden Neuerungen noch eine Reihe sonstiger Verbesserungen vor. Hierbei sind indessen im Wesentlichen nur solche Punkte berücksichtigt, in denen eine Reform auf Grund der bisherigen Erfahrungen allgemein als dringend anerkannt wird und ohne Eingriffe in die Grundlagen des Gesetzes, damit aber auch ohne tiefgreifende Erörterungen, für welche die letzte Session der Legislaturperiode ausreichenden Raum nicht darbieten würde, durchgeführt werden kann. Demgemäß hat der Entwurf hauptsächlich solche Abänderungen vorgenommen, von denen sich durch Milderung des Formzwanges, durch Abkürzung von Fristen und in gewissem Umfang auch durch Beschränkung der Rechtsmittel eine Vereinfachung und Beschleunigung des Verfahrens sowie eine Verminderung und Verbilligung der Prozesse erwarten läßt. Bei der Revision des Entmündigungs- und des Zwangsvollstreckungsverfahrens ist außerdem auf einen erhöhten Schutz der Persönlichkeit und der wirthschaftlichen Existenz Bedacht genommen. Mehrfache Anregungen haben der Reichsverwaltung Anlaß zu einer Prüfung der Frage gegeben, ob die Gestaltung des Prozesses auf Grund der geltenden Gesetzgebung weiterreichende Aenderungen erheische. Die Erwägungen darüber haben bis jetzt nicht zum Abschlusse gebracht werden können. Ihre Fortführung muß von den Erfahrungen abhängig bleiben, welche mit dem aus der gegenwärtigen Revision sich ergebenden Prozeßgange werden gemacht werden. Es wird wohl keinem Zweifel unterliegen, daß nicht die jetzige Zeit mit ihren so vielfachen Umgestaltungen des prozessualen und materiellen Rechtes sich für die Erledigung tief einschneidender Revisionsfragen eignet, daß diese Aufgabe vielmehr erst unter ruhigeren Verhältnissen zu einer befriedigenden Lösung gebracht werden kann. Der Art. II ermächtigt den Reichskanzler zur Bekanntmachung des neuen Textes der Civilprozeßordnung.

Der Entwurf eines Einführungsgesetzes zu dem Gesetze, betreffend Aenderungen der Civilprozeßordnung, setzt zunächst im Art. I den Zeitpunkt fest, in welchem das letztere Gesetz in Kraft tritt. Die Art. II bis VII sollen das Gesetz, betreffend die Einführung der Civilprozeßordnung, das Lohnbeschlagnahmegesetz und die Kostengesetze mit den neuen Vorschriften der Civilprozeßordnung in Einklang bringen. Die Art. IV und VII enthalten zugleich die Ergänzungen, welche das Gerichtskostengesetz und die Gebührenordnung für Rechtsanwälte in Folge der in Aussicht genommenen Aenderungen der Konkursordnung erfahren müssen. In den Art. VIII und IX endlich sind die erforderlichen Uebergangsvorschriften enthalten.

Im Einzelnen ist zur Begründung der Entwürfe Folgendes zu bemerken:

Entwurf eines Gesetzes

betreffend

Aenderungen des Gerichtsverfassungsgesetzes und der Strafprozeßordnung.

Artikel I.

Der

§. 14

des Gerichtsverfassungsgesetzes läßt in der Nr. 2 für die Entscheidung von bürgerlichen Rechtsstreitigkeiten bei der Ablösung von Gerechtigkeiten oder Reallasten, bei Separationen, Konsolidationen, Verkoppelungen, gutsherrlich-bäuerlichen Auseinanderſetzungen und dergleichen beſondere Gerichte zu. Durch den vom Entwurfe der Nr. 2 beigefügten Zuſatz wird die Möglichkeit geſchaffen, ſolchen Sondergerichten die Streitigkeiten über Rechtsverhältniſſe des Nachbarrechts (Bürgerliches Geſetzbuch §§ 906 bis 924, Einführungsgeſetz Art. 124) und über geſetzliche Beſchränkungen der Ausübung von Grunddienſtbarkeiten (Bürgerliches Geſetzbuch §. 1023, Einführungsgeſetz Art. 113, 115) auch inſoweit zu überweiſen, als ſie nicht bereits unter die bisherige Faſſung des Geſetzes fallen. Die Verhandlung und Entſcheidung der genannten Prozeſſe erfordert häufig eine genaue Kenntniß der landwirthſchaftlichen Fragen im Allgemeinen und der örtlichen Verhältniſſe im einzelnen Falle. Andererſeits erſcheint ein Verfahren, das nicht ausſchließlich von den Grundſätzen des Civilprozeſſes beherrſcht wird, mehr geeignet, jene Streitigkeiten unter Schonung der nachbarlichen Beziehungen zu ſchlichten.

§. 22.

Nach § 22 Abſ. 2 Satz 1 des Gerichtsverfaſſungsgeſetzes muß, wenn ein Amtsgericht mit mehreren Richtern beſetzt iſt, einem derſelben die allgemeine Dienſtaufſicht übertragen werden. Das Intereſſe des Dienſtes kann indeſſen bei einem größeren Gerichte, namentlich wenn die für das Gericht beſtimmten Räumlichkeiten ſich in getrennten Gebäuden befinden, die Theilung der Aufſicht nach den verſchiedenen Geſchäftszweigen oder nach ſonſtigen Geſichtspunkten fordern. Das Bedürfniß einer ſolchen Theilung wird ſich insbeſondere da fühlbar machen, wo zur Zeit für einzelne Zweige der freiwilligen Gerichtsbarkeit beſondere Behörden beſtehen, deren Geſchäfte mit der Einführung des Bürgerlichen Geſetzbuchs in größerem Umfange den Amtsgerichten übertragen werden. Mit Rückſicht hierauf beſtimmt der Entwurf, daß, wenn die Zahl der Richter höher als fünfzehn iſt, die Dienſtaufſicht zwiſchen mehreren von ihnen getheilt werden kann. Dabei bleibt es übrigens der Landesjuſtizverwaltung unbenommen, gewiſſe Aufſichtsbefugniſſe entweder hinſichtlich der geſammten Behörde oder hinſichtlich einzelner Beamtenkategorien einem der Richter ausſchließlich vorzubehalten. Andererſeits wird durch die Aenderung des §. 22 ſelbſtverſtändlich eine Regelung der Dienſtaufſicht bei größeren Amtsgerichten in der Weiſe, daß unter Beibehaltung eines Aufſichtsrichters ihm für gewiſſe Dienſtgeſchäfte Vertreter beſtellt werden (zu vergl. beiſpielsweiſe das preußische Gesetz vom 10. April 1892, Gesetz-Samml. S. 77), nicht ausgeschlossen.

§. 23.

Nach §. 556 Abs. 3 des Bürgerlichen Gesetzbuches kann der Vermiether, wenn der Miether den Gebrauch der Sache einem Untermiether überlassen hat, die Sache nach der Beendigung des Miethsverhältnisses auch von dem Untermiether zurückfordern. Mit Rücksicht hierauf ist es geboten, in §. 23 Nr. 2 Abs. 1 des Gerichtsverfassungsgesetzes neben dem Miether noch den Untermiether zu erwähnen. Eine entsprechende Aenderung ist für §. 202 Nr. 4 des Gerichtsverfassungsgesetzes und für §. 649 Nr. 1 der Civilprozeßordnung in Aussicht genommen.

Die Fassung des Abs. 2 der Nr. 2 ist nach Maßgabe des gegenwärtigen Standes der Gewerbegesetzgebung berichtigt (zu vergl. Gesetz, betreffend die Abänderung der Gewerbeordnung, vom 17. Juli 1878, Art. 1, Gesetz, betreffend die Gewerbegerichte, vom 29. Juli 1890, §. 78).

§. 74.

Die durch Art. 34 Nr. IV des Einführungsgesetzes zum Bürgerlichen Gesetzbuch in das Strafgesetzbuch als §. 145a eingestellte Vorschrift ist dem §. 6 Abs. 1 des Gesetzes, betreffend die Inhaberpapiere mit Prämien, vom 8. Juni 1871 (Reichs-Gesetzbl. S. 210) nachgebildet. Die Vergehen gegen das letztere Gesetz sind durch §. 74 Nr. 3 des Gerichtsverfassungsgesetzes den Strafkammern ausschließlich zugewiesen, weil sie sich wegen der Schwierigkeit der in Betracht kommenden Fragen für die Schöffengerichte nicht eignen. Es erscheint daher folgerichtig, wenn der Entwurf (§. 74 Nr. 1) die sachliche Zuständigkeit für die Fälle des §. 145a des Strafgesetzbuchs in gleicher Weise ordnet.

Die bisherige Nr. 1 des §. 74 ist als Nr. 2 eingestellt; die in der jetzigen Nr. 2 aufgeführten Vorschriften des Gesetzes vom 11. Juni 1870 (Bundes-Gesetzbl. S. 375) sind bereits durch §. 1 des Gesetzes vom 18. Juli 1884 (Reichs-Gesetzbl. S. 123) beseitigt worden.

Die Nr. 3 bis 5 sind unverändert geblieben.

Der

§. 101

des Gerichtsverfassungsgesetzes ist den Aenderungen angepaßt, welche durch die neuere Reichsgesetzgebung, insbesondere das

Handelsgesetzbuch, auf den in Betracht kommenden Gebieten herbeigeführt worden sind.

In der Nr. 1 hat sich der Begriff des Kaufmanns künftig nach den §§. 1 bis 7 des Handelsgesetzbuchs zu bestimmen.

In der Nr. 2 sind dem Wechsel die im §. 363 des Handelsgesetzbuchs bezeichneten sonstigen indossabelen Urkunden (kaufmännische Anweisungen und Verpflichtungsscheine, Konnossemente, Ladescheine, Lagerscheine, Bodmereibriefe und Transportversicherungspolizen) gleichgestellt, denen in ganz besonderem Maße die Eigenschaft eines kaufmännischen Papiers zukommt.

Die Nr. 3 verweist unter a) auch Streitigkeiten zwischen einer Handelsgesellschaft und ihren Mitgliedern vor die Kammer für Handelssachen. Dagegen sind die Rechtsverhältnisse zwischen den Theilnehmern einer Vereinigung zu einzelnen Handelsgeschäften oder einer Vereinigung zum Handelsbetrieb ausgeschieden. Das neue Handelsgesetzbuch hat die im bisherigen Gesetz (Art. 266 bis 270) geregelte „Vereinigung zu einzelnen Handelsgeschäften für gemeinschaftliche Rechnung" als besondere Gesellschaftsform nicht übernommen. Zudem kann in Folge der Beseitigung der sogenannten absoluten Handelsgeschäfte (Art. 271 des gegenwärtigen Handelsgesetzbuchs) eine Gelegenheitsgesellschaft zum Abschlusse von Handelsgeschäften nur unter Kaufleuten vorkommen, so daß die daraus entspringenden Streitigkeiten schon nach Nr. 1 zur Zuständigkeit der Kammer für Handelssachen gehören. Was andererseits die Streitigkeiten betrifft, die aus einer Vereinigung zum Betriebe eines Kleingewerbes (bisher Art. 10, jetzt §. 4 des Handelsgesetzbuchs) entstehen, so bedürfen diese, soweit sie nicht unter die Nr. 1 fallen, nicht der Aburtheilung durch die Kammern für Handelssachen.

Der neue Ausdruck „Waarenbezeichnungen" unter 3c) entspricht dem Gesetze vom 12. Mai 1894 (Reichs-Gesetzbl. S. 441), welches an die Stelle des Gesetzes über Markenschutz vom 30. November 1874 (Reichs-Gesetzbl. S. 143) getreten ist.

Unter 3e) wird neben dem Handlungsgehülfen der Handlungslehrling hervorgehoben, dessen Rechtsverhältnisse in dem neuen Handelsgesetzbuche (§§. 76 flg.) eine besondere Regelung erfahren haben. Die Aenderung am Schlusse von 3e) entspricht den Vorschriften des §. 179 des Bürgerlichen Gesetzbuchs, nach denen sich künftig die Haftung in den fraglichen Fällen bestimmt.

3f) ist entbehrlich geworden, da amtliche Handelsmäkler

im Sinne der Art. 66 flg. des bisherigen Gesetzes künftig nicht mehr vorkommen und für die Privatmäkler, welche nach §. 1 Nr. 7 (zu vergl. §§. 93 flg.) des neuen Handelsgesetzbuchs Kaufleute sind, die Vorschrift der Nr. 1 ausreicht. An die Stelle von 3f) tritt daher die bisherige Vorschrift unter 3g). Sie bedarf aber einer Ergänzung, nachdem der §. 138 Abs. 1 des Gesetzes, betreffend die privatrechtlichen Verhältnisse der Binnenschiffahrt, vom 15. Juni 1895 (Reichs-Gesetzbl. S. 301), welcher die Zuständigkeit der Kammern für Handelssachen begründete, durch Art. 12 Nr. XXII des Einführungsgesetzes zum Handelsgesetzbuche beseitigt worden ist.

§. 102.

Durch den Entwurf eines Gesetzes, betreffend Aenderungen der Civilprozeßordnung (§. 233 Abs. 2, §. 234 Abs. 1, §. 312a) wird in das landgerichtliche Verfahren erster Instanz für geeignete Fälle ein Vortermin mit zweiwöchiger Einlassungsfrist eingeführt. Die Einrichtung bezweckt insbesondere bei unstreitigen Ansprüchen eine schleunigere Erledigung der Sache und paßt daher nicht für diejenigen Prozeßarten, für welche ohnehin eine kürzere Einlassungsfrist besteht. Demgemäß wird, wie in den §§. 469, 557a des oben bezeichneten Entwurfs in Ansehung des Verfahrens vor den Amtsgerichten und des Urkundenprozesses, so durch die neue Fassung des §. 102 des Gerichtsverfassungsgesetzes in Ansehung der vor den Kammern für Handelssachen zu verhandelnden Rechtsstreitigkeiten bestimmt, daß ein Vortermin nicht stattfindet. Die übrigen Aenderungen des §. 102 haben keine sachliche Bedeutung.

§. 137

Die für Plenarentscheidungen des Reichsgerichts im §. 137 Abs. 4 getroffene Vorschrift ist vom Entwurf ihrem Grunde und Zwecke gemäß auf diejenigen Rechtsstreitigkeiten ausgedehnt, für welche der Entwurf eines Gesetzes, betreffend Aenderungen der Civilprozeßordnung, (§§ 592a flg., 836o flg.) das Verfahren im Anschluß an die Vorschriften in Ehe- und Entmündigungssachen regelt und für welche deshalb die Mitwirkung der zur Wahrung der öffentlichen Interessen berufenen Staatsanwaltschaft gleichfalls angezeigt erscheint.

§. 172.

Die Vorschriften über die Ausschließung der Oeffentlichkeit in dem die Entmündigung wegen Geisteskrankheit betreffenden

Verfahren müssen auch für die Entmündigung wegen Geistesschwäche (Entwurf eines Gesetzes, betreffend Aenderungen der Civilprozeßordnung, §§ 593 flg.) gelten. Demgemäß ist der §. 172 Abs. 1 des Gerichtsverfassungsgesetzes ergänzt worden.

§. 202.

Wegen der Aenderung der Nr. 4 des §. 202 wird auf die Begründung zum §. 23 verwiesen.

Die als Nr. 4a eingestellte Vorschrift soll den dort bezeichneten Streitigkeiten, auch wenn sie vor den ordentlichen Gerichten zum Austrage kommen, eine schleunige Erledigung sichern. Namentlich wird hierdurch verhindert, daß die Entscheidung über Lohnansprüche von Arbeitern durch die Gerichtsferien eine Verzögerung erleidet Insofern entspricht die Vorschrift den bei der Berathung des Bürgerlichen Gesetzbuchs im Reichstage zum Ausdrucke gelangten Wünschen, welche auf eine schleunigere Beitreibung des verdienten Arbeitslohns abzielen (zu vergl. Bericht der XII. Kommission, Verhandlungen des Reichstags 1895/97, Anlagenband III S. 1978, 1979, Stenographischen Berichte S. 3100).

Artikel II.

Nachdem im Art. 57 Abs. 2 des Einführungsgesetzes zum Bürgerlichen Gesetzbuche das Sonderrecht des vormaligen Hannoverschen Königshauses, des vormaligen Kurhessischen und des vormaligen Herzoglich Nassauischen Fürstenhauses gegenüber dem Bürgerlichen Gesetzbuch anerkannt worden ist, rechtfertigt es sich, den gleichen Grundsatz auch auf dem Gebiete des Prozeßrechts zur Geltung zu bringen. Der Entwurf sieht daher eine entsprechende Ergänzung der bezüglichen Vorschriften des Einführungsgesetzes zum Gerichtsverfassungsgesetz und der Strafprozeßgesetze vor. Die gleichen Aenderungen sind für die §§. 196, 340, 441, 444 der Civilprozeßordnung und für den §. 5 des zugehörigen Einführungsgesetzes in Aussicht genommen.

Artikel III.

Nach §. 8 des Einführungsgesetzes zum Gerichtsverfassungsgesetze kann durch die Gesetzgebung eines Bundesstaats, in welchem mehrere Oberlandesgerichte errichtet werden, die Verhandlung und Entscheidung der zur Zuständigkeit des Reichsgerichts gehörenden Revisionen und Beschwerden in bürgerlichen Rechtsstreitigkeiten, soweit diese nicht gemäß Abs. 2 dem

Reichsgerichte vorbehalten sind, einem obersten Landesgerichte zugewiesen werden. An der Ausübung der ordentlichen Strafgerichtsbarkeit nimmt das oberste Landesgericht nicht Theil; vielmehr gewährt der §. 9 der Landesgesetzgebung nur die Befugniß, die zur Zuständigkeit der Oberlandesgerichte gehörenden Revisionen und Beschwerden in Strafsachen ausschließlich einem der mehreren Oberlandesgerichte zuzuweisen. Im Interesse der Rechtspflege liegt es jedoch, daß das oberste Landesgericht, wo es auf Grund des §. 8 besteht, auch für die Strafgerichtsbarkeit nutzbar gemacht werde; denn die Aufgabe, die Einheit der Rechtsprechung innerhalb eines Bundesstaats zu fördern, wird am besten von dem höchsten Gerichte dieses Staates gelöst. Der §. 9 hat deshalb im Entwurf eine entsprechende Ergänzung erfahren.

Im Falle des §. 9 tritt das oberste Landesgericht an die Stelle eines Oberlandesgerichts. Hier können daher die für das Reichsgericht geltenden Vorschriften der §§. 137, 139, 140 des Gerichtsverfassungsgesetzes entsprechende Anwendung nicht finden; der Entwurf schließt deshalb im §. 10 diese Anwendung aus und regelt die Besetzung der Senate gemäß §. 124 des Gerichtsverfassungsgesetzes.

Der

Artikel IV

bestimmt den Zeitpunkt des Inkrafttretens des Gesetzes entsprechend dem Art. 1 des Einführungsgesetzes zum Bürgerlichen Gesetzbuche.

Entwurf eines Gesetzes,

betreffend

Aenderungen der Civilprozeßordnung.

Artikel I.

§§. 14, 15.

Die Civilprozeßordnung geht davon aus, daß der prozeßrechtliche Wohnsitz mit dem civilrechtlichen zusammenfällt, und läßt daher bezüglich des Begriffs des Wohnsitzes und der Voraussetzungen, unter welchen dieser begründet und aufgehoben wird, das bürgerliche Recht entscheiden. Hieraus folgt, daß künftig die Vorschriften des Bürgerlichen Gesetzbuchs über den Wohnsitz (§§. 7 bis 11) auch in Ansehung des Gerichtsstandes ohne Weiteres maßgebend sein werden. Unter diesen Umständen konnten auch die bisherigen Vorschriften der Civilprozeßordnung über den Wohnsitz der Militärpersonen in Wegfall kommen; denn sie werden sachlich durch §. 9 des Bürgerlichen Gesetzbuchs gedeckt.

Andererseits ist aber an Stelle des bisherigen §. 14 eine neue Vorschrift eingefügt, welche den Wohnsitz der Militärpersonen für die Fälle der Theilung des Garnisonorts in mehrere Gerichtsbezirke regelt. Nach dem geltenden Gesetze entscheidet hier der zufällige und mitunter nicht einmal zu einem sicheren Ergebnisse führende Umstand, in welchem der mehreren Gerichtsbezirke sich die Kaserne des betreffenden Truppentheils oder das Büreau der Kommandobehörde befindet. Behufs Beseitigung der hieraus sich ergebenden Schwierigkeiten soll nunmehr der als Wohnsitz geltende Bezirk durch allgemeine Anordnung der Landesjustizverwaltung bestimmt werden.

§. 16.

Die Bestimmungen der Civilprozeßordnung über den Wohnsitz der Deutschen, welche das Recht der Exterritorialität genießen, und der im Ausland angestellten Beamten müssen aufrecht erhalten bleiben, weil das Bürgerliche Gesetzbuch entsprechende Vorschriften nicht enthält. Der Abs. 1 bedarf einer Ergänzung mit Rücksicht darauf, daß es seit dem Gesetze, betreffend die Rechtsverhältnisse der deutschen Schutzgebiete (Reichs-Gesetzbl. 1886 S. 75, 1888 S. 71), Reichsangehörige giebt, die keinem Bundesstaat angehören. Auf diese wird die Vorschrift des Abs. 1 Satz 2 in der Weise übertragen, daß als ihr Wohnsitz in Ansehung des Gerichtsstandes die Stadt Berlin gelten und daß im Falle einer Theilung der Stadt Berlin in mehrere Gerichtsbezirke der als Wohnsitz geltende Bezirk von dem Reichskanzler durch allgemeine Anordnung bestimmt werden soll. Diese Regelung entspricht der Fassung, die der §. 11 der Strafprozeßordnung im Art. 35 des Einführungsgesetzes zum Bürgerlichen Gesetzbuch erhalten hat. Für diejenigen Reichsbeamten, welche nicht Deutsche sind (zu vergl. §. 9 Abs. 2 des Gesetzes über die Erwerbung und den Verlust der Bundes- und Staatsangehörigkeit vom 1. Juni 1870 und das Gesetz vom 20. Dezember 1875, Reichs-Gesetzbl. S. 324), bleibt daneben die Vorschrift des §. 21 des Gesetzes, betreffend die Rechtsverhältnisse der Reichsbeamten, vom 31. März 1873, maßgebend.

§. 17.

Die Aufhebung des §. 17 beruht auf den Erwägungen, welche für die Streichung der bisherigen §§. 14 und 15 maßgebend sind. Das Bürgerliche Gesetzbuch bestimmt den Wohnsitz der Ehefrau und der Kinder in den §§. 10, 11 im Wesentlichen übereinstimmend mit dem §. 17 der Civilprozeßordnung. Der im § 17 ausgesprochene Grundsatz, daß die Ehefrau den Wohnsitz des Mannes nicht theilt, wenn auf immerwährende Trennung von Tisch und Bett erkannt ist, ergiebt sich für das Bürgerliche Gesetzbuch daraus, daß nach §. 1586 vermöge des Urtheils auf Aufhebung der ehelichen Gemeinschaft die mit der Scheidung verbundenen Wirkungen eintreten, also der Frau gegenüber auch der Verlust des gesetzlichen Wohnsitzes. Eine Verschiedenheit zwischen den Vorschriften der Civilprozeßordnung und denen des Bürgerlichen Gesetzbuchs besteht nur insofern, als das letztere im §. 10 Abs. 1 Satz 2, Abs. 2 und im §. 11 Abs. 2 die grundsätzlichen Vorschriften über den Wohnsitz der Ehefrau und der Kinder einigen Beschränkungen unterwirft, die der Civilprozeßordnung fremd sind. Mit Rücksicht auf den Inhalt und die Tragweite dieser Beschränkungen erscheint es indessen unbedenklich, das Prozeßrecht auch in diesen Punkten dem bürgerlichen Rechte anzupassen.

§. 20a.

Für Behörden, die ihren Sitz an einem in mehrere Gerichtsbezirke getheilten Orte haben, ist eine ähnliche Vorschrift geboten, wie sie der §. 14 in Betreff der Militärpersonen vorsieht, da auch hier nach dem geltenden Gesetze die Feststellung des allgemeinen Gerichtsstandes, zumal wenn die Behörde in verschiedenen Dienstgebäuden untergebracht ist, auf Schwierigkeiten stoßen und namentlich für auswärtige Parteien, die mit den örtlichen Verhältnissen nicht vertraut sind, unnöthige Weiterungen und Kosten verursachen kann.

§. 21.

Die Ergänzung des Abs. 2 ist eine Folge der an Stelle des bisherigen §. 14 aufgenommenen Vorschrift.

§. 25.

Neben der Grunddienstbarkeit und der Reallast ist im Abs. 2 das Vorkaufsrecht (Bürgerliches Gesetzbuch §§. 1094 bis 1104) erwähnt, weil auch dieses nach dem Bürgerlichen Gesetzbuch in der Weise begründet werden kann, daß es dem jeweiligen Eigenthümer eines anderen Grundstücks zusteht

Der

§. 28

entspricht dem §. 28. Abs. 1 des gegenwärtigen Gesetzes. Nach dem jetzigen Wortlaute gilt der Gerichtsstand der Erbschaft vor allem für die Klagen, welche Erbrechte betreffen. Der Entwurf hat an deren Stelle die Klagen gesetzt, welche die Feststellung des Erbrechts und die Ansprüche des Erben gegen einen Erbschaftsbesitzer zum Gegenstande haben. Diese Aenderung hat indessen keine sachliche Bedeutung, ist vielmehr nur dadurch veranlaßt, daß nach dem Bürgerlichen Gesetzbuche (§§. 2018 flg.) der Erbschaftsanspruch nicht sowohl das Erbrecht selbst, als vielmehr die Pflicht des Erbschaftsbesitzers zur Herausgabe des aus der Erbschaft Erlangten betrifft. Zu den Ansprüchen, welche im Gerichtsstande der Erbschaft geltend gemacht werden können, gehören schon bisher die Pflichttheilsansprüche. Hierbei muß es selbstverständlich verbleiben. Da aber nach dem Bürgerlichen Gesetzbuche (§§. 2018 flg.) dem Pflichttheilsberechtigten kein Erbfolgerecht, sondern nur ein persönlicher Anspruch auf Ausfolge des Werthes des Pflichttheils zusteht, sind in dem Entwurf, um etwaige Zweifel auszuschließen, die Pflichttheilsansprüche besonders hervorgehoben. Unter diese Ansprüche fällt übrigens auch die Befugniß des Pflichttheilsberechtigten, von einem durch den Erblasser Beschenkten die Herausgabe des Geschenkes behufs Ergänzung des Pflichttheils zu verlangen (Bürgerliches Gesetzbuchs §. 2329).

Durch die Vorschrift des §. 28 Abs. 2 gewährt der Entwurf für alle Fälle, in denen erbrechtliche Verhältnisse nach den deutschen Gesetzen zu beurtheilen sind, einen inländischen Gerichtsstand, ebendamit aber die Sicherheit, daß diese Gesetze auch wirklich zur Anwendung kommen.

Im

§. 28a

ist der Inhalt des bisherigen §. 28 Abs. 2 wiedergegeben. Eine sachliche Aenderung liegt nur insofern vor, als nach dem Entwurfe bei dem Vorhandensein mehrerer Erben der Gerichtsstand der Erbschaft für Klagen wegen solcher Nachlaßverbindlichkeiten, die nicht unter §. 28 fallen (zu vergl. §. 1967 des Bürgerlichen Gesetzbuchs), nicht mehr davon abhängig sein soll, daß der Nachlaß noch nicht getheilt ist, sondern davon, daß die

Miterben noch als Gesammtschuldner haften. Die Theilung des Nachlasses kann der Kenntniß des Gläubigers leicht entgehen, und er ist damit der Gefahr ausgesetzt, daß seine Klage wegen Unzuständigkeit des Gerichts abgewiesen wird. Dagegen ist er künftig vermöge der Vorschriften der §§. 2060, 2061 des Bürgerlichen Gesetzbuchs in der Lage, sich darüber zu vergewissern, wie lange die gesammtschuldnerische Haftung der Miterben fortdauert.

Der

§. 49a

spricht zunächst den allgemeinen Grundsatz aus, daß parteifähig ist, wer rechtsfähig ist. Für den Menschen beginnt nach §. 1 des Bürgerlichen Gesetzbuchs die Rechtsfähigkeit und folgeweise die Parteifähigkeit mit der Vollendung der Geburt. Rechtsfähig sind weiterhin die juristischen Personen, die durch das Bürgerliche Gesetzbuch, durch sonstige Reichsgesetze oder durch Landesgesetze als solche anerkannt sind. Daneben ist bestimmten Arten von Personenvereinigungen vermöge besonderer Gesetzesvorschriften zwar nicht die Rechtsfähigkeit im Allgemeinen, aber doch die Parteifähigkeit beigelegt.

Der Entwurf selbst sieht eine Erweiterung der Parteifähigkeit insofern vor, als er bestimmt, daß ein Verein, der nicht rechtsfähig ist, verklagt werden kann und daß er in dem Rechtsstreite die Stellung eines rechtsfähigen Vereins hat. Hiermit hängt die Vorschrift des §. 670a zusammen, wonach zur Zwangsvollstreckung in das Vermögen eines nicht rechtsfähigen Vereins ein gegen den Verein ergangenes Urtheil genügt. Wenn der verklagte Verein für den Rechtsstreit einem rechtsfähigen Vereine gleichgestellt ist, so ergiebt sich daraus ohne Weiteres, daß der Vorstand des Vereins in dem Rechtsstreite die Stellung eines gesetzlichen Vertreters hat (zu vergl. Bürgerliches Gesetzbuch §. 26 Abs. 2), ferner, daß der Verein befugt ist, eine Widerklage, eine Klage aus §. 541 oder aus §. 686 zu erheben, sowie im Falle des Obsiegens die Erstattung der Prozeßkosten aus dem Urtheile geltend zu machen. Die damit vorgeschlagene Regelung schließt sich, wie schon in der Denkschrift zu dem Entwurf eines Bürgerlichen Gesetzbuchs (Drucksachen des Reichstags 1895/97 S. 611) näher dargelegt ist, der bisherigen Rechtsentwickelung an und entspricht einem praktischen Bedürfnisse. Der Reichstag hat sich durch eine bei der Annahme des Bürgerlichen Gesetzbuchs beschlossene Resolution bereits zu Gunsten dieser Regelung ausgesprochen

(Drucksachen des Reichstags 1895/97 S. 1942, 2192, Stenographische Berichte S. 3100).

§. 51.

Das Bürgerliche Gesetzbuch kennt eine väterliche Gewalt über Volljährige und eine Geschlechtsvormundschaft nicht. Die hierauf bezüglichen Vorschriften des §. 51 müssen daher in Wegfall kommen. Der Grundsatz, wonach die Prozeßfähigkeit einer Frau dadurch, daß sie Ehefrau ist, nicht beschränkt wird, hat dem Bürgerlichen Gesetzbuche gegenüber ebenfalls keine praktische Bedeutung mehr. Er ist aber gleichwohl beibehalten, und zwar mit Rücksicht auf den Art. 200 Abs. 3 des Einführungsgesetzes, welcher für die zur Zeit des Inkrafttretens des Bürgerlichen Gesetzbuchs bestehenden Ehen bestimmt, daß, soweit die Ehefrau nach den für den bisherigen Güterstand maßgebenden Gesetzen in Folge des Güterstandes oder der Ehe in der Geschäftsfähigkeit beschränkt ist, diese Beschränkung in Kraft bleibt, so lange der bisherige Güterstand besteht. Keiner besonderen Hervorhebung bedarf es, daß die Befugnisse, welche dem Ehemanne nach den Vorschriften des Bürgerlichen Gesetzbuchs (zu vergl. insbesondere §§. 1400, 1443) in Ansehung der das Ehegut betreffenden Rechtsstreitigkeiten zukommen, durch jenen Grundsatz nicht berührt werden.

§. 51 a.

Die Person, welche einen Pfleger erhält, wird damit nach dem Bürgerlichen Gesetzbuch in der Geschäftsfähigkeit nicht beschränkt und bleibt folgeweise gemäß §. 51 Abs. 1 der Civilprozeßordnung prozeßfähig. Dem Pfleger kommt daher die Stellung eines gesetzlichen Vertreters im Sinne der Civilprozeßordnung (§. 50) an sich nicht zu. Dies widerstreitet aber, namentlich in den Fällen der Abwesenheitspflegschaft, den Bedürfnissen des Rechtsverkehrs. Der §. 51a bestimmt mit Rücksicht hierauf, daß eine prozeßfähige Person, die durch einen Pfleger vertreten wird, für den Rechtsstreit einer nicht prozeßfähigen Person gleichsteht. Wie die Fassung ergiebt, greift diese Vorschrift nur Platz, wenn der Pfleger den Prozeß wirklich führt. Der Dritte, der einen Anspruch gegen den Pflegebefohlenen geltend machen will, ist deshalb keineswegs genöthigt, seine Klage gegen den Pfleger zu richten. Erst wenn der Pfleger von seinem Rechte, die Vertretung des Pflegebefohlenen im Rechtsstreite zu übernehmen, Gebrauch macht, verliert dieser die Fähigkeit, den Prozeß in eigener

Person weiter zu führen, und wird damit der Pfleger gesetzlicher Vertreter im Sinne der Civilprozeßordnung.

§. 54.

Der Zusatz im Abs 1 ist eine Folge der Vorschrift des §. 49a.

§. 55a.

Nach §. 928 des Bürgerlichen Gesetzbuchs kann das Eigenthum an einem Grundstücke dadurch aufgegeben werden, daß der Eigenthümer den Verzicht dem Grundbuchamte gegenüber erklärt und der Verzicht in das Grundbuch eingetragen wird. Die Befugniß zur Aneignung des Grundstücks steht in dem bezeichneten Falle dem Fiskus oder dem gemäß Art. 129 des Einführungsgesetzes Berechtigten zu; der zur Aneignung Berechtigte erwirbt das Eigenthum dadurch, daß er sich als Eigenthümer in das Grundbuch eintragen läßt. Es ist mithin die Möglichkeit gegeben, daß das Grundstück kürzere oder längere Zeit hindurch herrenlos bleibt. Dieser Zustand darf aber nicht zur Folge haben, daß während der Zwischenzeit derjenige, welcher ein Recht an dem Grundstücke geltend macht, in der Verfolgung seines Rechts gehindert ist. Der Entwurf beugt dem durch die Bestimmungen vor, daß der Vorsitzende des Prozeßgerichts auf Antrag einen Vertreter zu bestellen hat, dem bis zur Eintragung des neuen Eigenthümers die Wahrnehmung der sich aus dem Eigenthum ergebenden Rechte und Verpflichtungen in dem gerichtlichen Verfahren obliegt. Eine entsprechende Bestimmung trifft für das Vollstreckungsverfahren der §. 696f des Entwurfs.

Der

§. 72

gewährt dem Schuldner, der wegen einer Forderung verklagt ist, die Möglichkeit, sich der Klage durch gerichtliche Hinterlegung des Forderungsbetrags zu entziehen, wenn die Forderung von einem Dritten in Anspruch genommen wird, der nach erfolgter Streitverkündung in den Streit eintritt. Für den Schuldner handelt es sich hier darum, gegenüber dem einen wie dem anderen Betheiligten durch Entlassung aus dem Rechtsstreite von seiner Verbindlichkeit befreit zu werden. Ist dies richtig, so muß mit Rücksicht auf die Vorschriften des Bürgerlichen Gesetzbuchs (§§. 376, 378) die Entlassung davon abhängig gemacht werden, daß die Hinterlegung unter Verzicht auf das Recht der Rücknahme erfolgt. Durch diese Regelung ist übrigens dem Beklagten die Befugniß zur Rücknahme nicht unbedingt entzogen. Denn der Verzicht auf die Rücknahme wird von ihm, wie nach den Umständen anzunehmen ist, nur für den Fall erklärt, daß der Betrag einem der streitenden Gläubiger zugesprochen wird. Danach bleibt, falls keiner der beiden obsiegen sollte, der hinterlegende Schuldner trotz des Verzichts in der Lage, von ihnen die Einwilligung zur Rücknahme des Betrags zu verlangen. Die Sachlage ist alsdann eine ähnliche, wie im Falle des §. 1171 Abs. 3 des Bürgerlichen Gesetzbuchs.

§. 73.

Die veränderte Fassung der Abs. 1, 3 entspricht den Vorschriften, die das Bürgerliche Gesetzbuch für den Besitz getroffen hat. Durch die neue Fassung des §. 73 in Verbindung mit dem §. 868 des Bürgerlichen Gesetzbuchs werden übrigens auch solche Fälle gedeckt, in denen Jemand für einen Anderen eine Sache nicht auf bestimmte, sondern auf unbestimmte Zeit, z. B. als Geschäftsführer ohne Auftrag besitzt.

Der

§. 73a

bringt die Vorschriften des §. 73 über die Benennung des Urhebers auf die Fälle zur Anwendung, in denen wegen einer Beeinträchtigung des Eigenthums, die in anderer Weise als durch Entziehung oder Vorenthaltung des Besitzes erfolgt (Bürgerliches Gesetzbuch §. 1004) oder wegen Beeinträchtigung eines sonstigen dinglichen Rechtes, insbesondere einer Dienstbarkeit (zu vergl. §. 1027 des Bürgerlichen Gesetzbuchs), Klage erhoben wird. Auch hier kann es vorkommen, daß der Störer unter Berufung auf ein Recht handelt, das nicht ihm, sondern einem Dritten zustehe, und es liegt alsdann im Interesse aller Betheiligten, wenn über die Rechtmäßigkeit der Beeinträchtigung nur einmal, und zwar zwischen dem Gestörten und dem angeblich Berechtigten verhandelt und entschieden wird.

§. 84.

Soweit eine Vertretung durch Anwälte geboten ist, bleibt nach dem geltenden Gesetze die Prüfung der Vollmacht zunächst den Parteien überlassen; das Gericht hat den Mangel der Vollmacht erst auf die Rüge des Gegners zu berücksichtigen. Hieraus können sich gegenüber den Vorschriften der §§. 162, 164 schon jetzt bei den von Amtswegen zu bewirkenden Zustellungen

(§. 294 Abs. 3) sowie bei der Frage, ob die Nothfristen gewahrt sind (§§. 306, 497, 529) für den einzelnen Fall Schwierigkeiten ergeben. Diese würden sich in der letzteren Hinsicht durch die neue Vorschrift des §. 152 Abs. 2 noch steigern. Der §. 84 stellt daher den allgemeinen Grundsatz auf, daß das Gericht die Vollmacht von Amtswegen zu prüfen hat.

§. 85.

Das Gericht kann, wenn Jemand für eine Partei als Geschäftsführer ohne Auftrag oder als Bevollmächtigter ohne Beibringung einer Vollmacht handelt, ihn gegen oder ohne Sicherheitsleistung für Kosten und Schäden zur Prozeßführung einstweilen zulassen; das Endurtheil darf jedoch in einem solchen Fall nicht ergehen, bevor die für die Beibringung der Genehmigung zu bestimmende Frist abgelaufen ist. Die Frage, inwieweit der Gegner für die Kosten und Schäden Ersatz verlangen kann, die ihm dadurch entstehen, daß die andere Partei nachträglich die Genehmigung der Prozeßführung oder die Ausstellung einer Vollmachtsurkunde verweigert, ist in der Civilprozeßordnung nicht geregelt. Aus den Vorschriften des Bürgerlichen Gesetzbuchs aber läßt sich eine Haftung des Vertreters hier nur begründen, wenn er vorsätzlich und wider besseres Wissen seine Zulassung zur Prozeßführung bewirkt hat. Der Schutz, der hiermit dem Gegner gewährt wird, ist völlig unzureichend. In der That erscheint es unter den bezeichneten Umständen als ein Gebot der Gerechtigkeit, daß stets derjenige die Gefahr trägt, durch dessen Handeln das fragliche Ergebniß herbeigeführt worden ist, also der Vertreter. Der Entwurf (§. 85 Abs. 1 Satz 3) bestimmt demgemäß, daß, falls zur Zeit der Erlassung des Endurtheils die Genehmigung nicht beigebracht ist, der einstweilen zur Prozeßführung Zugelassene dem Gegner die in Folge der Zulassung entstandenen Kosten und Schäden zu ersetzen hat. Die Fassung der neuen Vorschrift stellt zugleich klar, daß die Verurtheilung in die Kosten innerhalb des betreffenden Verfahrens selbst zu erfolgen hat.

Der Entwurf enthält übrigens eine Reihe weiterer Vorschriften, welche auf dem gleichen Grundgedanken beruhen (zu vergl. §§. 274, 563, 655).

§. 87.

Durch den Zusatz am Schlusse des Abs. 1 wird die bisher streitige Frage, ob die unterliegende Partei dem Gegner auch Entschädigung für Zeitversäumniß zu gewähren hat, im bejahenden Sinne entschieden. Diese Regelung, welche namentlich für den amtsgerichtlichen Prozeß praktische Bedeutung hat, erscheint aus wirthschaftlichen Gründen gerechtfertigt. Gegen übermäßige Anforderungen wird der Ersatzpflichtige durch die Vorschrift gesichert, daß nur die Zeitversäumniß Berücksichtigung findet, die in Folge nothwendiger Reisen oder der nothwendigen Wahrnehmung von Terminen entstanden ist, und daß die für die Entschädigung von Zeugen geltenden Vorschriften (§§. 2, 5 der Gebührenordnung für Zeugen und Sachverständige vom 30. Juni 1878) entsprechende Anwendung finden.

§. 88.

Nach §. 88 Abs. 1 sind, wenn jede Partei theils obsiegt, theils unterliegt, die Kosten gegen einander aufzuheben oder verhältnißmäßig zu theilen. Der Entwurf stellt in dem neu hinzugefügten Satz 2 gegenüber den in der Praxis hervorgetretenen Zweifeln klar, daß im ersteren Falle jeder Partei die Hälfte der Gerichtskosten zur Last fällt.

Der

§. 89a

enthält eine Erweiterung des §. 89, welcher dem Kläger die Prozeßkosten dann zur Last legt, wenn der Beklagte, ohne durch sein Verhalten zur Erhebung der Klage Veranlassung gegeben zu haben, den Anspruch sofort anerkennt. Diese Vorschrift reicht für den Fall nicht aus, daß es sich um einen Anspruch handelt, der durch Rechtsgeschäft unter Lebenden oder durch Erwerb von Todeswegen auf den Kläger übergegangen ist. Der andere Theil darf in diesem Falle erwarten, daß ihm der Uebergang vor der Erhebung der Klage mitgetheilt und auf Verlangen nachgewiesen wird (zu vergl. Bürgerliches Gesetzbuch §§. 410, 2367). Ebensowenig kann ihm aber, wenn der Kläger dies unterlassen hat, zugemuthet werden, daß er sofort nach Erhebung der Klage unter Verzicht auf den Nachweis den Anspruch anerkenne. Nach dem Entwurfe sollen daher in diesem Falle die Kosten des Rechtsstreits insoweit den Kläger treffen, als sie dadurch entstanden sind, daß der Beklagte durch die Unterlassung der Mittheilung oder des Nachweises veranlaßt worden ist, den Anspruch zu bestreiten.

§. 94.

Die über die Verpflichtung zur Kostentragung ergangene Entscheidung ist nach dem geltenden Rechte nur unter der

Voraussetzung anfechtbar, daß ein Rechtsmittel auch gegen die Entscheidung in der Hauptsache eingelegt wird. Obschon diese Vorschrift sich im Allgemeinen bewährt hat, wird sie doch vielfach dann als unbillige Beeinträchtigung der Rechtsverfolgung empfunden, wenn nur über den Kostenpunkt entschieden worden ist, während die Hauptsache durch Vergleich, durch nachträgliche Befriedigung des Klägers oder in sonstiger Weise ihre Erledigung gefunden hat. In diesem Falle ist die Gefahr ausgeschlossen, daß der höhere Richter zu seiner Entscheidung auf Grund von Erwägungen gelangt, die mit dem der Abänderung nicht mehr unterliegenden Urtheil in der Hauptsache in Widerspruch treten. Der Entwurf (§. 94 Abs. 2 Satz 1) läßt daher hier die selbständige Anfechtung der den Kostenpunkt betreffenden Entscheidung zu; sie soll jedoch nicht mit dem für die Hauptsache gegebenen Rechtsmittel, sondern im Wege der sofortigen Beschwerde erfolgen, da die bezüglichen Streitigkeiten meist einfacher Art und von verhältnißmäßig untergeordneter Bedeutung sind. Das Interesse des Gegners bleibt dabei ausreichend gewahrt, wenn er, wie der Entwurf (Abs. 2 Satz 2) vorschreibt, vor der Entscheidung gehört wird.

§ 95.

Gegenüber dem bisherigen Wortlaute des Abs. 4 stellt die neue Fassung, in Uebereinstimmung mit der Rechtsprechung des Reichsgerichts, zunächst klar, daß, wenn mehrere Beklagte auf Grund einer Vorschrift des bürgerlichen Rechtes als Gesammtschuldner verurtheilt sind, sie damit der Regel nach auch für die Kostenerstattung ohne Weiteres als Gesammtschuldner haften. Es wäre jedoch unbillig, diese Regel hinsichtlich derjenigen Kosten Platz greifen zu lassen, welche ausschließlich durch das Verhalten eines der Beklagten (§. 95 Abs. 3) entstanden sind. Der Entwurf bestimmt daher, daß die Gesammthaft auf solche Kosten sich nur erstreckt, wenn dies, wie bei der Bürgschaft (Bürgerliches Gesetzbuch §. 767 Abs. 2), durch eine besondere Vorschrift des bürgerlichen Rechtes vorgesehen ist.

§. 97a.

In Anlehnung an den §. 49 Nr. 4 des Gesetzes, betreffend die Gewerbegerichte, vom 29. Juli 1890 bestimmt der Entwurf, daß im Verfahren vor den Amtsgerichten die Festsetzung des Betrags der zu erstattenden Kosten, sofern der Betrag sofort zu ermitteln ist, im Urtheil erfolgen kann

(§. 97a Abs. 1 Satz 1). Diese Bestimmung dient dem Interesse der Betheiligten, sofern dadurch die mit dem besonderen Festsetzungsverfahren (§§. 98 bis 100) verbundenen Weiterungen und Kosten vermieden werden.

In Betreff der Anfechtung stellt der Entwurf die im Urtheil erfolgende Kostenfestsetzung dem Festsetzungsbeschlusse (§. 99 Abs. 3) gleich, indem er (§. 97a Abs. 1 Satz 2) gegen jene Festsetzung gleichfalls ausschließlich die sofortige Beschwerde gewährt. Auch wenn ein Rechtsmittel in der Hauptsache eingelegt wird, kann mithin die Abänderung der Kostenfestsetzung nur mittelst der sofortigen Beschwerde herbeigeführt werden. Andererseits unterliegt das letztere Rechtsmittel, soweit es gegen die Höhe der festgesetzten Kosten gerichtet ist, nicht den Beschränkungen des §. 94, da es sich im Falle des §. 97a nicht um die Entscheidung über den Kostenpunkt, d. h. um die Frage, welche Partei die Kosten zu tragen hat, handelt. Selbstverständlich hat die im Entwurfe getroffene Regelung zur Folge, daß die Kostenfestsetzung, auch wenn sie im Urtheil erfolgt war, gemäß §. 535 und §. 702 Nr. 3 vollstreckbar ist.

§. 100a.

Die Höhe der Kosten in bürgerlichen Rechtsstreitigkeiten ist wesentlich durch den Werth des Streitgegenstandes bedingt. An sich muß daher, wenn nach der Kostenfestsetzung der Streitwerth anderweit festgesetzt wird, auch eine Aenderung der Kostenfestsetzung eintreten. Indem aber der §. 99 Abs. 3 gegen den Kostenfestsetzungsbeschluß lediglich die sofortige Beschwerde gewährt, beschränkt er die Zulässigkeit einer solchen Aenderung auf den Fall, daß die Festsetzung noch nicht die Rechtskraft erlangt hat (zu vergl. Entscheidungen des Reichsgerichts in Civilsachen Bd. 20 S. 408). Dem gegenüber eröffnet der Entwurf die Möglichkeit, auch die rechtskräftige Festsetzung noch zu berichtigen. Er läßt den Antrag auf Abänderung binnen der Frist von einem Monate seit der Zustellung oder Verkündung des den Streitwerth festsetzenden Beschlusses zu. Dabei kommt es nicht darauf an, ob vor der Kostenfestsetzung bereits eine förmliche Festsetzung des Streitwerths stattgefunden hatte, ob die Entscheidung über den Werth des Streitgegenstandes vor oder nach der Rechtskraft der die Kosten festsetzenden Entscheidung (§§. 97a, 99) ergeht, ob die Entscheidung auf Grund des §. 3 der Civilprozeßordnung oder des §. 16 des Gerichtskostengesetzes erfolgt, ob sie den Werth des Streitgegenstandes höher oder niedriger bemißt, als er bei der Kostenfestsetzung angenommen war. Die Entscheidung über den Abänderungsantrag soll für alle Fälle, also auch wenn die Kostenfestsetzung in der Beschwerdeinstanz stattgefunden hat, dem Gericht erster Instanz zustehen. Gegen die Entscheidung, die ohne mündliche Verhandlung erfolgen kann, wird das Rechtsmittel der sofortigen Beschwerde gegeben. Uebrigens wird durch den Ablauf der im Abs. 2 bestimmten Frist das Rechtsmittel, das gegen die Kostenfestsetzung an und für sich stattfindet, selbstverständlich nicht ausgeschlossen; vielmehr kann auch durch dieses Rechtsmittel, so lange es zulässig ist, die aus der anderweiten Bewerthung des Streitgegenstandes sich ergebende Aenderung der Festsetzung herbeigeführt werden.

§§ 101 a, 101 b.

Vom Standpunkte des geltenden Rechtes ist es zweifelhaft, ob die Gerichte befugt sind, für eine prozessualische Sicherheit nach dem Wegfall ihrer Veranlassung die Rückgabe mit der Wirkung anzuordnen, daß die Hinterlegungsstelle unmittelbar der Anordnung Folge zu leisten hat. Jedenfalls fehlt es an einer Vorschrift darüber, wie im Verhältnisse zu den Parteien festgestellt werden soll, daß die Rückgabe erfolgen kann. Regelmäßig ist daher die Rückgabe davon abhängig, daß die Einwilligung aller Betheiligten beigebracht wird, und dies ist oft nur im Wege eines besonderen Prozesses zu erreichen. Der Entwurf will in dieser Beziehung Abhülfe schaffen.

Auf Antrag der Partei, welche die Sicherheit bestellt hat, soll dem Gegner eine Frist bestimmt werden, binnen welcher er entweder dem Gerichte gegenüber die Einwilligung in die Rückgabe der Sicherheit zu erklären oder die Erhebung der Klage wegen seiner durch die Sicherheit gedeckten Ansprüche nachzuweisen hat. Zuständig für diese Maßregel ist, abgesehen von den Fällen des Arrestes und der einstweiligen Verfügung (§. 821 Abs. 2), das Gericht, welches die Bestellung der Sicherheit angeordnet oder zugelassen hat (§. 101 a Abs. 1). Erklärt der Gegner seine Einwilligung oder läßt er die Frist verstreichen, ohne der gerichtlichen Aufforderung nachzukommen, so soll das Gericht auf weiteren Antrag der Partei, welche die Fristbestimmung erwirkt hat, die Rückgabe der Sicherheit anordnen. Bis zum Erlasse der Anordnung kann jedoch der

Gegner die Erhebung der Klage mit der Wirkung nachweisen, daß die Anordnung zu unterbleiben hat (Abs. 2). Eine Verlängerung der Frist ist nach Maßgabe des §. 202 Abs. 2 3 statthaft. Behufs Vereinfachung des Verfahrens gestattet der Entwurf, daß die Anträge und die Einwilligung in die Rückgabe der Sicherheit vor dem Gerichtsschreiber zu Protokoll erklärt und daß die Entscheidungen ohne vorgängige mündliche Verhandlung erlassen werden (Abs. 3). Aus dem gleichen Grunde läßt er als Rechtsmittel nur die sofortige Beschwerde zu, und zwar, soweit es sich um den Antrag auf Bestimmung der Frist nach Abs. 1 handelt, lediglich gegen die Ablehnung des Antrags, hinsichtlich der Entscheidung über den Antrag auf Rückgabe der Sicherheit (Abs. 2) aber zu Gunsten des Antragstellers wie des Gegners (Abs. 4). Die Beschwerde gegen den Beschluß, durch welchen die Rückgabe der Sicherheit angeordnet wird, soll im Hinblick auf die Nachtheile, die aus der Vollziehung dieses Beschlusses der Partei erwachsen können, welcher die Sicherheit geleistet ist, aufschiebende Wirkung haben (§. 535 des Entwurfs).

Eine besondere Behandlung verdienen die Fälle der §§. 650, 652. Hier kommt, wenn das für vorläufig vollstreckbar erklärte Urtheil demnächst rechtskräftig wird, ein durch die Sicherheitsleistung zu deckender Anspruch des Gegners nicht in Frage. Für diese Fälle gewährt daher der §. 101b dem Gerichte die Befugniß, auf Grund eines Zeugnisses über die Rechtskraft des Urtheils die Rückgabe ohne Weiteres anzuordnen.

Durch die Vorschriften des Entwurfs wird übrigens die Befugniß der Hinterlegungsstelle, nach Maßgabe der für sie geltenden Bestimmungen die Sicherheit ohne gerichtliche Anordnung zurückzugeben, nicht berührt.

§. 107a.

Nach den §§. 34, 36 der Rechtsanwaltsordnung kann einer armen Partei auch, insoweit eine Vertretung durch Anwälte nicht geboten ist, von dem Prozeßgericht ein Rechtsanwalt aus der Zahl der bei dem Gerichte zugelassenen Anwälte beigeordnet werden. Die Vorschrift ist indessen nicht ausführbar, wenn, wie dies bei den Amtsgerichten häufig vorkommt, ein Anwalt dort nicht zugelassen ist, oder der einzige zugelassene Anwalt bereits die Vertretung der Gegenpartei übernommen hat oder aus sonstigen Gründen verhindert ist, für die arme Partei thätig zu sein. Um der letzteren in solchen Fällen die Durchführung des Prozesses zu ermöglichen, hat die Praxis bisweilen zu der Aushülfe gegriffen, einen Justizbeamten beizuordnen. Dieses Verfahren hat sich als sachgemäß bewährt und soll deshalb durch die Vorschrift des Satz 1 die bisher fehlende gesetzliche Grundlage erhalten. Den Justizbeamten stellt der Entwurf, entsprechend der Vorschrift des §. 144 Abs. 2 der Strafprozeßordnung, die Rechtskundigen, welche die vorgeschriebene erste Prüfung für den Justizdienst bestanden haben, ausdrücklich gleich. Die Feststellung der Grundsätze, nach denen bei der Auswahl der beizuordnenden Personen zu verfahren ist, kann den Dienstvorschriften überlassen bleiben.

Nach Satz 2 werden die in Folge der Beiordnung etwa erwachsenden baaren Auslagen zunächst von der Staatskasse bestritten und gegebenen Falles (Civilprozeßordnung §. 107 Nr. 1, §§. 114, 116) nach Maßgabe des §. 79 des Gerichtskostengesetzes eingezogen.

§. 136.

Nach §. 136 Abs. 2 des geltenden Gesetzes kann das Gericht, wenn der Beklagte eine Gegenforderung vorgebracht hat, welche mit der in der Klage geltend gemachten Forderung nicht in rechtlichem Zusammenhange steht, anordnen, daß über die Klage und über die Gegenforderung in getrennten Prozessen verhandelt werde. Die Vorschrift umfaßt einerseits den Fall, daß der Beklagte wegen der Gegenforderung Widerklage erhebt, andererseits den Fall, daß er die Aufrechnung der Gegenforderung geltend macht. Im ersten Falle wird durch den Beschluß der Trennung die Verbindung zwischen Klage und Widerklage aufgehoben und es ist nunmehr ebenso zu verfahren, wie wenn der Beklagte wegen seiner Gegenforderung Klage erhoben hätte; die demnächst in den getrennten Prozessen ergehenden Entscheidungen sind daher von einander völlig unabhängig. Anders gestaltet sich die Rechtslage, wenn nur die Aufrechnung der Gegenforderung geltend gemacht wird. Hier hat die Trennung lediglich die Bedeutung, daß über die Klage und über die Einrede innerhalb des anhängigen Rechtsstreits gesondert zu verhandeln ist und daß folgeweise das Urtheil, welches die Klageforderung zuerkennt, ebenso wie im Falle des §. 274, den Rechtsstreit nicht endgültig erledigt, vielmehr, wenn die Einrede als begründet befunden wird, wieder aufzuheben ist. Die im Vorstehenden entwickelte Auffassung hat durch die

Rechtsprechung des Reichsgerichts (Entscheidungen in Civilsachen Bd. 31 S. 1 flg.) schon jetzt allgemeine Anerkennung gefunden. Sie liegt auch den Vorschriften des Entwurfs zu Grunde. Doch bringt dieser sie bestimmter zum Ausdruck, indem er (§. 136 Abs. 2, 3) die beiden in Betracht kommenden Fälle scharf von einander scheidet.

§§. 141a bis 141e.

Nach dem Bürgerlichen Gesetzbuche (§. 1329) kann die Nichtigkeit einer Ehe regelmäßig nur im Wege der Nichtigkeitsklage geltend gemacht werden. Ebenso ist die Erhebung der Anfechtungsklage in der Regel das einzige Mittel, durch welches die Anfechtung einer Ehe und die Anfechtung der Ehelichkeit eines Kindes erfolgen kann; auch nach der Erhebung der Anfechtungsklage bleibt, so lange nicht der Rechtsstreit im Sinne der Klage erledigt ist, die Nichtigkeit der angefochtenen Ehe und die Unehelichkeit des Kindes jeder anderweiten Geltendmachung entzogen (§. 1341 Abs. 1, §. 1343 Abs. 2, §. 1596 Abs. 1, 3).

Hiernach muß, wenn im Laufe eines Prozesses eine solche Frage streitig wird, das Verfahren ausgesetzt und die Möglichkeit eröffnet werden, inzwischen die Frage auf dem dafür vorgesehenen Wege zur Erledigung zu bringen. Die Vorschriften der §§. 139 bis 141 genügen für die bezeichneten Fälle nicht. Dies gilt namentlich auch von der Vorschrift des §. 139, sofern sie einerseits dem Gerichte die Aussetzung des Verfahrens nicht unbedingt zur Pflicht macht und andererseits die Befugniß des Gerichts zur Aussetzung auf den Fall beschränkt, daß über die Frage ein Rechtsstreit bereits anhängig ist. In den §§. 141a bis 141c sind daher jene Fälle unabhängig von den vorangehenden Bestimmungen geregelt. Der §. 141a betrifft den Fall der Nichtigkeit der Ehe, der §. 141b die Anfechtung der Ehe, der §. 141c die Anfechtung der Ehelichkeit eines Kindes. Dabei ist im §. 141d Abs. 1 noch der Fall besonders berücksichtigt, daß im Laufe eines Prozesses zwischen den Parteien die für die Entscheidung maßgebende Frage streitig wird, ob ihre in Ansehung der Form gültige Ehe zu Recht besteht oder nicht; die Vorschrift dient dazu, die einheitliche Feststellung aller durch das Bestehen oder Nichtbestehen einer Ehe zwischen den Parteien bedingten Verhältnisse zu sichern. Auf den gleichen Erwägungen beruht die Bestimmung des §. 141d Abs. 2, welche die Fälle betrifft, in denen unter den Parteien ein Streit darüber entsteht, ob zwischen ihnen ein Eltern- und

Kindesverhältniß bestehe oder ob der einen Partei die elterliche Gewalt über die andere zustehe. Ist das Verfahren nach §§. 141a bis 141c ausgesetzt, so kann die Partei, welche außerhalb des Rechtsstreits steht, der die Richtigkeit oder die Anfechtung der Ehe oder die Anfechtung der Ehelichkeit zum Gegenstande hat, in diesen Rechtsstreit gemäß §. 66 der Civilprozeßordnung in Verbindung mit §. 584b Abs. 1 Satz 1 und §. 592d Satz 1 des Entwurfs als Streitgenosse ihres Gegners eintreten und so den Fortgang der Sache ihrerseits sichern. Der bezeichnete Weg ist aber mit Weiterungen und Kosten verbunden, und es erscheint daher nicht gerechtfertigt, die Partei hierauf selbst dann zu beschränken, wenn der Gegner die Betreibung des Rechtsstreits verzögert. Der §. 141e gewährt daher dem Gerichte die Befugniß, in solchen Fällen auf Antrag der betreffenden Partei die Anordnung, durch welche das Verfahren ausgesetzt ist, aufzuheben. Macht das Gericht von dieser Befugniß Gebrauch, so wird in dem aufgenommenen Verfahren das Vorbringen, welches zu der Aussetzung Anlaß gegeben hat, nicht mehr berücksichtigt.

§. 143.

Nach dem geltenden Gesetze kann das Gericht Bevollmächtigte und Beistände, welche, ohne Rechtsanwälte zu sein, das mündliche Verhandeln vor Gericht geschäftsmäßig betreiben, durch eine der Anfechtung nicht unterliegende Anordnung zurückweisen. Die Vorschrift bezweckt, wie in der Begründung zu §. 137 des Entwurfs der Civilprozeßordnung (Verhandlung des Reichstags 1874/75 Bd. 3 S. 446) hervorgehoben ist, dem Entstehen und verderblichen Treiben einer Winkeladvokatur entgegenzutreten. Thatsächlich wird sie bei den einzelnen Amtsgerichten sehr verschieden gehandhabt, und die daraus sich ergebende Unsicherheit hat in den Kreisen der Personen, die als Rechtskonsulenten aus der Parteivertretung ein Gewerbe machen, lebhafte und oft wiederholte Klagen hervorgerufen. Indessen läßt sich, auch wenn man anerkennt, daß die Thätigkeit solcher Personen im amtsgerichtlichen Verfahren unter Umständen mit den Aufgaben der Rechtspflege wohl vereinbar sein kann, die bezeichnete Vorschrift nicht einfach beseitigen. Zwar bestimmt der §. 35 der Gewerbeordnung, daß die gewerbsmäßige Besorgung fremder Rechtsangelegenheiten polizeilich zu untersagen ist, wenn Thatsachen vorliegen, welche die Unzuverlässigkeit des Gewerbetreibenden in Bezug auf diesen Gewerbebetrieb darthun. Eine derartige Bestimmung reicht aber in keiner Weise hin, Mißbräuche auf dem hier fraglichen Gebiete der mündlichen Prozeßverhandlung im Entstehen zu verhüten. Mehrfach ist der Vorschlag gemacht, einer willkürlichen Handhabung der nach §. 143 dem Richter zustehenden Befugniß dadurch Schranken zu ziehen, daß gegen die Zurückweisung das Recht der Beschwerde gewährt wird. Soll diese Regelung praktische Bedeutung erlangen, so muß der Beschwerde aufschiebende Wirkung beigelegt und folgeweise der Fortgang des Rechtsstreits zum Nachtheile der Parteien verzögert werden. Hiernach wird sich gegenüber den hervorgetretenen Unzuträglichkeiten eine sachgemäße Abhülfe nur erreichen lassen, wenn, wie der Entwurf vorsieht, die Justizverwaltung in den Stand gesetzt wird, geeigneten Persönlichkeiten das mündliche Verhandeln vor Gericht widerruflich mit der Wirkung zu gestatten, daß eine Zurückweisung nach § 143 Abs. 2 ausgeschlossen ist. Selbstverständlich wird die Landesjustizverwaltung oder die von ihr mit den erforderlichen Anordnungen betraute Behörde auch in der Lage sein, die Zulassung örtlich oder sachlich zu beschränken.

§§. 152 bis 190f.

Nach dem geltenden Gesetze liegt der Betrieb der Zustellung in der Regel den Parteien ob. Diese haben, sofern nicht eine Zustellung von Anwalt zu Anwalt, eine Zustellung im Ausland oder eine Zustellung durch öffentliche Bekanntmachung in Betracht kommt (§§. 181 bis 190), einen Gerichtsvollzieher zu beauftragen (§. 152), der die Zustellung persönlich ausführt oder durch die Post (§. 176) bewirken läßt. Im Verfahren vor den Amtsgerichten kann die Vermittelung des Gerichtsschreibers in Anspruch genommen werden, der dann in der Lage ist, die Post unmittelbar um Bewirkung der Zustellung zu ersuchen (§§. 152, 179). Für die von Amtswegen zu bewirkende Zustellung gelten im Wesentlichen die gleichen Bestimmungen; nur findet hier stets eine Mitwirkung des Gerichtsschreibers als Beauftragten des Gerichts statt.

Von dem Standpunkte des Entwurfs kann eine Beseitigung des Parteibetriebs und folgeweise eine durchgreifende Umgestaltung der darauf beruhenden Zustellungsvorschriften nicht in Frage kommen. Vielmehr handelt es sich nach dieser Richtung nur darum, gegenüber einzelnen als besonders drückend empfundenen Mißständen Abhülfe zu schaffen. Dagegen läßt sich für die Zustellung von Amtswegen im Anschluß an die Vorschriften des Gesetzes, betreffend die Gewerbegerichte, eine wesentliche Vereinfachung erreichen. Der Uebersichtlichkeit halber giebt der Entwurf die Bestimmungen über die Zustellungen auf Betreiben der Parteien in zusammenhängender Reihenfolge und stellt im Anschluß hieran die für die Zustellungen von Amtswegen geltenden Abweichungen fest. Die hieraus sich ergebenden Fassungsänderungen im §. 152 Abs. 1, §. 156 Abs. 2, §. 173 Abs. 4 und §. 174 Nr. 2 bedürfen einer besonderen Erläuterung nicht.

§§. 152, 154, 190.

Auf dem Boden des geltenden Gesetzes versäumen die Parteien nicht selten ohne ihr Verschulden eine Nothfrist dadurch, daß die zur Wahrung der Frist erforderliche Zustellung sich verzögert oder daß eine wesentliche Formvorschrift verletzt wird und die Zustellung innerhalb der Frist nicht mehr wiederholt werden kann. Insbesondere kommen hier die Einspruchs-, die Berufungs- und die Revisionsfrist (§§. 304, 477, 514) in Betracht. Zur Abwendung der daraus den Parteien erwachsenden Nachtheile genügen die Vorschriften über die Wiedereinsetzung in den vorigen Stand (§§. 210 ff.) nicht. Nur für die im Ausland oder mittelst öffentlicher Bekanntmachung zu bewirkenden Zustellungen gewährt der §. 190 der Civilprozeßordnung einen weiter gehenden Schutz.

Im Anschluß an die letztere Vorschrift trifft der Entwurf im §. 190 Abs. 2 hinsichtlich aller zur Wahrung einer Nothfrist erforderlichen Zustellungen, welche unter Vermittelung des Gerichtsschreibers erfolgen, die Bestimmung, daß die Wirkung der Zustellung bereits mit der Einreichung des Schriftsatzes bei dem Gerichtsschreiber eintritt, sofern der Schriftsatz innerhalb einer Frist von zwei Wochen nach der Einreichung zugestellt wird. Um diese Erleichterung allgemein verwerthbar zu machen, läßt der Entwurf (§. 152 Abs. 2) die Vermittelung des Gerichtsschreibers, die gegenwärtig nur in dem Verfahren vor den Amtsgerichten gestattet ist, für Zustellungen, durch welche eine Nothfrist gewahrt werden soll, in den Anwaltsprozessen ebenfalls zu; auf diese Zustellungen findet damit auch die Vorschrift des §. 179 Anwendung, wonach der Gerichtsschreiber unmittelbar die Post um die Bewirkung ersuchen kann. Die Partei ist hiernach in der Lage, sich gegen die Versäumung der Nothfrist dadurch zu schützen, daß sie den Schriftsatz innerhalb der Frist zur Terminsbestimmung einreicht. Allerdings muß noch die weitere Voraussetzung hinzukommen, daß die Zustellung demnächst vor Ablauf von zwei Wochen erfolgt. Diese Beschränkung erscheint um deswillen geboten, weil sonst die Partei für die Fälle, in denen unter Vermittelung des Gerichtsschreibers ein Gerichtsvollzieher mit der Zustellung beauftragt wird, freie Hand hat, durch Weisungen an den letzteren die Ausführung der Zustellung beliebig hinzuziehen und damit zum Nachtheile des Gegners die Sache in der Schwebe zu erhalten. Gleichwohl sichert die Vorschrift der Partei wesentliche Vortheile, namentlich ist der Zeitraum von zwei Wochen ausgiebig genug, um die Verbesserung etwa vorgekommener Verstöße im Wege rechtzeitiger Wiederholung der Zustellung zu gestatten.

Das Interesse der Gegenpartei fordert, daß ihr, wenn eine Zustellung nach §. 190 Abs. 2 erfolgt, dies unmittelbar ersichtlich gemacht wird. Der Beginn der zweiwöchigen Frist ergiebt sich schon aus dem Vermerke, durch welchen gemäß §. 155 der Zeitpunkt der Uebergabe an den Gerichtsschreiber auf dem Schriftstücke festgestellt wird. Es handelt sich daher nur noch darum, der Gegenpartei im einzelnen Falle Gewißheit darüber zu verschaffen, daß die Zustellung unter Vermittelung des Gerichtsschreibers erfolgt. Um dies zu erreichen, bestimmt der Entwurf, daß die Vermittelung des Gerichtsschreibers stets eintritt, wenn nicht die Partei in dem zuzustellenden Schriftstück eine gegentheilige Erklärung abgegeben hat. Für die Anwaltsprozesse trifft der §. 154 die bezügliche Vorschrift, für das Verfahren vor den Amtsgerichten ergiebt sich das Gleiche aus der veränderten Fassung des §. 458 in Verbindung mit §. 462. Die Gegenpartei braucht hiernach sich nur darüber zu vergewissern, ob das Schriftstück eine solche Erklärung enthält oder nicht.

Ist innerhalb der Nothfrist ein Schriftsatz ohne die fragliche Erklärung zur Terminsbestimmung eingereicht, so läßt sich vor Ablauf der zweiwöchigen Frist des §. 190 Abs. 2 nicht feststellen, daß die Rechtskraft des Urtheils eingetreten ist. Erst von diesem Zeitpunkt ab kann daher in dem bezeichneten Falle die Gegenpartei die Ertheilung des Zeugnisses der Rechtskraft in Gemäßheit des §. 646 Abs. 3 des Entwurfs betreiben.

§. 158a.

Nach dem bestehenden Gesetze gelten für die Zustellung an einen Gefangenen die allgemeinen Vorschriften. Die persönliche Entgegennahme durch den Gefangenen verträgt sich aber häufig nicht mit der Aufrechthaltung der Ordnung im Gefängnisse. Andererseits ist die Partei, welche zustellen lassen will, gegenwärtig stets genöthigt, einen Gerichtsvollzieher zu beauftragen, da die Post nach den für sie maßgebenden Verwaltungsvorschriften Sendungen an Gefangene behufs Zustellung nicht befördert. Mit Rücksicht auf diese Unzuträglichkeiten bestimmt der Entwurf, daß die Zustellung für einen Gefangenen an den Gefängnißvorsteher erfolgen kann.

Die Verpflichtung des Vorstehers, dem Gefangenen rechtzeitig von der erfolgten Zustellung Kenntniß zu geben, bedarf hier keiner besonderen Hervorhebung.

§§. 162a, 164.

Die Vorschriften der §§. 162 bis 164 über die Zustellung an den Prozeßbevollmächtigten haben nach dem Inkrafttreten des Gesetzes zu vielfachen Bemängelungen Anlaß gegeben. Inzwischen haben aber die Anfangs hervorgetretenen Streitfragen in der Praxis, namentlich durch die Rechtsprechung des Reichsgerichts, eine befriedigende Lösung gefunden. Soweit sich noch gegenwärtig Schwierigkeiten daraus ergeben, daß die Partei, welche die Zustellung betreibt, im Zweifel sein kann, ob und wem die Gegenpartei eine Prozeßvollmacht ertheilt hat, werden sie im Wesentlichen durch die Aenderungen der §§. 84, 284 gehoben.

Hiernach bleibt nur nach einer Richtung eine Ergänzung geboten. Das Gesetz enthält keine Vorschrift darüber, wie verfahren werden soll, wenn der Aufenthalt des Prozeßbevollmächtigten unbekannt ist. Die hieraus sich ergebenden Zweifel haben in der Praxis zu Unzuträglichkeiten geführt. In großen Städten ist sogar nicht selten der Mißbrauch beobachtet worden, daß lediglich zum Schein ein Prozeßbevollmächtigter bestellt wird, der sich sofort als unfindbar erweist, um auf diese Weise die Zustellung zu vereiteln. Der Entwurf schafft hier Abhülfe, indem er (§. 162a, §. 164 Abs. 3) für die Fälle, in denen der Aufenthalt von Prozeßbevollmächtigten, welche nicht Rechtsanwälte sind, unbekannt ist, das Prozeßgericht verpflichtet, auf Antrag der Partei die Zustellung an den Zustellungsbevollmächtigten, in Ermangelung eines solchen an den Gegner selbst zu bewilligen. Selbstverständlich finden daneben die Vorschriften der §§. 160, 161 über die Verpflichtung zur Benennung eines Zustellungsbevollmächtigten hier ebenso Anwendung, wie wenn ein Prozeßbevollmächtigter überhaupt nicht bestellt worden wäre.

§. 169a.

In der Praxis ist nicht selten der Fall vorgekommen, daß die Zustellung nach Maßgabe der §§. 166, 168 und des § 169 Abs. 1 an eine der dort bezeichneten Personen erfolgte, obwohl die betreffende Person an dem Rechtsstreit als Gegner der Partei betheiligt war, welcher zugestellt werden sollte, daß beispielsweise die Scheidungsklage des Ehemanns diesem an Stelle der Ehefrau auf Grund des §. 166 Abs. 1 zugestellt wurde. Die Vorschriften über die Ersatzzustellung beruhen auf der Annahme, daß das bei der Zustellung übergebene Schriftstück von dem Empfänger demjenigen ausgehändigt werden wird, für den es bestimmt ist. Diese Erwartung geht aber in dem bezeichneten Falle meist nicht in Erfüllung, und dadurch wird der Absicht des Gesetzes zuwider die Sicherheit des Rechtsverkehrs gefährdet. Die Gerichte haben solche Zustellungen wiederholt für ungültig erklärt und neuerdings ist im Verwaltungswege darauf hingewirkt worden, dieselben möglichst zu verhüten. Mit Rücksicht hierauf stellt der Entwurf ihre Unzulässigkeit ausdrücklich fest.

§. 170a.

Die Verletzung der für die Zustellung geltenden Formvorschriften hat in der Regel die Ungültigkeit dieser Rechtshandlung zur Folge. An diesem durch die Rechtsprechung anerkannten Grundsatze muß im Hinblick auf die wichtigen Rechtsfolgen, welche sich an die Zustellung knüpfen können, im Allgemeinen festgehalten werden. Nur nach einer Richtung erscheint eine Beschränkung der Regel geboten. Der Zustellung ist nicht selten wegen eines Verstoßes gegen die Formvorschriften die rechtliche Wirksamkeit selbst dann versagt worden, wenn ohne Weiteres feststand, daß der Erfolg der Zustellung durch den Verstoß nicht beeinträchtigt, das Schriftstück vielmehr rechtzeitig in die Hände der Partei gelangt war. Dieser Mißstand hat sich namentlich bei der Ersatzzustellung fühlbar gemacht. Zur Beseitigung desselben bestimmt der Entwurf, daß eine unter Verletzung der Vorschriften der §§. 160 bis 170 zugestellte Ladung, wenn sie nach den Erklärungen der zu ladenden Partei in deren Hände gelangt ist, als mit dem Zeitpunkte bewirkt gelten soll, in welchem die Partei zufolge ihrer Erklärungen die Ladung erhalten hat. Wie die Erklärung von der Partei abgegeben wird, ist unerheblich. Insbesondere steht daher der Erlassung eines Versäumnißurtheils nichts entgegen, wenn aus dem in einem vorbereitenden Schriftsatz enthaltenen

Erklärungen sich ergiebt, daß die ausgebliebene Partei die Ladung rechtzeitig erhalten hat. Anders als durch die Erklärung der Partei kann der Nachweis, daß die Verletzung einer Formvorschrift für den Erfolg bedeutungslos war, nicht geführt werden. Die Zulassung einer Beweisaufnahme erscheint wegen der damit verbundenen Weiterungen ausgeschlossen.

Auf die Zustellung von Schriftstücken, die eine Ladung nicht enthalten, soll die Vorschrift überhaupt keine Anwendung finden. Die strenge Wahrung der Formvorschriften ist hier durch Rücksichten der Rechtssicherheit geboten, zumal vielfach, wie bei der Pfändung von Forderungen auch Rechte Dritter in Frage kommen.

§. 171.

Nach §. 681 Abs. 1 darf zur Nachtzeit (Abs. 3) eine Vollstreckungshandlung nur mit Erlaubniß des Amtsrichters erfolgen, in dessen Bezirke die Handlung vorgenommen werden soll. Eine gleiche Bestimmung enthält das geltende Gesetz (§. 171) für die Zustellung nicht. Diese ist hiernach während der Nacht an sich nicht unzulässig. Der mit der Zustellung beauftragte Beamte ist aber an die zum Schutze der persönlichen Freiheit erlassenen landesgesetzlichen Vorschriften gebunden, welche das Eindringen in die Wohnung während der Nachtzeit verbieten, und er darf daher, wo ein solches Verbot besteht, die Wohnung wider den Willen des Inhabers zum Zwecke der Zustellung selbst mit richterlicher Erlaubniß nicht betreten. Auch für die Frage, wie lange die Nachtzeit dauert, sind gegenwärtig die landesgesetzlichen Bestimmungen maßgebend, welche zum Theil den heutigen Verkehrsverhältnissen nicht entsprechen; so beginnt nach dem preußischen Gesetze zum Schutze der persönlichen Freiheit vom 12. Februar 1850 (§. 8) die Nachtzeit während des Winterhalbjahrs, abweichend von dem §. 681 Abs. 3 der Civilprozeßordnung, bereits um sechs Uhr Abends.

Demgegenüber gewährt die Vorschrift des §. 167 keine Abhülfe, weil sie lediglich dann Anwendung findet, wenn die Zustellung nach den vorhergehenden Bestimmungen aus thatsächlichen Gründen nicht ausgeführt werden kann, während in den fraglichen Fällen das gesetzliche Verbot den Beamten an der Vornahme der Zustellung in der Wohnung hindert (zu vergl. Entscheidungen des Reichsgerichts in Civilsachen Bd. 30 S. 426). Aus dieser Rechtslage können den Parteien, insbesondere, wenn durch die Zustellung eine Frist gewahrt werden soll, schwere Nachtheile erwachsen. In der Praxis ist deshalb der Wunsch hervorgetreten, die Zustellung zur Nachtzeit entsprechend den Vorschriften des §. 681 zu regeln. Demgemäß ist der §. 171 Abs. 1 ergänzt worden.

§. 174.

Der Entwurf bringt in der Nr. 6 zum Ausdrucke, daß die Abschrift des zuzustellenden Schriftstücks sowie die Abschrift der Zustellungsurkunde beglaubigt sein muß, und berichtigt damit ein Versehen der bisherigen Fassung.

Der

§. 177

enthält gegenwärtig insofern eine Lücke, als er weder vorschreibt, daß der Gerichtsvollzieher in dem die Uebergabe an die Post betreffenden Zeugnisse (Satz 2) die Person, für welche zugestellt werden soll (§. 174 Nr. 2) zu bezeichnen habe, noch dafür Sorge trägt, daß diese Person dem Zustellungsempfänger erkennbar gemacht werde. Um diesem Mangel abzuhelfen, macht der Entwurf in dem neuen Abs. 2 des §. 177 dem Gerichtsvollzieher zur Pflicht, die Person seines Auftraggebers sowohl in dem erwähnten Zeugniß, als auch auf dem bei der Zustellung zu übergebenden Schriftstücke zu vermerken. Die im Verwaltungswege mehrfach vorgeschriebene Beifügung einer Abschrift des die Uebergabe an die Post betreffenden Zeugnisses für den Zustellungsempfänger wird hierdurch entbehrlich gemacht.

§. 181.

Die Civilprozeßordnung enthält für die Zustellung von Anwalt zu Anwalt keine Bestimmung darüber, in welcher Weise derjenige, dem zugestellt wird, den Nachweis der Zustellung führen kann. Die Rechtsprechung hat aber die Frage dahin entschieden, daß eine von dem zustellenden Anwalt über die Zustellung ertheilte Bescheinigung genügt. Im Zusammenhange damit legt der Entwurf dem zustellenden Anwalte die Verpflichtung auf, eine solche Bescheinigung auf Verlangen auszustellen.

§. 186.

Die Zustellung an Personen, die der deutschen Gerichtsbarkeit unterliegen, stößt auf Schwierigkeiten, wenn die Wohnung einer nach den §§. 18, 19 des Gerichtsverfassungsgesetzes der Gerichtsbarkeit nicht unterworfenen Person der Ort der

Zustellung ist. Nach völkerrechtlichen Grundsätzen darf ohne Zustimmung des Inhabers eine solche Wohnung zum Zwecke der Zustellung nicht betreten werden. Durch die Verweigerung der Zustimmung kann unter Umständen die Zustellung unmöglich gemacht und damit die betreffende Person der inländischen Gerichtsbarkeit thatsächlich entzogen werden. Der Entwurf gestattet deshalb im §. 186 Abs. 3 für die fraglichen Fälle die öffentliche Zustellung.

Die Zustellungen an die der Gerichtsbarkeit nicht unterworfenen Personen kommen hier selbstverständlich nicht in Frage; die darüber geltenden Grundsätze bleiben unberührt.

Im

§. 187

bringt der Entwurf die Fassung des Abs. 2 mit derjenigen des §. 156 Abs 1 in Einklang.

Der

§. 190a

stellt zunächst die Regel auf, daß für die von Amtswegen zu bewirkenden Zustellungen an sich auch künftig die gleichen Vorschriften gelten wie für die Zustellungen auf Betreiben der Parteien. Diese Regel erfährt aber durch die §§. 190b ff. im Anschluß an die §§. 31, 32 des Gesetzes, betreffend die Gewerbegerichte, wesentliche Einschränkungen.

Nach

§. 190b

kommt die Thätigkeit des Gerichtsvollziehers bei den Zustellungen von Amtswegen vollständig in Wegfall. Soweit für die bisherigen Obliegenheiten des Gerichtsvollziehers noch Raum bleibt, gehen sie auf den Gerichtsschreiber über.

Als

§. 190c

ist der §. 156 Abs. 2, soweit er die Beglaubigung der von Amtswegen zuzustellenden Schriftstücke betrifft, hierher versetzt.

§§. 190d bis 190f.

Die Bestimmungen des § 190d und des § 190e Abs. 1 entsprechen ihrem Inhalte nach durchaus den Vorschriften des Gesetzes, betreffend die Gewerbegerichte, §§. 31, 32 über die vereinfachte Zustellung. Der § 190f giebt hierzu eine Ergänzung, durch welche für die von Amtswegen erfolgende Zustellung durch Aufgabe zur Post das im §. 175 vorgesehene Zustellungszeugniß entbehrlich gemacht wird.

§§. 192, 193a.

Die bisher nach §. 192 der ladenden Gegenpartei obliegende Aufforderung zur Anwaltsbestellung soll künftig nach §. 193a seitens des Vorsitzenden bei der Terminsbestimmung durch einen dieser beizufügenden Vermerk erfolgen. Die Aenderung hängt mit der Einführung des Vortermins (§§. 312a bis 312e) zusammen, rechtfertigt sich aber auch durch die in der Praxis häufig gemachte Wahrnehmung, daß die von der Partei ausgehende Aufforderung zur Anwaltsbestellung von dem rechtsunkundigen Gegner übersehen oder für unverbindlich gehalten und daher nicht befolgt wird.

§§. 199, 200.

Zufolge §. 186 des Bürgerlichen Gesetzbuchs gelten die Auslegungsvorschriften, die dasselbe (§§. 187 ff.) in Ansehung der Fristen aufstellt, auch für die in Gesetzen und gerichtlichen Verfügungen enthaltenen Fristbestimmungen. Der §. 199 und der §. 200 Abs. 1 der Civilprozeßordnung finden sich der Sache nach in jenen Vorschriften wieder und können daher (§. 200 Abs. 1 des Entwurfs) durch eine Verweisung auf das Bürgerliche Gesetzbuch ersetzt werden. Dagegen läßt sich die Bestimmung des §. 200 Abs. 2 über den Ablauf einer Frist, deren Ende auf einen Sonntag oder allgemeinen Feiertag fällt, nicht beseitigen, da das Bürgerliche Gesetzbuch eine entsprechende Vorschrift nur für die Fälle giebt, in denen es sich um eine Willenserklärung oder Leistung handelt. Neu hinzugefügt ist auf Grund der in der Praxis gemachten Wahrnehmungen die Vorschrift des Abs. 3 über die Berechnung einer Frist, die nach Stunden bestimmt ist (zu vergl. §. 567 Abs. 2).

§. 213.

Die neue Fassung des §. 213 Abs. 1 ist durch die Aenderung des §. 152 Abs. 2 geboten.

§. 214.

Nach §. 430a kann der Schwurpflichtige, wenn er in dem zur Eidesleistung bestimmten Termine nicht erschienen ist, innerhalb der Nothfrist von einer Woche nach dem Termine bei dem Gerichte die Abnahme des Eides beantragen; die Eidesleistung erfolgt in dem gemäß §. 430b anzuberaumenden Verkündungstermin oder in dem nächsten Termine zur mündlichen Verhandlung. Diese Vorschriften setzen voraus, daß der Rechtsstreit in der Instanz noch nicht beendigt ist, und passen somit nicht für die Wiedereinsetzung in den vorigen Stand, welche noch nach Beendigung der Instanz beantragt werden kann. Der Entwurf hält daher für diesen Fall an dem Grundsatze des §. 214 Abs. 1 Satz 1, wonach die Wiedereinsetzung durch Zustellung eines Schriftsatzes beantragt wird, fest und ergänzt die Nr. 3 dahin, daß der Schriftsatz im Falle der Versäumung der im §. 430a bezeichneten Nothfrist auch die Ladung des Gegners zur Eidesleistung und zur weiteren mündlichen Verhandlung enthalten muß. Selbstverständlich bedarf es daneben eines besonderen Antrags auf Abnahme des Eides gemäß §. 430a nicht.

§. 217.

Wird im Falle des Todes einer Partei die Aufnahme des Verfahrens durch die Rechtsnachfolger verzögert, so können diese von der Gegenpartei zur Aufnahme und zugleich zur Verhandlung der Hauptsache geladen werden. Erscheinen die Rechtsnachfolger im Termine nicht, so ist nach §. 217 Abs. 4 auf Antrag durch ein besonderes Versäumnißzwischenurtheil auszusprechen, daß das Verfahren von ihnen aufgenommen sei. Die genannte Vorschrift hat den Entwurf im Interesse der Vereinfachung und Beschleunigung des Verfahrens dahin abgeändert, daß die behauptete Rechtsnachfolge als zugestanden anzunehmen und zur Hauptsache zu verhandeln sei. Der Ausgebliebene wird durch ein auf Grund dieser Verhandlung ergehendes Versäumnißurtheil in keiner Weise geschädigt, da er sich durch Erhebung des Einspruchs in die Lage bringen kann, auch seinen Widerspruch gegen die Rechtsnachfolge noch geltend zu machen.

Der §. 1958 des Bürgerlichen Gesetzbuchs bestimmt, daß vor der Annahme der Erbschaft ein Anspruch, der sich gegen den Nachlaß richtet, nicht gegen den Erben gerichtlich geltend gemacht werden kann. Dem Sinne dieser dem Schutze des Erben dienenden Vorschrift würde es aber zuwiderlaufen, wenn der Erbe verpflichtet wäre, einen zur Zeit des Todes des Erblassers bereits anhängigen Rechtsstreits vor der Annahme der Erbschaft fortzusetzen. Der Entwurf schließt daher im §. 217 Abs. 5 eine solche Verpflichtung aus.

§. 219.

Nach §. 219 der Civilprozeßordnung wird dadurch, daß eine Partei die Prozeßfähigkeit verliert oder der gesetzliche Vertreter einer Partei stirbt oder die Vertretungsbefugniß desselben erlischt, das Verfahren unterbrochen, bis der gesetzliche Vertreter oder der neue gesetzliche Vertreter von seiner Bestellung dem Gegner Anzeige macht, oder bis der Gegner seine Absicht, das Verfahren fortzusetzen, dem Vertreter anzeigt.

Im Falle der Anordnung einer Nachlaßverwaltung greift diese Vorschrift an sich nicht Platz. Die Nachlaßverwaltung bezweckt die Befriedigung der Nachlaßgläubiger, der Erbe verliert demgemäß die Befugniß, den Nachlaß zu verwalten sowie über ihn zu verfügen, und wird in dieser Hinsicht vollständig durch den Nachlaßverwalter vertreten. Dabei hat aber der letztere nicht die Stellung eines gesetzlichen Vertreters, sondern die eines Pflegers (§. 1975 des Bürgerlichen Gesetzbuchs), und der Erbe verliert daher gemäß §. 51a die Prozeßfähigkeit in Ansehung des Nachlasses nur, soweit der Nachlaßverwalter einen Prozeß bereits führt. Der Erbe wäre hiernach nicht gehindert, den bei dem Tode des Erblassers anhängigen Rechtsstreit auch nach Anordnung der Nachlaßverwaltung weiter zu betreiben. Dies würde jedoch den Interessen der Gläubiger widersprechen, und der Entwurf (§. 219 Abs. 2) entzieht daher dem Erben jene Möglichkeit durch die ausdrückliche Bestimmung, daß in einem solchen Falle die Vorschrift des §. 219 Abs. 1 über die Unterbrechung des Verfahrens entsprechende Anwendung findet.

§. 219a.

Der Nacherbe ist nicht Rechtsnachfolger des Vorerben, er leitet vielmehr sein Recht unmittelbar von dem Erblasser ab. An sich ist daher der Eintritt des Nacherben in den von dem Vorerben geführten Rechtsstreit ausgeschlossen. Ebensowenig aber kann, da mit dem Eintritte des Falles der Nacherbfolge der Vorerbe aufhört, Erbe zu sein (Bürgerliches Gesetzbuch §. 2139), der Streit diesem gegenüber sachlich zur Entscheidung gebracht werden. Es wird unter den gedachten Umständen im Interesse aller Betheiligten liegen und zur Abschneidung zweckloser Prozesse dienen, wenn hier der Nacherbe insoweit, als nach §. 293d Abs. 2 ein gegen den Vorerben ergehendes Urtheil auch gegen den Nacherben wirken würde, ausnahmsweise so behandelt wird, wie wenn er Rechtsnachfolger des Vorerben wäre. In diesem Sinne bestimmt der Entwurf, daß auf den fraglichen Fall, sofern der Rechtsstreit einen der Nacherbfolge unterliegenden Gegenstand betrifft, über welchen der Vorerbe ohne Zustimmung des Nacherben zu verfügen befugt war, hinsichtlich der Unterbrechung und der Aufnahme des Verfahrens die Vorschriften des §. 217 entsprechende Anwendung finden sollen.

Der

§. 220

trifft in Ansehung der Aufnahme des Verfahrens besondere Vorschriften für den Fall, daß bei Unterbrechung des Verfahrens durch den Tod einer Partei ein Nachlaßkurator bestellt wird. Der Entwurf hat hier mit Rücksicht auf die Bestimmungen des Bürgerlichen Gesetzbuchs (§§. 1960 ff., 2212, 2213) an Stelle des Nachlaßkurators den Nachlaßpfleger und den zur Führung des Rechtsstreits berechtigten Testamentsvollstrecker gesetzt.

Der

§. 223

bedarf mit Rücksicht darauf, daß die Vorschriften über die Unterbrechung des Verfahrens auf die Fälle der Anordnung einer Nachlaßverwaltung und des Eintritts der Nacherbfolge ausgedehnt werden (§. 219 Abs. 2, § 219a), einer entsprechenden Ergänzung.

§. 230a.

Wer mit der Klage auf Rechnungslegung, auf Vorlegung eines Vermögensverzeichnisses oder auf Leistung des Offenbarungseides (zu vergl. §§. 259, 260, 1890 ff., 2027, 2028 des Bürgerlichen Gesetzbuchs) die Klage auf Herausgabe desjenigen verbindet, was der Beklagte aus dem zu Grunde liegenden Rechtsverhältnisse schuldet, ist häufig nicht in der Lage, der Vorschrift des §. 230 Abs. 2 Nr. 2 der Civilprozeßordnung zu genügen, wonach die vom Beklagten zu bewirkenden Leistungen schon in der Klageschrift bestimmt angegeben werden müssen. Den Unzuträglichkeiten, welche sich daraus in der Praxis ergeben haben, will der Entwurf durch die Vorschrift abhelfen, daß die bestimmte Angabe der Leistungen, welche der Kläger beansprucht, vorbehalten werden kann, bis die Rechnung mitgetheilt, das Vermögensverzeichniß vorgelegt oder der Offenbarungseid geleistet ist. In einem solchen Falle ist dann zunächst durch Theilurtheil (§. 273) über die Verpflichtung des Beklagten zur Rechnungslegung u. s. w. zu entscheiden und erst, nachdem dieses Urtheil, nöthigenfalls im Wege der Zwangsvollstreckung (§§. 774, 774a), zur Ausführung gebracht worden ist, über den Anspruch auf Herausgabe der nunmehr bestimmt zu bezeichnenden Gegenstände zu verhandeln.

§. 230b.

Das Bürgerliche Gesetzbuch gewährt in gewissen Fällen (zu vergl. beispielsweise §. 283, §. 325 Abs. 2, §§. 326, 634) dem Gläubiger das Recht, zur Befriedigung seines Anspruchs dem Schuldner eine angemessene Frist zu bestimmen und nach deren Ablauf entweder Schadensersatz wegen Nichterfüllung zu verlangen oder die Aufhebung des Vertrages herbeizuführen. Ferner kann gemäß §. 1052 des Bürgerlichen Gesetzbuchs, wenn der Nießbraucher zur Sicherheitsleistung verurtheilt ist und die Sicherheit nicht innerhalb einer ihm auf Antrag des Eigenthümers von dem Gerichte zu bestimmenden Frist leistet, der Eigenthümer verlangen, daß die Ausübung des Nießbrauchs für Rechnung des Nießbrauchers einem von dem Gerichte zu bestellenden Verwalter übertragen wird. Gleiche Vorschriften gelten in Betreff der Verpflichtung des Vorerben, dem Nacherben in Ansehung der Verwaltung des Nachlasses Sicherheit zu leisten (Bürgerliches Gesetzbuch §. 2128 Abs. 2). Endlich ist zufolge §. 2193 des Bürgerlichen Gesetzbuchs, wenn bei einer letztwilligen Auflage die Bestimmung der Person, an welche die Leistung erfolgen soll, dem Beschwerten überlassen ist und dieser nach rechtskräftiger Verurtheilung die Auflage nicht vollzieht, der Kläger berechtigt, dem Beschwerten eine Frist zur Vollziehung mit der Wirkung zu bestimmen, daß nach deren Ablaufe das Bestimmungsrecht auf den Kläger übergeht. Um dem Kläger in allen diesen Fällen eine raschere Verwirklichung seines Rechtes zu sichern, sieht der Entwurf vor, daß auf dessen Antrag die Frist schon im Urtheile zu bestimmen ist.

§§. 231a bis 231c.

Die Civilprozeßordnung enthält gegenwärtig keine Bestimmungen darüber, inwieweit wegen künftiger Leistungen nicht blos auf Feststellung, sondern auf Verurtheilung geklagt werden kann. Sie beschränkt sich vielmehr darauf, für solche Fälle, in denen das bürgerliche Recht eine Verurtheilung zu künftigen Leistungen gestattet, die Voraussetzungen zu regeln, unter denen aus einem solchen Urtheile die Zwangsvollstreckung zulässig ist (§§. 664, 672). Die geltenden Gesetze haben im Allgemeinen die Regel festgehalten, daß die Verurtheilung zu einer Leistung erst dann erfolgen darf, wenn die Fälligkeit eingetreten ist. Doch hat in den Gebieten des gemeinen und des preußischen Rechtes die Entwickelung dahin geführt, daß in gewissen Grenzen auch eine Klage auf Verurtheilung zu künftigen Leistungen gewährt wird.

Ein praktisches Bedürfniß in dieser Richtung liegt namentlich bei den Darlehnsklagen und den Räumungsklagen vor. Erfahrungsgemäß dreht sich hier der Streit vielfach um die Behauptungen des Klägers, daß nach Maßgabe der zwischen den Parteien bestehenden Vereinbarungen oder auf Grund einer ordnungsmäßig vorgenommenen Kündigung die dem Beklagten obliegende Leistung in einem bestimmten Zeitpunkte fällig sei. Es muß zu einer Beeinträchtigung der Interessen des Klägers führen, wenn ihm gegenüber der sich hieraus ergebenden Gefahr die Möglichkeit versagt bleibt, ein Urtheil zu erwirken, das als solches mit dem Eintritte des betreffenden Zeitpunkts die Zwangsvollstreckung gestattet. In Erweiterung der Vorschriften der preußischen Allgemeinen Gerichtsordnung (I 28 §§. 4, 16) über die Kündigungsklage gewährt daher der §. 231a für die Fälle, in denen die Geltendmachung einer nicht von einer Gegenleistung abhängigen Geldforderung oder die Geltendmachung des Anspruchs auf Räumung eines Grundstücks, eines Wohnraums oder eines anderen Raumes an den Eintritt eines Kalendertags geknüpft ist, dem Gläubiger die allgemeine Befugniß, Klage auf künftige Zahlung oder Räumung zu erheben.

Entsprechend der Praxis des gemeinen und des preußischen Rechtes erklärt es ferner der §. 231b für statthaft, daß bei wiederkehrenden Leistungen, wie Leibrenten, Unterhaltungsrenten und sonstigen Geldrenten, auch wegen der erst nach Erlassung des Urtheils fällig werdenden Leistungen Klage auf künftige Entrichtung erhoben wird. Die Vorschrift hat vor allem den Zweck, einer fortdauernden Wiederholung von Rechtsstreitigkeiten, welche den gleichen Gegenstand betreffen, vorzubeugen.

Durch die erörterten Bestimmungen ist aber den Anforderungen des Verkehrs noch nicht genügt. Vielmehr muß auch dann, wenn den Umständen nach die Besorgniß gerechtfertigt ist, daß der Schuldner sich der rechtzeitigen Leistung entziehen werde, der Gläubiger in die Lage versetzt werden, seine Rechte so zeitig wahrzunehmen, daß die Zwangsvollstreckung, wenn nöthig, mit dem Zeitpunkte der Fälligkeit beginnen kann. Der §. 231c läßt daher die Klage auf künftige Leistung unter der bezeichneten Voraussetzung gleichfalls zu. Die Voraussetzung wird namentlich dann gegeben sein, wenn der Schuldner die Verbindlichkeit schon, bevor sie fällig ist, ausdrücklich bestreitet.

Ist nach §§. 231a bis 231c die Verurtheilung zu einer künftigen Leistung erfolgt, so kann der Schuldner sachliche Einwendungen nur noch im Wege der Klage gemäß §. 686 geltend machen. Gegen etwaige sich hieraus ergebende Nachtheile gewährt hinreichenden Schutz die Vorschrift des §. 688, wonach das Prozeßgericht auf Antrag die Einstellung der Zwangsvollstreckung anordnen kann, bis über die Einwendungen entschieden ist.

§. 232.

Der bisherige Abs. 2 bestimmt, daß die Besitzklage und die Klage, durch welche das Recht selbst geltend gemacht wird, nicht in einer Klage verbunden werden können. Die Civilprozeßordnung kennt indessen für den Besitzprozeß besondere Verfahrensvorschriften nicht, und es fehlt daher an einem durchschlagenden Grunde für dieses Verbot. Auf der anderen Seite gewährt die Verbindung dem Kläger den Vortheil, sich für den Fall, daß die Besitzklage nicht durchdringen sollte, auf das Recht selbst stützen zu können. Unter Umständen liegt es aber auch im Interesse des Beklagten, wenn er der Besitzklage eine Widerklage entgegensetzen darf, durch die seinerseits das Recht selbst geltend gemacht wird. In Betracht kommt hier die Vorschrift des Bürgerlichen Gesetzbuches §. 864 Abs. 2, derzufolge der Besitzanspruch erlischt, wenn nach der Verübung der verbotenen Eigenmacht durch rechtskräftiges Urtheil festgestellt wird, daß dem Thäter ein Recht an der Sache zusteht, vermöge dessen er die Herstellung eines seiner Handlungsweise entsprechenden Besitzstandes verlangen kann. Der Entwurf hat daher den Abs. 2 des §. 232 gestrichen. Selbstverständlich ändert die hieraus sich ergebende Zulässigkeit der Klagenverbindung nichts an der Vorschrift des Bürgerlichen Gesetzbuches (§. 863), daß gegenüber dem Besitzanspruch ein Recht zum Besitz oder zur Vornahme der störenden Handlung nur zur Begründung der Behauptung geltend gemacht werden kann, daß die Entziehung oder die Störung des Besitzes nicht verbotene Eigenmacht sei.

Die

§§. 233, 234

hängen mit der Einführung des Vortermins zusammen und werden zu §§. 312a ff. ihre Begründung finden.

§§. 235, 235a.

Die Aenderung bei Klage ist nach der bisherigen Nr. 3 des §. 235 nur mit Einwilligung des Beklagten gestattet. Der

Begriff der Klagänderung giebt vielfach zu rechtlichen Zweifeln und Schwierigkeiten Anlaß. Jedenfalls hat sich die geltende Vorschrift nach den bei ihrer Anwendung gemachten Erfahrungen insofern nicht bewährt, als sie dem Beklagten eine Handhabe zur Verschleppung bietet. Entsprechend zahlreichen Wünschen aus den Kreisen der Praxis bestimmt daher der Entwurf (§. 235a), daß eine Aenderung der Klage auch dann statthaft sein soll, wenn dadurch nach dem Ermessen des Gerichts die Vertheidigung des Beklagten nicht wesentlich erschwert wird. Diese Voraussetzung wird beispielsweise in dem Falle regelmäßig zutreffen, daß der Beklagte die zur Begründung der abgeänderten Klage dienenden Thatsachen selbst zu seiner Vertheidigung gegen die ursprüngliche Klage angeführt hat.

§§. 236 bis 238.

Die vorgenommenen Aenderungen haben keine sachliche Bedeutung. Der Abs. 3 des §. 236 in Verbindung mit §. 238 Satz 1 betraf bisher die Frage der Wirksamkeit und Vollstreckbarkeit des Urtheils gegen den Rechtsnachfolger. Diese Frage ist vom Entwurf an anderen Stellen (§. 293c Abs. 1, 2, §. 665) im Zusammenhange geregelt, und die bezüglichen Vorschriften konnten daher hier beseitigt werden. Als Abs. 3 ist nunmehr dem §. 236 eine dem §. 238 Satz 2 entsprechende Vorschrift angefügt, wonach dem Kläger, der die im Streite befangene Sache veräußert oder abgetreten hat, in den Fällen, in denen das Urtheil gegen den Rechtsnachfolger nicht wirksam sein würde, der Einwand entgegengesetzt werden kann, daß er zur Geltendmachung des Anspruchs nicht mehr befugt sei. Soweit der Inhalt des früheren §. 238 durch die bezeichneten Aenderungen noch nicht gedeckt ist, hat er, und zwar §. 238 Satz 1 in den §. 237 Abs. 2 Satz 1, §. 238 Satz 2 aber in den §. 237 Abs. 2 Satz 2 Aufnahme gefunden.

Was den §. 239 anlangt, so ist dessen unveränderte Beibehaltung durch die Rücksicht auf die im Einführungsgesetze zum Bürgerlichen Gesetzbuche dem Landesrechte vorbehaltenen Gegenstände geboten.

Der

§. 242

ist mit der neuen Vorschrift, welche der §. 235a hinsichtlich der Klagänderung trifft, in Einklang gebracht.

§. 247.

Die Ergänzung der Nr. 6 ist eine Folge der Aenderungen, welche der Entwurf in den §§. 49a und 54 vorsieht.

§§. 255, 257.

Die geänderten Verweisungen sind durch die Einschaltung des Titels über den Vortermin veranlaßt.

§. 264a.

Die Civilprozeßordnung hat zufolge §. 16 Nr. 1 des Einführungsgesetzes die Vorschriften des bürgerlichen Rechtes unberührt gelassen, nach welchen unter bestimmten Voraussetzungen eine Thatsache unter Ausschließung des Gegenbeweises oder bis zum Beweise des Gegentheils als gewiß anzusehen ist; dabei kann, soweit der Beweis des Gegentheils zulässig ist, dieser Beweis auch durch Eideszuschiebung nach Maßgabe der §§. 410 ff. der Civilprozeßordnung geführt werden. Die bezeichnete Bestimmung kann gegenüber der Umgestaltung des bürgerlichen Rechtes nicht mehr an der bisherigen Stelle verbleiben (Art. II Nr. 4 des Entwurfs eines Einführungsgesetzes zu dem Gesetze, betreffend Aenderungen der Civilprozeßordnung). Sie wird nunmehr durch §. 264a des Entwurfs ersetzt. Die Abweichung von der bisherigen Fassung erklärt sich daraus, daß Rechtsvermuthungen, bei denen der Beweis des Gegentheils ausgeschlossen ist, dem Bürgerlichen Gesetzbuch unbekannt sind und nur noch in den neben dem Gesetzbuch in Geltung bleibenden Reichs- und Landesgesetzen vorkommen.

§. 274.

Durch die im Abs. 1 vorgesehene Aenderung und die damit zusammenhängenden neuen Bestimmungen der Abs. 2, 3 sowie des Abs. 4 Satz 1, 2 wird im Wesentlichen nur die Bedeutung außer Zweifel gestellt, welche die Rechtsprechung des Reichsgerichts (zu vergl. die Bemerkungen zu § 136) unter entsprechender Anwendung der für verwandte Fälle geltenden Vorschriften der §§. 502, 503, 562, 563 dem §. 274 schon in seiner jetzigen Gestalt beilegt. Der Rechtssatz, daß ein über die Hauptforderung ergehendes Urtheil den Rechtsstreit nicht endgültig erledigt, sondern nur unter Vorbehalt der Entscheidung über die Aufrechnung erfolgen darf, steht auch im Einklange mit der Auffassung, welche den Vorschriften des Bürgerlichen Gesetzbuchs (§§. 388, 389) über die Aufrechnung zu Grunde liegt.

Neu gegenüber dem geltenden Gesetz ist die Vorschrift des Abs. 4 Satz 3, wonach der Kläger, falls das frühere Urtheil in dem Nachverfahren aufgehoben wird, nicht nur zur Erstattung des von dem Beklagten auf Grund des Urtheils Gezahlten oder Geleisteten (zu vergl. §. 503 Abs. 2, §. 563 Abs. 2), sondern zum Ersatze des Schadens verpflichtet sein soll, welcher dem Beklagten durch die Vollstreckung des Urtheils oder durch eine zur Abwendung der Vollstreckung gemachte Leistung erwachsen ist. Die im Abs. 3 dem Kläger eingeräumte Befugniß, seinen Anspruch vor der endgültigen Feststellung zur zwangsweisen Durchführung zu bringen, liegt außerhalb des gewöhnlichen Ganges des Verfahrens. Eben deshalb ist der Gläubiger nicht beschwert, wenn er gesetzlich in die Lage gebracht wird, jene Befugniß nur auf seine Gefahr ausüben zu können. Wohl aber wäre es gegen den Beklagten eine unbillige Härte, ihm die mit Ausübung jener Befugniß verbundenen Nachtheile auch insoweit zur Last zu legen, als sich hinterher ergiebt, daß die Entscheidung, auf Grund deren die vorläufige Vollstreckung erfolgte, sachlich ungerechtfertigt war. Die Verpflichtung zum Schadensersatz umfaßt selbstverständlich auch die Kosten, welche dem Kläger auf Grund eines auf dem aufgehobenen Urtheile beruhenden Festsetzungsbeschlusses erstattet worden sind. Wird der Antrag, den Kläger zum Ersatze des Schadens zu verurtheilen, in dem anhängigen Nachverfahren gestellt, so ist, wie der Abs. 4 Satz 4 zu Gunsten des Beklagten bestimmt, der Ersatzanspruch als schon zur Zeit der von diesem bewirkten Zahlung oder Leistung rechtshängig geworden anzusehen. Daraus ergiebt sich, daß nicht nur die prozessualischen Wirkungen der Rechtshängigkeit, sondern auch die nach dem Bürgerlichen Gesetzbuche mit der Rechtshängigkeit verbundenen Wirkungen, insbesondere die Steigerung der Haftpflicht (§§. 291, 292), schon mit dem Zeitpunkte der Zahlung oder der Leistung eintreten.

§. 276a.

Zufolge §. 1958 des Bürgerlichen Gesetzbuchs kann vor der Annahme der Erbschaft ein Anspruch, der sich gegen den Nachlaß richtet, nicht gegen den Erben gerichtlich geltend gemacht werden (zu vergl. §. 217 Abs. 5 des Entwurfs). Aber auch nach der Annahme der Erbschaft ist der Erbe, sofern er nicht das Recht auf Beschränkung seiner Haftung für die Nachlaßverbindlichkeiten verloren hat (§. 2016 Abs. 1 des Bürgerlichen Gesetzbuchs), berechtigt, die Berichtigung einer Nachlaßverbindlichkeit bis zum Ablaufe der in den §§. 2014, 2015 des Bürgerlichen Gesetzbuchs bestimmten Fristen zu verweigern. Diese Befugniß soll den Erben in den Stand setzen, die zur Errichtung des Inventars und zur Ermittelung des Schuldenstandes im Wege des Aufgebots der Nachlaßgläubiger nöthige Zeit zu gewinnen. Insbesondere wird er dadurch während der betreffenden Fristen gegen die Folgen des Verzugs gesichert. Auf der anderen Seite würde es aber zu weit gehen und das Interesse der Gläubiger gefährden, wenn auch nach der Annahme der Erbschaft für die Dauer der Fristen die gerichtliche Geltendmachung einer Nachlaßverbindlichkeit gegen den Erben den Gläubigern schlechthin versagt bliebe. Der Entwurf bestimmt daher im §. 276a Abs. 1, daß durch die dem Erben nach den §§. 2014, 2015 des Bürgerlichen Gesetzbuchs zustehenden Einreden eine unter dem Vorbehalte der beschränkten Haftung (zu vergl. §. 695 Abs. 1) ergehende Verurtheilung des Erben nicht ausgeschlossen wird. Dabei werden übrigens die Rechte des Erben durch die Vorschrift des §. 696a gewahrt, wonach er auf Grund der bezeichneten Einreden verlangen kann, daß die Zwangsvollstreckung für die Dauer der in den §§. 2014, 2015 bestimmten Fristen auf solche Maßregeln beschränkt werde, die zur Vollziehung eines Arrestes zulässig sind.

Gemäß §. 1489 des Bürgerlichen Gesetzbuchs haftet im Falle der fortgesetzten Gütergemeinschaft für die Gesammtgutsverbindlichkeiten dieser Gemeinschaft der überlebende Ehegatte persönlich; soweit jedoch die persönliche Haftung den überlebenden Ehegatten nur in Folge des Eintritts der fortgesetzten Gütergemeinschaft trifft, finden die für die Haftung des Erben für die Nachlaßverbindlichkeiten geltenden Vorschriften entsprechende Anwendung. Dahin gehören insbesondere die in den §§. 2014, 2015 des Bürgerlichen Gesetzbuchs bezeichneten Einreden, und hieraus ergiebt sich ohne Weiteres, daß auch die Geltendmachung dieser Einreden im Prozesse für den überlebenden Ehegatten nach den gleichen Gesichtspunkten geregelt werden muß, wie für den Erben.

§. 284.

Die Angabe der Prozeßbevollmächtigten im Urtheil ist schon gegenwärtig auf Grund von Anordnungen der Justizverwaltung allgemein üblich und hat sich für das weitere Verfahren als zweckmäßig bewährt. Im Zusammenhange mit der Aenderung im §. 84, wonach die Prüfung der Vollmacht stets von Amtswegen zu erfolgen hat, kann nunmehr die Vorschrift unbedenklich durch das Gesetz selbst (§. 284 Nr. 1) getroffen werden.

§. 293.

Die Aenderung im Eingange des §. 293 Abs. 2 entspricht der neuen Fassung des §. 274. Im Uebrigen beschränkt der Entwurf die Vorschrift des §. 293 Abs. 2 auf den Fall, daß durch die Entscheidung das Nichtbestehen der Gegenforderung festgestellt wird. Wird die Gegenforderung als zur Zeit der Aufrechnungserklärung bestehend anerkannt und auf Grund der erfolgten Aufrechnung die Klage abgewiesen, so ist die Entscheidung über das Bestehen der Gegenforderung ebenso wenig der Rechtskraft fähig, wie die Entscheidung darüber, daß die Forderung des Klägers aus einem anderen Grunde getilgt ist.

§. 293 a.

Ist eine Verurtheilung zu künftig fällig werdenden wiederkehrenden Leistungen (§ 231 b des Entwurfs) ergangen, so kommt, namentlich wenn die Verbindlichkeit zum Schadensersatze wegen einer unerlaubten Handlung (zu vergl. §§. 843, 844 des Bürgerlichen Gesetzbuchs) oder eine Unterhaltspflicht (§. 1602 Abs. 2, §. 1603 Abs. 1, §. 1708 daselbst) zu Grunde liegt, es nicht selten vor, daß später eine wesentliche Aenderung derjenigen Verhältnisse eintritt, die für die Verurtheilung zur Entrichtung der Leistungen, für die Bestimmung ihrer Höhe oder der Dauer ihrer Entrichtung maßgebend waren. Für solche Fälle ist es ein Gebot der Billigkeit, daß jedem Theile das Recht gewährt wird, eine entsprechende Abänderung des Urtheils zu verlangen. Einzelne Bestimmungen dieser Art finden sich bereits im §. 7 Abs. 2 des Gesetzes vom 7. Juni 1871, betreffend die Verbindlichkeit zum Schadensersatze für die bei dem Betriebe von Eisenbahnen, Bergwerken u. s. w. herbeigeführten Tödtungen und Körperverletzungen, sowie in manchen Landesrechten (zu vergl. code civil Art. 209, 210). Der Entwurf schließt sich mit der allgemeinen Vorschrift des §. 293 a Abs. 1 diesen Vorgängen an. Dadurch kommt zugleich die erwähnte Einzelbestimmung des Haftpflichtgesetzes als überflüssig in Wegfall (Art. 42 des Einführungsgesetzes zum Bürgerlichen Gesetzbuche). Uebereinstimmend mit §. 686 Abs. 2 der Civilprozeßordnung ist übrigens im Entwurf (§. 293 a Abs. 2) die Klage auf Abänderung des früheren

Urtheils nur insoweit zugelassen, als die Gründe, auf welche sie gestützt wird, erst nach dem Schlusse derjenigen mündlichen Verhandlung, in welcher eine Erweiterung des Klagantrags oder die Geltendmachung von Einwendungen spätestens hätte erfolgen müssen, entstanden sind und durch Einspruch nicht mehr geltend gemacht werden können. Eine weitere Einschränkung sieht aus Gründen der Zweckmäßigkeit der Abs. 3 des §. 293a vor, indem er die Abänderung nur für die Zeit nach Erhebung der auf die Abänderung gerichteten Klage gestattet; die Ermittelung des Zeitpunktes, in welchem die Aenderung der maßgebenden Verhältnisse thatsächlich eingetreten ist, wird meist mit erheblichen Schwierigkeiten verknüpft sein. Zu der gleichen Einschränkung ist die Rechtsprechung des Reichsgerichts schon bei der Anwendung des Haftpflichtgesetzes gelangt. Auch der §. 65 Abs. 3, 4 des Unfallversicherungsgesetzes vom 6. Juli 1884 (Reichs-Gesetzbl. S. 69) enthält ähnliche Bestimmungen.

§. 293b.

Bei der Verurtheilung zur Entrichtung einer Geldrente in Fällen der Körperverletzung oder der Tödtung (§. 618 Abs. 3, §§. 843 bis 845 des Bürgerlichen Gesetzbuchs) hat das Gericht nach den Umständen zu entscheiden, ob, in welcher Art und für welchen Betrag der Ersatzpflichtige dem Berechtigten Sicherheit zu leisten hat. Das Gleiche gilt zufolge §. 1580 Abs. 1 Satz 2 des Bürgerlichen Gesetzbuchs, wenn im Falle der Scheidung der allein für schuldig erklärte Ehegatte zur Gewährung des Unterhalts an den anderen Theil verurtheilt wird. Mit Bezug hierauf bestimmt der Entwurf, daß in den bezeichneten Fällen, wenn nicht auf Sicherheitsleistung erkannt ist, der Berechtigte gleichwohl Sicherheitsleistung verlangen kann, sofern sich die Vermögensverhältnisse des Verpflichteten erheblich verschlechtert haben; unter derselben Voraussetzung soll der Berechtigte auch eine Erhöhung der im Urtheile bestimmten Sicherheit fordern dürfen. Die Vorschrift beruht auf ähnlichen Erwägungen, wie die des §. 293a, und entspricht dem §. 7 Abs. 3 des Haftpflichtgesetzes in derjenigen Gestalt, welche diese Bestimmung im Art. 42 des Einführungsgesetzes zum Bürgerlichen Gesetzbuch erhalten hat.

§. 293c.

Die Vorschriften des §. 293c betreffen ebenso, wie die §§. 293d und 293e die Frage, welchen Personen gegenüber die Wirkungen des rechtskräftigen Urtheils eintreten. Gegenwärtig sind in dieser Beziehung der Hauptsache nach die Landesgesetze maßgebend. Der Zusammenhang der Frage mit dem bürgerlichen Rechte macht es nunmehr erforderlich, sie reichsgesetzlich zu regeln.

Im §. 293c Abs. 1 spricht der Entwurf zunächst den aus dem Wesen der Rechtskraft sich ergebenden und mit dem geltenden Rechte im Einklange stehenden Grundsatz aus, daß das rechtskräftige Urtheil für und gegen die Parteien und diejenigen Personen wirkt, welche nach dem Eintritte der Rechtshängigkeit Rechtsnachfolger der Parteien geworden sind. Soweit es sich um die Wirksamkeit des Urtheils gegen den Sondernachfolger handelt, hatte jener Satz schon in dem bisherigen §. 236 Abs. 3 reichsgesetzliche Anerkennung gefunden; der Entwurf bringt ihn nunmehr auch zu Gunsten des Sondernachfolgers zur Geltung. Dem Sondernachfolger wird derjenige gleichgestellt, welcher zwar ein Recht an der im Streite befangenen Sache nicht erworben, aber, wie der Pächter, Miether, Verwahrer, den Besitz der Sache in solcher Weise erlangt hat, daß eine Partei oder der Rechtsnachfolger einer Partei mittelbarer Besitzer geworden ist (Bürgerliches Gesetzbuch §. 868). Da er sein Recht zum Besitze der Sache von der Partei oder deren Rechtsnachfolger ableitet, so muß das Urtheil für ihn in derselben Weise maßgebend sein wie für die Sondernachfolger, sofern ein Besitzerwerb in die Zeit nach dem Eintritte der Rechtshängigkeit fällt.

Die Wirksamkeit des Urtheils gegen den Sondernachfolger erleidet schon nach dem bisherigen §. 238 Satz 1 insoweit eine Ausnahme, als die Vorschriften des bürgerlichen Rechtes über den Erwerb beweglicher Sachen, über den Erwerb auf Grund des Grund- oder Hypothekenbuchs und über den Erwerb in gutem Glauben entgegenstehen. Der Entwurf ersetzt diese Vorschrift durch die Bestimmung des §. 293c Abs. 2, wonach die Vorschriften des bürgerlichen Rechtes zu Gunsten derjenigen, welche Rechte von einem Nichtberechtigten herleiten (zu vergl. Bürgerliches Gesetzbuch §§. 892, 893, 932 ff., 1032, 1138, 1208, 1242, 2366, Handelsgesetzbuch §§. 366, 367) entsprechende Anwendung finden sollen. Soweit hiernach der gutgläubige Erwerber gegen einen Mangel im Rechte seines Vorgängers geschützt ist, braucht er auch das Urtheil nicht gegen sich gelten zu lassen. Betrifft jedoch das Urtheil einen Anspruch aus einer eingetragenen Reallast, Hypothek, Grundschuld oder Rentenschuld, so soll es nach Abs. 3 Satz 1 im Falle einer Veräußerung des belasteten Grundstücks in Ansehung des Grundstücks gegen den Rechtsnachfolger auch dann wirken, wenn dieser zur Zeit seines Erwerbes im guten Glauben war, d. h. die Rechtshängigkeit nicht gekannt hat. Diese dem §. 44 des preußischen Gesetzes über den Eigenthumserwerb u. s. w. vom 5. Mai 1872 nachgebildete und dem §. 26 des Gesetzes über die Zwangsversteigerung und die Zwangsverwaltung vom 24. März 1897 verwandte Vorschrift rechtfertigt sich durch die Rücksicht auf den Gläubiger, welchem die Verfolgung seines Rechtes nicht erschwert werden darf. Andererseits wird der Schuldner dadurch nicht benachtheiligt, sofern er in den bezeichneten Fällen das eingetragene Recht aus dem Grundbuch ersieht und daher von vornherein mit der Möglichkeit rechnen muß, daß ein Rechtsstreit bezüglich desselben anhängig ist. Nur wenn das Grundstück im Wege der Zwangsversteigerung veräußert wird, erscheint, um den Ersteher vor Täuschung zu sichern, eine abweichende Regelung geboten. Der §. 293c bestimmt demgemäß im Abs. 3 Satz 2, daß hier das Urtheil, welches wegen eines eingetragenen Rechtes der bezeichneten Art in einem gegen den Schuldner anhängigen Rechtsstreit ergeht, gegen den Ersteher nur dann wirkt, wenn die Rechtshängigkeit spätestens im Versteigerungstermin vor der Aufforderung zur Abgabe von Geboten angemeldet worden ist. In ähnlicher Weise wird der Ersteher schon zufolge §. 54 des Gesetzes vom 24. März 1897 gegenüber der von dem Gläubiger dem Eigenthümer oder von diesem dem Gläubiger erklärten Kündigung einer Grundschuld oder Rentenschuld geschützt.

§. 293d.

Der Nacherbe ist nicht Rechtsnachfolger des Vorerben, sondern gleich diesem Rechtsnachfolger des Erblassers (Bürgerliches Gesetzbuch §§. 2100, 2139). Hiernach kann, wenn die Bestimmung des §. 293c Abs. 1 des Entwurfs zur Anwendung kommt, das Urtheil, das zwischen dem Vorerben und einem Dritten über einen gegen den Vorerben als Erben gerichteten Anspruch oder über einen der Nacherbfolge unterliegenden Gegenstand vor Eintritt dieser Erbfolge rechtskräftig ergangen ist, weder für noch gegen den Nacherben wirken. Dabei darf es jedoch, soweit eine dem Vorerben günstige Entscheidung in Frage steht, in keinem Falle verbleiben. Vielmehr verlangt hier das Interesse des Nacherben und die Rücksicht auf die Vermeidung mehrfacher Prozesse, daß dem Urtheile, wie der Entwurf im §. 293d Abs. 1 vorsieht, auch für den Nacherben

Wirksamkeit gegeben werde. Dagegen würde das Recht des Nacherben in hohem Grade gefährdet sein, wenn er ein zu Ungunsten des Vorerben ergangenes Urtheil ohne Weiteres gegen sich gelten lassen müßte. Denn der Vorerbe wäre damit in den Stand gesetzt, im Wege der Prozeßführung sogar über die seinem Verfügungsrecht entzogenen Nachlaßgegenstände (Bürgerliches Gesetzbuch §§. 2113 bis 2115) zu verfügen und den Nachlaß mit Verbindlichkeiten zu belasten. Nur dann läßt sich einem solchen Urtheile Wirksamkeit gegen den Nacherben beilegen, wenn das Urtheil einen Gegenstand betrifft, über den der Vorerbe auch ohne Zustimmung des Nacherben zu verfügen befugt ist. Einen Vorgang für diese im Entwurfe (§. 293d Abs. 2) gewählte Regelung bietet die Bestimmung des §. 1380 des Bürgerlichen Gesetzbuchs, wonach, wenn der Mann ein zum eingebrachten Gute der Frau gehörendes Recht im eigenen Namen geltend macht, das Urtheil insoweit auch gegen die Frau wirkt, als er befugt ist, über das Recht ohne Zustimmung der Frau zu verfügen.

§. 293e.

Nach §. 2212 des Bürgerlichen Gesetzbuchs kann ein der Verwaltung eines Testamentsvollstreckers unterliegendes Recht nur von dem Testamentsvollstrecker gerichtlich geltend gemacht werden. Andererseits ist zufolge §. 2213 zur Führung des Rechtsstreits über einen gegen den Nachlaß gerichteten Anspruch außer dem Erben auch derjenige Testamentsvollstrecker befugt, welchem die Verwaltung des Nachlasses zusteht. Diese Befugniß hat der Testamentsvollstrecker wie seine sonstigen Befugnisse zu eigenem Recht; er ist nicht, wie der Nachlaßpfleger, Vertreter des Erben. Es versteht sich daher keineswegs von selbst, daß ein zwischen dem Testamentsvollstrecker und einem Dritten ergehendes Urtheil, wenn der Testamentsvollstrecker zur Führung des Prozesses berechtigt war, für und gegen den Erben wirkt, vielmehr bedarf es, um dies zu erreichen, besonderer Vorschriften, wie sie der §. 293e des Entwurfs enthält. Sachlich rechtfertigt sich eine solche Regelung durch die Stellung, welche nach dem Bürgerlichen Gesetzbuche der Testamentsvollstrecker gegenüber dem Erben einnimmt.

§. 293f.

Die Civilprozeßordnung (§. 661) enthält Vorschriften über die Anerkennung des von einem ausländischen Gericht erlassenen Urtheils nur für den Fall, daß aus einem solchen

Urtheil im Inlande die Zwangsvollstreckung stattfinden soll. Die Wirkung der Rechtskraft eines ausländischen Urtheils kommt aber nicht nur für diesen Fall, sondern auch nach anderen Richtungen in Betracht. Demgemäß will im Anschluß an die das internationale Privatrecht betreffenden Bestimmungen des Einführungsgesetzes zum Bürgerlichen Gesetzbuche (Art. 7 ff.) der Entwurf die Anerkennung ausländischer Urtheile durch die allgemeinen Vorschriften des §. 293f regeln, welche zugleich den bisherigen §. 661 der Hauptsache nach ersetzen sollen.

Die Nr. 1, derzufolge die Anerkennung eines solchen Urtheils ausgeschlossen ist, wenn die Gerichte des Staates, dem das ausländische Gericht angehört, nach den deutschen Gesetzen nicht zuständig sind, entspricht der Nr. 3 des bisherigen §. 661.

Die Nr. 2 giebt im Wesentlichen den Inhalt der Nr. 4 des §. 661 wieder. Dem Urtheile soll die Anerkennung versagt bleiben, wenn der unterlegene Beklagte ein Deutscher ist und sich auf den Prozeß nicht eingelassen hat, sofern die den Prozeß einleitende Ladung oder Verfügung ihm weder in dem Staate des Prozeßgerichts in Person noch durch Gewährung deutscher Rechtshülfe zugestellt ist. Uebrigens macht es, wie die gegen früher geänderte Fassung ergiebt für die Zustellung mittelst Gewährung deutscher Rechtshülfe keinen Unterschied, ob diese Gewährung im Inland oder im Auslande, namentlich in einem deutschen Konsulargerichtsbezirk oder Schutzgebiet, erfolgt ist.

Neu ist die Nr. 3 des §. 293f. Sie geht von dem Gedanken aus, daß ausländische Urtheile in Ehesachen sowie in Streitigkeiten über die eheliche Abstammung eines Kindes, über die Legitimation eines unehelichen Kindes und über die Annahme an Kindesstatt dann nicht anerkannt werden dürfen, wenn sie zum Nachtheil einer deutschen Partei von den durch die deutsche Gesetzgebung für maßgebend erklärten Grundsätzen des internationalen Privatrechts abweichen. Der gleiche Schutz wird der Ehefrau eines im Inlande für todt erklärten Ausländers, welche nicht mehr Deutsche ist, aber bis zu ihrer Verheirathung Deutsche war, für den Fall gewährt, daß das ausländische Urtheil gegen die Bestimmung des Einführungsgesetzes zum Bürgerlichen Gesetzbuch Art. 13 Abs. 2 verstößt, wonach in Ansehung einer solchen Frau die Eingehung der Ehe nach den deutschen Gesetzen zu beurtheilen ist.

Die Nr. 4 des §. 293f schließt sich dem Art. 30 des Einführungsgesetzes zum Bürgerlichen Gesetzbuch an. Nach diesem Artikel darf der deutsche Richter ein ausländisches Gesetz nicht anwenden, wenn die Anwendung gegen die guten Sitten oder gegen den Zweck eines deutschen Gesetzes verstoßen würde. Derselbe Grundsatz muß jetzt auch gegenüber den ausländischen Urtheilen Platz greifen; die sehr viel engere Vorschrift im §. 661 Nr. 2 kommt damit in Wegfall.

In Uebereinstimmung mit der bisherigen Nr. 5 des §. 661 macht schließlich die Nr. 5 des §. 293f die Anerkennung eines ausländischen Urtheils davon abhängig, daß die Gegenseitigkeit verbürgt ist. Diese Vorschrift bedarf jedoch einer Beschränkung. Die Feststellung der Frage, ob die Gegenseitigkeit verbürgt ist, ist nach den bei der Anwendung des §. 661 Nr. 5 gemachten Erfahrungen für die Rechtsprechung vielfach mit Schwierigkeiten verbunden und erfolgt für den einzelnen Fall häufig genug in verneinendem Sinne. Bei Urtheilen über nicht vermögensrechtliche Ansprüche, insbesondere über Verhältnisse des Familienrechts, führt dies zu einer bedenklichen Unsicherheit. Vor Allem kommen hier diejenigen Ansprüche in Betracht, für welche die deutsche Gesetzgebung einen inländischen Gerichtsstand um deswillen nicht eröffnet, weil sie nicht nach dem inländischen Rechte zu beurtheilen sind. Hier muß es von den Betheiligten, welche die Feststellung des Anspruchs durch das Urtheil eines deutschen Gerichts überhaupt nicht erreichen können, als eine unbillige Härte empfunden werden, wenn gleichwohl dem Urtheile des nach den deutschen Prozeßgesetzen zuständigen Gerichts des Auslandes die Anerkennung unter Berufung darauf versagt wird, daß die Verbürgung der Gegenseitigkeit nicht nachgewiesen sei. Die hierdurch gebotene Beschränkung bildet den Inhalt des §. 293f Abs. 2. Sofern in einem ausländischen Staate zum Nachtheile der deutschen Interessen anders verfahren werden sollte, kann das im Entwurf eines Einführungsgesetzes unter Art. II Nr. 5 vorgesehene Vergeltungsrecht zur Anwendung gebracht werden.

Soweit durch Staatsvertrag mit einem ausländischen Staate die Frage der Anerkennung der Urtheile anderweit geregelt ist, behält es hierbei sein Bewenden. Die Civilprozeßordnung, wie die Reichs-Justizgesetze überhaupt, haben die abweichenden Bestimmungen der Staatsverträge unberührt gelassen (zu vergl. u. A. Verhandlungen des Reichstags 1874 Bd. 3 S. 559). Hieran wird durch die vorliegenden Gesetzentwürfe nichts geändert.

§§. 312a bis 312e.

Der Entwurf nimmt, im Einklange mit ähnlichen Bestimmungen der österreichischen Civilprozeßordnung vom 1. August 1895, für das landgerichtliche Verfahren einen Vortermin in Aussicht. Diese Einrichtung ermöglicht es bei unstreitigen Ansprüchen dem Kläger, rasch zu einer vollstreckbaren Entscheidung zu gelangen, zugleich aber wird sie dem Beklagten, der den Klaganspruch anerkennen oder einen Vergleich schließen will, die Kosten der Anwaltsbestellung ersparen. Der Termin, welcher mit einer Einlassungsfrist von zwei Wochen anzuberaumen ist (§. 234 Abs. 1), hat zunächst den Zweck, die Sache ohne Streitverhandlung zur Erledigung zu bringen (§. 233 Abs. 2). Er kann indessen, wenn der Klaganspruch streitig bleibt, unter Umständen auch zur Verhandlung über die Anträge der Parteien benutzt werden und wird mit Rücksicht hierauf nicht vor einem einzelnen Gerichtsmitgliede, sondern stets vor dem vollbesetzten Gericht abgehalten.

In Meß- und Marktsachen, im Urkunden- und Wechselprozeß, in amtsgerichtlichen Verfahren sowie in der Berufungs- und Revisionsinstanz findet ein Vortermin nicht statt (§. 234 Abs. 2, §§. 469, 481, 517, 557a); das Gleiche gilt nach dem Entwurf eines Gesetzes, betreffend Aenderungen des Gerichtsverfassungsgesetzes und der Strafprozeßordnung (zu §. 102 des Gerichtsverfassungsgesetzes) hinsichtlich der vor den Kammern für Handelssachen zu verhandelnden Angelegenheiten. Die Verhältnisse, welche die Einführung des Vortermins rechtfertigen, treffen in den bezeichneten Fällen der Regel nach nicht zu. Außerdem ist selbstverständlich für den Vortermin kein Raum in denjenigen Rechtsstreitigkeiten, in denen die Vorschrift des §. 278 über die Wirkung eines Anerkenntnisses außer Anwendung bleibt und ein Versäumnißurtheil gegen die Beklagten (§. 296) unzulässig ist, also in Ehe- und Entmündigungssachen sowie in den Rechtsstreitigkeiten, welche die Feststellung des Rechtsverhältnisses zwischen Eltern und Kindern oder die Anfechtung einer Todeserklärung zum Gegenstande haben (§§. 577a, 592a, 592b, 611, 620, 624, 626, 836q).

§. 312a.

Soweit im einzelnen Falle mit Rücksicht auf die Natur des Streitgegenstandes oder die persönlichen Verhältnisse der Parteien die Annahme von vornherein ausgeschlossen erscheint, daß die Sache durch Versäumniß, Anerkenntniß oder Vergleich ihre Erledigung finden werde, ist ein Vorverfahren zwecklos und lediglich geeignet, Verzögerungen herbeizuführen. Der Entwurf macht daher die Bestimmung eines Vortermins davon abhängig, daß sie nach der durch einen Antrag kundgegebenen Auffassung des Klägers oder nach dem pflichtmäßigen Ermessen des Vorsitzenden durch die Lage des Falles gerechtfertigt wird. Immerhin steht hiernach die maßgebende Entschließung dem Vorsitzenden zu; der Kläger ist nicht in der Lage, den Vortermin einseitig dadurch zu verhindern, daß er keinen Antrag stellt.

Der

§. 312b

befreit den Beklagten für den Vortermin von dem aus §. 74 der Civilprozeßordnung sich ergebenden Anwaltszwang und schließt demgemäß auch die durch §. 193a vorgeschriebene Aufforderung zur Anwaltsbestellung hier aus. Dadurch wird zugleich, was keiner besonderen Hervorhebung im Gesetze bedarf, die schriftliche Beantwortung der Klage (§. 244 der Civilprozeßordnung) entbehrlich. Gegenüber dem beschränkten Zwecke des Termins erscheint es unbedenklich, dem Beklagten die persönliche Wahrnehmung seiner Interessen in solcher Weise freizustellen. Die hiermit verbundene Verminderung der Prozeßkosten wird nicht selten dem Zustandekommen eines Vergleichs förderlich sein.

Hinsichtlich des Klägers beläßt der Entwurf es bei dem Anwalszwange. Die Vertretung durch einen Rechtsanwalt ist hier schon für die Erhebung der Klage wegen der damit verbundenen wichtigen Rechtsfolgen unumgänglich.

Der

§. 312c

bezeichnet in den Abs. 1, 2 die Prozeßhandlungen, die in dem Vortermin erfolgen können. Der Abs. 3 erleichtert dem ohne Anwalt erschienenen Beklagten die Stellung der erforderlichen Anträge, indem er, entsprechend den Bestimmungen für das amtsgerichtliche Verfahren (§. 464 der Civilprozeßordnung, §. 470 Abs. 1 des Entwurfs), den Vorsitzenden verpflichtet, auf sachdienliche Anträge hinzuwirken, und die Feststellung dieser Anträge durch das Sitzungsprotokoll vorschreibt. Der Beklagte ist danach nicht genöthigt, die Anträge gemäß §. 269 zu verlesen. Einen Antrag auf Abweisung der Klage schon im Vortermine zu stellen, wird er regelmäßig keinen Anlaß haben. Geschieht es dennoch, so gilt die Verhandlung als kontradiktorisch im Sinne der §§. 18, 19 des Gerichtskostengesetzes. Dagegen ist hierdurch eine Verhandlung zur Hauptsache mit den von der Civilprozeßordnung (§§. 39, 73, 73a, 241, 243, 247) vorgesehenen Wirkungen noch nicht gegeben. In eine solche geht vielmehr das Verfahren im Vortermin erst über, wenn gemäß §. 312d Abs. 1 zur Streitverhandlung geschritten wird.

§. 312d.

Soweit der Klageanspruch nicht auf dem im §. 312c bezeichneten Wege erledigt wird, mithin streitig bleibt, ist die Verhandlung über denselben der Regel nach erst in einem neuen Termine zulässig, mit dessen Verkündigung die Aufforderung zur Anwaltsbestellung (zu vergl. §. 193a, §. 312b Satz 2) zu verbinden ist (§. 312d Abs. 2).

Ausnahmsweise kann jedoch zufolge §. 312d Abs. 1 bereits im Vortermine selbst die Streitverhandlung stattfinden, bei der die Parteien nach Maßgabe des § 128 der Civilprozeßordnung ihre Anträge nicht blos stellen, sondern auch, soweit sie sich widersprechen, in Rede und Gegenrede begründen. Die nächste Voraussetzung hierfür ist selbstverständlich, daß auch der Beklagte durch einen Rechtsanwalt vertreten ist. Weiterhin wird die Zustimmung der Parteien erfordert, und zwar die des Beklagten darum, weil die kürzere Einlassungsfrist leicht die Vorbereitung der Rechtsvertheidigung beeinträchtigen kann. Endlich aber macht der Entwurf die sofortige Streitverhandlung davon abhängig, daß das Gericht sie für thunlich erachtet. Dem Gerichte wird damit die Möglichkeit gewahrt, sämmtliche Vortermine so zeitig anzusetzen, als es die Einlassungsfrist gestattet, demnächst aber diejenigen Sachen auszuscheiden, bei denen sich ergiebt, daß sie nicht verhandelt werden können, ohne die Erledigung der anderen Sachen zu beeinträchtigen. Uebrigens werden die Prozesse, für welche hiernach die Streitverhandlung hinausgeschoben wird, dadurch voraussichtlich eine Verzögerung nicht erleiden. Denn zufolge der Vorschrift des §. 194 der Civilprozeßordnung darf der Termin zur Streitverhandlung schon eine Woche nach dem Vortermine stattfinden. Außerdem aber wird der Vorsitzende vermöge der Uebersicht, die er aus den Erörterungen im Vortermine gewinnt, in der Lage sein, den Termin zur Streitverhandlung so zu bestimmen, daß sich ein angemessenes Ergebniß erwarten läßt.

§. 312e.

Wenn in dem Vortermine beide Parteien nicht erschienen sind sowie wenn die Verhandlung aus anderen Gründen nicht stattgefunden hat oder wenn sie nicht zu Ende geführt ist, liegt in der Regel kein Anlaß zu einem neuen Vortermine vor. Der Entwurf bestimmt deshalb, daß ein solcher nur auf übereinstimmenden Antrag der Parteien stattfindet.

§. 345.

Der §. 345 Abs. 2 des geltenden Gesetzes hat in Folge einer von der Reichstagskommission beschlossenen Aenderung (zu §. 334 Abs. 2 des damaligen Entwurfs) eine Fassung erhalten, welche der Absicht des Gesetzgebers nicht entspricht. In der Kommission bestanden nur Bedenken gegen die im Entwurfe vorgesehene Verdoppelung der gegen einen auf Ladung nicht erschienenen Zeugen ausgesprochenen Ungehorsamsstrafe im Falle des wiederholten Ausbleibens. Eine Straffreiheit in diesem Falle ist von keiner Seite angeregt worden und entbehrt auch des inneren Grundes. Sofern sie nach dem Wortlaute der geltenden Bestimmung dennoch eintreten kann, erscheint eine Richtigstellung in dem Sinne geboten, daß auch im Falle des wiederholten Ausbleibens des Zeugen seine Verurtheilung zu erfolgen hat.

§. 387.

Das Bürgerliche Gesetzbuch (§. 810) hat die privatrechtliche Verpflichtung zur Herausgabe einer Urkunde wesentlich erweitert. Wer ein rechtliches Interesse daran hat, eine in fremdem Besitze befindliche Urkunde einzusehen, kann von dem Besitzer die Gestattung der Einsicht verlangen, wenn die Urkunde in seinem Interesse errichtet oder in der Urkunde ein zwischen ihm und einem Anderen bestehendes Rechtsverhältniß beurkundet ist oder wenn die Urkunde Verhandlungen über ein Rechtsgeschäft enthält, die zwischen ihm und einem Anderen oder zwischen einem von beiden und einem gemeinschaftlichen Vermittler gepflogen worden sind. Diese Vorschrift stimmt in der Hauptsache mit der besonderen Bestimmung der bisherigen Nr. 2 des §. 387 überein, und die letztere wird damit entbehrlich. Der Entwurf kann sich daher auf den der bisherigen Nr. 1 entsprechenden Satz beschränken, daß der Gegner zur Vorlegung der Urkunde verpflichtet ist, wenn der Beweisführer nach den Vorschriften des bürgerlichen Rechtes die Herausgabe oder die Vorlegung der Urkunde verlangen kann. Neben dem §. 810 des Bürgerlichen Gesetzbuchs kommen hier noch diejenigen Vorschriften in Betracht, vermöge welcher auf Grund eines besonderen Rechtsverhältnisses (Eigenthum, Auftrag, Geschäftsführung, Gesellschaft u. s. w.) die Herausgabe einer Urkunde verlangt werden kann.

§. 391.

Die Aenderung des Abs. 3 ist durch die Erweiterung bedingt, die der §. 435 Abs. 2 der Civilprozeßordnung in dem Entwurf erfahren hat.

§. 430.

Nach dem geltenden Rechte wird, wenn der Schwurpflichtige in dem zur Eidesleistung bestimmten Termine nicht erscheint, die Verweigerung des Eides auf Antrag durch ein dem Einspruch unterliegendes Versäumnißurtheil festgestellt. Erst nachdem die Einspruchsfrist, welche mit der Zustellung des Urtheils beginnt, abgelaufen oder ein etwaiger Einspruch durch weiteres Urtheil verworfen ist, kann dem Verfahren Fortgang gegeben werden. Die Vorschrift wird von Seiten des Beklagten nicht selten zur Verschleppung des Prozesses benutzt, und mit Rücksicht hierauf ist für das Verfahren vor den Gewerbegerichten im §. 46 des Gesetzes vom 29. Juli 1890 das Versäumnißzwischenurtheil beseitigt worden. Diesem Vorgange folgt der Entwurf, indem er bestimmt, daß im Falle der Versäumniß des Schwurtermins auf Antrag der Eid als verweigert anzusehen und zur Hauptsache zu verhandeln ist.

§§. 430a bis 430c.

Als Ersatz für den Einspruch wird dem Schwurpflichtigen die Befugniß gewährt, nachträglich die Abnahme des Eides zu beantragen. Der Antrag kann zum Protokolle des Gerichtsschreibers erfolgen, unterliegt mithin (§. 74 Abs. 2) nicht dem Anwaltszwange. Er ist jedoch nur innerhalb der Nothfrist von einer Woche nach dem Termine zulässig und darf gemäß §. 430c bei nochmaliger Versäumung nicht wiederholt werden. Die letztere Vorschrift entspricht der Bestimmung des §. 310, welche den weiteren Einspruch gegen ein den Einspruch verwerfendes Versäumnißurtheil ausschließt. Im Falle einer unverschuldeten Versäumung der Antragsfrist kann der Schwurpflichtige, da es sich um eine Nothfrist handelt, nach Maßgabe der §§. 211 ff. die Wiedereinsetzung in den vorigen Stand beantragen.

Zufolge der Bestimmung des §. 430 ist, wenn der Eid gemäß dem vom Gegner gestellten Antrag als verweigert gilt, in dem Termine sofort zur Hauptsache zu verhandeln. Die auf Grund einer mündlichen Verhandlung ergehende Entscheidung ist aber, wenn es bei dem geltenden Rechte verbleibt, nach §. 281, §. 294 Abs. 2 spätestens eine Woche nach dem Termine zu verkünden. Andererseits ist bis zum Ende derselben Frist der Schwurpflichtige gemäß §. 430a in der Lage, nachträglich die Abnahme des Eides zu beantragen. Macht er von diesem Rechte Gebrauch, so müßte das inzwischen etwa erlassene Urtheil, soweit es auf der Annahme der Eidesverweigerung beruht, wieder aufgehoben werden. Um dieser Schwierigkeit zu begegnen, bestimmt der §. 430b Abs. 1 Satz 1 des Entwurfs, daß die Entscheidung in der Sache selbst stets in einem besonderen Termine zu verkünden und daß dieser Termin, abweichend von der Vorschrift des §. 281, über eine Woche hinaus anzusetzen ist. Für den Fall eines rechtzeitigen Antrags auf Eidesabnahme ist dieser Termin zugleich zur Eidesleistung und weiteren mündlichen Verhandlung bestimmt; selbstverständlich hat diese Vorschrift zur Folge, daß in dem Termin auch ein Versäumnißurtheil in der Hauptsache nach Maßgabe der §§. 295 ff. ergehen kann.

Führt die Verhandlung in dem Schwurtermine nicht zur Erlassung eines Urtheils oder eines Beweisbeschlusses, so ist nach §. 430b Abs. 1 Satz 2 der nächste Verhandlungstermin zugleich zur Eidesleistung bestimmt.

Die Bestimmungen des §. 430b Abs. 1 können nur Anwendung finden, wenn der Schwurtermin vor dem Prozeßgericht anberaumt ist. Für die Fälle, in denen die Abnahme des Eides einem Mitgliede des Prozeßgerichts oder einem anderen Gericht übertragen ist, trifft der Abs. 2 dahin Vorsorge, daß, wenn innerhalb der Nothfrist die Abnahme des Eides beantragt wird, zu diesem Zweck ein neuer Termin anzuberaumen ist.

Im

§. 431

muß es statt „Eidesform" zweifellos „Eidesnorm" heißen, was bei dieser Gelegenheit berichtigt worden ist.

§. 435.

Nach §. 435 Abs. 1 kann, wenn eine Partei nicht prozeßfähig ist, die Zuschiebung oder Zurückschiebung des Eides nur an ihren gesetzlichen Vertreter erfolgen. Das geltende Gesetz schränkt aber im §. 435 Abs. 2 die bezeichnete Regel dahin ein, daß Minderjährigen, welche das sechszehnte Lebensjahr vollendet haben, oder Verschwendern über Thatsachen, welche in Handlungen derselben bestehen oder Gegenstand ihrer Wahrnehmung gewesen sind, der Eid zugeschoben oder zurückgeschoben werden kann, sofern dies von dem Gericht auf Antrag des Gegners nach den Umständen des Falles für zulässig erklärt wird.

Nach dem Bürgerlichen Gesetzbuche §. 114 stehen den wegen Verschwendung Entmündigten in Ansehung der Geschäftsfähigkeit solche Volljährige gleich, die wegen Geistesschwäche oder Trunksucht entmündigt oder die unter vorläufige Vormundschaft gestellt sind. Daraus in Verbindung mit dem §. 51 Abs. 1 der Civilprozeßordnung folgt, daß sie ebensowenig prozeßfähig sind, wie die wegen Verschwendung Entmündigten. Weiterhin werden aber gemäß §. 51a des Entwurfs prozeßfähige Personen, die im Rechtsstreite durch einen Pfleger vertreten sind, als nicht prozeßfähig behandelt.

Die genannten Personen sind gegenwärtig im Allgemeinen eidesfähig, und hierbei muß es auch vom Standpunkte des künftigen Rechtes in der Weise verbleiben, daß sie, wie in anderen Beziehungen, so auch hinsichtlich der Eidesfähigkeit den wegen Verschwendung Entmündigten gleichgestellt werden. Zu diesem Zwecke sind jedoch mit Rücksicht auf die bezeichnete Lage der Gesetzgebung ausdrückliche Bestimmungen erforderlich, wie sie der Entwurf in §. 435 Abs. 2 und 3 trifft. Wenn er dabei dem unter vorläufige Vormundschaft Gestellten die Eidesfähigkeit für den Fall schlechthin entzieht, daß gegen ihn die Entmündigung wegen Geisteskrankheit beantragt ist (Abs. 3), so erscheint diese Ausnahme um deswillen gerechtfertigt, weil hier mit der Möglichkeit gerechnet werden muß, daß der Betreffende in der That geisteskrank ist.

Der

§. 449a

erweitert mit Rücksicht auf die Bedürfnisse des Rechtsverkehrs die Vorschriften der Civilprozeßordnung über die Sicherung des Beweises, indem er für eine Reihe von Fällen die Beweisaufnahme auch dann zuläßt, wenn weder zu besorgen ist, daß das Beweismittel verloren oder die Benutzung desselben erschwert werde (§. 447), noch die Zustimmung des Gegners vorliegt (§. 450).

Der Entwurf gewährt die Befugniß zur Stellung des Antrags zunächst für den Fall, daß Mängel einer Sache oder eines Werkes festzustellen sind, aus denen ein Recht gegen den

Gegner hergeleitet werden soll. Diese Befugniß ist von besonderer Wichtigkeit gegenüber den Vorschriften des Bürgerlichen Gesetzbuchs, nach welchen der Erwerber einer Sache in der Lage ist, durch den Antrag auf gerichtliche Beweisaufnahme zur Sicherung des Beweises die Verjährung der Ansprüche wegen eines Mangels der Sache zu unterbrechen (§§. 477, 493, §. 524 Abs. 2 Satz 3), sich die aus dem Mangel entspringenden Einreden zu erhalten (§§. 478, 479) oder beim Viehhandel die ihm wegen eines Hauptmangels zustehenden Rechte zu wahren (§. 485). Nicht minder gehören hierher die Vorschriften, welche das Bürgerliche Gesetzbuch (§. 639) hinsichtlich der wegen des Mangels eines Werkes dem Besteller zustehenden Ansprüche trifft. Andererseits wird die entsprechende Befugniß dem Veräußerer einer Sache oder dem Unternehmer eines Werkes für den Fall eingeräumt, daß der Erwerber dem Veräußerer oder der Besteller dem Unternehmer einen Mangel angezeigt hat, desgleichen für den Fall, daß von dem Erwerber die Annahme der Sache oder von dem Besteller die Abnahme des Werkes wegen Mangelhaftigkeit abgelehnt worden ist.

Soweit nach den Vorschriften des Handelsgesetzbuchs (zu vergl. §. 388, §. 407 Abs. 2, §. 417 Abs. 1, §. 438 Abs. 3) ein Kommissionär, Spediteur, Lagerhalter oder Frachtführer für den Beweis des Zustandes eines Gutes zu sorgen verpflichtet ist, wird durch die Interessen des Verkehrs die gleiche Erleichterung gefordert, und der Entwurf dehnt daher die in Frage stehende Befugniß auf die bezeichneten Fälle aus.

§. 462.

Die Vorschrift des §. 462 dehnt der Entwurf auf die Fälle der Zurücknahme der Klage und des Einspruchs (zu vergl. §. 243 Abs. 2, §. 311 in Verbindung mit §. 476 Abs. 2) aus, da kein Grund besteht, hier den Parteien die Hülfe des Gerichtsschreibers zu versagen.

§. 470.

Die geltenden Vorschriften über die Protokollirung im amtsgerichtlichen Verfahren haben sich Angesichts des Umstandes, daß vorbereitende Schriftsätze häufig überhaupt nicht gewechselt werden, als unzureichend erwiesen. Oft ist aus dem Protokolle nicht einmal ersichtlich, ob eine kontradiktorische mündliche Verhandlung stattgefunden hat. In Folge dessen fehlt es dann namentlich bei einem Wechsel in der Person des Richters an jedem Anhalte für die Feststellung des Ergebnisses der früheren Termine. Hiernach erscheint der von vielen Seiten geäußerte Wunsch, es mögen die Anträge und Erklärungen der Parteien in größerem Umfang als bisher durch Protokollirung festgehalten werden, berechtigt, und der Entwurf kommt diesem Wunsche insoweit entgegen, als es ohne wesentliche Gefährdung der Mündlichkeit und ohne übermäßige Belastung des Richters möglich ist.

Das geltende Gesetz (§. 470 Abs. 2) bestimmt, daß Geständnisse sowie die Erklärungen über Annahme oder Zurückschiebung zugeschobener Eide auf Antrag durch das Protokoll festzustellen sind. Ein solcher Antrag wird indessen von den Parteien, die nicht durch Anwälte vertreten sind, selten gestellt, da sie die Bedeutung der fraglichen Geständnisse und Erklärungen in der Regel nicht zu würdigen vermögen. Demgegenüber schreibt der Entwurf im Abs. 1 vor, daß nicht nur diese Geständnisse und Erklärungen, sondern auch alle Anträge der Parteien (zu vergl. §. 128 Abs. 1) von Amtswegen durch das Sitzungsprotokoll festgestellt werden sollen. Sind die Anträge, Geständnisse und Erklärungen schon in vorbereitenden Schriftsätzen enthalten, so ist eine wiederholte Niederschrift in dem Protokoll oder einer Anlage (§. 146 Abs. 2) überflüssig. Für diesen Fall soll es daher genügen, wenn das Protokoll auf den Inhalt jener Schriftsätze verweist.

Hinsichtlich der nicht unter die Vorschrift des Abs. 1 fallenden Erklärungen einer Partei beläßt es der Entwurf (§. 470 Abs. 2) bei dem im Abs. 1 des bisherigen §. 470 ausgesprochenen Grundsatze, daß die Feststellung im Protokolle von dem Ermessen des Gerichts abhängt. Jedoch weist er darauf hin, daß der Richter, wenn er die Feststellung für erforderlich erachtet, sie bei dem Schlusse der mündlichen Verhandlung, in welcher die Erklärung erfolgt, zu bewirken hat, und nicht erst bei dem Schlusse der Verhandlung, auf welche das Urtheil oder ein Beweisbeschluß ergeht.

§. 489.

Die Vorschrift des §. 235a, nach welcher in der ersten Instanz eine Aenderung der Klage auch ohne Einwilligung des Beklagten möglich ist, läßt sich auf das Verfahren vor dem Berufungsgerichte nicht ausdehnen. Es geht nicht an, die Rechtslage des Beklagten dadurch zu beeinträchtigen, daß ihm wider seinen Willen eine Instanz entzogen wird. Wohl aber kann, abweichend von dem geltenden Rechte, die Klagänderung wenigstens dann zugelassen werden, wenn der Beklagte einwilligt. Das öffentliche Interesse an der Ordnung des Instanzenzugs hat in diesem Falle gegen den übereinstimmenden Wunsch der Parteien, die Sache in dem anhängigen Rechtsstreite zum Austrag zu bringen, unbedenklich zurückzutreten.

§. 491.

Wird für die Berufungsinstanz die Klagänderung im Falle der Einwilligung des Gegners gestattet, so muß der gleiche Grundsatz auch hinsichtlich der Erhebung neuer Ansprüche und hinsichtlich der Aufrechnung einer Gegenforderung maßgebend sein; hiervon abgesehen aber kann, wie bisher, die Geltendmachung der Aufrechnung nur zugelassen werden, wenn der Beklagte glaubhaft macht, daß er ohne sein Verschulden außer Stande gewesen ist, die Aufrechnung in erster Instanz geltend zu machen. In diesem Sinne regelt der Entwurf (§. 491 Abs. 2, Abs. 3 Satz 1) die bezeichneten Fragen. Die Zurückweisung des die Aufrechnung betreffenden Einwandes darf, entsprechend den Vorschriften der §§. 136, 274, nur in der Weise erfolgen, daß das Urtheil unter Vorbehalt der Geltendmachung des Einwandes ergeht; wird aber das Urtheil im Nachverfahren aufgehoben, so ist in billiger Berücksichtigung der Lage des Klägers der Anspruch des Beklagten, abweichend von dem §. 274, dahin zu begrenzen, daß er lediglich die Erstattung des von ihm auf Grund des Urtheils Gezahlten oder Geleisteten nach Maßgabe der Vorschriften über die ungerechtfertigte Bereicherung verlangen darf. Hierauf bezieht sich der §. 491 Abs. 3 Satz 2 des Entwurfs

§. 500.

Nach §. 500 Nr. 3 der Civilprozeßordnung hat das Berufungsgericht die Sache, insofern eine weitere Verhandlung derselben erforderlich ist, an das Gericht erster Instanz zurückzuverweisen, wenn im Falle eines nach Grund und Betrag streitigen Anspruchs durch das angefochtene Urtheil über den Grund des Anspruchs vorab entschieden ist. Wie im Einklang mit der Rechtsprechung des Reichsgerichts in der Praxis allgemein angenommen wird, findet die Vorschrift, wenn der erste Richter den Anspruch dem Grunde nach für nicht gerechtfertigt erklärt und deshalb die Klage abgewiesen hat, keine

Anwendung, weil alsdann eine Entscheidung im Sinne des §. 276 nicht vorliegt. In Folge dessen muß der Berufungsrichter, wenn er im Widerspruche mit dem ersten Richter den Anspruch für begründet hält, auch über den Betrag erkennen. Hierdurch wird aber der Zweck des §. 500 vereitelt, wonach über den gesammten Prozeßstoff zunächst in erster Instanz entschieden werden soll. Die Nr. 3 des §. 500 hat daher im Entwurf eine entsprechende Ergänzung erfahren.

§. 503.

Gemäß §. 252 der Civilprozeßordnung können Vertheidigungsmittel, welche der Beklagte nachträglich vorbringt, auf Antrag zurückgewiesen werden, wenn durch deren Zulassung die Erledigung des Rechtsstreits verzögert werden würde und das Gericht die Ueberzeugung gewinnt, daß der Beklagte in der Absicht, den Prozeß zu verschleppen, oder aus grober Nachlässigkeit die Vertheidigungsmittel nicht früher vorgebracht hat. Werden auf Grund dieser Vorschrift Vertheidigungsmittel in der Berufungsinstanz zurückgewiesen, so ist zufolge §. 502 dem Beklagten ihre Geltendmachung in einem weitere Denkschrift über den Entwurf des Gesetzes zur Civilprozeßordnung ꝛc. e Verfahren zur Aufhebung des zunächst ergangenen Urtheils, so ist nach §. 503 Abs. 2 der Kläger auf Antrag zur Erstattung des vom Beklagten auf Grund jenes Urtheils Gezahlten oder Geleisteten zu verurtheilen.

Im Anschlusse hieran bestimmt der Entwurf (§. 503 Abs. 2 Satz 2) die Art und den Umfang der Erstattungspflicht näher dahin, daß die Vorschriften über die Herausgabe einer ungerechtfertigten Bereicherung (Bürgerliches Gesetzbuch §. 818) zur Anwendung kommen sollen. Dies ist eine Abweichung von dem in anderen Vorschriften des Entwurfs (§§. 274, 563, 655, 822a) zur Geltung gebrachten Grundsatze, daß der Gläubiger, wenn eine zu seinen Gunsten ergangene Entscheidung sich nachträglich als ungerechtfertigt erweist, den Schaden zu ersetzen hat, welcher dem Schuldner aus der Vollstreckung oder einer zu deren Abwendung bewirkten Leistung erwachsen ist. Die Abweichung rechtfertigt sich aber im vorliegenden Falle durch die Erwägung, daß lediglich das schuldhafte Verhalten des Beklagten die Ursache der Zurückweisung seiner Vertheidigungsmittel ist.

Auf der anderen Seite muß immerhin der Kläger von vornherein mit der Möglichkeit rechnen, daß auf Grund der dem Beklagten vorbehaltenen Vertheidigungsmittel das frühere Urtheil wieder aufgehoben wird. Dieser Sachlage entspricht es, wenn für die Fälle, in denen der Antrag auf Erstattung bereits im Nachverfahren gestellt ist, die prozessualischen Wirkungen der Rechtshängigkeit des Erstattungsanspruchs (§. 235 der Civilprozeßordnung) auf den Zeitpunkt zurückbezogen werden, in welchem der Beklagte die Zahlung oder Leistung an den Kläger bewirkt hat. Unter allen Umständen aber, also auch wenn jener Antrag nicht gestellt ist, erscheint es billig, daß die durch die Vorschriften des bürgerlichen Rechtes an die Rechtshängigkeit geknüpften Wirkungen, insbesondere die Steigerung der Haftung (Bürgerliches Gesetzbuch §§. 291, 292) schon mit dem bezeichneten Zeitpunkt einzutreten hat. Der Entwurf enthält im §. 503 Abs. 2 Satz 3 die erforderlichen Bestimmungen.

§. 508.

Die umfassenden Aufgaben, die mit dem Inkrafttreten des Bürgerlichen Gesetzbuchs dem Reichsgerichte neu zuwachsen, machen es unbedingt nothwendig, auf eine Entlastung desselben durch Einschränkung der Revisionen Bedacht zu nehmen. Schon jetzt sind die bestehenden sechs Civilsenate kaum im Stande, die ihnen obliegenden, seit einer Reihe von Jahren in der Zunahme begriffenen Geschäfte zu bewältigen. Mit Einführung des Bürgerlichen Gesetzbuchs wird aber die Zahl der Revisionen noch eine erhebliche Steigerung erfahren, und zwar nicht nur vorübergehend in Folge des Hervortretens zahlreicher neuer Streitfragen, sondern auch dauernd in Folge der außerordentlichen Einschränkung, welche durch die Umgestaltung des bürgerlichen Rechtes der Kreis derjenigen Vorschriften erfährt, die entweder der Revision überhaupt entzogen sind (zu vergl. §. 511 der Civilprozeßordnung und §. 6 des Einführungsgesetzes zur Civilprozeßordnung) oder doch nicht die Zuständigkeit des Reichsgerichts für die Verhandlung und Entscheidung über das Rechtsmittel der Revision begründen (zu vergl. §. 8 des Einführungsgesetzes zum Gerichtsverfassungsgesetz in Verbindung mit Art. 6 des Einführungsgesetzes zum Bürgerlichen Gesetzbuche).

Angesichts dieser Erweiterung der Geschäfte müßte die Zahl der Civilsenate in einem Maße vermehrt werden, das nicht nur die Besetzung des höchsten Gerichtshofs mit hervorragenden Juristen erschweren, sondern auch die Einheitlichkeit der Rechtsprechung ernstlich gefährden würde. Allerdings ist im §. 137 des Gerichtsverfassungsgesetzes eine Einrichtung geschaffen, welche bestimmt ist, widersprechende Entscheidungen verschiedener Senate zu verhindern. Allein diese Einrichtung leidet schon bei dem jetzigen Umfange des Kollegiums an einer Schwerfälligkeit, durch welche ihre Wirksamkeit beeinträchtigt wird. Jedenfalls würden die vereinigten Senate bei einer erheblichen Vermehrung ihrer Mitglieder nicht mehr in der Lage sein, die ihnen zugewiesene Thätigkeit in einer der Absicht des Gesetzes entsprechenden Weise auszuüben. Könnte aber auf die Einheitlichkeit der Rechtsprechung in dem Gerichtshofe nicht mehr gerechnet werden, dann müßte die Autorität des höchsten Gerichts bedenklichen Abbruch erleiden und damit würde seine Stellung im nationalen wie im internationalen Rechtsleben einer schweren Erschütterung ausgesetzt sein.

Ist es hiernach nicht zu vermeiden, daß die Zulässigkeit der Revision eingeschränkt wird, so fragt es sich nur, auf welchem Wege dies am zweckmäßigsten zu erreichen ist. Die Ausschließung des Rechtsmittels für diejenigen Fälle, in denen zwei gleichlautende Instanzentscheidungen vorliegen, hat seiner Zeit bei der Berathung der Civilprozeßordnung nicht die Zustimmung des Reichstags gefunden, und zwar aus Gründen, deren Bedeutung sich nicht erkennen läßt. Sie vermöchte überdies, wie neuerdings angestellte Erhebungen ergeben haben, eine Verminderung der Revisionen nur herbeizuführen, wenn gleichzeitig das Erforderniß einer Revisionssumme beibehalten würde.

Dagegen wird eine Erhöhung der Revisionssumme keine entscheidenden Bedenken hervorrufen können. Diese rechtfertigt sich bis zu einem gewissen Grade schon durch die im Laufe der Zeit eingetretene Verminderung des Geldwerths.

Im Uebrigen geht bereits das geltende Gesetz, indem es für die große Mehrzahl der Prozesse den Parteien die dritte Instanz verschließt, davon aus, daß zur Rechtsfindung an sich zwei Instanzen genügen. In der That hat vom Standpunkte der Civilprozeßordnung das Rechtsmittel der Revision an erster Stelle die Aufgabe, eine einheitliche Rechtsprechung sicher zu stellen; dieser Zweck aber wird durch die Erhöhung der Revisionssumme nicht beeinträchtigt, weil auch so noch die in den landgerichtlichen Prozessen sich ergebenden Streitfragen mit der Zeit sämmtlich zur Entscheidung des Reichsgerichts gelangen werden.

Der Entwurf setzt die Revisionssumme auf dreitausend Mark fest. Nach den auf Veranlassung der Reichsjustizverwaltung vorgenommenen Erhebungen*) würde damit die Zahl der Revisionsurtheile des Reichsgerichts sich rechnungsmäßig um etwa 35 Prozent vermindern. Diese Berechnung ist allerdings insofern nicht zuverlässig, als hierbei diejenigen Prozesse mitgezählt werden mußten, in denen ein Anspruch höheren Werthes in Frage stand, jedoch behufs Kostenersparung nur ein die jetzige Revisionssumme gerade erreichender Theil eingeklagt worden ist. Außerdem kommt in Betracht, daß die Abschätzung des Werthes des Beschwerdegegenstandes, soweit er nicht zahlenmäßig feststeht, wesentlich durch die Angaben der Parteien beeinflußt und daher oft der Höhe der Revisionssumme angepaßt wird. Darnach ist nicht zu erwarten, daß die vorgeschlagene Abgrenzung mehr als eine eben ausreichende Erleichterung der Geschäftslast zur Folge haben wird.

§§. 528 bis 528 b.

Nach den geltenden Vorschriften ist die Thätigkeit des Revisionsgerichts auf die rechtliche Beurtheilung der in dem angefochtenen Urtheile festgestellten Thatsachen beschränkt. Führt diese zu einer Aufhebung des Urtheils, so ist die Sache regelmäßig zur anderweiten Verhandlung und Entscheidung an das Berufungsgericht zurückzuverweisen. Hieraus ergiebt sich eine erhebliche Verlängerung des Prozesses, und die Parteien fühlen sich durch diesen Mißstand namentlich dann empfindlich beeinträchtigt, wenn es in demselben Rechtsstreite zu einer wiederholten Aufhebung und Zurückverweisung kommt. Von verschiedenen Seiten wird daher eine Aenderung des Gesetzes befürwortet. Diese kann allerdings nicht darin bestehen, daß das Revisionsgericht einfach zur Entscheidung in der Sache

*) Während der Monate Februar und März 1895 sind in bürgerlichen Rechtsstreitigkeiten, welche vor die ordentlichen Gerichte gehörten, vom Reichsgericht in der Revisionsinstanz 455
Urtheile verkündet. Hiervon betrafen 405
Urtheile solche Fälle, in denen die Zulässigkeit der Revision durch den Werth des Beschwerdegegenstandes bedingt war (zu vergl. Civilprozeßordnung §. 508 Abs. 1, §. 509). Von letzteren Urtheilen betrafen 244
einen Beschwerdegegenstand, dessen Werth den Betrag von 3000 M. überstieg, ... 161
einen Beschwerdegegenstand im Werthe von 3000 M. oder weniger.

selbst verpflichtet wird. Dagegen sprechen schon die Erwägungen, welche für die vom Entwurf (§. 528b Abs. 2) übernommene Vorschrift des §. 528 Abs. 4 der Civilprozeßordnung maßgebend gewesen sind. Auch abgesehen hiervon würde eine solche Regelung mit der Natur des Rechtsmittels und der Stellung des Reichsgerichts nicht vereinbar sein und überdies eine Vermehrung der Geschäftslast herbeiführen, welche geeignet wäre, die Erreichung des Zweckes, den die Erhöhung der Revisionssumme verfolgt, wieder in Frage zu stellen. Wohl aber erscheint es angängig, auf eine Milderung der vorhandenen Unzuträglichkeiten in der Weise hinzuwirken, daß dem Revisionsgerichte für geeignete Fälle die Befugniß gewährt wird, von einer Zurückverweisung an das Berufungsgericht abzusehen. Demgemäß bestimmt der §. 528a, daß das Revisionsgericht in der Sache selbst entscheiden kann, wenn es einer Beweisaufnahme vor der Endentscheidung nicht bedarf. Die sonst gegenüber dem bisherigen §. 528 vorgenommenen Aenderungen sind lediglich eine Folge dieser Einschaltung.

§. 529.

Das Revisionsgericht tritt, wenn es bei Aufhebung des Berufungsurtheils von der im §. 528a bezeichneten Befugniß Gebrauch macht, für die anderweite Verhandlung und Entscheidung an die Stelle des Berufungsgerichts. Insoweit müssen daher die das Verfahren der Berufungsinstanz betreffenden Vorschriften in vollem Umfang entsprechende Anwendung finden, nur die im §. 525 vorgesehene, der Aufgabe des Reichsgerichts entsprechende Beschränkung ist auch hier festzuhalten, daß die Entscheidung des Berufungsgerichts in Betreff der Gesetze, auf deren Verletzung die Revision nicht gestützt werden kann, für die auf die Revision ergehende Entscheidung maßgebend ist. Die hieraus sich ergebenden Bestimmungen bilden den Inhalt des §. 529 Abs. 2.

§§. 530, 531.

Der Umfang der Geschäfte, die dem Reichsgericht und den Oberlandesgerichten durch die Entscheidungen in der Beschwerdeinstanz gegenwärtig erwachsen, steht in keinem Verhältnisse zu der geringen Bedeutung, welche den betreffenden Sachen in der Regel beiwohnt. Namentlich auf dem Gebiete des Kostenwesens handelt es sich hier meist um geringfügige Beträge und um einfachere Fragen, welche zudem durch die Rechtsprechung jetzt im Allgemeinen geklärt sind. Der Entwurf sieht deshalb für die Anfechtung der Entscheidungen in Betreff der Prozeßkosten (zu vergl. §. 94 Abs. 2, §. 97a Abs. 1, §. 99 Abs. 3, §. 100a Abs. 3) eine Beschwerdesumme vor, und zwar setzt er diese Summe für die Beschwerde gegen die Entscheidungen der Oberlandesgerichte, gleichviel ob sie in erster oder zweiter Instanz ergehen, auf einhundert Mark, für die Anfechtung der in der Beschwerdeinstanz von den Landgerichten erlassenen Entscheidungen auf fünfzig Mark fest (§. 530 Abs. 2, §. 531 Abs. 3). Dagegen soll es in Betreff der Beschwerde gegen die von den Amtsgerichten und die in erster Instanz von den Landgerichten getroffenen Entscheidungen bei dem geltenden Rechte verbleiben. In gleicher Weise wird die Anfechtung der auf Grund der Kostengesetze zu erlassenden Entscheidungen in dem Entwurf eines Einführungsgesetzes (Art. IV, Nr. 1, 4, 14b, 15, Art. VI, Art. VII Nr. 1 geregelt.

Eine fernere Einschränkung in dieser Richtung will der Entwurf dadurch erreichen, daß er (§. 531 Abs. 4) ein Rechtsmittel ausschließt, welches auf dem Gebiete des Civilprozesses von der Rechtsprechung für zulässig erachtet wird, sonst aber den Reichsprozeßgesetzen fremd ist, nämlich die weitere Beschwerde gegen die auf eine weitere Beschwerde ergangenen Entscheidungen der Oberlandesgerichte. Bedenken werden hiergegen nicht zu erheben sein. Das Reichsgericht gelangt auch jetzt in den fraglichen Fällen nur selten zu einer sachlichen Entscheidung, muß vielmehr in der Regel zufolge des §. 531 Abs. 2 der Civilprozeßordnung die weitere Beschwerde wegen des Mangels eines neuen selbständigen Beschwerdegrundes als unzulässig verwerfen.

§. 535.

Wegen der Zusätze im Abs. 1 darf auf die Begründung zu §§. 101a, 599a des Entwufs verwiesen werden.

§. 536.

Nach §. 536 Abs. 2 der Civilprozeßordnung kann, wenn das Beschwerdegericht eine schriftliche Erklärung anordnet, dieselbe in den Fällen, in welchen die Beschwerde zum Protokolle des Gerichtsschreibers eingelegt werden darf (§. 532 Abs. 2), zum Protokolle des Gerichtsschreibers abgegeben werden. Gemäß §. 74 Abs. 2 findet daher hier die Vorschrift des §. 74 Abs. 1 keine Anwendung. In den übrigen Fällen muß jedoch die fragliche Erklärung durch einen bei dem Beschwerdegerichte zugelassenen Anwalt unterzeichnet sein. In Folge dessen ist die Partei unter Umständen genöthigt, einen solchen Anwalt lediglich zu diesem Zwecke zu bevollmächtigen. Die hiermit verbundenen Weiterungen stehen häufig in keinem Verhältnisse zu der Bedeutung der Beschwerde. Dies würde sich nach dem Entwurfe namentlich auch in dem Falle des §. 94 Abs. 2 empfindlich fühlbar machen, zumal hier die Anhörung des Gegners vor der Entscheidung über die Beschwerde vorgeschrieben ist. Mit Rücksicht hierauf gestattet der Entwurf im §. 536 Abs. 2, daß die vom Beschwerdegericht angeordnete schriftliche Erklärung durch einen Anwalt abgegeben wird, der bei dem Gerichte zugelassen ist, von welchem oder von dessen Vorsitzenden die angefochtene Entscheidung erlassen ist. In Ansehung der mündlichen Verhandlung über die Beschwerde verbleibt es dagegen bei den geltenden Vorschriften.

§. 540.

Für die Fälle der sofortigen Beschwerde bestimmt, abweichend von der allgemeinen Vorschrift des §. 534, der §. 540 Abs. 3, daß das Gericht zu seiner Abänderung seiner durch Beschwerde angegriffenen Verfügung nicht befugt ist. Dies gilt namentlich auch für den Kostenfestsetzungsbeschluß, da er nach §. 99 Abs. 3 der sofortigen Beschwerde unterliegt. Hier kommt häufig der Fall vor, daß einzelne Posten durch den Beschluß gestrichen, demnächst aber mittelst Beibringung der erforderlichen Belege als zweifellos erstattungsfähig nachgewiesen werden. In einem solchen Falle führt es lediglich zu unnöthigen Kosten und Weiterungen, wenn das Gericht erster Instanz die Abänderung nicht selbst vornehmen darf, sondern sie dem Beschwerdegericht überlassen muß. Auf Grund von Anregungen aus der Praxis soll daher für den Kostenfestsetzungsbeschluß die Anwendbarkeit des §. 540 Abs. 3 ausgeschlossen werden. Das Gleiche muß für die gemäß §. 97a Abs. 1 im Urtheil erfolgende Kostenfestsetzung gelten. Für die übrigen Fälle stellt die neue Fassung des §. 540 Abs. 3 behufs Beseitigung in der Praxis aufgetretener Zweifel klar, daß das Gericht seine Verfügung auch vor Einlegung der sofortigen Beschwerde nicht abändern darf.

§. 555.

Bereits in der Begründung zu §. 531 des Entwurfs der Civilprozeßordnung (Reichstagsverhandlungen 1874/75 Bd. 3 S. 535) ist der praktische Werth hervorgehoben, den der Urkundenprozeß für die hypothekarische Schuldklage gegen den dritten Besitzer des Pfandgrundstücks hat. Gleichwohl besteht gegenwärtig gerade nach dieser Richtung Streit. Um gegenüber den Vorschriften des Bürgerlichen Gesetzbuchs (zu vergl. die §§. 1113, 1147, 1191, 1192, 1199, 1200) ähnliche Zweifel auszuschließen, bestimmt der Entwurf (§. 555 Satz 2), daß auch der Anspruch aus einer Hypothek, einer Grundschuld oder einer Rentenschuld zu den Ansprüchen gehört, welche im Urkundenprozesse geltend gemacht werden können.

Eine entsprechende Bestimmung ist für das Mahnverfahren (§. 628 Abs. 1) sowie hinsichtlich der vollstreckbaren Urkunden (§. 702 Nr. 5) vorgesehen.

§. 557a.

Von der Festsetzung einer kürzeren Einlassungsfrist für die vor die Landgerichte gehörenden Urkundenprozesse hat die Civilprozeßordnung mit Rücksicht auf die Vorschrift des §. 204 abgesehen, welche allgemein auf Antrag die Abkürzung der Einlassungsfrist durch den Vorsitzenden zuläßt. Von der fraglichen Befugniß wird indessen nicht immer der erforderliche Gebrauch gemacht, und hierunter leidet die praktische Verwerthbarkeit des Urkundenprozesses. Um diesen Mißstand zu beseitigen, setzt der Entwurf für das Verfahren in erster Instanz die Einlassungsfrist auf zwei Wochen fest; danach kann die Zulassung eines Vortermins, der sich ohnhin für den Urkundenprozeß wenig eignen würde, nicht in Frage kommen. Die Interessen des Beklagten werden durch die Verkürzung der Einlassungsfrist nicht gefährdet. Um die Vertheidigung vorzubereiten, erscheint bei den engen Grenzen, die ihr das Gesetz im Urkundenprozesse zieht, stets ein Zeitraum von zwei Wochen ausreichend.

§. 563.

Führt das Nachverfahren im Urkundenprozesse zur Aufhebung des früheren Urtheils, so ist die Rechtslage dieselbe, wie in dem Falle, daß ein unter Vorbehalt der Entscheidung über die Aufrechnung ergangenes Urtheil später gemäß §. 274 Abs. 4 des Entwurfs wieder beseitigt wird. Der Abs. 2 des §. 563 bringt deshalb die für den bezeichneten Fall geltenden Vorschriften auch hier zur Anwendung. Damit ist namentlich die bisher streitige Frage, ob in dem Nachverfahren des §. 563 der Anspruch auf Schadensersatz in vollem Umfange geltend gemacht werden kann, bejahend entschieden.

§. 567.

Nach der bisherigen Fassung des §. 567 Abs. 2 beträgt, wenn die Klage an einem zum Bezirke des Gerichts gehörenden Orte zugestellt wird, der nicht zugleich der Sitz des Gerichts ist, die Einlassungsfrist stets drei Tage. Für die vor dem Landgericht erhobenen Klagen gilt mithin die dreitägige Einlassungsfrist auch dann, wenn die Zustellung außerhalb des Amtsgerichtsbezirks, in welchem das Prozeßgericht seinen Sitz hat, erfolgt, sofern nur der Ort der Zustellung noch dem Landgerichtsbezirk angehört. Dagegen steht, falls die Klage unter denselben Umständen bei dem Amtsgericht angestellt ist, eine Einlassungsfrist von einer Woche offen. Diese der Absicht des Gesetzes offenbar widersprechende Verschiedenheit will der Entwurf beseitigen, indem er die dreitägige Einlassungsfrist allgemein auf die innerhalb des Landgerichtsbezirks, in dem das Prozeßgericht seinen Sitz hat, zugestellten Klagen ausdehnt.

Die Ladungsfrist bestimmt sich im Wechselprozesse gegenwärtig nach den allgemeinen Vorschriften des §. 194 und ist daher häufig von längerer Dauer als die Einlassungsfrist. Dies wird in der Praxis mit Recht als Mißstand empfunden. Der Entwurf stellt daher im §. 567 Abs. 2 Satz 2 die Dauer der Ladungsfrist, soweit sie nicht nach den allgemeinen Bestimmungen kürzer ist, als die Einlassungsfrist, der Dauer der letzteren gleich. Selbstverständlich ist dabei für die Dauer der Ladungsfrist nicht der Ort entscheidend, an welchem eine spätere Ladung zugestellt wird, sondern der Ort, an welchem die Klage zugestellt ist.

In der Praxis wird überwiegend angenommen, daß für die höheren Instanzen nicht die kürzeren Fristen des §. 567 Abs. 2 gelten, sondern lediglich die allgemeinen Vorschriften der §§. 481, 517 maßgebend sind. Das Bedürfniß einer schleunigen Verhandlung und Entscheidung des Rechtsstreits ist indessen auch hier, und zwar sowohl vom Standpunkte des abgewiesenen Klägers, als von dem des verurtheilten Beklagten, vorhanden. Der Entwurf bestimmt deshalb in dem neuen Abs. 3 des §. 567, daß auf das Verfahren in den höheren Instanzen die Vorschriften des Abs. 2 entsprechende Anwendung finden.

§. 567a.

Den Betrag der in den Art. 50, 51, 53 der Wechselordnung bezeichneten Nebenforderungen kann der Kläger häufig mit den im Urkundenprozesse zulässigen Beweismitteln (§. 555,

§. 558 Abs. 2, zu vergl. auch §. 410) nicht begründen. Allerdings geht die Praxis häufig über diesen Mangel hinweg; das Gesetz bietet indessen für eine freiere Behandlung solcher Forderungen keinen Anhalt. Der Entwurf sucht dadurch Abhülfe zu schaffen, dass er hier eine Glaubhaftmachung für genügend erklärt. Da nur verhältnißmäßig geringe Beträge in Frage kommen können, die in annähernd gleicher Höhe bei den meisten Wechselprozessen wiederkehren, ist auch bei einer weniger strengen Prüfung eine Schädigung des Beklagten nicht zu befürchten. Andererseits kann die Glaubhaftmachung eine Verzögerung des Prozesses nicht herbeiführen, sofern die Beweisaufnahme zwar den sonst für den Urkundenprozeß geltenden Beschränkungen nicht unterliegt, aber nur insoweit statthaft ist, als sie sofort erfolgen kann (§. 266 der Civilprozeßordnung).

§. 568.

Im Abs. 1 ist ebenso, wie an anderen Stellen (zu vergl. §§. 570, 575, 576, 582) die Fassung mit den Vorschriften des Bürgerlichen Gesetzbuchs über die Richtigkeit (§§. 1323 ff.), Anfechtung (§§. 1330 ff.) und Scheidung einer Ehe (§§. 1564 ff.) in Einklang gebracht. Sodann werden, entsprechend dem allgemeinen Standpunkte der Civilprozeßordnung, daß das Rechtsverhältniß der Ehe der Verfügung der Parteien entzogen sein muß, auch die Rechtsstreitigkeiten, welche die Feststellung des Bestehens oder Nichtbestehens einer Ehe zwischen ihnen zum Gegenstande haben, ausdrücklich den Vorschriften über das Verfahren in Ehesachen unterstellt.

Das Einführungsgesetz zum Bürgerlichen Gesetzbuche geht von dem Grundsatz aus, daß in Ansehung der Ehe für Reichsangehörige und unter Umständen für frühere Reichsangehörige auch im Auslande das deutsche bürgerliche Recht maßgebend ist. Um die Anwendung des deutschen Rechtes zu sichern, muß den Betheiligten für alle hierher gehörigen Fälle ein inländischer Gerichtsstand eröffnet werden. Eine solche Regelung ist auch um deswillen geboten, weil durch die Gesetzgebung des Auslandes vielfach die Mitwirkung der dortigen Gerichte in Ehestreitigkeiten Deutscher, sei es überhaupt, sei es für gewisse Arten von Sachen, insbesondere für Scheidungsklagen, ausgeschlossen ist. Demzufolge bestimmt der Entwurf im §. 568 Abs. 2 Satz 1, daß in Ehesachen, wenn der Ehemann ein Deutscher ist und im Inlande keinen allgemeinen Gerichtsstand hat, die Klage von beiden Theilen bei dem Landgericht, in dessen Bezirke der Ehemann den letzten inländischen Wohnsitz hatte, und in Ermangelung eines solchen Wohnsitzes nach näherer Maßgabe des §. 16 Abs. 1 Satz 2, 3 bei dem Landgerichte der Hauptstadt des Heimathstaats oder bei dem Landgericht in Berlin erhoben werden kann. Das Gleiche muß, wenn der Ehemann im Inlande keinen allgemeinen Gerichtsstand hat, mit Rücksicht auf Art. 14 Abs. 2, Art. 17 Abs. 3 des Einführungsgesetzes zum Bürgerlichen Gesetzbuch auch für den Fall gelten, daß er die Reichsangehörigkeit verloren, die Ehefrau sie aber behalten hat, sowie schließlich, Angesichts des Art. 29 des genannten Einführungsgesetzes, selbst für den Fall, daß beide Ehegatten die Reichsangehörigkeit verloren haben, Seitens des Ehemanns jedoch eine andere Staatsangehörigkeit nicht erworben worden ist.

Im Abs. 3 trifft der Entwurf besondere Vorschriften zu Gunsten des Klagerechts der Ehefrau. Gemäß Art. 13 Abs. 1 des Einführungsgesetzes zum Bürgerlichen Gesetzbuche wird die Eingehung der Ehe, sofern auch nur einer der Verlobten ein Deutscher ist, in Ansehung eines jeden der Verlobten nach den Gesetzen des Staates beurtheilt, dem er angehört. Dementsprechend darf einer Deutschen, die eine Ehe mit einem Ausländer eingegangen ist, die Möglichkeit nicht entzogen werden, eine nach dem deutschen Rechte begründete Nichtigkeit oder Anfechtbarkeit der Ehe auch dann vor den inländischen Gerichten zur Geltung zu bringen, wenn der Ehemann im Inlande keinen allgemeinen Gerichtsstand hat. Von Bedeutung ist dies namentlich für die Fälle, in denen das ausländische Recht der Anfechtbarkeit der Ehe wegen Irrthums oder wegen arglistiger Täuschung engere Grenzen zieht, als das deutsche. Das gleiche Bedürfniß liegt, soweit nicht schon nach Abs. 2 Satz 2 ein Gerichtsstand begründet ist, auch dann vor, wenn eine Ehe zwischen zwei Deutschen eingegangen ist, der Ehemann aber später die deutsche Staatsangehörigkeit verloren hat und im Inlande keinen allgemeinen Gerichtsstand besitzt.

Der Abs. 4 sieht eine Einschränkung des im Abs. 1 bestimmten Gerichtsstandes vor. Erfahrungsgemäß führen die gegenüber ausländischen Ehegatten ergehenden Scheidungsurtheile inländischer Gerichte häufig dadurch zu schweren Unzuträglichkeiten, daß die Scheidung demnächst in dem Staate, dem die Ehegatten angehören, nicht anerkannt wird. Allerdings ist schon die Bestimmung des Art. 17 Abs. 1 des Einführungsgesetzes zum Bürgerlichen Gesetzbuche, wonach für die Scheidung die Gesetze dieses Staates maßgebend sind, geeignet, jene Gefahr zu mindern. Der Entwurf schafft aber noch eine weitere Gewähr für die Anerkennung, indem er bestimmt, daß, sofern beide Ehegatten Ausländer sind, die Scheidungsklage im Inlande nur erhoben werden kann, wenn das inländische Gericht auch nach den Gesetzen des Staates zuständig ist, dem der Ehemann angehört.

§. 571.

Die Bestimmung des bisherigen Abs. 2 ist durch den §. 1571 des Bürgerlichen Gesetzbuchs (Abs. 1 in Verbindung mit Abs. 3 daselbst) ersetzt.

Die als Abs. 2 neu eingestellte Vorschrift ergiebt sich aus der im §. 568 Abs. 2 vorgesehenen Erweiterung des Gerichtsstandes für die Scheidungsklage und die Klage auf Herstellung des ehelichen Lebens (zu vergl. §. 570).

§. 572.

Im Zusammenhange mit der Vorschrift, daß die für die Erhebung der Scheidungsklage vorgesehene gesetzliche Frist auch durch die Ladung zum Sühnetermine gewahrt wird, hat das Bürgerliche Gesetzbuch (§. 1571 Abs. 3 Satz 2) bereits bestimmt, daß die Ladung ihre Wirkung verliert, wenn der zur Klage berechtigte Ehegatte im Sühnetermine nicht erscheint. Es braucht daher hier nur noch die Folge hervorgehoben zu werden, welche in Ansehung des Termins selbst eintritt. Demgemäß ist der Abs. 2 Satz 1 des §. 572 dahin geändert, daß, wenn der Kläger oder beide Parteien im Sühnetermine nicht erscheinen, der Kläger die Anberaumung eines neuen Sühnetermins beantragen und den Beklagten zu dem Termine laden muß.

§. 573a.

Ein Ehegatte, der wegen Minderjährigkeit oder aus anderen Gründen (§§. 106, 114 des Bürgerlichen Gesetzbuchs) in der Geschäftsfähigkeit beschränkt ist, würde nach dem Grundsatze des §. 51 Abs. 1 der Civilprozeßordnung auch in Ehesachen nicht prozeßfähig sein. Dieses Ergebniß würde jedoch dem Wesen der Ehe und den sich daraus ergebenden persönlichen Beziehungen nicht gerecht. Auf Grund ähnlicher Erwägungen hat bereits das Bürgerliche Gesetzbuch (§. 1336 Abs. 1 Satz 2) bestimmt, daß ein zur Anfechtung berechtigter Ehegatte, der in der Geschäftsfähigkeit beschränkt ist, zur Anfechtung nicht der Zustimmung seines gesetzlichen Vertreters bedarf. In Uebereinstimmung hiermit stellt der Entwurf (§. 573a Abs. 1) die Regel auf, daß in Ehesachen ein in der Geschäftsfähigkeit beschränkter Ehegatte prozeßfähig ist. Eine Ausnahme sieht er nur für den Fall vor, daß die Ehe um deswillen anfechtbar ist, weil der Ehegatte zur Zeit der Eheschließung oder zur Zeit der Bestätigung der Ehe (§. 1325 Abs. 2 des Bürgerlichen Gesetzbuches) in der Geschäftsfähigkeit beschränkt war und die Eheschließung oder die Bestätigung ohne Einwilligung des gesetzlichen Vertreters erfolgt ist (§. 1331 des Bürgerlichen Gesetzbuchs). Hier ist, solange der anfechtungsberechtigte Ehegatte die unbeschränkte Geschäftsfähigkeit noch nicht erlangt hat, nur der gesetzliche Vertreter befugt, die Ehe anzufechten oder sie zu genehmigen (Bürgerliches Gesetzbuch §. 1336 Abs. 2 Satz 2, §. 1337 Abs. 1 Satz 1). Dementsprechend muß während dieser Zeit dem Ehegatten auch die Prozeßfähigkeit für den Rechtsstreit entzogen werden, der eine solche Anfechtung zum Gegenstande hat.

Was den geschäftsunfähigen Ehegatten betrifft, so versteht es sich von selbst, daß, wenn gegen ihn in einer Ehesache die Klage erhoben wird, der Rechtsstreit durch den gesetzlichen Vertreter zu führen ist. Aber auch soweit es sich um die Erhebung der Klage von Seiten des geschäftsunfähigen Ehegatten handelt, muß dieser Grundsatz als Regel festgehalten werden. Es würde dem praktischen Bedürfnisse widersprechen, die Erhebung einer derartigen Klage für die Dauer der Geschäftsunfähigkeit einfach auszuschließen, und dem gegenüber können die Bedenken, welche sich aus der Natur des ehelichen Verhältnisses ergeben, nicht in Betracht kommen. Dies gilt insbesondere auch hinsichtlich der Fragen der Scheidung oder der Anfechtung der Ehe, bei denen sich häufig schon von vornherein übersehen läßt, daß die Erhebung der Klage durch das Interesse des geschäftsunfähigen Ehegatten dringend geboten ist. Allerdings wird Angesichts der weittragenden Folgen, die sich in den genannten Fällen an die Klage knüpfen, Vorsorge zu treffen sein, daß sie nicht mißbräuchlich, insbesondere nicht gegen den muthmaßlichen Willen des geschäftsunfähigen Ehegatten zur Anwendung kommt; dies läßt sich indessen dadurch erreichen, daß die Erhebung der Klage an die Genehmigung des Vormundschaftsgerichts gebunden wird. Anders liegen die Verhältnisse bei der Klage auf Herstellung des ehelichen Lebens. Hier handelt es sich stets um eine ausschließlich die persönlichen Beziehungen der Ehegatten berührende Frage, die zu einem Vorgehen des gesetzlichen Vertreters keinen Anlaß bieten kann, und es erscheint daher richtig, ihm die Erhebung dieser Klage ausdrücklich zu versagen. Nach Maßgabe der vorstehenden Erwägungen hat der Abs. 2 des §. 573a die einschlägigen Verhältnisse geordnet.

§. 573b.

Die Vorschrift, daß der Bevollmächtigte des klagenden Ehegatten einer besonderen, auf den Rechtsstreit gerichteten Vollmacht bedarf, rechtfertigt sich durch die persönliche Natur der Ehesachen. Die Verpflichtung des Gerichts, den Mangel einer solchen Vollmacht zu berücksichtigen, ergiebt sich aus §. 84.

§. 576.

Nach dem Bürgerlichen Gesetzbuche kann die Anfechtung einer Ehe nicht blos durch Klagerhebung, sondern unter Umständen auch durch Erklärung gegenüber dem Nachlaßgericht erfolgen (§. 1342). Der Entwurf hat hierauf durch die veränderte Fassung des §. 576 Abs. 1 Satz 1 Rücksicht genommen.

Der

§. 577

des geltenden Gesetzes bezieht sich auf eine Reihe einzelner, für das sonstige Verfahren geltender Vorschriften, die in Ehesachen gegenüber dem hier zunächst maßgebenden öffentlichen Interesse nicht durchgeführt werden können. Es sind dies einerseits die Vorschriften über die Folgen der unterbliebenen oder verweigerten Erklärung über Thatsachen oder über die Echtheit von Urkunden, die Vorschriften über den Verzicht der Parteien auf die Beeidigung der Zeugen und Sachverständigen, sowie die Vorschriften über die Wirkungen eines Anerkenntnisses, eines gerichtlichen Geständnisses und die Erlassung eines Eides (Abs. 1 des bisherigen §. 577), andererseits die Bestimmungen über die Eideszuschiebung und den Antrag, dem Gegner die Vorlegung einer Urkunde aufzugeben (Abs. 2). Nach dem geltenden Gesetz ist die Anwendung in Ehesachen bei den letzteren Bestimmungen nur ausgeschlossen, soweit es sich um Thatsachen handelt, welche die Trennung, Ungültigkeit oder Nichtigkeit der Ehe begründen sollen, bei den zuerst genannten Vorschriften aber schlechthin.

Diese Art der Regelung erscheint nicht haltbar.

Allerdings entspricht es der besonderen Natur des Eheprozesses, daß dem Beklagten unter allen Umständen die Befugniß versagt wird, den Anspruch als solchen anzuerkennen

(§. 278 der Civilprozeßordnung), und hierbei soll es daher auch künftig verbleiben.

Dagegen ist bezüglich der übrigen im bisherigen Abs. 1 aufgeführten Vorschriften der Grundsatz, daß sie in Ehesachen vollständig außer Anwendung bleiben, dann nicht gerechtfertigt, wenn die Scheidung oder die Anfechtung der Ehe oder das Recht, die Herstellung des ehelichen Lebens zu verweigern, in Frage steht. In solchen Fällen geht vielmehr das öffentliche Interesse nur dahin, zu verhüten, daß von jenen Vorschriften ein Gebrauch gemacht werde, der dem Bestande der Ehe nachtheilig ist, während kein Anlaß vorliegt, ihre Anwendung auch bezüglich solcher Thatsachen auszuschließen, welche die Aufrechthaltung einer bestehenden Ehe begründen sollen. Zutreffend ist die Bestimmung des bisherigen Abs. 1 bei Rechtsstreitigkeiten, welche die Nichtigkeit der Ehe oder die Feststellung des Bestehens oder Nichtbestehens einer Ehe zwischen den Parteien zum Gegenstande haben. Denn hier hat der Staat ein Interesse daran, daß nicht mit Hülfe der fraglichen Vorschriften im Wege des Prozesses eine nichtige Ehe für gültig, eine nicht bestehende Ehe für bestehend erklärt werde.

Ist das hiermit gewonnene Ergebniß richtig, so muß es in gleicher Weise auch für die im bisherigen Abs. 2 behandelten Vorschriften über die Eideszuschiebung und den Antrag, dem Gegner die Vorlegung einer Urkunde aufzugeben, zur Geltung gebracht werden.

Der Entwurf hat von diesen Gesichtspunkten aus den Gegenstand geordnet.

§. 578.

Die Aenderung des Abs. 4 ergiebt sich daraus, daß der Entwurf (§§. 430 ff.) das Versäumnißzwischenurtheil gegen den Schwurpflichtigen beseitigt.

Im

§. 580

regelt der Entwurf die Aussetzung des Verfahrens über eine Scheidungsklage. Er weicht von den bisherigen Bestimmungen insofern ab, als er einerseits dem Kläger das Recht beilegt, stets die Aussetzung des Verfahrens zu verlangen (§. 580 Abs. 1 Satz 1), andererseits die von Amtswegen eintretende Aussetzung auf den Fall, daß die Scheidung wegen Zerrüttung des ehelichen Verhältnisses im Sinne des §. 1568 des Bürgerlichen Gesetzbuchs beantragt ist und die Aussicht auf Aussöhnung der Parteien nicht ausgeschlossen erscheint, beschränkt, sie aber hier dem Gerichte zur Pflicht macht (§. 580 Abs. 1 Satz 2). Innerhalb der bezeichneten Grenzen wird die Aussetzung des Verfahrens ein geeignetes Mittel sein, die Aufrechthaltung der Ehe zu fördern. Die für die Fälle des §. 1568 des Bürgerlichen Gesetzbuchs dem Richter auferlegte Verpflichtung rechtfertigt sich dadurch, daß in solchen Fällen die Scheidung wesentlich von seinem Ermessen abhängt. Dieses Ermessen ist ausgeschlossen, wenn wegen Ehebruchs oder wegen einer ihm gleichstehenden Handlung (Bürgerliches Gesetzbuch §. 1565), wegen Lebensnachstellung (§. 1566), wegen böslicher Verlassung (§. 1567) auf Scheidung geklagt wird. Der Kläger hat hier ein Recht, die Scheidung zu verlangen, und sein Recht darf auch nicht in der Weise beeinträchtigt werden, daß eine Aussetzung des Verfahrens von Amtswegen erfolgt. Hinsichtlich der Klage auf Scheidung wegen Ehebruchs ist das schon der Standpunkt des geltenden Gesetzes (§. 580 Abs. 3).

Der Zeitraum, während dessen das Verfahren über die Scheidungsklage ausgesetzt werden kann, ist im Entwurfe (§. 580 Abs. 2) von einem Jahre auf zwei Jahre erweitert. In Betracht kommt hierbei namentlich, daß die Aussetzung des Verfahrens künftig zugleich an die Stelle der zeitweiligen Trennung von Tisch und Bett tritt, wie sie bisher für längere Dauer durch Landesgesetze mehrfach zugelassen war.

Der

§. 580a

ordnet die Aussetzung des Verfahrens über eine Klage auf Herstellung des ehelichen Lebens in Uebereinstimmung mit den bezüglichen Vorschriften des bisherigen §. 580.

§. 581.

Bei dem Rechtsstreite, der die Nichtigkeit der Ehe oder die Feststellung des Bestehens oder Nichtbestehens einer Ehe zwischen den Parteien zum Gegenstande hat, liegt das öffentliche Interesse nicht in der Aufrechthaltung der Ehe, sondern in der Herstellung des der wirklichen Rechtslage entsprechenden Zustandes. Demgemäß bestimmt der Entwurf (§. 581 Abs. 2), daß in einem solchen Rechtsstreite die Befugniß des Gerichts, Thatsachen, welche von den Parteien nicht vorgebracht sind, zu berücksichtigen und die Aufnahme von Beweisen von Amtswegen anzuordnen, auch zum Zwecke der Ermittelung Platz greift, ob die Ehe nichtig ist oder nicht besteht.

Der

§. 581 a

will eine Gewähr dafür schaffen, daß bei der Klage auf Scheidung wegen Geisteskrankheit (§. 1569 des Bürgerlichen Gesetzbuchs) die Dauer und der Grad der Krankheit in zuverlässiger Weise festgestellt wird.

§. 581 b.

Nach §. 1312 des Bürgerlichen Gesetzbuchs darf eine Ehe nicht geschlossen werden zwischen einem wegen Ehebruchs geschiedenen Ehegatten und demjenigen, mit welchem der geschiedene Ehegatte den Ehebruch begangen hat, sofern dieser Ehebruch im Scheidungsurtheil als Grund der Scheidung festgestellt ist. Mit Bezug hierauf bestimmt der Entwurf, daß, wenn wegen Ehebruchs auf Scheidung erkannt wird und sich aus den Verhandlungen ergiebt, mit welcher Person der Ehebruch begangen worden ist, diese Person in dem Urtheile festzustellen ist.

Der

§. 584

ordnet unter Berücksichtigung der Vorschriften des Bürgerlichen Gesetzbuchs die einstweiligen Verfügungen in Ehesachen, vor allem in den Rechtsstreitigkeiten, welche die Scheidung, Nichtigkeit oder Anfechtung der Ehe zum Gegenstande haben, eingehender, als bisher.

Insbesondere trägt der Entwurf (§. 584 Abs. 2) nach dem Vorgange des in Preußen (Ausführungsgesetz zur Civilprozeßordnung, vom 24. März 1879, §. 7) und in anderen Bundesstaaten geltenden Rechtes dafür Sorge, daß die einstweilige Regelung der in Frage kommenden Verhältnisse gleich bei Beginn eines solchen Rechtsstreits erfolgen kann.

Durch die Vorschrift des §. 584 Abs. 3, wonach das Prozeßgericht, wenn ein gemeinschaftliches minderjähriges Kind der Ehegatten vorhanden ist, von der einstweiligen Verfügung dem Vormundschaftsgerichte Mittheilung zu machen hat, soll das letztere in die Lage versetzt werden, rechtzeitig die zum Schutze des Kindes erforderlichen Maßregeln zu treffen.

§. 584 a.

Stirbt im Laufe des Rechtsstreits, welcher eine Ehesache zum Gegenstande hat, einer der Ehegatten, so fällt damit das

Rechtsverhältniß, welches die Grundlage und den Gegenstand des Streites bildet, weg. Es kann jetzt die Ehe nicht mehr geschieden oder für nichtig erklärt, die Herstellung des ehelichen Lebens nicht mehr angeordnet werden. Nur etwaige Nachwirkungen der Ehe kommen noch in Frage. Diese bilden aber nicht einen Gegenstand des Eheprozesses, sondern sind in einem neuen besonderen Prozesse geltend zu machen. Demgemäß bestimmt der Entwurf, daß, wenn einer der Ehegatten vor der Rechtskraft des Urtheils stirbt, der Rechtsstreit in Ansehung der Hauptsache als erledigt anzusehen ist.

§. 584 b.

Nach der Vorschrift im Abs. 1 Satz 1 wirkt das auf eine Nichtigkeitsklage oder eine Anfechtungsklage ergehende Urtheil, sofern es bei Lebzeiten beider Ehegatten rechtskräftig wird (§. 584 a), abweichend von dem Grundsatze des §. 293 c Abs. 1 nicht nur unter den Parteien, sondern für und gegen Alle. Dies entspricht dem geltenden Rechte (zu vergl. beispielsweise das sächsische Gesetzbuch §. 1857) und ist mit Rücksicht auf das Wesen der Ehe und die weittragenden Folgen, die sich auch für Dritte an das Bestehen oder Nichtbestehen einer solchen knüpfen, durch die öffentliche Ordnung geboten; gegen eine Gefährdung der Rechte Dritter bietet die besondere Gestaltung des Verfahrens in Ehesachen hinreichende Gewähr. Eine Ausnahme sieht übrigens der Abs. 1 Satz 2 für den Fall vor, daß die Nichtigkeitsklage auf das Bestehen einer früheren Ehe gegründet wird (Bürgerliches Gesetzbuch §. 1326). Hier soll das Urtheil, durch welches die Nichtigkeitsklage abgewiesen wird, gegen den Dritten, mit dem die frühere Ehe geschlossen war, dann keine Wirksamkeit haben, wenn er an dem Rechtsstreite nicht Theil genommen hat. Unter den bezeichneten Umständen darf dem Dritten, welcher die Gültigkeit der früheren Ehe behauptet, die Befugniß nicht versagt werden, seinerseits die Nichtigkeit der neuen Ehe auf Grund des §. 1326 des Bürgerlichen Gesetzbuchs im Wege der Nichtigkeitsklage geltend zu machen (zu vergl. §. 586 Abs. 1 Satz 1 des Entwurfs).

Im Abs. 2 des §. 584 b erstreckt der Entwurf die Regel des Abs. 1 Satz 1 auf das Urtheil, durch welches das Bestehen oder Nichtbestehen einer Ehe festgestellt wird. Die Voraussetzungen, welche jener Regel zu Grunde liegen, sind hier gleichfalls gegeben.

Zufolge

§. 584c

soll nach dem Eintritte der Rechtskraft des Urtheils das Prozeßgericht, wenn ein gemeinschaftliches minderjähriges Kind der Ehegatten vorhanden ist, dem Vormundschaftsgerichte Mittheilung machen und auf diese Weise das Einschreiten des letzteren herbeiführen, soweit es zum Schutze des Kindes nach Maßgabe der Vorschriften des Bürgerlichen Gesetzbuchs erforderlich wird (zu vergl. §§. 1635, 1636, 1699 ff. daselbst). Die Mittheilung ist auch im Falle der Klagabweisung nicht überflüssig, da das Vormundschaftsgericht auf Grund einer nach §. 584 erlassenen einstweiligen Verfügung des Prozeßgerichts vorläufige Maßnahmen getroffen haben kann, die nunmehr aufzuheben sind.

§. 586.

Hinsichtlich der Frage, inwiefern zur Erhebung der Nichtigkeitsklage außer dem Staatsanwalt ein Ehegatte oder ein Dritter befugt ist, verweist die Civilprozeßordnung auf die Vorschriften des bürgerlichen Rechtes. Das Bürgerliche Gesetzbuch hat Bestimmungen in dieser Richtung nicht getroffen, und es ist daher Aufgabe des Entwurfs, die Frage jetzt einheitlich zu regeln. Im Einklange mit einer Reihe von Landesgesetzen (zu vergl. insbesondere code civil Art. 184, 191, das bayerische Ausführungsgesetz zur Civilprozeßordnung vom 23. Februar 1879 Art. 93, das sächsische Gesetz vom 4. März 1879 §. 2, das badische Gesetz vom 9. Dezember 1879 §. 2 lit. c, h) legt der Entwurf die Befugniß beiden Ehegatten bei, die vor Allen ein dringendes Interesse daran haben, daß der nur äußerlich vorhandene Schein einer Ehe durch die Richtigkeitserklärung beseitigt werde. Das gleiche Interesse hat im Falle der Nichtigkeit wegen Doppelehe (Bürgerliches Gesetzbuch §. 1326) der Dritte, mit dem die frühere Ehe geschlossen war; denn er ist durch die neue Ehe in seiner Rechtsstellung unmittelbar verletzt. Auch ihn erklärt daher der Entwurf nach dem Vorgange des französischen und des badischen Rechtes (code civil Art. 188, badisches Landrecht Satz 188) für befugt zur Erhebung der Nichtigkeitsklage. Im Uebrigen gestattet er einem Dritten die Klage nur, wenn für diesen von der Nichtigkeit der Ehe ein Recht oder von der Gültigkeit der Ehe eine Verpflichtung abhängt, z. B. wenn Rechte oder Pflichten, die sich aus dem ehelichen Güterverhältniß ergeben, ferner die

Nachfolge in Lehen oder Fideikommisse, sowie Rechte auf den Genuß einer Stiftung und dergl. in Frage stehen. Das Klagerecht ist hier für den Dritten um deswillen ein Bedürfniß, weil nach §. 1329 des Bürgerlichen Gesetzbuchs die Richtigkeit einer Ehe, solange nicht die Ehe für nichtig erklärt oder aufgelöst ist, nur im Wege der Nichtigkeitsklage geltend gemacht werden kann.

§. 587.

Abweichend von dem bisherigen §. 587 gestattet der Entwurf, daß mit der Nichtigkeitsklage die Klage auf Feststellung des Bestehens oder Nichtbestehens einer Ehe zwischen den Parteien verbunden und daß andererseits eine Feststellungsklage der bezeichneten Art als Widerklage erhoben wird. Die Zulassung der Verbindung empfiehlt sich aus praktischen Gründen, und es steht ihr, da der Entwurf (§. 568 Abs. 1, §. 577 Abs. 3, §. 581 Abs. 2, §. 591 a) die Verfahrensvorschriften für beide Arten von Klagen gleichmäßig regelt, auch kein prozessualisches Hinderniß entgegen.

Der

§. 588

ist durch den §. 1329 des Bürgerlichen Gesetzbuchs ersetzt.

§. 589 a.

Nach §. 295 der Civilprozeßordnung ist, wenn der Kläger im Termine zur mündlichen Verhandlung nicht erscheint, auf Antrag das Versäumnißurtheil dahin zu erlassen, daß der Kläger mit der Klage abzuweisen sei. Diese Vorschrift kann auf das Verfahren über die Nichtigkeitsklage keine Anwendung finden, weil hier der Streitgegenstand der Verfügung des Klägers entzogen ist; dem Versäumnißurtheile darf vielmehr nur die Wirkung beigelegt werden, daß die Klage als zurückgenommen gelte. Dies stellt der Entwurf im §. 589 a klar.

Der

§. 591 a

überträgt die besonderen Vorschriften, welche nach den §§. 587, 589 a für die Nichtigkeitsklage gelten, auf die Klage, welche die Feststellung des Bestehens oder Nichtbestehens einer Ehe zum Gegenstande hat. Die Vorschrift rechtfertigt sich durch die innere Verwandtschaft beider Klagen (zu vergl. auch §. 577 Abs. 3, §. 581 Abs. 2, §. 587).

§. 592.

Die bisherige Bestimmung ist durch die dem Bürgerlichen Gesetzbuch angepaßte Fassung der §§. 568 ff. entbehrlich geworden. Die neue Vorschrift entspricht den §§. 1575, 1576 des Bürgerlichen Gesetzbuchs.

§§. 592a bis 592d.

Den Vorschriften über das Verfahren in Ehesachen reiht der Entwurf in einem neuen Abschnitte Bestimmungen über das Verfahren in solchen Rechtsstreitigkeiten an, welche die Feststellung des Rechtsverhältnisses zwischen Eltern und Kindern zum Gegenstande haben. Bei diesen Rechtsstreitigkeiten muß ebenso, wie bei den Ehesachen, der Gegenstand des Prozesses in weiterem oder geringerem Umfange der Verfügung der Parteien entzogen bleiben. Die Bestimmungen dieses Abschnitts sind daher zu einem großen Theile den für die Ehesachen geltenden Vorschriften nachgebildet.

Der

§. 592a

betrifft das Verfahren in einem Rechtsstreite, der die Feststellung des Bestehens oder Nichtbestehens eines Eltern- und Kindesverhältnisses zwischen den Parteien oder die Feststellung des Bestehens oder Nichtbestehens der elterlichen Gewalt der einen Partei über die andere zum Gegenstande hat. Es handelt sich hierbei namentlich um die Fälle, in denen Streit darüber besteht, ob ein Kind untergeschoben, an Kindesstatt angenommen oder legitimirt ist, oder in denen Jemand das uneheliche Kind einer bestimmten Frau zu sein behauptet.

Im Einzelnen ist das Verfahren hinsichtlich der hier in Betracht kommenden Fälle vom Entwurfe (§. 592a Abs. 1) nach Maßgabe derjenigen Vorschriften geregelt, welche für das Verfahren in einem Rechtsstreite gelten, der die Feststellung des Bestehens oder Nichtbestehens einer Ehe zwischen den Parteien zum Gegenstande hat. Diese Regelung rechtfertigt sich durch die Aehnlichkeit der Rechtslage. Wenn auf den §. 581 in seinem ganzen Umfange Bezug genommen ist, so ergiebt sich daraus, daß dessen Vorschriften nicht nur zum Zwecke der Ermittelung, ob das Eltern- und Kindesverhältniß besteht, sondern auch zum Zwecke der Ermittelung, ob es nicht besteht, entsprechende Anwendung finden.

Die Vorschrift des §. 592a Abs. 2 ist mit Rücksicht darauf geboten, daß ein besonderes Verfahren in Frage steht.

§. 592b.

Nach dem Bürgerlichen Gesetzbuche (§§. 1593, 1596, 1599) ist der Ehemann in der Lage, die Ehelichkeit eines von seiner Frau geborenen Kindes dem wahren Sachverhältniß entgegen durch Unterlassung der Anfechtung, durch Zurücknahme der Anfechtungsklage oder durch Anerkennung des Kindes in einer für und gegen Alle wirksamen Weise festzustellen. Mit Rücksicht hierauf können auch in den Rechtsstreitigkeiten, durch welche die Ehelichkeit des Kindes oder die Anerkennung seiner Ehelichkeit Seitens des Ehemanns angefochten wird, die Abweichungen von den allgemeinen Verfahrensvorschriften nicht soweit gehen, wie in den Rechtsstreitigkeiten des §. 592a. Vielmehr muß die Regelung, wie dies durch §. 592b Abs. 1 des Entwurfs geschieht, im Anschluß an die Bestimmungen erfolgen, welche für die Anfechtung einer Ehe gelten (zu vergl. insbesondere §. 577). Die allgemeinen Grundsätze bleiben hiernach nur in Ansehung solcher Thatsachen, welche die Unehelichkeit des Kindes, nicht aber in Ansehung solcher, welche seine Ehelichkeit begründen sollen, außer Anwendung.

Die Vorschriften des §. 592b Abs. 2, welche die Prozeßfähigkeit des in der Geschäftsfähigkeit beschränkten Ehemanns sowie die Frage betreffen, inwieweit für einen geschäftsunfähigen Ehemann dessen gesetzlicher Vertreter den Rechtsstreit zu führen berechtigt ist, schließen sich dem §. 1595 Abs. 1 Satz 2, Abs. 2 Satz 1 des Bürgerlichen Gesetzbuchs an (zu vergl. §. 573a des Entwurfs).

Der Abs. 3 beruht auf den gleichen Erwägungen wie der Abs. 2 des §. 592a.

§. 592c.

Die hier vorgesehene Erweiterung des Gerichtsstandes hängt mit den Vorschriften des Einführungsgesetzes zum Bürgerlichen Gesetzbuch über das internationale Privatrecht (Art. 18 bis 20) zusammen. Soweit danach für das Rechtsverhältniß zwischen Eltern und Kindern die deutschen Gesetze maßgebend sind, müssen die Betheiligten auch in der Lage sein, ein deutsches Gericht anzugehen (zu vergl. §. 568 Abs. 2 des Entwurfs).

§. 592d.

Die Vorschrift des §. 592d Satz 1, wonach in den Fällen der §§. 592a, 592b das Urtheil für und gegen Alle wirkt, sofern es bei Lebzeiten der Parteien rechtskräftig geworden ist beruht auf den gleichen Erwägungen wie die für Ehesachen geltenden Vorschriften des §. 584b Abs. 1 Satz 1, Abs. 2 (zu vergl. das sächsische Gesetzbuch §. 1857). Die im §. 592d Satz 2 vorgesehene Ausnahme ist schon jetzt in den Gebieten des gemeinen Rechtes anerkannt und entspricht der Bestimmung des §. 584b Abs. 1 Satz 2.

§. 592e.

Das Bürgerliche Gesetzbuch hat an die uneheliche Vaterschaft, abgesehen von der Unterhaltungspflicht (§§. 1708 ff.), noch nach mehrfachen Richtungen Wirkungen geknüpft, nämlich das Eheverbot (§. 1310 Abs. 3) sowie die Möglichkeit der Legitimation durch nachfolgende Ehe (§§. 1719 ff.) und durch Ehelichkeitserklärung (§§. 1723 ff.). Es liegt jedoch kein Anlaß vor, wegen dieser vereinzelten, an verschiedene Thatbestände geknüpften Rechtsfolgen eine Feststellung des Bestehens oder Nichtbestehens der unehelichen Vaterschaft mit Wirkung für und gegen Alle zu ermöglichen.

§§. 593 bis 627.

Die Aenderungen, die der Entwurf für das Verfahren in Entmündigungssachen vorsieht, hängen zu einem großen Theile mit dem Bürgerlichen Gesetzbuche zusammen. Es handelt sich in dieser Beziehung namentlich darum, die bisherigen Bestimmungen den familienrechtlichen Vorschriften des Bürgerlichen Gesetzbuchs anzupassen, außerdem aber für die dem geltenden Rechte unbekannte Entmündigung wegen Geistesschwäche und wegen Trunksucht (§. 6 Nr. 1 und 3 des Bürgerlichen Gesetzbuchs) das Verfahren zu regeln.

Die unabhängig vom Bürgerlichen Gesetzbuch in Aussicht genommenen Bestimmungen wollen, ohne in die Grundlagen des Verfahrens einzugreifen, eine Reihe einzelner bei der Anwendung hervorgetretener Mißstände beseitigen. Vor allem gehören hierher die Aenderungen der auf die Entmündigung wegen Geisteskrankheit bezüglichen Verfahrensvorschriften, durch die eine stärkere Gewähr gegen Fehlsprüche geschaffen werden soll (zu vergl. §§. 596c bis 596e, §. 597 Abs. 1, §. 598 Abs. 1, 3, §. 599a).

§. 593.

Die für die Entmündigung wegen Geisteskrankheit geltenden Vorschriften der §§. 593 bis 620 eignen sich im Allgemeinen auch für die in Folge des Bürgerlichen Gesetzbuchs hinzutretende

Entmündigung wegen Geistesschwäche. Der Entwurf führt daher im Abs. 1 diesen Entmündigungsgrund neben der Geisteskrankheit auf. Daraus ergiebt sich, daß jene Vorschriften, soweit nicht im Einzelnen etwas Anderes bestimmt ist (zu vergl. §§. 603, 603a, 605), auch für die Entmündigung wegen Geistesschwäche gelten.

Der

§. 594

des geltenden Gesetzes wird durch den §. 596a des Entwurfs ersetzt.

§. 595.

Für die im Abs. 1 enthaltenen Bestimmungen über das Recht, die Entmündigung zu beantragen, ergiebt sich eine Aenderung schon daraus, daß die in dem bisherigen Satz 3 enthaltene Verweisung auf das Landesrecht in Wegfall zu kommen hat.

Im Abs. 1 Satz 1 des Entwurfs ist statt des Vormundes der gesetzliche Vertreter als antragsberechtigt neben dem Ehegatten und den Verwandten des zu Entmündigenden bezeichnet. Gesetzliche Vertreter sind nach der Ausdrucksweise des Bürgerlichen Gesetzbuchs außer dem Vormunde der Vater oder die Mutter als Inhaber der elterlichen Gewalt sowie der Pfleger. Da die Entmündigung an erster Stelle die Person des zu Entmündigenden trifft, so ist das Antragsrecht des gesetzlichen Vertreters weiterhin davon abhängig gemacht, daß ihm die Sorge für die Person zusteht. Der Vater sowie die Mutter haben, wenn die bezeichneten Voraussetzungen gegeben sind, ein selbständiges Antragsrecht, wie jeder andere gesetzliche Vertreter, und sind eben deshalb nicht an die Beschränkungen gebunden, denen sonst das Antragsrecht der Verwandten unterliegt.

Die neue Fassung des Abs. 1 Satz 2 stellt mit Rücksicht auf die zur Zeit bestehenden Streitfragen klar, das hinsichtlich der unter elterlicher Gewalt oder unter Vormundschaft stehenden Personen nur das Antragsrecht der Verwandten ausgeschlossen ist. Hiernach kann die Entmündigung einer in solcher Lage befindlichen Ehefrau sowohl von dem Ehemann als auch von dem gesetzlichen Vertreter, welchem die Sorge für die Person der Frau zusteht, beantragt werden. Dies entspricht dem Standpunkte des Bürgerlichen Gesetzbuchs, wonach das Recht und die Pflicht der Sorge für die Person einer unter elterlicher Gewalt oder unter Vormundschaft stehenden Ehefrau zwischen dem gesetzlichen Vertreter und dem Ehemanne getheilt ist (§§. 1627, 1631 bis 1633, 1800, 1897). Auf der anderen Seite ist, wenn ein Ehemann unter Vormundschaft steht, nicht nur der Vormund, sondern auch die Ehefrau zu dem Antrag auf Entmündigung berechtigt. Die Frau kann hier, namentlich mit Rücksicht auf das eheliche Güterrecht, ein eigenes Interesse daran haben, daß die Entmündigung rechtzeitig herbeigeführt werde (zu vergl. Bürgerliches Gesetzbuch §. 1418 Nr. 3, 4, §. 1542 Abs. 1).

Im Abs. 1 Satz 3 räumt der Entwurf, abweichend von dem geltenden Gesetz, aber einem praktischen Bedürfniß entsprechend das Recht, die Entmündigung einer nicht unter elterlicher Gewalt oder unter Vormundschaft stehenden Frau zu beantragen, ausnahmsweise auch den Verwandten für solche Fälle ein, in denen die Fürsorge des Ehemanns für die Frau durch besondere Verhältnisse ausgeschlossen ist.

Der

§. 596a

entspricht dem bisherigen §. 594. Er ist hierher versetzt, um die den Antrag auf Entmündigung betreffenden Bestimmungen des §. 593 Abs. 2 und der §§. 595, 596 in unmittelbaren Zusammenhang mit einander zu bringen.

Die sachliche Aenderung im Abs. 1 beruht auf den neuen Vorschriften der §§. 596c, 596d.

Der Abs. 2 erweitert im Anschluß an den §. 568 Abs. 2 Satz 1 und den §. 592c Satz 1 des Entwurfs die Zuständigkeit der inländischen Gerichte für die Entmündigung von Reichsangehörigen. Einer besonderen Vorschrift für den Fall der Entmündigung eines Ausländers bedarf es nicht, da diese nach Art. 8 des Einführungsgesetzes zum Bürgerlichen Gesetzbuche nur in Frage kommt, wenn ein allgemeiner Gerichtsstand des Ausländers im Deutschen Reiche begründet ist (zu vergl. §§. 13, 18 der Civilprozeßordnung).

§. 596b.

Die Vorschrift entspricht dem bisherigen §. 597 Abs. 2. Sie findet schon mit Rücksicht auf den neuen §. 596c richtiger hier ihre Stelle.

§§. 596c, 596d.

Nach der Vorschrift des bisherigen §. 594 Abs. 1 muß das Entmündigungsverfahren vor dem Amtsgerichte durchgeführt werden, bei welchem der zu Entmündigende seinen allgemeinen Gerichtsstand hat. Häufig liegen die Verhältnisse aber so, daß ein anderes Gericht sich für die Erledigung der Aufgabe besser eignet. Namentlich tritt dieser Fall leicht ein, wenn die unter Umständen ausschlaggebende persönliche Vernehmung des zu Entmündigenden nicht vor dem zur Entscheidung berufenen Gericht erfolgen kann, weil er durch seinen Zustand an einen Ort gebunden ist, der sich außerhalb des Bezirks des Gerichts befindet. Um diesem vielfach wahrgenommenen Mißstand abzuhelfen, erklärt der Entwurf, welcher den ausschließlichen Gerichtsstand lediglich mit Bezug auf die Einleitung des Verfahrens festhält (§. 596a Abs. 1), es für zulässig, daß die Fortführung des Verfahrens dem Gericht, in dessen Bezirke der zu Entmündigende sich aufhält, überwiesen wird (§. 596c Abs. 1). Für den Fall des Aufenthaltswechsels gestattet er auch eine weitere Ueberweisung (§. 596d Abs. 1). Voraussetzung für die Ueberweisung ist stets, daß sie mit Rücksicht auf die Verhältnisse des zu Entmündigenden erforderlich erscheint. Auf diese Weise wird einem das Maß überschreitenden Gebrauche der Vorschrift, der leicht zur Ueberlastung einzelner Amtsgerichte führen könnte, vorgebeugt.

Da die Ueberweisung wesentlich den Zweck verfolgt, eine Vernehmung des zu Entmündigenden durch das entscheidende Gericht zu sichern, schließt der Entwurf (§. 596c Abs. 2, §. 596d Abs. 2) ihre Statthaftigkeit aus, wenn das Gericht, von welchem die Ueberweisung auszugehen hätte, sich der Vernehmung bereits unterzogen hat.

Lehnt ein Gericht die ihm angesonnene Uebernahme des Verfahrens ab, so soll nach §. 596c Abs. 3, §. 596d Abs. 2 das im Instanzenzuge zunächst höhere Gericht, also wie in den Fällen des §. 36 Nr. 2ff., das gemeinschaftliche übergeordnete Gericht entscheiden.

Der

§. 596e,

welcher die Mitwirkung des Staatsanwalts in dem Verfahren regelt, entspricht dem bisherigen §. 597 Abs. 3. Das Recht des Staatsanwalts, den Terminen beizuwohnen, ist gegenüber einzelnen in der Praxis hervorgetretenen Zweifeln durch eine ausdrückliche Bestimmung sicher gestellt. Um dem Staatsanwalt die rechtzeitige Wahrnehmung seiner Befugnisse zu ermöglichen, sieht ferner der Entwurf vor, daß ihm jeweils Seitens des Amtsgerichts die erforderlichen Mittheilungen zu machen sind.

§. 597.

Mehrfach wird darüber Klage geführt, daß die Ermittelungen zur Feststellung des Geisteszustandes nicht überall in ausreichender Weise erfolgen. Hierauf bezieht sich auch die vom Reichstag aus Anlaß der Berathung des Bürgerlichen Gesetzbuchs zum §. 621 der Civilprozeßordnung beschlossene Resolution (Verhandlungen des Reichstags 1895/97 Anl. Bd. III S. 2192, Stenogr. Berichte S. 3100). Zur Beseitigung dieses Mißstandes sieht der Entwurf (§. 597 Abs. 1) vor, daß das Gericht die Beweise aufzunehmen hat, nicht blos soweit sie geeignet, sondern soweit sie erheblich erscheinen. Vor Einleitung des hiernach Erforderlichen soll überdies der zu Entmündigende die Gelegenheit zur Bezeichnung von Beweismitteln erhalten, nicht minder aber, falls er einen gesetzlichen Vertreter hat, welchem die Sorge für die Person zusteht, auch dieser Vertreter, sofern derselbe nicht schon als Antragsteller an dem Verfahren betheiligt ist. Die letztere Bestimmung hat insbesondere für den Fall Bedeutung, das gemäß §. 1906 des Bürgerlichen Gesetzbuchs eine vorläufige Vormundschaft eingeleitet ist.

Die bisherigen Abs. 2, 3 fallen an dieser Stelle fort, da sie durch die neuen §§. 596b, 596e wiedergegeben sind.

§. 598.

Um dem zu Entmündigenden einen erhöhten Schutz zu gewähren, legt der Entwurf, wie sich schon aus den Vorschriften der §§. 596c und 596d ergiebt, auf dessen persönliche Vernehmung ein besonderes Gewicht. In weiterer Durchführung dieses Gedankens schränkt der §. 598 Abs. 3 des Entwurfs die Befugniß des Gerichts, von der Vernehmung abzusehen, gegenüber dem bestehenden Rechte wesentlich ein. Namentlich darf künftig die Vernehmung nicht mehr aus dem Grunde unterlassen werden, weil das Gericht sie als unerheblich für die Entscheidung erachtet. Im Zusammenhange hiermit steht der Zusatz im Abs. 1, welcher die bisher nicht allgemein anerkannte Befugniß des Gerichts sicherstellt, zum Zwecke der Vernehmung die Vorführung anzuordnen.

§. 599a.

Von verschiedenen Seiten ist es als ein Mangel des geltenden Gesetzes bezeichnet worden, daß das Gericht nicht in der Lage ist, den zu Entmündigenden auch gegen seinen

Willen auf kurze Zeit in eine Heilanstalt zu bringen, damit sein Geisteszustand behufs Vorbereitung eines endgültigen Gutachtens dort beobachtet werde. In der That bietet die Maßregel ein wirksames Mittel zur Feststellung des Geisteszustandes in zweifelhaften Fällen und damit eine Sicherung gegen ungerechtfertigte Entmündigungen. Der §. 599a Abs. 1 ermächtigt daher das Gericht zu der Anordnung, daß der zu Entmündigende auf die Dauer von höchstens vier Wochen in eine Heilanstalt gebracht werde. Das Gericht kann die Anstalt nach seinem Ermessen auswählen; es ist dabei nicht an die öffentlichen Irrenanstalten gebunden, wie in dem verwandten Falle des §. 81 der Strafprozeßordnung. Im Uebrigen ist die Zulässigkeit der Maßregel an Voraussetzungen gebunden, welche hinreichen werden, einen ungeeigneten Gebrauch zu verhüten. Zunächst ist ein ärztliches Gutachten erforderlich, welches ausspricht, daß zur Feststellung des Geisteszustandes, also zur Abgabe des durch §. 599 vorgesehenen Gutachtens, die Unterbringung in der Anstalt geboten sei. Ferner darf die Anordnung nur mit Zustimmung des Antragstellers und, soweit thunlich, nach Anhörung der sonstigen Antragsberechtigten, insbesondere also auch des Staatsanwalts erfolgen. Ob die gerichtliche Vernehmung des zu Entmündigenden bereits stattgefunden hat, ist auf die Zulässigkeit der Maßregel ohne Einfluß.

Als Rechtsmittel gegen den Beschluß, durch welchen die Unterbringung angeordnet ist, wird im Abs. 2 dem zu Entmündigenden, dem Staatsanwalt und den sonstigen zur Stellung des Antrags auf Entmündigung berechtigten Personen die sofortige Beschwerde gewährt. Der Staatsanwalt bedarf des Rechtsmittels sowohl mit Rücksicht auf den zu Entmündigenden, als auch im Interesse der Staatskasse, die im Falle der Ablehnung des Entmündigungsantrags nach §. 601 Abs. 1 die Kosten des Verfahrens zu tragen hat. Gegenüber den im §. 595 Abs. 1 bezeichneten Personen bedarf es einer besonderen Bestimmung über den Beginn der Beschwerdefrist. Der Entwurf sieht vor, daß die für den zu Entmündigenden laufende Frist auch in Ansehung dieser Person maßgebend ist.

§§. 603 bis 603b.

Nach dem bisherigen §. 603 Abs. 2 tritt die Entmündigung wegen Geisteskrankheit mit dem Zeitpunkt in Wirksamkeit, in welchem der die Entmündigung aussprechende Beschluß der

Vormundschaftsbehörde mitgetheilt wird. In dem regelmäßig gegebenen Falle, daß das Gericht, welches die Entmündigung ausgesprochen hat, zugleich für die Anordnung der Vormundschaft zuständig ist (zu vergl. Entwurf eines Gesetzes, betreffend die Angelegenheiten der freiwilligen Gerichtsbarkeit, §. 33), ist jene Bestimmung wenig zweckmäßig. Da eine Verkündung des Beschlusses nicht stattfindet, so fehlt es hier an einem festen, äußerlich erkennbaren Merkmale für die Bestimmung des Zeitpunkts, in welchem die Entmündigung mit ihren tief eingreifenden Folgen wirksam wird. Diesem Uebelstande begegnet der Entwurf durch die an die Stelle des §. 603 Abs. 2 tretenden Vorschriften des §. 603a Abs. 1. Steht der Entmündigte unter elterlicher Gewalt oder unter Vormundschaft, so entspricht es den Verhältnissen am meisten, wenn die Entmündigung mit der Zustellung des Beschlusses an denjenigen gesetzlichen Vertreter in Wirksamkeit tritt, welchem die Sorge für die Person zusteht. Trifft dagegen jene Voraussetzung nicht zu, so erscheint die Bestellung des Vormundes als der angemessenste Zeitpunkt. Hiermit ist namentlich auch der Vortheil verbunden, daß die Entmündigung ihre Wirkungen nicht eher äußert, als bis der Entmündigte einen gesetzlichen Vertreter hat.

Mit dieser Regelung hängt die Aenderung im §. 603 Satz 1 des Entwurfs unmittelbar zusammen. Danach soll, wenn der Entmündigte unter elterlicher Gewalt oder unter Vormundschaft steht, der die Entmündigung aussprechende Beschluß demjenigen gesetzlichen Vertreter, welchem die Sorge für die Person zusteht, nicht, wie es dem bisherigen Rechte entsprechen würde, einfach mitgetheilt, sondern zugestellt werden. Die Bestimmung, daß der Beschluß von Amtswegen der Vormundschaftsbehörde mitzutheilen ist, wird im Entwurfe beibehalten. Sie hat aber künftig gegenüber dem §. 603a Abs. 1 nur die Bedeutung einer Ordnungsvorschrift. Als solche erscheint sie immer noch mit Rücksicht auf diejenigen Fälle angemessen, in denen für das Entmündigungsverfahren und für die Anordnung der Vormundschaft über den Entmündigten nicht ein und dasselbe Gericht zuständig ist, oder in denen die Entmündigungs- und die Vormundschaftssachen von verschiedenen Gerichtsabtheilungen bearbeitet werden.

Erfolgt die Entmündigung wegen Geistesschwäche, so soll gemäß §. 603 Satz 2 neben der Mittheilung an die Vormundschaftsbehörde und der Zustellung an den gesetzlichen Vertreter, welchem die Sorge für die Person zusteht, auch eine

Zustellung des Beschlusses an den Entmündigten selbst erfolgen. Der wegen Geistesschwäche Entmündigte ist nach dem Bürgerlichen Gesetzbuche §. 114) nicht geschäftsunfähig, sondern in gleicher Weise wie ein Minderjähriger, der das siebente Lebensjahr vollendet hat, lediglich in der Geschäftsfähigkeit beschränkt. Jedenfalls befindet er sich in der Lage, von dem ihn betreffenden Beschlusse Kenntniß zu nehmen. Unter diesen Umständen erscheint es aber auch sachgemäß, daß, wie der Entwurf im §. 603a Abs. 2 bestimmt, die Entmündigung hier mit der Zustellung des Beschlusses an den Entmündigten in Wirksamkeit tritt.

Wird die wegen Geisteskrankheit oder wegen Geistesschwäche beantragte Entmündigung abgelehnt, so ist es eine durch die Sachlage gebotene Rücksicht, daß derjenige, dessen Entmündigung beantragt war, in zuverlässiger Weise von der Ablehnung Kenntniß erhält. Der §. 603b bestimmt daher, daß ihm der fragliche Beschluß zuzustellen ist.

§. 604.

Die Aenderung ergiebt sich daraus, daß der bisherige Abs. 3 des §. 597 als §. 596e eingestellt ist.

§. 605.

Die Aenderung des Abs. 2 entspricht der neuen Fassung des §. 595 Abs. 1.

Für den Fall der Entmündigung wegen Geisteskrankheit bestimmt der Abs. 3 Satz 1 des Entwurfs in einer dem §. 188 Abs. 2 des Bürgerlichen Gesetzbuchs angepaßten Fassung den Beginn der Frist, binnen welcher die Anfechtungsklage erhoben werden muß, und zwar gegenüber dem zu Entmündigenden lediglich im Anschluß an das bestehende Gesetz, gegenüber den sonst zur Erhebung der Klage befugten Personen aber dahin, daß der Zeitpunkt maßgebend ist, in welchem die Entmündigung in Wirksamkeit tritt. Danach entspricht auch in der letzteren Richtung die Vorschrift des Entwurfs sachlich insoweit dem geltenden Rechte, als gemäß §. 603a Abs. 1 die Entmündigung mit der Bestellung des Vormundes wirksam wird. Eine Abweichung liegt sohin nur für die Fälle vor, in denen die Bestellung eines Vormundes nicht erfolgt, weil der Entmündigte unter elterlicher Gewalt oder unter Vormundschaft steht. Hier beginnt die Frist für die Erhebung der Klage zufolge §. 603 Satz 1, §. 603a Abs. 1 des Entwurfs mit der Zustellung des

Beschlusses an denjenigen gesetzlichen Vertreter, welchem die Sorge für die Person des Entmündigten zusteht.

Für die Entmündigung wegen Geistesschwäche ist durch Abs. 3 Satz 2 der Beginn der Frist im Anschluß an die Vorschriften des §. 603 über die Zustellung des diese Entmündigung aussprechenden Beschlusses geregelt. Maßgebend ist danach gegenüber dem gesetzlichen Vertreter des unter elterlicher Gewalt oder unter Vormundschaft stehenden Entmündigten der Zeitpunkt, in welchem ihm der Beschluß zugestellt wird, gegenüber dem Entmündigten selbst und den übrigen Personen aber der Zeitpunkt der Zustellung an den Entmündigten.

§. 606.

Ist die Entmündigung in einem Verfahren erfolgt, an welchem nach §§. 596c, 596d mehrere Amtsgerichte betheiligt waren, so erhebt sich, wenn die Gerichte verschiedenen Landgerichtsbezirken angehören, die Frage, welches Landgericht für die Anfechtungsklage zuständig ist. Entsprechend dem Zwecke, welchem die Ueberweisung dient, kann für die Bestimmung des zuständigen Landgerichts nur der Sitz des Amtsgerichts maßgebend sein, welches über die Entmündigung entschieden hat. Hiernach ist der §. 606 abgeändert.

§. 607.

Die Aenderung im Abs. 2 entspricht der neuen Fassung der §§. 595, 597, 603 sowie des §. 605 Abs. 2.

§. 611.

In dem amtsgerichtlichen Entmündigungsverfahren ist die Thätigkeit des Gerichts der Hauptsache nach von dem Verhalten der Betheiligten unabhängig (§. 597). Das Verfahren auf die Anfechtungsklage bezweckt eine Nachprüfung der früheren Entscheidung, und es erscheint daher gerechtfertigt, auch hier dem Verfügungsrechte der Parteien entsprechende Schranken zu ziehen. Demgemäß ordnet der Entwurf das letztere Verfahren im Anschluß an die Vorschriften, welche in Ehesachen für die Richtigkeitsklage und die Klage auf Feststellung des Bestehens oder Richtbestehens einer Ehe zwischen den Parteien gelten.

§. 613.

Der Abs. 2 ist durch den §. 115 Abs. 1 des Bürgerlichen Gesetzbuchs ersetzt.

§. 616.

Die Abweichung des Entwurfs von der bisherigen Fassung ist eine Folge der im §. 595 Abs. 1 Satz 1 vorgesehenen Aenderung.

§. 617.

Entsprechend dem §. 596a dehnt der Abs. 2 Satz 1 des Entwurfs die Zuständigkeit der inländischen Gerichte für die Wiederaufhebung der Entmündigung auf alle Fälle aus, in denen der Entmündigte ein Deutscher ist und im Inlande keinen allgemeinen Gerichtsstand hat. Uebrigens läßt sich hier die Regelung in einfacher Weise dahin treffen, daß der Antrag auf Wiederaufhebung der Entmündigung bei dem Amtsgerichte gestellt werden kann, welches über die Entmündigung entschieden hat (zu vergl. §. 606).

Nach dem Abs. 2 Satz 2 soll das bezeichnete Amtsgericht für die Wiederaufhebung der Entmündigung auch dann zuständig sein, wenn ein Ausländer, der im Inland entmündigt worden ist (Art. 8 des Einführungsgesetzes zum Bürgerlichen Gesetzbuch), im Inland einen allgemeinen Gerichtsstand nicht mehr hat. Dem Entmündigten kann unter solchen Umständen der Zugang zu den inländischen Gerichten billiger Weise nicht versagt werden.

§. 620.

Die Vorschriften der Abs. 2, 3 sind mit der veränderten Fassung des §. 595 Abs. 1 Satz 1 in Einklang gebracht. Im Abs. 4 ist die Verweisung auf §. 609 beseitigt, da dieser hier durch die besondere Vorschrift des Abs. 3 ersetzt wird.

§. 621.

Durch die im Abs. 1 vorgesehene Ergänzung werden die bisher nur für die Entmündigung wegen Verschwendung geltenden Vorschriften der §§. 621 bis 627 auf die im §. 6 Abs. 1 Nr. 3 des Bürgerlichen Gesetzbuchs vorgesehene Entmündigung wegen Trunksucht übertragen. Entsprechend der zu §. 597 bereits erwähnten Resolution des Reichstags ist bei der Entmündigung wegen Trunksucht eine Mitwirkung der Staatsanwaltschaft ebenso ausgeschlossen, wie bei der Entmündigung wegen Verschwendung (Abs. 4).

Im Abs. 3 verweist der Entwurf, in Berücksichtigung der Vorschriften des Bürgerlichen Gesetzbuchs über die vorläufige Vormundschaft (§§. 114, 1906) auch auf den §. 600 der Civilprozeßordnung. Die übrigen Aenderungen des Abs. 3 sind ohne sachliche Bedeutung.

In einer größeren Anzahl von Bundesstaaten bestehen zur Zeit Vorschriften, nach welchen eine Gemeinde oder ein der Gemeinde gleichstehender Verband oder ein Armenverband berechtigt ist, die Entmündigung wegen Verschwendung zu beantragen (zu vergl. beispielsweise für Bayern das Gesetz, die öffentliche Armen- und Krankenpflege betreffend, vom 29. April 1869 Art. 36 Abs. 4, für Sachsen das Gesetz, die Entmündigung und die Bevormundung Geisteskranker, Gebrechlicher und Verschwender betreffend, vom 20. Februar 1882 unter Nr. I, für Sachsen-Weimar das Ausführungsgesetz zur Civilprozeßordnung vom 21. Mai 1879 §. 6). Die Zulässigkeit solcher landesgesetzlichen Vorschriften ergiebt sich gegenwärtig aus dem §. 621 Abs. 3 in Verbindung mit der allgemeinen Bestimmung des §. 595 Abs. 1 Satz 3 der Civilprozeßordnung. Die letztere Bestimmung ist in den Entwurf nicht übernommen. Danach würde für Vorschriften der bezeichneten Art künftig kein Raum mehr sein. Ihr Zusammenhang mit dem öffentlichen Rechte, insbesondere mit der Armenpflege, rechtfertigt es indessen, sie auch fernerhin zuzulassen. Der §. 621 Abs. 5 des Entwurfs trifft daher einen besonderen Vorbehalt zu ihren Gunsten und dehnt ihn zugleich, in Berücksichtigung der Verwandtschaft des Gegenstandes, auf die Entmündigung wegen Trunksucht aus.

§. 621a.

Ist die Entmündigung wegen Trunksucht beantragt, so wird unter Umständen schon dies den Erfolg haben, daß der zu Entmündigende sich den zu seiner Besserung und Heilung erforderlichen Maßnahmen freiwillig unterzieht. Mit Rücksicht hierauf gewährt der Entwurf dem Gerichte die Befugniß, geeignetenfalls die Beschlußfassung über die Entmündigung auszusetzen, wenn Aussicht besteht, daß eine Besserung des Trunksüchtigen eintreten werde.

§. 625.

Die Fassung ist mit der Aenderung in Einklang gebracht, die der §. 595 Abs. 1 Satz 1 durch den Entwurf erfahren hat. Im Uebrigen sind die Vorschriften, die in dem Verfahren entsprechende Anwendung finden sollen, genauer bezeichnet.

§. 626.

Der Abs. 2 Satz 1 ist mit der neuen Fassung des §. 595 Abs. 1 Satz 1 in Einklang gebracht. Der Abs. 4 hat durch die Verweisung auf den §. 613 eine sachgemäße Ergänzung erfahren.

§. 627.

Die hier für die Entmündigung wegen Verschwendung vorgeschriebenen öffentlichen Bekanntmachungen sind von dem Entwurf auf den Fall der Entmündigung wegen Trunksucht ausgedehnt worden. Die Gründe, welche zu der Vorschrift geführt haben, treffen auch im letzteren Falle zu.

§. 628.

Im Abs. 1 Satz 2 stellt der Entwurf, entsprechend der Aenderung des §. 555, die Anwendung des Mahnverfahrens auf die Ansprüche aus einer Hypothek, einer Grundschuld oder einer Rentenschuld sicher.

§. 629.

Um einem in der Praxis mehrfach hervorgetretenen Bedürfniß abzuhelfen, hat der Abs. 2 einen Zusatz erhalten, wonach für Zahlungsbefehle gegen Personen, welche sich an einem Orte unter Verhältnissen aufhalten, die ihrer Natur nach auf einen Aufenthalt von längerer Dauer hinweisen, ausschließlich das Gericht dieses Ortes (§. 21) zuständig ist. Eine Benachtheiligung kann daraus den fraglichen Personen nicht erwachsen, vielmehr liegt es gerade in ihrem Interesse, daß nicht das Gericht des vielleicht weit entfernten Wohnsitzes den Zahlungsbefehl erläßt.

§. 632.

Durch den Umstand, daß die Frist zur Erhebung des Widerspruchs zwei Wochen beträgt, wird die Brauchbarkeit des Mahnverfahrens wesentlich beeinträchtigt. Namentlich gilt dies für die Ansprüche, die im ordentlichen Verfahren zur Zuständigkeit der Amtsgerichte gehören, weil hier die Einlassungsfrist erheblich kürzer ist (§. 459 der Civilprozeßordnung). Künftig kommt außerdem in Betracht, daß die §§. 234, 312a, 312c des Entwurfs dem Gläubiger unter Umständen selbst die Herbeiführung eines landgerichtlichen Versäumnißurtheils binnen der gleichen Frist ermöglichen, in welcher er im Mahnverfahren einen Vollstreckungsbefehl (§. 639 der Civilprozeßordnung) erlangen kann, wenn an der geltenden Widerspruchsfrist festgehalten wird. Der Entwurf setzt deshalb die Frist auf eine Woche herab. Der Schuldner behält dabei immer noch ausreichend Zeit, um sich wegen der etwaigen Erhebung des Widerspruchs schlüssig zu machen.

§. 644.

Der bisherige §. 644 Abs. 2 bestimmt, daß Urtheile in Ehesachen nicht für vorläufig vollstreckbar erklärt werden dürfen. Der Natur der fraglichen Rechtsverhältnisse widerstreitet es, daß sie anders als endgültig geregelt werden; soweit für die Dauer des Rechtsstreits besondere Anordnungen erforderlich werden, können dieselben nur im Wege der einstweiligen Verfügung erfolgen (zu vergl. §. 584). Der Grund, auf welchem die Vorschrift des §. 644 Abs. 2 beruht, trifft in gleicher Weise auch für die Urtheile zu, welche die Feststellung des Rechtsverhältnisses zwischen Eltern und Kindern zum Gegenstande haben (§§. 592a ff.). Der Entwurf dehnt daher die Vorschrift auf solche Rechtsstreitigkeiten aus.

§. 646.

Nach §. 646 Abs. 1 ist das Zeugniß über die Rechtskraft des Urtheils auf Grund der Prozeßakten vom Gerichtsschreiber zu ertheilen. Hat eine Partei innerhalb der Nothfrist einen Schriftsatz behufs Einlegung eines Rechtsmittels oder des Einspruchs zur Terminsbestimmung eingereicht, so muß der Gerichtsschreiber zunächst das Zeugniß über die Rechtskraft dem Gegner versagen, auch wenn dem letzteren nach seiner Behauptung der Schriftsatz nicht zugestellt worden ist. In welcher Weise in diesem Falle der Eintritt der Rechtskraft festgestellt werden soll, ist aus dem geltenden Gesetze nicht zu ersehen. Die hiernach bestehende, in der Praxis fühlbar gewordene Lücke will der dem §. 646 hinzugefügte Abs. 3 ausfüllen. Danach hat, nachdem die Nothfrist und gegebenen Falles die im §. 190 Abs. 2 bezeichnete Frist abgelaufen ist, der Gerichtsschreiber auf Antrag der Partei eine Frist zum Nachweise der Zustellung zu bestimmen. Wird der erforderte Nachweis nicht geführt, so ist das Zeugniß über die Rechtskraft zu ertheilen. Wird dagegen die Zustellungsurkunde vorgelegt, so hat der Gerichtsschreiber das Zeugniß unter allen Umständen zu versagen; über die Frage, ob die Zustellung rechtzeitig und wirksam erfolgt sei, steht die Entscheidung lediglich dem Gerichte zu.

§. 648.

Nach dem §. 843 des Bürgerlichen Gesetzbuchs ist, wenn in Folge einer Verletzung des Körpers oder der Gesundheit die Erwerbsfähigkeit des Verletzten aufgehoben oder gemindert wird oder eine Vermehrung seiner Bedürfnisse eintritt, dem Verletzten durch Entrichtung einer Geldrente Schadensersatz zu leisten. In gleicher Weise ist für den Fall der Tödtung die Ersatzpflicht des Thäters gegenüber demjenigen bestimmt, welchem in Folge der Tödtung das ihm gegen den Getödteten zustehende Recht auf Gewährung des Unterhalts entzogen ist (Bürgerliches Gesetzbuch §. 844). Gemäß §. 618 des Bürgerlichen Gesetzbuchs (zu vergl. §. 62 Abs. 3, §. 76 Abs. 1 des Handelsgesetzbuchs) finden diese Vorschriften auch dann Anwendung, wenn der Dienstberechtigte die ihm auf Grund des Dienstvertrags in Ansehung des Lebens und der Gesundheit des Verpflichteten obliegenden Verpflichtungen nicht erfüllt und deshalb Schadensersatz zu leisten hat. Die Verbindlichkeit zur Gewährung der bezeichneten Rente hat ihrem Rechtsgrunde nach allerdings nicht die Natur einer Unterhaltspflicht, wohl aber dient sie sachlich dem gleichen Zwecke wie die letztere. Hiernach erscheint es gerechtfertigt, wenn der Entwurf (§. 648 Nr. 6) Urtheile, durch welche die Rente zuerkannt wird, hinsichtlich der vorläufigen Vollstreckbarkeit ebenso behandelt, wie die Urtheile, welche die Verpflichtung zur Entrichtung von Alimenten aussprechen. In derselben Weise hat schon der Art. 42 des Einführungsgesetzes zum Bürgerlichen Gesetzbuche die vorläufige Vollstreckbarkeit derjenigen Urtheile geregelt, welche auf Grund des Gesetzes vom 7. Juni 1871 (Reichs-Gesetzbl. S. 207) die Verpflichtung zur Entrichtung einer Geldrente aussprechen (zu vergl. die neue Fassung des §. 7 Abs. 2).

§. 649.

Die Nr. 1, 2 des §. 649 sind in gleicher Weise geändert worden, wie dies für §. 23 Nr. 2 Abs. 1, 2 des Gerichtsverfassungsgesetzes in Aussicht genommen ist (zu vergl. die Begründung zum Entwurf eines Gesetzes, betreffend Aenderungen des Gerichtsverfassungsgesetzes und der Strafprozeßordnung).

§. 650a.

Erfahrungsgemäß wird häufig von böswilligen Schuldnern das Rechtsmittel der Revision, auch wenn die Voraussetzungen seiner Statthaftigkeit offenbar fehlen, nur zu dem Zwecke eingelegt, um die Zwangsvollstreckung hinauszuschieben und in der

Zwischenzeit Mittel und Wege zu finden, das vorhandene Vermögen dem Zugriffe des Gläubigers zu entziehen. Das geltende Gesetz giebt für den Gläubiger, der nicht in der Lage ist, Sicherheit zu leisten, keine Handhabe, einem derartigen Mißbrauche des Rechtsmittels entgegenzutreten; dasselbe muß zunächst im ordentlichen Prozeßgange vom Revisionsgerichte verworfen werden. Dieser mißliche Rechtszustand soll durch die neue Vorschrift des §. 650a dahin geändert werden, daß Anträgen auf vorläufige Vollstreckbarkeitserklärung von Urtheilen der Oberlandesgerichte dann ohne Weiteres von diesen stattzugeben ist, wenn die gesetzlichen Voraussetzungen für die Zulässigkeit der Revision (§§. 508, 509) unzweifelhaft nicht gegeben sind.

Eine solche Vorschrift wird zugleich der anzustrebenden Entlastung des Reichsgerichts dienlich sein.

§. 655.

Nach §. 655 Abs. 2 des geltenden Gesetzes ist, soweit ein für vorläufig vollstreckbar erklärtes Urtheil aufgehoben oder geändert wird, der Kläger auf Antrag des Beklagten zur Erstattung des von diesem auf Grund des Urtheils Gezahlten oder Geleisteten zu verurtheilen; gemäß §. 697 Abs. 2 hat er ferner dem Beklagten in diesem Falle die Kosten der Zwangsvollstreckung zu vergüten. Inwieweit der Beklagte darüber hinaus den Ersatz des Schadens verlangen kann, welcher ihm durch die Zwangsvollstreckung oder durch eine zur Abwendung der Vollstreckung gemachte Leistung entstanden ist, wird von der Civilprozeßordnung nicht ausdrücklich bestimmt. Die herrschende Meinung, der auch das Reichsgericht gefolgt ist, nimmt an, daß der Kläger selbst dann, wenn das Gericht nach §. 652 die vorläufige Vollstreckbarkeit von einer vorgängigen Sicherheitsleistung abhängig gemacht hat, für den aus der Vollstreckung des Urtheils entstehenden Schaden lediglich nach Maßgabe der allgemeinen Vorschriften des bürgerlichen Rechtes, d. h. regelmäßig nur insoweit haftet, als ihn ein Verschulden trifft.

Dieser Rechtszustand kann als befriedigend nicht angesehen werden. Die vorläufige Vollstreckbarkeit der Urtheile ermöglicht es dem Gläubiger, seinen Anspruch vor der endgültigen Feststellung und ehe alle Rechtsbehelfe des Schuldners erschöpft sind, zur zwangsweisen Durchführung zu bringen. Es handelt sich mithin um eine Befugniß des Gläubigers, welche außerhalb des gewöhnlichen Ganges des Verfahrens liegt. Wie in den verwandten Fällen der §§. 274, 563 ist es daher auch hier einerseits keine Beschwerung für den Gläubiger, andererseits eine Forderung der Billigkeit gegenüber dem Schuldner, daß, wenn die Entscheidung, auf Grund deren die vorläufige Vollstreckung erfolgte, sich hinterher als sachlich unbegründet erweist, dem Schuldner der Schaden ersetzt wird, welcher diesem aus der vorzeitigen Zwangsvollstreckung oder aus einer zur Abwendung der Vollstreckung gemachten Leistung erwachsen ist (§. 655 Abs. 2). Für den Fall, daß die Vollstreckbarkeit lediglich wegen Mangels der gesetzlichen Voraussetzungen aufgehoben wird, während in der Sache selbst das Urtheil keine Aenderung zu Ungunsten des Klägers erleidet, läßt der Entwurf die Schadensersatzverbindlichkeit nicht zu. Es wäre hier eine nicht zu rechtfertigende Härte gegen den Kläger, ihn dafür verantwortlich machen zu wollen, daß er die Befriedigung seiner schließlich durch Richterspruch anerkannten Ansprüche früher erlangt hat, als dies bei ordnungsmäßigem Gange des Verfahrens der Fall gewesen sein würde.

§. 658.

Der bisherige §. 658 ist mit verändertem Inhalt als §. 779a eingestellt worden.

§. 659a.

Die sofortige Vollstreckung des auf Räumung einer Wohnung ergangenen Urtheils kann für den Schuldner, namentlich wenn er den Rechtsstreit in gutem Glauben geführt hat, eine empfindliche Härte enthalten. Entsprechend einer vom Reichstage bei der Berathung des Bürgerlichen Gesetzbuchs gefaßten Resolution (Stenogr. Berichte 1895/97 Anl. Bd. III S. 1971) bestimmt daher der Entwurf, daß das Gericht dem Schuldner auf Antrag eine angemessene Frist zur Räumung gewähren kann. Die Befugniß des Gerichts greift in gleicher Weise bei rechtskräftigen wie bei vorläufig vollstreckbaren Urtheilen (§. 649 Nr. 1) Platz. Wie sich aus der Verweisung auf die §§. 653, 654 ergiebt, ist der Antrag seitens des Beklagten vor dem Schlusse der letzten mündlichen Verhandlung zu stellen und findet im Falle der Uebergehung des Antrags eine Ergänzung des Urtheils nach §. 292 statt.

§. 661.

Die Aenderung der gegenwärtigen Bestimmung war gegenüber dem neuen §. 293f geboten. Durch die Verweisung auf diesen konnte die Fassung wesentlich vereinfacht werden.

§. 664.

Auf Grund der Vorschriften der Civilprozeßordnung besteht Meinungsverschiedenheit darüber, unter welchen Voraussetzungen oder in welcher Art die Vollstreckung eines auf Leistung Zug um Zug lautenden Urtheils zu erfolgen hat. Von einzelnen Seiten wird unter Berufung auf den Wortlaut des §. 664 und auf die allgemeine Absicht des Gesetzes, den Gerichtsvollzieher thunlichst einer sachlichen Prüfung zu entheben, die Ansicht vertreten, daß ein Urtheil der bezeichneten Art unter die Vorschrift des §. 664 falle; danach würde eine vollstreckbare Ausfertigung des Urtheils nur auf Anordnung des Vorsitzenden (§. 666) und nur dann ertheilt werden dürfen, wenn der Gläubiger zuvor den Beweis, daß er die ihm obliegende Leistung an den Schuldner bewirkt habe oder dieser im Verzuge der Annahme sei, durch öffentliche Urkunden geführt hätte. Die herrschende, auch in der Rechtsprechung des Reichsgerichts gebilligte Meinung geht umgekehrt dahin, daß die Vorschrift des §. 664 keine Anwendung finde, die vollstreckbare Ausfertigung vielmehr ohne Weiteres nach §. 662 von dem Gerichtsschreiber zu ertheilen sei, während im Uebrigen die Prüfung der Vollstreckbarkeit dem Gerichtsvollzieher oder gegebenen Falles dem Vollstreckungsgericht obliege.

Nach dem Bürgerlichen Gesetzbuche kann eine Verurtheilung des Schuldners zur Erfüllung Zug um Zug in drei Fällen vorkommen: bei der Geltendmachung des Zurückbehaltungsrechts (§. 274), im Falle der Einrede des nicht erfüllten Vertrags bei gegenseitigen Verträgen (§. 322) und bei den aus der Ausübung des Rücktrittsrechts sich ergebenden Verpflichtungen (§. 348). Auf Grund einer solchen Verurtheilung kann der Gläubiger seinen Anspruch ohne Bewirkung der ihm obliegenden Leistung im Wege der Zwangsvollstreckung verfolgen, wenn der Schuldner im Verzuge der Annahme ist. Soll hier das Interesse des Gläubigers vollständig gewahrt werden, so muß er in der Lage bleiben, seine Gegenleistung bis zur Leistung seitens des Schuldners in der Hand zu behalten und demgemäß den Schuldner noch dadurch in den Verzug der Annahme zu setzen, daß er ihm die Gegenleistung erst bei Beginn der Vollstreckung anbietet. Dem bezeichneten Bedürfnisse genügt nur die herrschende Auffassung, und dem §. 664 ist daher als Abs. 2 eine Vorschrift in diesem Sinne beigefügt. Danach soll, wenn die Vollstreckung von einer Zug um Zug zu bewirkenden Leistung des Gläubigers an den Schuldner abhängt, zur Ertheilung der vollstreckbaren Ausfertigung des Urtheils der Beweis, daß der Schuldner befriedigt oder im Verzuge der Annahme ist, und folgeweise die durch §. 666 vorgesehene Anordnung des Vorsitzenden in der Regel nicht erforderlich sein. Die Prüfung, ob jenen Erfordernissen genügt ist, liegt alsdann in der Hand des Gerichtsvollziehers oder des Vollstreckungsgerichts. Die von diesen zu beobachtenden Vorschriften sind in den §§. 676a, 684a getroffen.

Eine Ausnahme von der Regel des Abs. 2 läßt der Entwurf für den Fall eintreten, daß die dem Schuldner Zug um Zug obliegende Leistung in der Abgabe einer Willenserklärung besteht. Zufolge §. 779 der Civilprozeßordnung gilt, wenn der Schuldner zur Abgabe einer Willenserklärung verurtheilt wird, die von einer Gegenleistung abhängig gemacht ist, die Erklärung als abgegeben, sobald nach den Bestimmungen der §§. 664, 666 eine vollstreckbare Ausfertigung des rechtskräftigen Urtheils ertheilt ist. Hier muß es auch künftig bei den Vorschriften des §. 664 Abs. 1, §. 666 sein Bewenden behalten, da anderenfalls die Rechte des Schuldners ernstlich gefährdet werden könnten; die vollstreckbare Ausfertigung des Urtheils darf daher erst ertheilt werden, wenn der Gläubiger den Beweis, daß der Schuldner befriedigt oder im Verzuge der Annahme ist, durch öffentliche Urkunden geführt hat.

Die Vorschrift des §. 664 Abs. 2 greift, wie schon ihr Wortlaut ergiebt, überhaupt nur Platz, wenn die Leistungen beider Theile Zug um Zug zu bewirken sind, also nicht, wenn der Gläubiger vorzuleisten hat. Ist von einem solchen Gläubiger gegen den Schuldner, welcher sich im Verzuge der Annahme befindet, gemäß §. 322 Abs. 2 des Bürgerlichen Gesetzbuchs auf Leistung nach Empfang der Gegenleistung geklagt, so gilt für die Zwangsvollstreckung stets der Grundsatz des §. 664 Abs. 1. Zufolge §. 322 Abs. 3 des Bürgerlichen Gesetzbuchs kann aber der Gläubiger in einem solchen Falle auch ohne Bewirkung der ihm obliegenden Leistung zur Zwangsvollstreckung dann gelangen, wenn der Schuldner sich fortdauernd im Verzuge der Annahme befindet, und diese Thatsache wird in der Regel schon auf Grund der in dem Urtheil enthaltenen Feststellung als nachgewiesen angesehen werden.

§. 665.

Die Vorschrift des §. 665 beruht auf dem Grundsatze, daß, soweit ein Urtheil noch gegen andere Personen als den

Schuldner wirksam ist, gegen diese Personen auch eine vollstreckbare Ausfertigung ertheilt werden kann. Der §. 293c des Entwurfs hat nunmehr die Voraussetzungen, unter denen das Urtheil gegen den Rechtsnachfolger des Schuldners und gegen den Besitzer der im Streite befindlichen Sache wirksam ist, im Zusammenhange geregelt, und die Fassung des §. 665 ist hiermit in Einklang gebracht.

§. 665a.

Der §. 665a behandelt im Abs. 1 den Fall, daß gegenüber dem Vorerben ein Urtheil ergangen ist, welches nach §. 293d dem Nacherben gegenüber Wirksamkeit hat. Der Nacherbe ist nicht Rechtsnachfolger des Vorerben, sondern des Erblassers. Der bezeichnete Fall wird daher durch die allgemeine Vorschrift des §. 665 an sich nicht gedeckt, vielmehr bedarf es, um die Ertheilung einer vollstreckbaren Ausfertigung des Urtheils für und gegen den Nacherben zu ermöglichen, einer besonderen Vorschrift.

Der Abs. 2 betrifft die Urtheile, die gegenüber einem Testamentsvollstrecker ergangen und gemäß §. 293e für oder gegen den Erben wirksam sind. Auf die Ertheilung der vollstreckbaren Ausfertigung für oder gegen den Erben sollen die Vorschriften des §. 665 gleichfalls entsprechende Anwendung finden. Die Ausfertigung eines zu Gunsten des Testamentsvollstreckers ergangenen Urtheils kann, wie sich schon aus den §§. 2211, 2212 des Bürgerlichen Gesetzbuchs ergiebt, für den Erben erst nach der Beendigung der Verwaltung des Testamentsvollstreckers ertheilt werden. Dagegen muß mit Rücksicht auf die Haftung des Erben für die Nachlaßverbindlichkeiten die Ertheilung einer vollstreckbaren Ausfertigung gegen ihn zulässig sein, auch wenn die Verwaltung noch besteht.

§. 665b.

Nach §. 419 des Bürgerlichen Gesetzbuchs können im Falle der vertragsmäßigen Uebernahme eines Vermögens die Gläubiger, unbeschadet der Fortdauer der Haftung des bisherigen Schuldners, von dem Abschlusse des Vertrags an ihre zu dieser Zeit bestehenden Ansprüche auch gegen den Uebernehmer geltend machen. Die Vermögensübernahme begründet keine Gesammtnachfolge, sondern lediglich eine Sondernachfolge in die einzelnen Rechte und Verbindlichkeiten. Nach §. 665 kann daher die vollstreckbare Ausfertigung eines gegen den früheren Vermögensinhaber ergangenen Urtheils gegen den Uebernehmer nur ertheilt werden, wenn das Urtheil einen dinglichen Anspruch oder eine solche persönliche Verbindlichkeit betrifft, die sich an den Besitz einer bestimmten Sache knüpft. Angesichts der Rechtslage, in welcher sich hier die Gläubiger des bisherigen Vermögensinhabers befinden, erscheint es indessen billig, die Vollstreckung des gegen diesen ergangenen Urtheils gegen den Uebernehmer allgemein zuzulassen (§. 665b Abs. 1 des Entwurfs). Das Maß der Haftung des Uebernehmers wird selbstverständlich auch in diesem Falle durch die Vorschriften des §. 419 Abs. 2 des Bürgerlichen Gesetzbuchs begrenzt.

Aehnlich ist die Sachlage, wenn Jemand ein unter Lebenden erworbenes Handelsgeschäft unter der bisherigen Firma fortführt. Nach §. 25 Abs. 1 Satz 1, Abs. 2 des Handelsgesetzbuchs haftet in diesem Falle der Erwerber für die im Betriebe des Geschäfts begründeten Verbindlichkeiten des früheren Inhabers, sofern nicht eine abweichende Vereinbarung in das Handelsregister eingetragen und bekannt gemacht oder dem Gläubiger mitgetheilt worden ist. Der Entwurf (§. 665b Abs. 2) gestattet deshalb auch hier, das gegen den früheren Inhaber ergangene Urtheil gegen den Erwerber zur Vollstreckung zu bringen.

§§. 666, 667.

Die Aenderung der Verweisungen in den §§. 666, 667 ergiebt sich ohne Weiteres aus der Einschaltung des §. 664 Abs. 2 sowie der §§. 665a, 665b.

Im §. 667 ist ferner das Wort „Kläger", entsprechend der Fassung der §§. 664, 665, durch das Wort „Gläubiger" ersetzt worden.

In den

§§. 670a bis 670p

trifft der Entwurf für eine Reihe besonderer Fälle Bestimmungen über die Voraussetzungen der Zwangsvollstreckung, sowie über die Ertheilung der vollstreckbaren Ausfertigung eines Urtheils gegen solche Personen, die nicht unter die Vorschrift des §. 665 fallen. Der §. 670a hat die Zwangsvollstreckung in das Vermögen eines nicht rechtsfähigen Vereins zum Gegenstande, der §. 670b die Zwangsvollstreckung in das Gesellschaftsvermögen einer den Vorschriften des Bürgerlichen Gesetzbuchs unterliegenden Gesellschaft. Die §§. 670c, 670d beziehen sich auf den Nießbrauch an einem Vermögen, die §§. 670e bis 670l auf die durch das eheliche Güterrecht begründeten Rechtsverhältnisse. Im §. 670m wird die Zwangsvollstreckung in das der elterlichen Nutznießung unterliegende Kindesvermögen behandelt. Die §§. 670n bis 670p endlich betreffen erbrechtliche Verhältnisse.

Im Einzelnen hat die Vorschrift des

§. 670a

bereits zu §. 49a Erörterung gefunden. Ihre praktische Bedeutung liegt hauptsächlich darin, daß sie die Beschaffung eines vollstreckbaren Titels gegen jedes einzelne Vereinsmitglied entbehrlich macht und auf diese Weise die Zwangsvollstreckung in das Vermögen eines nicht rechtsfähigen Vereins erleichtert.

Der

§. 670b

erfordert zur Zwangsvollstreckung in das Gesellschaftsvermögen einer nach §. 705 des Bürgerlichen Gesetzbuchs eingegangenen Gesellschaft ein gegen alle Gesellschafter ergangenes Urtheil. Die Vorschrift rechtfertigt sich dadurch, daß nach den Vorschriften des Bürgerlichen Gesetzbuchs (§§. 718, 719) ein Gesellschafter nicht über seinen Antheil an den einzelnen zu dem Gesellschaftsvermögen gehörenden Gegenständen verfügen, andererseits aber die Gesellschaft als solche nicht verklagt werden kann. Die Vorschrift gilt nicht nur für die Zwangsvollstreckung wegen einer Gesellschaftsschuld, sondern auch wegen jeder sonstigen Verbindlichkeit, für welche die Gesellschafter, sei es vermöge eines Rechtsgeschäfts, sei es aus anderen Gründen, insbesondere in Folge einer unerlaubten Handlung, als Gesammtschuldner haften. Wenn für die offene Handelsgesellschaft der §. 124 Abs. 2 des Handelsgesetzbuchs den entgegengesetzten Grundsatz aufstellt, so hängt dies damit zusammen, daß dem Gesellschaftsvermögen der offenen Handelsgesellschaft mit Rücksicht auf seine Zweckbestimmung überhaupt eine größere Selbständigkeit beigelegt ist, als dem Vermögen der Gesellschaft des Bürgerlichen Gesetzbuchs.

Zur Beschaffung eines gegen alle Gesellschafter vollstreckbaren Titels wird übrigens in der Regel die Klage gegen den geschäftsführenden Gesellschafter ausreichen (Bürgerliches Gesetzbuch §. 714).

§§. 670c, 670d.

Nach §. 1086 des Bürgerlichen Gesetzbuchs können wegen Forderungen, die gegen den Besteller des Nießbrauchs an einem Vermögen vor der Bestellung entstanden sind, die Gläubiger ohne Rücksicht auf den Nießbrauch Befriedigung aus den dem Nießbrauch unterliegenden Gegenständen verlangen. Mit Bezug hierauf bestimmt der §. 670c Abs. 1, daß eine Zwangsvollstreckung im Sinne der bezeichneten Vorschrift zulässig ist, wenn der Besteller zu der Leistung und der Nießbraucher zur Duldung der Zwangsvollstreckung verurtheilt ist. Daß der Entwurf auch die vorgängige Verurtheilung des Nießbrauchers verlangt, ist in der Natur des Verhältnisses begründet. Denn indem das Vollstreckungsverfahren die dem Rechte des Nießbrauchers unterworfenen Gegenstände trifft, wendet es sich zugleich gegen diesen. Dabei versteht es sich indessen von selbst, daß der Besteller des Nießbrauchs und der Nießbraucher als Streitgenossen zusammen verklagt werden können. Zur Erleichterung der Rechtsverfolgung und zur Vermeidung der mit einer Prozeßführung verbundenen Weiterungen und Kosten sieht überdies der §. 702 Abs. 2 vor, daß es der Verurtheilung des Nießbrauchers zur Duldung der Zwangsvollstreckung nicht bedarf, wenn der Nießbraucher in einer nach §. 702 Abs. 1 Nr. 5 aufgenommenen Urkunde die sofortige Zwangsvollstreckung in die dem Nießbrauch unterliegenden Gegenstände bewilligt hat. Handelt es sich um eine Verbindlichkeit, die schon zur Zeit der Bestellung des Nießbrauchs rechtskräftig festgestellt war, so erscheint es überhaupt nicht erforderlich, noch einen besonderen vollstreckbaren Titel gegen den Nießbraucher zu schaffen. Im Anschluß an die verwandte Vorschrift des §. 665b Abs. 1 läßt daher der §. 670d des Entwurfs hier zu, daß gegen den Nießbraucher eine in Ansehung der dem Nießbrauch unterliegenden Gegenstände vollstreckbare Ausfertigung des Urtheils nach Maßgabe der §§. 665, 666 bis 668 ertheilt wird.

Entsprechend dem §. 1089 des Bürgerlichen Gesetzbuchs sollen die Bestimmungen des §. 670c Abs. 1 und des §. 670d Abs. 1 auch bei dem Nießbrauch an einer Erbschaft für die Nachlaßverbindlichkeiten Anwendung finden (§. 670c Abs. 2, §. 670d Abs. 2).

§. 670e.

Soll bei dem Güterstande der Verwaltung und Nutznießung, der Errungenschaftsgemeinschaft oder der Fahrnißgemeinschaft die Zwangsvollstreckung in das eingebrachte Gut der Ehefrau betrieben werden, so richtet sich das Verfahren sowohl gegen die Frau wie gegen den Mann, gegen erstere insofern, als die Befriedigung aus ihrem Vermögen verlangt wird, gegen letzteren insofern, als die Befriedigung aus dem eingebrachten Gute ohne Rücksicht auf sein Verwaltungs- und Nutznießungsrecht erfolgen soll (Bürgerliches

Gesetzbuch §. 1411, §. 1525 Abs. 2, §. 1550 Abs. 2). Andererseits ist der Mann auch in Ansehung des eingebrachten Gutes nicht ermächtigt, die Ehefrau im Prozesse zu vertreten (Bürgerliches Gesetzbuch §§. 1375, 1380, Civilprozeßordnung § 51). Die Sachlage ist daher dieselbe wie in dem Falle des §. 670c. Demgemäß bestimmt der Entwurf im §. 670e, daß die Zwangsvollstreckung in das eingebrachte Gut nur zulässig ist, wenn die Ehefrau zu der Leistung und der Ehemann zur Duldung der Zwangsvollstreckung in das eingebrachte Gut verurtheilt ist. Im Uebrigen kann auf die Bemerkungen zu den §§. 670c, 670d verwiesen werden.

§. 670f.

Besteht unter den Ehegatten allgemeine Gütergemeinschaft, so können die Gläubiger des Mannes und in gewissem Umfang auch die Gläubiger der Frau aus dem Gesammtgute Befriedigung verlangen (Bürgerliches Gesetzbuch §§. 1459 ff.). Das Gesammtgut unterliegt der Verwaltung des Mannes, und er ist insbesondere befugt, Rechtsstreitigkeiten, die sich auf das Gesammtgut beziehen, im eigenen Namen zu führen (§. 1443 des Bürgerlichen Gesetzbuchs). Damit rechtfertigt es sich ohne Weiteres, wenn der Entwurf bestimmt, daß zur Zwangsvollstreckung in das Gesammtgut stets ein gegen den Mann ergangenes Urtheil erforderlich, aber auch genügend ist. Selbstverständlich wird damit an den allgemeinen Vorschriften über die Voraussetzungen der Zwangsvollstreckung nichts geändert. Insbesondere kommt hier der Fall in Betracht, daß eine zum Gesammtgute gehörende Sache sich im Besitze der Frau befindet oder im Grundbuch ein zum Gesammtgute gehörendes Recht ausschließlich auf den Namen der Frau eingetragen ist. In Ansehung dieser Gegenstände kann nicht schon auf Grund des gegen den Mann ergangenen Urtheils die Zwangsvollstreckung gegenüber der Frau durchgeführt werden, vielmehr muß der Gläubiger eintretenden Falles erst gegen die Frau Klage auf Herausgabe der Sache oder auf Berichtigung des Grundbuchs erheben (zu vergl. Civilprozeßordnung §§. 713, 745 ff.).

Die Vorschrift des §. 670f umfaßt übrigens auch die Fälle der Zwangsvollstreckung in das Gesammtgut einer Errungenschaftsgemeinschaft oder Fahrnißgemeinschaft, und zwar mit Rücksicht darauf, daß der Mann bei einer solchen Gemeinschaft in Ansehung der Gesammtgutsverbindlichkeiten und des Gesammtguts dieselbe rechtliche Stellung hat, wie bei der allgemeinen Gütergemeinschaft (Bürgerliches Gesetzbuch §. 1519 Abs. 2, §§. 1530 ff., 1549).

§. 670g.

Eine Ausnahme von den Vorschriften der §§. 670e, 670f läßt der Entwurf dann eintreten, wenn die Ehefrau selbständig ein Erwerbsgeschäft betreibt. Hat der Mann der Frau die Einwilligung zu einem solchen Betrieb ertheilt, so kann bei dem Güterstande der Verwaltung und Nutznießung die Frau nach §. 1405 Abs. 1 des Bürgerlichen Gesetzbuchs auch ohne Zustimmung des Mannes mit Wirkung gegen das eingebrachte Gut diejenigen Rechtsgeschäfte vornehmen und diejenigen Rechtsstreitigkeiten führen, die der Geschäftsbetrieb mit sich bringt. Der Einwilligung des Mannes in den Geschäftsbetrieb steht es gleich, wenn die Frau mit Wissen und ohne Einspruch des Mannes das Erwerbsgeschäft betreibt (§. 1405 Abs. 2 daselbst). Gutgläubigen Dritten gegenüber erlangt der Einspruch und der etwaige Widerruf der Einwilligung nur durch Eintragung in das Güterrechtsregister Wirksamkeit (§. 1405 Abs. 3 daselbst). Entsprechende Vorschriften gelten nach §. 1525 Abs. 2 und §. 1550 Abs. 2 des Bürgerlichen Gesetzbuchs für das eingebrachte Gut auch bei der Errungenschaftsgemeinschaft und der Fahrnißgemeinschaft sowie nach den §§. 1452, 1519, 1549 für das Gesammtgut bei den verschiedenen Arten der Gütergemeinschaft. Die Rücksicht auf den Rechtsverkehr verlangt, daß, wenn die Frau selbständig ein Erwerbsgeschäft betreibt, die Zwangsvollstreckung in das eingebrachte Gut sowie in das Gesammtgut erleichtert wird. Die Gläubiger der Frau dürfen nicht genöthigt werden, vor dem Beginne der Zwangsvollstreckung ihre Forderungen auch dem Manne gegenüber zur Feststellung zu bringen. Der Entwurf sieht daher vor, daß hier zur Zwangsvollstreckung in das eingebrachte Gut und in das Gesammtgut ein gegen die Ehefrau ergangenes Urtheil genügend ist. Die Vorschrift gilt nicht blos zu Gunsten der Geschäftsgläubiger, sondern allgemein, und zwar mit Rücksicht darauf, daß die Feststellung, ob eine Geschäftsschuld oder eine sonstige Schuld vorliegt, nicht selten mit Schwierigkeiten verbunden ist. Nur dann soll es bei den Bestimmungen der §§. 670c, 670d verbleiben, wenn zur Zeit des Eintritts der Rechtshängigkeit des gegen die Ehefrau geltend gemachten Anspruchs der Einspruch des Ehemanns gegen den Betrieb des Erwerbsgeschäfts oder der Widerruf seiner Einwilligung zu dem Betrieb im Güterrechtsregister eingetragen war.

Die Vorschrift des §. 670g hat übrigens nicht die Bedeutung, daß der Ehemann die Zwangsvollstreckung unbedingt, also auch dann dulden muß, wenn das gegen die Ehefrau ergangene Urtheil in Ansehung des eingebrachten Gutes oder des Gesammtguts ihm gegenüber unwirksam ist. Vielmehr kann er in einem solchen Falle, wie sich aus §. 690c ergiebt, im Wege der Klage Widerspruch gegen die Zwangsvollstreckung erheben.

§. 670h.

Ist der Güterstand der Verwaltung und Nutznießung, der Errungenschaftsgemeinschaft oder der Fahrnißgemeinschaft erst eingetreten, nachdem ein von der Ehefrau oder gegen sie geführter Rechtsstreit rechtshängig geworden ist (zu vergl. §. 1407 Nr. 1, §. 1525 Abs. 2, §. 1550 Abs. 2 des Bürgerlichen Gesetzbuchs), so kann dem Gegner der Frau, der ein obsiegendes Urtheil erstreitet, nicht zugemuthet werden, behufs Herbeiführung der Zwangsvollstreckung in das eingebrachte Gut erst noch nach §§. 670e, 670f eine besondere Klage gegen den Mann zu erheben. Durch die Anwendung dieser Vorschriften würden hier, da das Urtheil dem Manne gegenüber wirksam ist (Bürgerliches Gesetzbuch §. 1407 Nr. 1, §. 1525 Abs. 2, §. 1550 Abs. 2), lediglich zwecklose Weiterungen und Kosten entstehen. Der Entwurf bestimmt daher, daß dem Gläubiger nach Maßgabe der §§. 665, 666 bis 668 gegen den Mann eine in Ansehung des eingebrachten Gutes vollstreckbare Ausfertigung des gegen die Frau ergangenen Urtheils ertheilt werden kann (§. 670h Abs. 1). Das Gleiche soll nach §. 670h Abs. 2 für die Ertheilung einer in Ansehung des Gesammtguts vollstreckbaren Ausfertigung gelten, wenn die allgemeine Gütergemeinschaft oder die Fahrnißgemeinschaft erst eingetreten ist, nachdem ein von der Ehefrau oder gegen sie geführter Rechtsstreit rechtshängig geworden ist (zu vergl. §§. 1454, 1549 des Bürgerlichen Gesetzbuchs). Die Errungenschaftsgemeinschaft ist im Abs. 2 nicht erwähnt, weil bei dieser nach den Vorschriften des Bürgerlichen Gesetzbuchs (§§. 1530 ff.) das Gesammtgut für die vor dem Eintritt der Errungenschaftsgemeinschaft entstandenen Verbindlichkeiten der Frau nicht haftet, der hier vorausgesetzte Fall mithin nicht eintreten kann.

Hat der von der Ehefrau oder gegen sie geführte Rechtsstreit ein der Ehefrau günstiges Ergebniß, so entspricht es der Stellung, welche dem Manne nach den Vorschriften des Bürgerlichen Gesetzbuchs in Ansehung des eingebrachten Gutes und des

Gesammtguts zukommt (§§. 1380, 1443, §. 1519 Abs. 2, §. 1525 Abs. 2, §. 1549), daß auch für ihn nach Maßgabe der §§. 665, 666 bis 668 eine vollstreckbare Ausfertigung des zu Gunsten der Ehefrau ergangenen Urtheils ertheilt werden darf. Der § 670h hat daher diese Frage ausdrücklich in dem bezeichneten Sinne geregelt.

§§. 670i, 670k.

Ist die allgemeine Gütergemeinschaft, die Errungenschafts- oder die Fahrnißgemeinschaft beendigt, so steht die Verwaltung des Gesammtguts bis zur Auseinandersetzung nicht mehr dem Manne allein, sondern beiden Ehegatten gemeinschaftlich zu (Bürgerliches Gesetzbuch §§. 1472, 1546, 1549). Dementsprechend bestimmt der Entwurf im §. 670i, daß vor der Auseinandersetzung die Zwangsvollstreckung in das Gesammtgut nur zulässig ist, wenn gegen beide Ehegatten ein vollstreckbarer Titel vorliegt. Je nachdem einer der Ehegatten für die Gesammtgutsverbindlichkeit persönlich haftet oder nicht, muß das Urtheil auf Leistung oder auf Duldung der Zwangsvollstreckung lauten (zu vergl. Bürgerliches Gesetzbuch § 1459 Abs. 2).

Jedoch sieht für den Fall, daß ein gegen den Ehemann geführter Rechtsstreit bei Beendigung der Gütergemeinschaft schon durch rechtskräftiges Urtheil erledigt ist, der §. 670k vor, daß dem Gläubiger gegen die Frau eine in Ansehung des Gesammtguts vollstreckbare Ausfertigung des gegen den Mann ergangenen Urtheils nach Maßgabe der §§ 665, 666 bis 668 ertheilt wird. Eine Gefährdung der Frau durch die Prozeßführung des Mannes oder seiner Erben ist in einem solchen Falle ausgeschlossen.

§. 670l.

Wird bei der allgemeinen Gütergemeinschaft oder der Fahrnißgemeinschaft nach dem Tode eines Ehegatten die Gemeinschaft zwischen dem überlebenden Ehegatten und den gemeinschaftlichen Abkömmlingen fortgesetzt, so hat nach den Vorschriften des Bürgerlichen Gesetzbuchs (§§. 1487, 1557) in Ansehung des Gesammtguts der überlebende Ehegatte die rechtliche Stellung des Mannes, während den antheilsberechtigten Abkömmlingen die rechtliche Stellung der Frau zukommt. Mit Rücksicht hierauf erscheint es sachgemäß, die für die eheliche Gütergemeinschaft geltende Vorschrift des §. 670f auf die fortgesetzte Gütergemeinschaft zu übertragen. Der §. 670l Abs. 1 bestimmt daher, daß zur Zwangsvollstreckung in das Gesammtgut der fortgesetzten Gütergemeinschaft ein gegen den überlebenden Ehegatten ergangenes Urtheil erforderlich und genügend ist. Die gleiche Erwägung muß aber weiterhin dazu führen, auch die Vorschriften der §§. 670i, 670k mit der Maßgabe Anwendung finden zu lassen, daß an die Stelle des Ehemanns der überlebende Ehegatte, an die Stelle der Ehefrau die antheilsberechtigten Abkömmlinge treten (§. 670l Abs. 2).

§. 670m.

Nach §. 1659 des Bürgerlichen Gesetzbuchs können die Gläubiger eines unter elterlicher Gewalt stehenden Kindes ohne Rücksicht auf die elterliche Nutznießung Befriedigung aus dem Vermögen des Kindes verlangen. Im Anschlusse hieran bestimmt der Entwurf, daß zur Zwangsvollstreckung in das der elterlichen Nutznießung unterliegende Vermögen des Kindes ein gegen das Kind ergangenes Urtheil genügen, ein gegen den Vater oder die Mutter gerichtetes Urteil auf Duldung der Zwangsvollstreckung mithin nicht erforderlich sein soll. Die elterliche Nutznießung bedarf des Schutzes nicht, da einerseits das der Nutznießung unterliegende Vermögen des Kindes für alle Verbindlichkeiten des letzteren haftet, andererseits das Kind prozeßunfähig ist.

Der

§. 670n

bestimmt, das zur Zwangsvollstreckung in einem Nachlaß, wenn mehrere Erben vorhanden sind, bis zur Theilung ein gegen alle Erben ergangenes Urtheil erforderlich ist. Die Vorschrift entspricht der Regelung, welche die Zwangsvollstreckung in das Gesellschaftsvermögen zufolge des §. 670b des Entwurfs gefunden hat, und rechtfertigt sich dadurch, daß nach dem Bürgerlichen Gesetzbuche (§. 2033 Abs. 2) ein Miterbe über seinen Antheil an den einzelnen Nachlaßgegenständen nicht verfügen kann.

§. 670o.

Unterliegt ein Nachlaß der Verwaltung eines Testamentsvollstreckers, so steht diesem, nicht dem Erben das Recht zu, über die Nachlaßgegenstände zu verfügen (Bürgerliches Gesetzbuch §§. 2205, 2211). Hierdurch rechtfertigt sich die Vorschrift des §. 670o Abs. 1, wonach zur Zwangsvollstreckung in den Nachlaß ein gegen den Testamentsvollstrecker ergangenes Urtheil erforderlich und genügend ist. Daß die Klage gegen den Testamentsvollstrecker gerichtet werden kann, ergiebt sich schon aus §. 2213 Abs. 1 Satz 1 des Bürgerlichen Gesetzbuchs.

Ist die Verwaltung des Testamentsvollstreckers auf einzelne

Nachlaßgegenstände beschränkt, so ist nach §. 2213 Abs. 1 Satz 2 des Bürgerlichen Gesetzbuchs die Geltendmachung eines Anspruchs, der sich gegen den Nachlaß richtet, nur gegen den Erben zulässig. Hieraus ergiebt sich von selbst, daß für den bezeichneten Fall die Zwangsvollstreckung in die der Verwaltung des Testamentsvollstreckers unterliegenden Gegenstände unbedingt davon abhängig gemacht werden muß, daß der Erbe zu der Leistung verurtheilt ist. Da aber das Verfügungsrecht hinsichtlich jener Gegenstände ausschließlich dem Testamentsvollstrecker zusteht (Bürgerliches Gesetzbuch §. 2205 Satz 2, §. 2208 Abs. 1 Satz 2, §. 2211), so kann andererseits die Zwangsvollstreckung nur zulässig sein, wenn zugleich der Testamentsvollstrecker nach Maßgabe des §. 2213 des Bürgerlichen Gesetzbuchs zur Duldung der Zwangsvollstreckung verurtheilt ist. In diesem Sinne hat der §. 670o Abs. 2 des Entwurfs die Frage geregelt.

Im Abs. 3 trifft der Entwurf eine besondere Bestimmung für die Zwangsvollstreckung wegen eines Pflichttheilsanspruchs. Die Vertretung des Nachlasses gegen einen solchen Anspruch liegt außerhalb der Aufgaben des Testamentsvollstreckers; der Anspruch kann, auch wenn dem Testamentsvollstrecker die Verwaltung des Nachlasses zusteht, nur gegen den Erben geltend gemacht werden (Bürgerliches Gesetzbuch §. 2213 Abs. 1 Satz 3). Wie im Falle des § 670o Abs. 2 ist daher auch hier zur Zwangsvollstreckung in den Nachlaß oder in die einzelnen der Verwaltung des Testamentsvollstreckers unterliegenden Gegenstände ein sowohl gegen den Erben als gegen den Testamentsvollstrecker ergangenes Urtheil erforderlich.

§. 670p.

Aus einem gegen den Erblasser zu dessen Lebzeiten ergangenen Urtheil ist, wenn es sich nur um eine persönliche Verbindlichkeit des Erblassers handelt, in die der Verwaltung des Testamentsvollstreckers unterliegenden Nachlaßgegenstände an sich die Zwangsvollstreckung nicht zulässig, da hierdurch in das Verfügungsrecht des Testamentsvollstreckers (§. 2211 des Bürgerlichen Gesetzbuchs) eingegriffen wird. Indessen würde es für den Gläubiger eine ungerechtfertigte Erschwerung seiner Lage bedeuten, wenn er unter solchen Umständen genöthigt würde, erst noch Klage gegen den Testamentsvollstrecker zu erheben. Der Entwurf bestimmt daher, daß hier zur Zwangsvollstreckung in die bezeichneten Gegenstände eine nach Maßgabe der §§. 665, 666 bis 668 gegen den Testamentsvollstrecker ertheilte vollstreckbare Ausfertigung genügen soll. Auf der anderen Seite legt aber der Entwurf, entsprechend der Stellung des Testamentsvollstreckers, diesem die Befugniß bei, seinerseits in gleicher Weise aus einem zu Gunsten des Erblassers ergangenen Urtheile die Ertheilung einer vollstreckbaren Ausfertigung zu erwirken.

§§. 671, 687.

Die neue Fassung dieser Bestimmungen ist lediglich eine Folge der Aenderungen, welche der vorhergehende Theil des gegenwärtigen Abschnitts erfahren hat.

Die

§§. 676a, 684a

enthalten, wie schon oben S. 104 hervorgehoben ist, die Vorschriften, nach denen der Gerichtsvollzieher und das Vollstreckungsgericht zu verfahren haben, wenn die Vollstreckung von einer Zug um Zug zu bewirkenden Leistung des Gläubigers an den Schuldner abhängt.

Handelt es sich um eine dem Gerichtsvollzieher obliegende Zwangsvollstreckung, so ist der Gläubiger in der Lage, seine Gegenleistung unmittelbar vor der Ausführung der Maßregel dem Schuldner durch den Gerichtsvollzieher anbieten zu lassen. Bietet nunmehr der Schuldner die verlangte Leistung seinerseits nicht an, so kommt er in Verzug der Annahme (§. 298 des Bürgerlichen Gesetzbuchs) und die Zwangsvollstreckung kann ohne Weiteres erfolgen. Der Gerichtsvollzieher hat gemäß §§. 682, 683 den Vorgang in dem von ihm aufzunehmenden Protokolle zu beurkunden und gegebenen Falles Abschrift des Protokolls dem Schuldner zuzustellen. Wird nicht in der bezeichneten Weise verfahren, so darf der Gerichtsvollzieher die Zwangsvollstreckung nur beginnen, wenn der Beweis, daß der Schuldner befriedigt oder im Verzuge der Annahme ist, durch öffentliche Urkunden geführt wird und eine Abschrift dieser Urkunden bereits zugestellt ist oder gleichzeitig zugestellt wird.

Für die Anordnung einer Vollstreckungsmaßregel durch das Vollstreckungsgericht muß mit Rücksicht auf die Verschiedenheit der Sachlage als Regel die Vorschrift festgehalten werden, daß die Anordnung überhaupt nur erfolgen darf, wenn der Beweis, daß der Schuldner befriedigt oder im Verzuge der Annahme ist, durch öffentliche Urkunden geführt wird und eine Abschrift dieser Urkunden bereits zugestellt ist. Ausnahmsweise bedarf es jedoch einer solchen Zustellung in dem Falle nicht, daß schon früher der Gerichtsvollzieher die Zwangsvollstreckung unter dem Angebote der dem Schuldner zukommenden Gegenleistung begonnen hatte und der Beweis durch das von dem Gerichtsvollzieher aufgenommene Protokoll geführt wird.]

§. 681.

Da der Entwurf bereits im §. 171 Abs. 1 die Nachtzeit in Uebereinstimmung mit dem §. 681 Abs. 3 festsetzt, ist auf die erstere Vorschrift im §. 681 Abs. 1 verwiesen und der Abs. 3 als entbehrlich gestrichen worden.

§. 683.

Die neue Fassung des §. 683 Abs. 2 stellt, abgesehen von dem hinzugefügten Hinweis auf den §. 158a, gegenüber den Vorschriften der §§. 190a ff. über die Zustellungen von Amtswegen außer Zweifel, daß die hier im Frage kommenden Zustellungen nach wie vor dem Gerichtsvollzieher obliegen.

§. 690a.

Nach §§. 135, 136 des Bürgerlichen Gesetzbuchs hat ein gesetzliches Veräußerungsverbot, das nur den Schutz bestimmter Personen bezweckt, sowie ein Veräußerungsverbot, das von einem Gericht oder einer anderen zuständigen Behörde erlassen wird, die Bedeutung, daß eine Verfügung über den dem Verbot unterliegenden Gegenstand den Personen gegenüber unwirksam ist, um deren Schutz es sich handelt; dabei steht der rechtsgeschäftlichen Verfügung eine Verfügung gleich, die im Wege der Zwangsvollstreckung oder der Arrestvollziehung erfolgt. Wie sich aus dem näheren Inhalte dieser Vorschriften ohne Weiteres ergiebt, greifen dieselben nicht Platz bei einer Zwangsvollstreckung, durch welche ein Recht bethätigt wird, das bereits vor dem Veräußerungsverbot entstanden oder das trotz des Veräußerungsverbots nach Maßgabe der Vorschriften über den Schutz des guten Glaubens in wirksamer Weise erworben ist. Die Tragweite der fraglichen Bestimmungen geht vielmehr auf dem Gebiete der Zwangsvollstreckung nur dahin, daß gegenüber den Personen, deren Schutz das Verbot bezweckt, eine Veräußerung oder Ueberweisung des Gegenstandes dann keine Wirksamkeit hat, wenn sie wegen eines persönlichen Anspruchs oder auf Grund eines in Folge des Verbots unwirksamen Rechtes erfolgt.

Im Anschlusse hieran trifft aber der §. 690a Satz 1 die Ordnungsvorschrift, daß unter den bezeichneten Umständen eine Veräußerung oder Ueberweisung überhaupt nicht stattfinden soll. Der Erwerb eines solchen Gegenstandes würde nur ein durchaus unsicheres Recht gewähren und es würde sich daher kaum ein Ersteher finden, jedenfalls aber wäre ein angemessenes, die Interessen des Schuldners wahrendes Gebot nicht zu erzielen. Für den Fall, daß entgegen dieser Vorschrift eine Veräußerung oder Ueberweisung erfolgt, kann, wie der §. 690a Satz 2 ausdrücklich bestimmt, der durch das Verbot Geschützte die Widerspruchsklage erheben.

§. 690b.

Nach §. 2115 des Bürgerlichen Gesetzbuchs ist eine Verfügung über einen Erbschaftsgegenstand, die im Wege der Zwangsvollstreckung erfolgt, im Falle des Eintritts der Nacherbfolge insoweit unwirksam, als sie das Recht des Nacherben vereiteln oder beeinträchtigen würde; die Verfügung ist jedoch unbeschränkt wirksam, wenn der Anspruch eines Nachlaßgläubigers oder ein an einem Erbschaftsgegenstande bestehendes Recht geltend gemacht wird, das im Falle des Eintritts der Nacherbfolge dem Nacherben gegenüber wirksam ist. Die Unwirksamkeit der Verfügung hat hier die gleiche Bedeutung, wie bei dem Veräußerungsverbote der §§. 135, 136 des Bürgerlichen Gesetzbuchs, und der §. 690b trifft daher in Ansehung der zu einer Vorerbschaft gehörenden Gegenstände eine Vorschrift, welche der des §. 690a genau entspricht.

Der

§. 690c

enthält eine Ergänzung des §. 670g, die bereits im Zusammenhange mit diesem (oben S. 111) erörtert ist.

§. 692a.

Ist der Gläubiger durch eine in seinem Besitze befindliche bewegliche Sache des Schuldners gesichert, an der ihm ein Pfandrecht für seine Forderung zusteht, so bleibt es ihm an sich unbenommen, die Zwangsvollstreckung auch in das übrige Vermögen des Schuldners zu betreiben. Andererseits ist es jedoch ein Gebot der Billigkeit, daß dem Vorgehen des Gläubigers, entsprechend dem Zwecke der Pfandbestellung, insoweit eine Grenze gezogen werde, als seine Forderung durch den Werth der Sache gedeckt ist. Ebenso verhält es sich, wenn der Gläubiger eine bewegliche Sache des Schuldners im Besitze hat, in Ansehung deren ihm ein Zurückbehaltungsrecht für seine Forderung zusteht (Bürgerliches Gesetzbuch §. 273 Abs. 2, §§. 1000 ff., Handelsgesetzbuch §§. 369 ff.). Der Entwurf (§. 692a Satz 1) gewährt daher in den fraglichen Fällen dem Schuldner das Recht, der Zwangsvollstreckung in das übrige Vermögen nach §. 685 zu widersprechen, soweit die Forderung durch den Werth der Sache gedeckt ist. Bestimmungen ähnlicher Art finden sich schon gegenwärtig auf dem Gebiete des bürgerlichen Rechtes in verschiedenen Landesgesetzen (zu vergl. beispielsweise das preußische Allg. Landrecht I, 20 §. 46).

Das Widerspruchsrecht des Schuldners erfährt jedoch durch §. 692a Satz 2 eine Einschränkung für den Fall, daß dem Gläubiger ein Recht der bezeichneten Art an der Sache auch für eine andere Forderung zusteht. Hier darf der Gläubiger nicht der Gefahr ausgesetzt werden, seine Sicherung für die andere Forderung zu verlieren, und der Entwurf knüpft daher das Widerspruchsrecht des Schuldners an die weitere Voraussetzung, daß auch diese Forderung durch den Werth der Sache gedeckt ist (zu vergl. §. 772 Abs. 2 des Bürgerlichen Gesetzbuchs).

§. 692b.

Die Vorschrift des §. 692b Abs. 1 beruht auf den gleichen Erwägungen, wie sie für die Bestimmungen im §. 1958 des Bürgerlichen Gesetzbuchs und im §. 217 Abs. 5 des Entwurfs maßgebend gewesen sind.

Im §. 692b Abs. 2 zieht der Entwurf aus dem Gedanken, daß erst mit der Annahme der Erbschaft die letztere endgültig Bestandtheil des Vermögens des Erben wird, die Folgerung zu Gunsten der Nachlaßgläubiger, indem er den persönlichen Gläubigern des Erben bis zur Annahme der Erbschaft die Zwangsvollstreckung in den Nachlaß versagt.

Daß die Beschränkungen der Zwangsvollstreckung auf die Vollziehung des Arrestes entsprechende Anwendung finden, ergiebt sich aus der allgemeinen Vorschrift des §. 808 und bedarf deshalb hier, wie an anderen Stellen des achten Buches keiner besonderen Hervorhebung.

§. 693.

Für die Fälle, in denen eine bei Lebzeiten des Schuldners begonnene Zwangsvollstreckung nach dessen Tode in den Nachlaß fortgesetzt wird, schreibt der §. 693 Abs. 2 des geltenden Gesetzes vor, daß, soweit bei einer Vollstreckungshandlung die Zuziehung des Schuldners nöthig ist, das Vollstreckungsgericht bei ruhender Erbschaft oder wenn der Erbe oder dessen Aufenthalt unbekannt ist, auf Antrag des Gläubigers dem Nachlaß oder dem Erben einen einstweiligen besonderen Vertreter zu bestellen hat. Das Bürgerliche Gesetzbuch kennt ein Ruhen der Erbschaft nicht mehr. Nach §§. 1922, 1923, 1936, 1942 ff. geht vielmehr die Erbschaft mit dem Tode des Erblassers, unbeschadet des Rechtes, sie binnen einer bestimmten Frist auszuschlagen, kraft Gesetzes auf den berufenen Erben über. Jedoch kann gemäß §. 1958 des Bürgerlichen Gesetzbuchs vor der Annahme der Erbschaft ein Anspruch, der sich gegen den Nachlaß richtet, nicht gegen den Erben gerichtlich geltend gemacht werden. Im Entwurf ist daher die Bezugnahme auf die ruhende Erbschaft beseitigt und an deren Stelle die Voraussetzung getreten, daß der Erbe die Erbschaft noch nicht angenommen hat oder daß Ungewißheit über die Annahme besteht. Die Fälle, in denen der Aufenthalt des Erben unbekannt ist, können künftighin außer Betracht bleiben, da, abgesehen von der Zulässigkeit einer öffentlichen Zustellung (Civilprozeßordnung §§. 186 ff.), die Vorschriften des Bürgerlichen Gesetzbuchs (§. 1911) über die Abwesenheitspflegschaft dem Bedürfnisse genügen werden. Andererseits bedarf der §. 693 Abs. 2 noch einer Einschränkung durch die Vorschrift, daß die Bestellung eines einstweiligen besonderen Vertreters zu unterbleiben hat, wenn ein Nachlaßpfleger bestellt ist oder wenn die Verwaltung des Nachlasses einem Testamentsvollstrecker zusteht. Der Testamentsvollstrecker, welcher den Nachlaß zu verwalten hat, ist nach §. 2213 des Bürgerlichen Gesetzbuchs ohne Weiteres auch zur Vertretung des Erben gegenüber den Nachlaßgläubigern berufen. Dasselbe gilt aber für den Nachlaßpfleger. Denn zufolge §§. 1960, 1961 des Bürgerlichen Gesetzbuchs hat, soweit bis zur Annahme der Erbschaft ein Bedürfniß für die Sicherung des Nachlasses besteht, sowie wenn der Erbe unbekannt oder wenn ungewiß ist, ob er die Erbschaft angenommen hat, das Nachlaßgericht einen Nachlaßpfleger zu bestellen, sobald die Bestellung zum Zwecke der gerichtlichen Geltendmachung eines Anspruchs, der sich gegen den Nachlaß richtet, beantragt wird.

Der

§. 694

konnte mit Rücksicht auf die zu §. 693 erörterten Vorschriften des Bürgerlichen Gesetzbuchs über den Erbschaftserwerb, die Abwesenheitspflegschaft und die Nachlaßpflegschaft gestrichen werden.

§. 695.

Das Bürgerliche Gesetzbuch geht davon aus, daß die Errichtung eines Inventars nicht nothwendige Voraussetzung für die Abwendung der persönlichen Haftung des Erben ist. Vielmehr haftet an sich jeder Erbe nur mit dem Nachlaß, und zwar in der Weise, daß es seine Sache ist, diese Beschränkung der Haftung im Wege der Einrede gegen den einzelnen Nachlaßgläubiger geltend zu machen. Dem entspricht die Aenderung im §. 695 Abs. 1 des Entwurfs, wonach der als Erbe des Schuldners verurtheilte Beklagte die Beschränkung seiner Haftung nur geltend machen kann, wenn sie ihm im Urtheile vorbehalten ist.

Der Fiskus kann die ihm als gesetzlichem Erben angefallene Erbschaft nicht ausschlagen (§. 1942 Abs. 2 des Bürgerlichen Gesetzbuchs). Er bedarf daher eines Schutzes gegen die aus der Ueberschuldung des Nachlasses erwachsenden Gefahren, und in diesem Sinne sieht schon der §. 2011 des Bürgerlichen Gesetzbuchs vor, daß ihm eine Inventarfrist nicht bestimmt werden kann. Dem gleichen Zwecke dient die Vorschrift im §. 695 Abs. 2 des Entwurfs, wonach der Vorbehalt wegen der Beschränkung der Haftung nicht erforderlich ist, wenn der Fiskus als gesetzlicher Erbe verurtheilt wird. Dasselbe muß aber für den Fall gelten, daß das Urtheil über eine Nachlaßverbindlichkeit gegen einen Nachlaßverwalter oder einen anderen Nachlaßpfleger oder gegen einen Testamentsvollstrecker ergeht, dem die Verwaltung des Nachlasses zusteht. Eine solche Regelung ist durch die Stellung der genannten Personen geboten: auch ihnen darf eine Inventarfrist nicht bestimmt werden, und sie können überdies auf die Beschränkung der Haftung des Erben nicht verzichten (§§. 2012, 2205 ff. des Bürgerlichen Gesetzbuchs).

Der

§. 696

des Entwurfs giebt sachlich den Inhalt des bisherigen Abs. 1 in kürzerer Fassung wieder. Der Abs. 2 ist theils durch die Vorschriften des Bürgerlichen Gesetzbuchs (§§. 2014, 2015), theils durch die §§. 696a bis 696c des Entwurfs entbehrlich geworden und deshalb gestrichen. Der Abs. 3 wird durch den §. 696d des Entwurfs ersetzt.

§. 696a.

Nach §. 2014 des Bürgerlichen Gesetzbuchs ist der Erbe, der nicht unbeschränkt haftet, berechtigt, die Berichtigung einer Nachlaßverbindlichkeit bis zum Ablaufe der ersten drei Monate nach der Annahme der Erbschaft, jedoch nicht über die Errichtung des Inventars hinaus, zu verweigern. Das gleiche Recht hat der Erbe, wenn er den Antrag auf Erlassung des Aufgebots der Nachlaßgläubiger innerhalb eines Jahres nach der Annahme der Erbschaft gestellt hat und der Antrag zugelassen ist, gemäß §. 2015 des Bürgerlichen Gesetzbuchs bis zur Beendigung des Aufgebotsverfahrens. Zufolge §. 276a des Entwurfs wird indessen durch die Geltendmachung der dem Erben nach jenen Vorschriften zustehenden Einreden eine unter dem Vorbehalte der beschränkten Haftung ergehende Verurtheilung des Erben nicht ausgeschlossen. Ebensowenig darf dann aber dem Erben die Befugniß eingeräumt werden, einer Zwangsvollstreckung in den Nachlaß oder in sein eigenes Vermögen auf Grund der Einreden schlechthin zu widersprechen. Sachgemäß erscheint nur eine Regelung, welche den Zweck der fraglichen Einreden wahrt, ohne das berechtigte Interesse der Gläubiger zu gefährden. Hiernach rechtfertigt sich die Vorschrift im §. 696a Satz 1 des Entwurfs, wonach der Erbe nur verlangen kann, daß die Zwangsvollstreckung für die Dauer der in den §§. 2014, 2015 des Bürgerlichen Gesetzbuchs vorgesehenen Fristen auf solche Maßregeln beschränkt wird, die zur Vollziehung eines Arrestes zulässig sind. Im Zusammenhange damit trifft der §. 696a Satz 2 noch eine besondere Bestimmung für den Fall, daß vor dem Ablaufe der Frist die Eröffnung des Nachlaßkonkurses beantragt wird. Hier soll, um den Erben vor Schaden zu bewahren und die gleichmäßige Befriedigung der Konkursgläubiger zu sichern, auf Antrag des Erben oder des Nachlaßverwalters die Beschränkung der Zwangsvollstreckung auch nach dem Ablaufe der Frist aufrecht erhalten werden, bis über die Eröffnung des Konkursverfahrens rechtskräftig entschieden ist. (Zu vergl. §. 696c des Entwurfs und der nach Anl. II der Denkschrift zum Entwurf eines Bürgerlichen Gesetzbuchs, Reichstagsverhandlungen 1895/97 Anl. Bd. I S. 766 in Aussicht genommene §. 205d der Konkursordnung.)

§. 696b.

Durch die in den §§. 2014, 2015 des Bürgerlichen Gesetzbuchs vorgesehenen Einreden soll dem Erben Zeit zur ungestörten Errichtung des Inventars und zur Ueberlegung verschafft werden, ob er von seinem Rechte auf beschränkte Haftung Gebrauch machen will. Zur vollständigen Erreichung dieses Zweckes ist es erforderlich, daß dem Erben die Befugniß, in Ansehung der Nachlaßgegenstände die Beschränkung der Zwangsvollstreckung nach §. 696a zu verlangen, auch seinen persönlichen Gläubigern gegenüber gewährt wird. Andererseits ergiebt sich aus dem Zwecke jener Einreden ohne Weiteres, daß dem Erben die Befugniß versagt werden muß, wenn er für die Nachlaßverbindlichkeiten unbeschränkt haftet (zu vergl. §. 2016 Abs. 1 des Bürgerlichen Gesetzbuchs).

§. 696c.

Ist eine Nachlaßverwaltung angeordnet oder der Nachlaßkonkurs eröffnet, so beschränkt sich nach dem Bürgerlichen Gesetzbuche (§§. 1975 ff.) die Haftung des Erben für die Nachlaßverbindlichkeiten, abgesehen von gewissen Ausnahmefällen (Bürgerliches Gesetzbuch §. 1994 Abs. 1 Satz 2, §. 2005 Abs. 1, §. 2006 Abs. 3, §. 2013 Abs. 1), auf den Nachlaß. Soweit diese Regel reicht, läßt sich dem Erben auch die Befugniß nicht versagen, zu verlangen, daß Maßregeln der Zwangsvollstreckung, die zu Gunsten eines Nachlaßgläubigers in sein nicht zum Nachlasse gehörendes Vermögen erfolgt sind, aufgehoben werden, und der Entwurf trifft daher im Abs. 1 des §. 696c eine dahingehende Bestimmung.

Auf der anderen Seite fordert die Rücksicht auf die Rechte der Nachlaßgläubiger, daß unter der bezeichneten Voraussetzung der Nachlaß in erster Linie zu ihrer Befriedigung verwendet wird. Der Abs. 2 des §. 696c sieht deshalb vor, daß, wenn eine Nachlaßverwaltung angeordnet ist, der Nachlaßverwalter die Aufhebung von Vollstreckungsmaßregeln verlangen kann, die zu Gunsten eines anderen Gläubigers als eines Nachlaßgläubigers in den Nachlaß erfolgt sind (zu vergl. Bürgerliches Gesetzbuch §. 1984 Abs. 2). Für den Fall des Nachlaßkonkurses werden die Rechte der Nachlaßgläubiger durch den neuen §. 205d der kursordnung (oben S. 121) gewahrt.

§. 696e.

Für die Gesammtgutsverbindlichkeiten der fortgesetzten Gütergemeinschaft haftet der überlebende Ehegatte an sich persönlich; soweit ihn aber die persönliche Haftung nur in Folge des Eintritts der fortgesetzten Gütergemeinschaft trifft, finden die für die Haftung des Erben für die Nachlaßverbindlichkeiten geltenden Vorschriften entsprechende Anwendung (§. 1489 des Bürgerlichen Gesetzbuchs). Der Entwurf ergänzt die letztere Bestimmung dahin, daß die Vorschriften des §. 695 Abs. 1 und der §§. 696 bis 696d auf die beschränkte Haftung des überlebenden Ehegatten gleichfalls zur entsprechenden Anwendung kommen sollen.

Das Bürgerliche Gesetzbuch enthält übrigens noch eine Reihe von weiteren Fällen der beschränkten Haftung. Dahin gehört zunächst der §. 419, welcher die Uebernahme eines Vermögens durch Vertrag betrifft. Die Haftung des Uebernehmers gegenüber den Gläubigern des bisherigen Schuldners beschränkt sich hier auf den Bestand des übernommenen Vermögens und die ihm aus dem Vertrage zustehenden Ansprüche. Beruft er sich auf die Beschränkung seiner Haftung, so finden die für die Haftung des Erben geltenden Vorschriften der §§. 1990, 1991 entsprechende Anwendung. Dasselbe gilt zufolge §. 1480 im Falle der Beendigung der allgemeinen Gütergemeinschaft hinsichtlich der persönlichen Haftung eines Ehegatten für die Gesammtgutsverbindlichkeiten, soweit diese Haftung sich nur darauf gründet, daß die Verbindlichkeiten nicht vor der Theilung berichtigt sind. In gleicher Weise ist auch bei der fortgesetzten Gütergemeinschaft die persönliche Haftung der antheilsberechtigten Abkömmlinge im Verhältnisse zu den Gesammtgutsgläubigern und im Verhältnisse zu einander für den Fall geregelt, daß die Gesammtgutsverbindlichkeiten nicht vor der Theilung berichtigt worden sind (§§. 1498, 1504). Endlich finden nach §. 2187 die für die Haftung des Erben geltenden Vorschriften des §. 1992 entsprechende Anwendung, wenn ein Vermächtnißnehmer, der mit einem Vermächtniß oder einer Auflage beschwert ist, von seiner Befugniß Gebrauch macht, die Erfüllung insoweit zu verweigern, als hierzu dasjenige, was er aus dem Vermächtniß erhält, nicht ausreicht. In allen diesen Fällen erscheint es angemessen, auch die prozessualische Geltendmachung der beschränkten Haftung auf der Grundlage des §. 695 Abs. 1 und der §§. 696, 696d zu regeln. Die Vorschriften der §§. 696a bis 696c passen nur für die besondere Gestaltung der Haftung bei der Erbschaft und der fortgesetzten Gütergemeinschaft und können deshalb hierher nicht übertragen werden.

Der

§. 696f

regelt für den Fall, daß ein Grundstück von dem bisherigen Eigenthümer nach §. 928 des Bürgerlichen Gesetzbuchs aufgegeben und von dem Aneignungsberechtigten noch nicht erworben worden ist, die Zwangsvollstreckung, durch welche ein Recht an dem Grundstücke geltend gemacht wird, in Uebereinstimmung mit der Vorschrift, welche der §. 55a hinsichtlich der Erhebung der Klage trifft. Der §. 17 des Gesetzes über die Zwangsversteigerung und die Zwangsverwaltung, vom 24. März 1897, wonach die Zwangsversteigerung nur angeordnet werden darf, wenn der Schuldner als Eigenthümer des Grundstücks eingetragen ist, findet selbstverständlich gegenüber der Sondervorschrift des §. 696 f keine Anwendung.

§. 700a.

Für den Fall, daß der Gläubiger eine Zwangshypothek auf Grundstücke des Schuldners eintragen lassen oder die Zwangsversteigerung eines Grundstücks betreiben will, der Schuldner aber als Eigenthümer im Grundbuche nicht eingetragen ist, gewährt das preußische Gesetz, betreffend die Zwangsvollstreckung in das unbewegliche Vermögen vom 13. Juli 1883 (§. 6 Abs. 4, §. 14 Abs. 3) dem Gläubiger das Recht, an Stelle des Schuldners von Gerichten und Notaren diejenigen Urkunden zu fordern, welche erforderlich sind, um die Eintragung des Schuldners zu erwirken oder dessen Eigenthum glaubhaft zu machen. Das Bedürfniß, für solche Fälle dem Gläubiger die Durchführung der Zwangsvollstreckung auf dem bezeichneten Wege zu erleichtern, macht sich in gleicher Weise gegenüber den Vorschriften des Entwurfs über die Zwangshypothek (§. 757c) in Verbindung mit den §§. 14, 40 der Grundbuchordnung vom 24. März 1897 sowie gegenüber den Vorschriften des Gesetzes über die Zwangsversteigerung und die Zwangsverwaltung, vom 24. März 1897, (§. 17) geltend. Aber auch in anderen Fällen wird nicht selten die Durchführung der Zwangsvollstreckung davon abhängen, daß der Gläubiger in der Lage ist, sich die erforderlichen Urkunden von Gerichten oder Notaren zu verschaffen, z. B. wenn eine Hypothekenforderung des Schuldners gepfändet werden soll, dieser aber nicht im Grundbuch als der Berechtigte eingetragen ist (§. 731 Abs. 1 Satz 3, §. 737a Abs. 1 Satz 2 des Entwurfs) oder wenn es sich darum handelt, eine vollstreckbare Ausfertigung des gegen den Schuldner ergangenen Urtheils nach den §§. 665 ff. gegen einen Rechtsnachfolger oder eine andere der dort bezeichneten Personen zu erwirken. Um für sämmtliche hier möglicher Weise in Betracht kommenden Verhältnisse Vorsorge zu treffen, hat der Entwurf die allgemeine Bestimmung aufgenommen, daß der Gläubiger, wenn er zum Zwecke der Zwangsvollstreckung eines Erbscheins oder einer anderen Urkunde bedarf, die dem Schuldner auf Antrag von einer Behörde, einem Beamten oder einem Notar zu ertheilen ist, die Ertheilung an Stelle des Schuldners verlangen kann. Verlangt hiernach der Gläubiger die Ertheilung eines Erbscheins, so versteht es sich von selbst, daß die zufolge §. 235b des Bürgerlichen Gesetzbuchs erforderliche Versicherung an Eidesstatt an Stelle des Schuldners von dem Gäubiger abzugeben ist.

§. 702.

In der Praxis kommt es nicht selten vor, daß in einem behufs Beilegung eines Rechtsstreits vor dem Prozeßgericht abgeschlossenen Vergleiche Seitens einer mittelbar betheiligten Person eine Verpflichtung übernommen wird. Ob aus einem solchen Vergleich, abgesehen von den Fällen, in denen die Voraussetzungen des §. 702 Nr. 5 vorliegen, die Zwangsvollstreckung gegen den Dritten auf Grund des §. 702 Nr. 1 stattfinden darf, ist streitig. Es erscheint aber unbedenklich und behufs Förderung der gütlichen Beilegung der Prozesse wünschenswerth, die Vollstreckung gegen den Dritten zuzulassen. Der Entwurf entscheidet daher die Frage im bejahenden Sinne.

Wegen des Zusatzes, den die Nr. 5 in Satz 2 erhalten hat, darf auf das zu §. 555 Bemerkte (oben S. 72) Bezug genommen werden.

Der weiter beigefügte Abs. 2 bringt für diejenigen Fälle, in welchen die Zwangsvollstreckung neben der Verurtheilung des Schuldners zur Leistung noch die Verurtheilung eines anderen Betheiligten zur Duldung der Vollstreckung voraussetzt, den Gläubiger in die Lage, gegen den zur Duldung Verpflichteten auf einfacherem Wege einen vollstreckbaren Titel zu erlangen und so die Kosten und Weiterungen eines Prozesses zu vermeiden.

§§. 703 bis 705.

Die hier vorgenommenen Aenderungen sind lediglich durch andere Bestimmungen des Entwurfs bedingt. Im §. 703 mußte wegen der Einschaltung der §§. 705a, 705b auch auf diese Vorschriften verwiesen werden. Im §. 704 Abs. 1, 3 und im §. 705 Abs. 5 war durch eine allgemeinere Fassung der aus den neuen §§. 665 bis 665b, 670d, 670h, 670k, 670l, 670p sich ergebenden Erweiterung der Vollstreckbarkeit Rechnung zu tragen.

§. 705a.

Hat sich der Eigenthümer eines mit einer Hypothek, einer Grundschuld oder einer Rentenschuld belasteten Grundstücks in einer nach §. 702 Nr. 5 der Civilprozeßordnung aufgenommenen gerichtlichen oder notariellen Urkunde der sofortigen Zwangsvollstreckung unterworfen, so muß der Rechtsnachfolger des Gläubigers, wenn er auf Grund der Urkunde zur Zwangsvollstreckung gegen den Eigenthümer schreiten will, gemäß §. 671 Abs. 2 neben der Abschrift der vollstreckbaren Urkunde und der Vollstreckungsklausel noch eine Abschrift der die Rechtsnachfolge nachweisenden öffentlichen Urkunde zustellen lassen. Die Zustellung der letzteren Urkunde ist jedoch, sofern der Rechtsnachfolger als Gläubiger im Grundbuch eingetragen ist, eine zwecklose Förmlichkeit, da der Eigenthümer von einer solchen Eintragung nach §. 55 der Grundbuchordnung schon durch das Grundbuchamt Kenntniß erhält. Der Entwurf erklärt daher in dem bezeichneten Falle die Zustellung für entbehrlich.

§. 705 b.

Vom Standpunkte des geltenden Gesetzes ist die Frage bestritten, inwieweit die Vorschriften, welche für die Vollstreckbarkeit des Urtheils gegen einen Sondernachfolger des Schuldners gelten, gemäß §. 703 bei anderen vollstreckbaren Titeln, insbesondere bei einer nach §. 702 Nr. 5 aufgenommenen Hypothekenurkunde, zur entsprechenden Anwendung gelangen. Das bayerische Ausführungsgesetz zur Civilprozeßordnung und zur Konkursordnung, vom 23. Februar 1879, (Art. 127, 128) hat auf Grund des §. 706 der Civilprozeßordnung ausdrücklich bestimmt, daß aus einer Hypothekenurkunde die Zwangsvollstreckung allgemein auch gegen den dritten Besitzer des belasteten Grundstücks stattfindet. In der That ist es ein Bedürfniß des Verkehrs, dem Gläubiger die Verfolgung seiner Rechte aus einer Hypothek, Grundschuld oder Rentenschuld nach der bezeichneten Richtung zu erleichtern. Zur Befriedigung des Bedürfnisses genügt es indessen, wenn dem Eigenthümer die Möglichkeit eröffnet wird, sich in einer nach §. 702 Nr. 5 aufgenommenen Urkunde in Ansehung einer Hypothek, einer Grundschuld oder einer Rentenschuld der sofortigen Zwangsvollstreckung in der Weise zu unterwerfen, daß die Zwangsvollstreckung aus der Urkunde gegen den jeweiligen Eigenthümer des Grundstücks zulässig sein soll. Der Entwurf (§. 705 b Abs. 1) regelt die Frage in diesem Sinne. Dabei macht er jedoch die Wirksamkeit des Titels gegenüber dem Sondernachfolger von der weiteren Voraussetzung abhängig, daß die Unterwerfung in das Grundbuch eingetragen ist; eine Bezugnahme auf die Eintragungsbewilligung an Stelle der Eintragung (Bürgerliches Gesetzbuch §. 874) genügt nicht. Der Erwerber des Grundstücks wird auf diese Weise in den Stand gesetzt, sich von vornherein über die Rechtslage zu unterrichten.

Der Abs. 2 des §. 705b sieht, entsprechend dem §. 705a, vor, daß es bei der Zwangsvollstreckung gegen einen späteren Eigenthümer, der im Grundbuch eingetragen ist, nicht der Zustellung der den Erwerb des Eigenthums nachweisenden öffentlichen Urkunde bedarf.

Der Abs. 3 des §. 705b regelt die Zuständigkeit für die Klagen, welche sich auf die Vollstreckungsklausel sowie auf die den Anspruch selbst betreffenden Einwendungen beziehen, in Uebereinstimmung mit der Vorschrift des §. 25 über den dinglichen Gerichtsstand.

§. 706.

Die Streichung des bisherigen Abs. 2 ergiebt sich aus den neuen Vorschriften des §. 705b.

Der

§. 710a

bestimmt, um etwaigen Zweifeln vorzubeugen, die sich aus den Vorschriften des Bürgerlichen Gesetzbuchs über den Kaufvertrag ergeben könnten, daß bei der Veräußerung, die auf Grund einer Pfändung erfolgt, dem Erwerber ein Anspruch auf Gewährleistung wegen eines Mangels im Rechte oder wegen eines Mangels der veräußerten Sache weder dem Gläubiger noch dem Schuldner gegenüber zusteht. Die Gewährleistung würde hier dem Zwecke der Veräußerung widersprechen. In gleicher Weise ist schon durch das Gesetz über die Zwangsversteigerung und die Zwangsverwaltung, vom 24. März 1897, (§. 56) bei der Zwangsversteigerung nicht nur bezüglich des versteigerten Grundstücks, sondern auch bezüglich der übrigen mitversteigerten Gegenstände die Gewährleistung ausgeschlossen.

Im

§. 711

ist die Norm des Offenbarungseides in Einklang mit der Fassung des Eides gebracht, den nach §. 260 des Bürgerlichen Gesetzbuchs derjenige zu leisten hat, welcher verpflichtet ist, einen Inbegriff von Gegenständen herauszugeben oder über den Bestand eines solchen Inbegriffs Auskunft zu ertheilen.

§. 714.

Nach dem §. 714 der Civilprozeßordnung können Früchte, auch bevor sie vom Boden getrennt sind, gepfändet werden. Die Bestimmung greift aber nur insoweit Platz, als nicht auf Grund des §. 757 Abs. 2 der Civilprozeßordnung die Landesgesetze jene Früchte in Ansehung der Zwangsvollstreckung als Gegenstände des unbeweglichen Vermögens behandeln. Die fraglichen Landesgesetze werden durch die reichsgesetzliche Regelung der Zwangsvollstreckung in das unbewegliche Vermögen beseitigt. Indessen führt gerade diese Regelung zu einer entsprechenden Beschränkung der Vorschrift des §. 714. Das Gesetz über die Zwangsversteigerung und die Zwangsverwaltung, vom 24. März 1897, geht (§§. 21, 148) von dem Grundsatz aus, daß bei der Zwangsvollstreckung in das unbewegliche Vermögen die Beschlagnahme des Grundstücks ohne Weiteres auch die stehenden Früchte umfaßt und damit diese Früchte der Pfändung entzieht. Demgemäß bestimmt der Entwurf im §. 714 Abs. 1, daß Früchte, die von dem Boden noch nicht getrennt sind, gepfändet werden können, solange nicht ihre Beschlagnahme im Wege der Zwangsvollstreckung in das unbewegliche Vermögen erfolgt ist. Eine solche Bestimmung genügt indessen noch nicht zum Schutze derjenigen Gläubiger, welche ein Recht auf Befriedigung aus dem Grundstücke (§. 10 des Gesetzes vom 24. März 1897) haben. Die stehenden Früchte sind für den Werth des Grundstücks und damit für die Sicherung jener Gläubiger von maßgebender Bedeutung, und der §. 714 Abs. 2 des Entwurfs gewährt daher im Anschluß an den §. 206 Abs. 2 des preußischen Gesetzes, betreffend die Zwangsvollstreckung in das unbewegliche Vermögen, vom 13. Juli 1883, jedem von ihnen die Befugniß, der Pfändung nach Maßgabe des §. 690 zu widersprechen, und zwar ohne Unterschied, ob er dem pfändenden Gläubiger im Range vorgeht oder nicht. Uebrigens ist, soweit die Früchte Zubehör des Grundstücks sind nach §. 757a Abs. 2 Satz 1 des Entwurfs ihre Pfändung überhaupt ausgeschlossen.

§. 715.

Die Schranken, welche der §. 715 der Civilprozeßordnung im Anschluß an das frühere Recht der Pfändung beweglicher Sachen gezogen hat, genügen, wie zahlreiche Erfahrungen zeigen, den Bedürfnissen des Lebens nicht. Demgemäß hat auch der Reichstag durch eine bei der Berathung des Bürgerlichen Gesetzbuchs angenommene Resolution zur Erwägung gestellt, ob nicht in die Civilprozeßordnung Vorschriften aufzunehmen seien, nach welchen der Kreis der unpfändbaren Sachen erweitert, mindestens auf alle für den Erwerb oder Beruf des Schuldners unentbehrlichen Gegenstände ausgedehnt werde (Verhandlungen des

Reichstags 1895/97 Anl. Bd. III S. 2119, Stenogr. Berichte S. 3100). In diesem Sinne sind die Vorschriften des §. 715 einer Durchsicht unterzogen und, soweit erforderlich, erweitert worden.

Im Einzelnen will die Aenderung der Nr. 1 verhüten, daß die Pfändung zu einem Ergebnisse führt, das für den Schuldner die Fortsetzung des häuslichen Zusammenlebens mit seiner Familie und seinem Gesinde in Frage stellt. Was die zu diesem Zwecke unentbehrlichen Gegenstände betrifft, so steht es schon jetzt in der Praxis überall fest, daß zum Haus- und Küchengeräthe vor allem die Möbel gehören. Dagegen haben sich mehrfach Zweifel darüber ergeben, ob die Wäsche durch den Begriff der Kleidungsstücke und des Haus- und Küchengeräths gedeckt wird, und sie ist daher in die Nr. 1 mit aufgenommen.

Mit Grund wird es als eine unbillige Härte empfunden, daß zwar nach den Vorschriften der Nr. 2 und 3 Nahrungs- und Feuerungsmittel sowie bestimmte Futter- und Streuvorräthe für die Dauer von zwei Wochen dem Schuldner belassen werden müssen, daß aber, wenn diese Vorräthe zufällig erschöpft sind, das zu ihrer Beschaffung vorhandene Geld unbedingt der Pfändung unterliegt. Der Entwurf beseitigt diese Ungleichheit durch einen Zusatz, welcher für die Fälle eines wirklichen Bedürfnisses dem Schuldner den erforderlichen Schutz gewährt.

Die bisherige Nr. 5 ist wegen ihrer Verwandtschaft mit der Nr. 3 als Nr. 4 in einer dem Bürgerlichen Gesetzbuche (zu vergl. §. 98 Nr. 2) entsprechenden Fassung eingestellt. Zugleich wird einer zu engen Auslegung, wie sie nicht selten wahrgenommen worden ist, durch eine Aenderung vorgebeugt, welche die zum Betrieb erforderlichen, nicht blos die hierfür unentbehrlichen Gegenstände der Pfändung entzieht.

In der künftigen Nr. 5 (gegenwärtig Nr. 4) ist zunächst der Kreis der Personen ausgedehnt, denen der hier vorgesehene Schutz zu Theil wird. Insbesondere findet nunmehr die Vorschrift auch auf Personen Anwendung, welche von Schaustellungen ohne höheren künstlerischen Werth oder ähnlichen Leistungen ihren Unterhalt gewinnen, ebenso auf Personen, welche vermöge der Art ihrer Beschäftigung den Handwerkern nahe stehen, ohne doch ihnen beigezählt werden zu können, wie Fischer, Handwagenführer u. s. w. Andererseits hat auch der Begriff der von der Pfändung befreiten Gegenstände eine Erweiterung erfahren, durch welche gegenüber einer in der Rechtsprechung mehrfach zur Geltung gelangten Ansicht außer Zweifel gestellt wird, daß auch die zur Verarbeitung bestimmten Vorräthe der Pfändung insoweit nicht unterliegen, als sie dem Schuldner für die persönliche Fortsetzung seiner Berufsthätigkeit unentbehrlich sind.

Die in den Nr. 9 bis 12 neu aufgenommenen Pfändungsverbote werden durch das öffentliche Rechtsbewußtsein dringend geboten und haben sich thatsächlich schon jetzt vielfach Anerkennung verschafft. Der Entwurf bringt diese Entwickelung zum gesetzlichen Abschlusse.

§. 715a.

Zur häuslichen Einrichtung der in dürftigen Verhältnissen lebenden Schuldner gehören nicht selten Gegenstände des gewöhnlichen Gebrauchs, welche für die Erhaltung des kleinen Hausstandes einen nicht unerheblichen Werth, damit aber für die fernere Ermöglichung einer erträglichen wirthschaftlichen Existenz der Schuldner eine große Bedeutung haben. Gemeiniglich sind diese Gegenstände alt und abgenutzt; ihr Verkaufswerth ist deshalb niedrig und es wird bei der Versteigerung häufig nur ein Erlös erzielt, dessen Geringfügigkeit außer allem Verhältnisse zu dem Werthe steht, den sie für den Hausstand des Schuldners haben. Wo eine solche Sachlage von vornherein offensichtlich ist, hat das Vollstreckungsverfahren nur eine zwecklose Verschleuderung der Gegenstände zur Folge, durch welche die Lage des Gläubigers nur wenig gebessert, die Lage des Schuldners aber schwer geschädigt wird. Den hieraus erwachsenden wirthschaftlichen und sozialpolitischen Gefahren muß die Gesetzgebung insoweit entgegenzutreten suchen, als es die Gerechtigkeit gegen den Gläubiger irgend gestattet. Der Entwurf bestimmt daher, daß unter den bezeichneten Umständen, soweit es sich nur um Gegenstände des gewöhnlichen Hausraths, also nicht um Sachen handelt, die schon einem gewissen Luxusbedürfnisse dienen, und soweit die Sachen auch thatsächlich in dem Haushalte des Schuldners gebraucht werden, die Pfändung unterbleiben soll. Die gezogenen Grenzen werden die Interessen des Gläubigers ausreichend sicher stellen. Die Prüfung im einzelnen Falle ist dem pflichtmäßigen Ermessen des Gerichtsvollziehers überlassen, dem durch geeignete Weisungen der Justizverwaltung eine feste Anleitung zur sachgemäßen Wahrnehmung seiner Obliegenheit gegeben werden kann. Selbstverständlich wird, wenn die Versteigerung des gepfändeten Gegenstandes ein ungünstiges Ergebniß hat, diese Thatsache für sich niemals die Annahme rechtfertigen können, der Gerichtsvollzieher habe jene Prüfung verabsäumt.

§. 715b.

Die hier vorgesehene Ordnungsvorschrift ist aus den Kreisen der Landwirthschaft lebhaft befürwortet worden. Sie soll eine erhöhte Gewähr dafür bieten, daß die gesetzlichen Pfändungsbeschränkungen in Betreff der Früchte und der zum Betriebe der Landwirthschaft dienenden Gegenstände (§. 714, §. 715 Nr. 4, §. 757a Abs. 2) eingehalten werden.

Der

§. 716a,

welcher die Pfändung von Geld betrifft, tritt an die Stelle des bisherigen §. 716 Abs. 2.

Der Abs. 1 bestimmt, mit dem geltenden Gesetz übereinstimmend, daß gepfändetes Geld dem Gläubiger abzuliefern ist. Mit der Ablieferung ist das Vollstreckungsverfahren beendigt. Der Dritte, welcher geltend macht, daß ihm an dem Gelde ein die Veräußerung hinderndes Recht, insbesondere das Eigenthum zustehe, kann daher nur bis zu dem bezeichneten Zeitpunkte die zur Wahrung seines Anspruchs nach §. 690 der Civilprozeßordnung erforderlichen Schritte vornehmen. Da aber gegenwärtig die Ablieferung des Geldes in allen Fällen sich unmittelbar an die Pfändung anschließt, kommen die fraglichen Schritte regelmäßig zu spät. Dies hat schon wiederholt zu einer empfindlichen Schädigung bestehender Rechte geführt. Der Abs. 2 des §. 716a will hier Abhülfe gewähren. Danach ist seitens des Gerichtsvollziehers, wenn ihm bei oder nach der Pfändung, aber vor der Ablieferung des Geldes sei es durch den Schuldner sei es durch den Dritten glaubhaft gemacht wird, daß an dem Gelde ein Recht der gedachten Art bestehe, das Geld zu hinterlegen. Der Gerichtsvollzieher hat aber die Zwangsvollstreckung fortzusetzen, wenn nicht binnen einer Frist von zwei Wochen seit der Pfändung eine Entscheidung des für die Widerspruchsklage zuständigen Gerichts über die Einstellung der Zwangsvollstreckung beigebracht wird. Eine Anordnung des Vollstreckungsgerichts, wie sie der §. 690 Abs. 3 in Verbindung mit §. 688 Abs. 2 für dringende Fälle zuläßt, ist hier ausgeschlossen; die Frist von vierzehn Tagen erscheint ausgiebig genug, um eine Anordnung des im §. 690 Abs. 1 bezeichneten Gerichts herbeizuführen.

Der Abs. 3 des §. 716a entspricht, unter Berücksichtigung der im Abs. 2 vorgesehenen Aenderung, dem bisherigen §. 716 Abs. 2 Satz 2.

§. 717.

Das Bürgerliche Gesetzbuch (§. 1239 Abs. 1 Satz 1, Abs. 2) bestimmt hinsichtlich des im Wege öffentlicher Versteigerung erfolgenden Verkaufs von Sachen, an denen ein Pfandrecht bestellt ist, daß der Gläubiger und der Eigenthümer bei der Versteigerung mitbieten können, daß jedoch das Gebot des Eigenthümers vom Versteigerer zurückgewiesen werden darf, wenn der Betrag nicht baar erlegt wird. Der Entwurf (§. 717 Abs. 4) wendet diese Vorschriften auf die Gebote an, welche von dem Gläubiger und dem Schuldner bei der Versteigerung gepfändeter Sachen abgegeben werden, da sie auch hier dem praktischen Bedürfniß entsprechen.

§. 718.

Der bisherige Abs. 1 bestimmt, daß bei der Versteigerung der gepfändeten Sachen der Zuschlag an den Meistbietenden nach dreimaligem Aufruf erfolgt. Diese Vorschrift hat eine verschiedene Auslegung erfahren. Insbesondere besteht Streit über die Frage, ob nach dem dreimaligen Aufrufe der Zuschlag erfolgen muß und demgemäß der Meistbietende ein Recht auf den Zuschlag hat. Das Bürgerliche Gesetzbuch (§. 156 Satz 1) hat sich für die außerhalb einer Zwangsvollstreckung erfolgende Versteigerung der Auffassung angeschlossen, daß der Vertrag erst durch den Zuschlag zu Stande kommt. Der Entwurf bringt nunmehr diesen Standpunkt auch für die Versteigerung gepfändeter Sachen zur Geltung und übernimmt im Zusammenhange damit die weitere Vorschrift des Bürgerlichen Gesetzbuchs (§. 156 Satz 2), wonach ein Gebot erlischt, wenn ein Uebergebot abgegeben oder die Versteigerung ohne Ertheilung des Zuschlags geschlossen wird (§. 718 Abs. 1). Zugleich wird durch die Fassung klargestellt, daß es sich bei dem dreimaligen Aufrufe, welcher der Ertheilung des Zuschlags vorauszugehen hat, nur um eine Ordnungsvorschrift handelt.

Die als Abs. 4 hinzugefügte Bestimmung steht mit dem neuen Abs. 4 des §. 717 im Zusammenhange; sie betrifft den Fall, daß der Zuschlag dem Gläubiger oder, wenn die veräußerte Sache für mehrere Gläubiger gepfändet war (§§. 727, 728), einem von ihnen ertheilt wird. Im Einklange mit der Vorschrift des §. 1239 Abs. 1 Satz 2 des Bürgerlichen Gesetzbuchs wird hier der Gläubiger, dem der Zuschlag ertheilt wird, von der Verpflichtung zur baaren Zahlung soweit befreit, als der Erlös nach Abzug der Kosten der Zwangsvollstreckung zu seiner Befriedigung zu verwenden ist. Diese Regel erleidet jedoch eine Ausnahme, wenn in Gemäßheit des §. 652 Abs. 2 der Civilprozeßordnung dem Schuldner nachgelassen ist, durch Sicherheitsleistung oder durch Hinterlegung die Vollstreckung abzuwenden; denn in einem solchen Falle ist nach §. 659 der Erlös des gepfändeten Gegenstandes zu hinterlegen. Soweit der Gläubiger von der Verpflichtung zur baaren Zahlung befreit ist, gilt der Betrag als von dem Schuldner an den Gläubiger gezahlt.

§. 727.

Auf Grund der gegenwärtigen Fassung des Abs. 1 wird die Ansicht vertreten, daß die Pfändung bereits gepfändeter Sachen rechtsgültig nur in Gemäßheit dieser Vorschrift erfolgen könne. Dies führt zu schweren Mißständen, wenn der Gerichtsvollzieher von einer früheren Pfändung keine Kenntniß erlangt und deshalb die Form des §. 712 angewendet hat. Mit Rücksicht hierauf giebt der Entwurf dem §. 727 Abs. 1 eine Fassung, welche erkennbar macht, daß die Nachpfändung zu ihrer Rechtsgültigkeit der hier vorgesehenen Form nicht bedarf, vielmehr auch nach Maßgabe des §. 712 vorgenommen werden kann.

§. 731.

Inwieweit die Pfändung einer Forderung in das Hypothekenbuch einzutragen ist, bestimmt sich gegenwärtig nach den Landesgesetzen. Dasselbe gilt für die Frage, wie eine solche Eintragung zu erwirken ist. In der letzteren Hinsicht werden künftig die Vorschriften der Grundbuchordnung vom 24. März 1897 maßgebend sein. Für den Entwurf verbleibt daher noch die Aufgabe, im Anschluß an das Hypothekenrecht des Bürgerlichen Gesetzbuchs die Frage selbständig zu regeln, von welchen besonderen Voraussetzungen die Wirksamkeit der Pfändung einer Hypothekenforderung abhängt und inwieweit es namentlich der Eintragung der Pfändung in das Grundbuch bedarf. Das Bürgerliche Gesetzbuch stellt im §. 1274 den allgemeinen Grundsatz auf, daß die vertragsmäßige Bestellung eines Pfandrechts an einem Rechte nach den für die Uebertragung des Rechtes geltenden Vorschriften erfolgt. Hiervon geht auch der §. 731 des Entwurfs aus. Er bestimmt, entsprechend den Vorschriften des Bürgerlichen Gesetzbuchs über die Abtretung einer durch

Hypothek gesicherten Forderung (§. 1154), daß zur Pfändung einer solchen Forderung außer dem gerichtlichen Pfändungsbeschlusse die Uebergabe des Hypothekenbriefs an den Gläubiger und, wenn die Ertheilung des Hypothekenbriefs ausgeschlossen ist, die Eintragung der Pfändung in das Grundbuch erforderlich ist (Abs. 1 Satz 1, 3). Dabei wird, in Uebereinstimmung mit der Vorschrift des §. 779c des Entwurfs, die Wegnahme des Briefes durch den Gerichtsvollzieher der Uebergabe gleichgestellt (Abs. 1 Satz 2).

Die Zustellung des Pfändungsbeschlusses an den Drittschuldner erfolgt auch hier gemäß §. 730 Abs. 2 der Civilprozeßordnung. Jedoch ist von dieser Zustellung die Gültigkeit der Pfändung im Allgemeinen so wenig abhängig, wie die Wirksamkeit der Pfändung einer durch Hypothek gesicherten Forderung von der im §. 1280 des Bürgerlichen Gesetzbuchs vorgesehenen Anzeige an den Schuldner. Der Drittschuldner ist, sei es durch die Uebergabe des Hypothekenbriefs an den Gläubiger, sei es durch die Eintragung der Pfändung, genügend gesichert; von der letzteren erhält er gemäß §. 55 der Grundbuchordnung durch das Grundbuchamt Kenntniß. Nur für die Fälle, in denen der Pfändungsbeschluß vor der Eintragung dem Drittschuldner zugestellt wird, bleibt es nach §. 731 Abs. 2 in dem Sinne bei der Regel des §. 730 Abs. 3, daß dem Drittschuldner gegenüber die Pfändung schon mit der Zustellung als bewirkt gilt; der letztere wird dadurch außer Stand gesetzt, noch mit Wirksamkeit an den Schuldner zu zahlen.

Soweit die Hypothekenforderung auf Rückstände von Zinsen oder anderen Nebenleistungen oder auf die Erstattung von Kosten gerichtet ist, die in Folge der Kündigung der Hypothek und der die Befriedigung aus dem Grundstücke bezweckenden Rechtsverfolgung entstanden sind, bestimmt sich gemäß §. 1159 des des Bürgerlichen Gesetzbuchs die Uebertragung nach den für die Uebertragung von Forderungen geltenden allgemeinen Vorschriften. Im Einklange damit sieht der Entwurf im Abs. 3 Satz 1 vor, daß hinsichtlich der Pfändung der Ansprüche auf die bezeichneten Leistungen die Bestimmungen der Abs. 1, 2 nicht zur Anwendung kommen. Das Gleiche soll nach Abs. 3 Satz 2 bei der Sicherungshypothek für die Forderung aus einer Schuldverschreibung auf den Inhaber, aus einem Wechsel oder einem anderen Papiere, das durch Indossament übertragen werden kann, von der Pfändung der Hauptforderung gelten, da zufolge §. 1187 Satz 3 des Bürgerlichen Gesetzbuchs auch die Abtretung der Hauptforderung sich hier nach den allgemeinen Vorschriften über die Abtretung der Forderung, mithin ohne Eintragung vollzieht.

§. 736.

Für das geltende Recht wird auf Grund des §. 736 Abs. 3 und des §. 737 Abs. 1 überwiegend angenommen, daß die Ueberweisung einer gepfändeten Forderung mit der Aushändigung des Ueberweisungsbeschlusses an den Gläubiger in Wirksamkeit tritt. In der Praxis wird der Ueberweisungsbeschluß meist mit dem Pfändungsbeschlusse verbunden. Die Wirkung der Ueberweisung kann alsdann nicht vor der erfolgten Pfändung, also vor der Zustellung des Beschlusses an den Drittschuldner eintreten (§. 730 Abs. 3, §. 736 Abs. 1), und in Anbetracht dessen wird regelmäßig der vereinigte Beschluß unter Vermittelung des Gerichtsschreibers (§. 152 Abs. 2, §. 154) zuvörderst dem Drittschuldner und dem Schuldner zugestellt, demnächst aber dem Gläubiger mit den Zustellungsurkunden ausgehändigt. Zur Vereinfachung dieses durchaus sachgemäßen Verfahrens dient es, wenn, wie die Wirksamkeit der Pfändung, so auch die der Ueberweisung unmittelbar von der Zustellung des Beschlusses an den Drittschuldner abhängig gemacht wird. Damit rechtfertigt sich die Aenderung im Abs. 3 des §. 736.

§. 737.

Ist der Ueberweisungsbeschluß mit Unrecht erlassen, beispielsweise weil es an einer Voraussetzung der Zwangsvollstreckung fehlt oder die gepfändete Forderung der Pfändung nicht unterworfen ist, so erheischt es die billige Berücksichtigung der Lage des Drittschuldners, daß zu seinen Gunsten, wenn zwischen ihm und dem in dem Beschlusse bezeichneten neuen Gläubiger hinsichtlich der Forderung ein Rechtsgeschäft vorgenommen wird, dem Schuldner, also dem bisherigen Gläubiger gegenüber der Beschluß so lange als rechtsbeständig gilt, bis er aufgehoben wird und die Aufhebung zur Kenntniß des Drittschuldners gelangt. Der Entwurf trifft eine dahin gehende Bestimmung in dem neu eingestellten Abs. 2. Eine ähnliche Vorschrift enthält schon der §. 409 des Bürgerlichen Gesetzbuchs für den Fall, daß der Gläubiger dem Schuldner die Abtretung der Forderung anzeigt, die Abtretung aber nicht wirksam ist.

Der Abs. 3 des §. 737 ist durch die dem §. 402 des Bürgerlichen Gesetzbuchs entsprechende Vorschrift ergänzt, daß der Schuldner verpflichtet ist, dem Gläubiger auch die zur Geltendmachung der überwiesenen Forderung nöthige Auskunft zu ertheilen.

§. 737a.

Im Anschluß an die Vorschriften des Bürgerlichen Gesetzbuchs (§. 1154) über die Abtretung einer Forderung, für die eine Hypothek besteht, bestimmt der Entwurf (§. 737a Abs. 1 Satz 1), daß im Falle der Pfändung einer solchen Forderung es zur Ueberweisung genügt, wenn der Ueberweisungsbeschluß dem Gläubiger ausgehändigt wird. Die Uebergabe des Hypothekenbriefs an den Gläubiger braucht daneben nicht vorgeschrieben zu werden, weil sie schon zur Pfändung erfordert wird (§. 731 Abs. 1). Für den Fall, daß die Ertheilung des Hypothekenbriefs ausgeschlossen ist, bedarf es, wie nach §. 731 Abs. 1 Satz 3 zur Pfändung, so nach §. 737a Abs. 1 Satz 2 zu der an Zahlungsstatt erfolgenden Ueberweisung der Eintragung in das Grundbuch. Wird dagegen eine solche Forderung nur zur Einziehung überwiesen (§. 736 Abs. 1), so genügt auch hier die Aushändigung des Ueberweisungsbeschlusses an den Gläubiger, da diese Art der Ueberweisung eine Aenderung des für ihn auf Grund der Pfändung bereits eingetragenen Rechtes nicht in sich schließt.

Die im Abs. 2 enthaltenen Abweichungen von der Regel des Abs. 1 beruhen auf denselben Gründen, wie diejenigen Ausnahmen, welche der Entwurf im §. 731 Abs. 3 der Regel des §. 731 Abs. 1 gegenüber für die Pfändung vorgesehen hat.

Eine weitere Abweichung läßt der §. 737a Abs. 3 bezüglich der Pfändung und Ueberweisung einer Forderung zu, für die gemäß §. 1190 des Bürgerlichen Gesetzbuchs eine Sicherungshypothek in der Weise bestellt ist, daß nur der Höchstbetrag bestimmt ist, bis zu dem das Grundstück haften soll. Eine solche Forderung kann zufolge §. 1190 Abs. 4 des Bürgerlichen Gesetzbuchs nach den für die Uebertragung von Forderungen geltenden allgemeinen Vorschriften mit der Maßgabe abgetreten werden, daß der Uebergang der Hypothek ausgeschlossen ist. Dementsprechend erklärt es der Entwurf für zulässig, daß auch die Pfändung und die Ueberweisung der Forderung an Zahlungsstatt nach den allgemeinen Vorschriften der §§. 730, 736, mithin ohne Eintragung in das Grundbuch erfolgt, sofern nur der Gläubiger die Ueberweisung der Forderung ohne die Hypothek beantragt. Soll dagegen die Forderung mit der Hypothek an Zahlungsstatt überwiesen werden, so bedarf es nach §. 731 Abs. 1 Satz 3 und

§. 737a Abs. 1 Satz 2 sowohl zur Pfändung als auch zur Ueberweisung der Forderung der Eintragung in das Grundbuch.

§. 737b.

Wird eine durch ein Pfandrecht an einer beweglichen Sache gesicherte Forderung überwiesen, so kann der Gläubiger nach §. 1251 Abs. 1 des Bürgerlichen Gesetzbuchs von dem Schuldner die Herausgabe des Pfandes verlangen. Mit der Erlangung des Besitzes tritt (Bürgerliches Gesetzbuch §. 1251 Abs. 2 Satz 1) der Gläubiger an Stelle des Schuldners in die mit dem Pfandrechte verbundenen Verpflichtungen gegen den Verpfänder (§§. 1215 ff.) ein. Erfüllt er diese Verpflichtungen nicht, so haftet gemäß §. 1251 Abs. 2 Satz 2 des Bürgerlichen Gesetzbuchs für den von ihm zu ersetzenden Schaden der Schuldner wie ein Bürge, der auf die Einrede der Vorausklage verzichtet hat. Da die Ueberweisung der Forderung nicht auf dem Willen des Schuldners beruht, so entspricht es einer Forderung der Billigkeit, wenn ihm der Entwurf die Befugniß gewährt, die Herausgabe des Pfandes zu verweigern, bis ihm Sicherheit für die Haftung geleistet wird.

§. 747.

Besteht ein Pfandrecht an einer Forderung, welche auf Uebertragung des Eigenthums an einem Grundstücke gerichtet ist, so gilt der Pfandgläubiger nach dem Eintritte der Fälligkeit der Forderung als ermächtigt, das Eigenthum an dem Grundstücke für den Pfandschuldner zu erwerben und an Stelle des letzteren die für den Erwerb erforderlichen Erklärungen vor dem Grundbuchamt abzugeben; mit dem Uebergange des Eigenthums auf den Schuldner erwirbt der Pfandgläubiger kraft Gesetzes eine Sicherungshypothek an dem Grundstücke (Bürgerliches Gesetzbuch §§. 1282, 1287). Im Anschluß an diese Bestimmungen sieht der §. 747 Abs. 2 des Entwurfs vor, daß, wenn der gepfändete Anspruch auf Uebertragung des Eigenthums an einem Grundstücke gerichtet ist, die Auflassung an den nach Abs. 1 zu bestellenden Sequester als Vertreter des Schuldners zu erfolgen hat und der Gläubiger mit dem Uebergange des Eigenthums auf den Schuldner kraft Gesetzes eine Sicherungshypothek erlangt; behufs der Berichtigung des Grundbuchs hat der Sequester die Eintragung der Sicherungshypothek in das Grundbuch zu bewilligen. Eine ähnliche Bestimmung findet sich bereits in dem preußischen Ausführungsgesetze zur Civilprozeßordnung vom 24. März 1879 (§. 17).

§. 749.

Nach dem Gesetze, betreffend die Beschlagnahme des Arbeits- oder Dienstlohnes, vom 21. Juni 1869 ist die Beschlagnahme des künftig geschuldeten, insbesondere des noch nicht verdienten Arbeits- oder Dienstlohnes grundsätzlich ausgeschlossen. Das Gesetz findet nach §. 4 Nr. 4 keine Anwendung auf Gehalt und Dienstbezüge der im Privatdienste dauernd angestellten Personen, soweit der Gesammtbetrag die Summe von vierhundert Thalern jährlich übersteigt. Als dauernd gilt das Dienstverhältniß, wenn es gesetzlich, vertrags- oder gewohnheitsmäßig mindestens auf ein Jahr bestimmt oder wenn bei unbestimmter Dauer eine Kündigungsfrist von mindestens drei Monaten einzuhalten ist. Die Civilprozeßordnung hat im §. 749 Abs. 3 für den Bereich der ihr unterworfenen Pfändungen die zugriffsfreie Summe von vierhundert Thalern auf fünfzehnhundert Mark erhöht, es im Uebrigen aber bei dem Gesetze vom 21. Juni 1869 belassen, auf das sie im Abs. 1 Nr. 1 ausdrücklich Bezug nimmt. Nunmehr ist in dem Entwurf eines Einführungsgesetzes zu dem Gesetze, betreffend Aenderungen der Civilprozeßordnung, eine Aenderung jenes Gesetzes nach der Richtung in Aussicht genommen, daß einerseits die Grenze, über welche hinaus die Pfändung gestattet ist, in dem Gesetze selbst auf fünfzehnhundert Mark festgesetzt, andererseits die Pfändung mit dieser Beschränkung auch bei anderen als dauernd angestellten Personen zugelassen wird. Das Erforderniß der dauernden Anstellung hat im §. 10 Nr. 2 des Gesetzes über die Zwangsversteigerung und die Zwangsverwaltung vom 24. März 1897 keine Aufnahme gefunden und soll nach dem Entwurf eines Gesetzes, betreffend Aenderungen der Konkursordnung, auch im §. 54 Nr. 1 der Konkursordnung beseitigt werden. Aber auch hiervon abgesehen könnte der Begriff der dauernden Anstellung in der Bedeutung, die er nach §. 4 Nr. 4 des Gesetzes vom 21. Juni 1869 hat, kaum aufrechterhalten werden, nachdem durch die Vorschriften des Bürgerlichen Gesetzbuchs (§§. 621 bis 623) und des Handelsgesetzbuchs (§§. 66 ff.) eine gesetzliche Kündigungsfrist eingeführt worden ist, die in der Regel sechs Wochen, in manchen Fällen aber einen noch kürzeren Zeitraum beträgt. Häufig genug wird überdies, wie die Erfahrung zeigt, die Dauer des Dienstverhältnisses lediglich zu dem Zwecke, die in Rede stehende Vorschrift zu umgehen, vertragsmäßig in einer Weise festgesetzt, welche jede Pfändung des den Betrag von fünfzehnhundert Mark oft weit übersteigenden Verdienstes ausschließt. Wird aber das Gesetz vom 21. Juni

1869 in dieser Weise geändert, so ergiebt sich hieraus ohne Weiteres die im Entwurfe vorgeschlagene Streichung der bisherigen Vorschrift im §. 749 Abs. 3 der Civilprozeßordnung.

Dagegen ist in den Abs. 3 eine neue Bestimmung aufgenommen, die im Zusammenhange steht mit einer zu Abs. 1 Nr. 2 vorgesehenen Aenderung. Es handelt sich hierbei um den Schutz des Schuldners gegen die Pfändung einer solchen Geldrente, die ihm nach §. 843 des Bürgerlichen Gesetzbuchs wegen einer Verletzung seines Körpers oder seiner Gesundheit oder nach §. 844 daselbst für den Fall zusteht, daß ihm in Folge der Tödtung seines Ernährers das Recht auf den Unterhalt gegen den letzteren entzogen ist. Der wirthschaftliche Zweck dieser Renten rechtfertigt es, im Falle des §. 844 die an die Stelle des Unterhaltsanspruchs tretende Rente der Pfändung ganz zu entziehen, im Falle des §. 843 aber die Pfändung der Rente in gleicher Weise zu beschränken wie die Pfändung des Arbeits- oder Dienstlohns. Hinsichtlich der Geldrenten, die auf Grund des Gesetzes, betreffend die Verbindlichkeit zum Schadenersatze für die bei dem Betriebe von Eisenbahnen, Bergwerken u. s. w. herbeigeführten Tödtungen und Körperverletzungen, vom 7. Juni 1871 zu entrichten sind, hat bereits der §. 7 dieses Gesetzes in der Fassung, die er durch den Art. 42 des Einführungsgesetzes zum Bürgerlichen Gesetzbuch erhalten hat, gleichartige Bestimmungen getroffen. Derselbe bringt im Abs. 2 Satz 2 durch Verweisung auf den §. 749 Abs. 3 der Civilprozeßordnung zum Ausdrucke, daß die dem Verletzten zu entrichtende Rente der Pfändung nur insoweit unterliegt, als der Gesammtbetrag die Summe von fünfzehnhundert Mark für das Jahr übersteigt. Diese Verweisung ist auch im Verhältnisse zu der veränderten Fassung des §. 749 Abs. 3 noch durchaus zutreffend. Aus dem Zusammenhange zwischen Abs. 3 und Abs. 4 des §. 749 ergiebt sich übrigens weiterhin, daß, soweit ausnahmsweise bei den im §. 843 des Bürgerlichen Gesetzbuchs bezeichneten Renten die Pfändung ohne Rücksicht auf den Betrag zulässig ist, das Gleiche auch für die Renten gilt, welche der §. 7 des Haftpflichtgesetzes der Vorschrift des §. 749 Abs. 3 der Civilprozeßordnung unterwirft.

Im §. 749 Abs. 1 Nr. 3 hat das geltende Gesetz nur den Fall berücksichtigt, daß der Schuldner aus den ihm von einem Dritten zugewendeten Einkünften seine Ehefrau unterhalten muß. Das praktische Bedürfniß erfordert indessen, daß auch die Einkünfte einer verheiratheten Frau, die ihren erwerbsunfähigen Ehemann ernähren muß, insoweit gegen den Zugriff ihrer Gläubiger gesichert werden. Im Entwurf ist deshalb die Nr. 3 entsprechend geändert worden.

§. 749a.

Wo die Uebertragbarkeit einer Forderung gesetzlich ausgeschlossen ist, darf es auch nicht statthaft sein, den Zweck des Gesetzes mit Hülfe der Pfändung zu vereiteln. Der Entwurf bestimmt daher im §. 749a Abs. 1, daß eine Forderung in Ermangelung besonderer Vorschriften der Pfändung nur insoweit unterworfen sein soll, als sie übertragbar ist.

Eine Ausnahme von dieser Regel tritt nach Abs. 2 für den Fall ein, daß die Forderung aus dem Grunde nicht übertragbar ist, weil die Leistung an einen anderen als den ursprünglichen Gläubiger nicht ohne Veränderung ihres Inhalts erfolgen kann oder weil die Abtretung durch Vereinbarung mit dem Schuldner ausgeschlossen ist (Bürgerliches Gesetzbuch §. 399). Das berechtigte Interesse, welches in einem solchen Falle der Schuldner daran hat, nur dem ursprünglichen Gläubiger zu haften, wird nicht verletzt, wenn die Pfändung der Forderung lediglich behufs Ueberweisung zur Einziehung erfolgt. Dieser Weg ist aber möglich, sobald der geschuldete Gegenstand selbst der Pfändung unterliegt. Indem der Entwurf die Frage unter diesem Gesichtspunkte regelt, beugt er namentlich auch der Gefahr vor, daß der Schuldner durch vertragsmäßige Ausschließung der Uebertragbarkeit die ihm zustehenden Forderungen dem Zugriffe seiner Gläubiger entzieht.

Eine weitere Ausnahme von der Regel betrifft das Pachtrecht. Nach dem Bürgerlichen Gesetzbuche (§. 549 Abs. 1, §. 581 Abs. 2, §. 596 Abs. 1) ist in Ermangelung einer abweichenden Vereinbarung dem Pächter nicht gestattet, die Ausübung des Rechtes einem Dritten zu überlassen. In Verbindung mit dem Grundsatze des Abs. 1 müßte dieses Verbot an sich zur Unpfändbarkeit des Pachtrechts führen. Mit Rücksicht auf den erheblichen Werth, den ein solches Rechts haben kann, erscheint es aber nicht angängig, den Gläubigern die Befriedigung hieraus schlechthin zu versagen. Der Abs. 3 des §. 749a erklärt es daher in Uebereinstimmung mit der herrschenden Auffassung, die sich auf §. 754 Abs. 3 der Civilprozeßordnung stützt, für zulässig, das Pachtrecht in der Weise zu pfänden, daß zu Gunsten des Gläubigers eine Verwaltung behufs Ausübung des Pachtrechts angeordnet wird. Der Verpächter wird hierdurch nicht wesentlich beeinträchtigt; seine Lage ist die gleiche wie in dem Falle, daß der Pächter aus anderen Gründen an der persönlichen Ausübung des Pachtrechts gehindert ist.

Einer besonderen Vorschrift zum Schutze des Altentheilsrechts (Art. 96 des Einführungsgesetzes zum Bürgerlichen Gesetzbuche) bedarf es nicht, da sich aus der Natur dieses Rechtes Angesichts der §§. 399, 413 des Bürgerlichen Gesetzbuchs in Verbindung mit dem §. 749a Abs. 2 des Entwurfs und dem §. 754 Abs. 1 der Civilprozeßordnung die zutreffende Entscheidung von selbst ergiebt.

§. 749b.

Das Pflichttheilsrecht begründet nach dem Bürgerlichen Gesetzbuche (§. 1967 Abs. 2, §. 2303 Abs. 1) nur eine Forderung auf eine Geldsumme; der Anspruch ist vererblich und übertragbar (§. 2317 Abs. 2). Gemäß §. 749a Abs. 1 des Entwurfs wäre daher in Ermangelung einer besonderen Bestimmung der Pflichttheilsanspruch wie jede andere Forderung der Pfändung unterworfen. Dem Wesen dieses Rechtes und dem Verhältnisse der Erben zu dem Berechtigten widerstreitet es jedoch, wenn der Pflichttheilsanspruch gegen den Willen des letzteren geltend gemacht wird. Der Entwurf (§. 749b Abs. 1) läßt daher die Pfändung des Pflichttheilsanspruchs nur zu, falls dieser durch Vertrag anerkannt oder rechtshängig geworden ist. In diesen Fällen hat der Berechtigte durch die gerichtliche oder außergerichtliche Geltendmachung des Anspruchs zu erkennen gegeben, daß er von seinem Rechte Gebrauch machen will (zu vergl. §. 847 Abs. 1 Satz 2, §. 1300 Abs. 2 des Bürgerlichen Gesetzbuchs).

Auf ähnlichen Erwägungen beruht die Vorschrift des §. 749b Abs. 2, derzufolge auch die Pfändung des nach §. 528 des Bürgerlichen Gesetzbuchs dem Schenker zustehenden Anspruchs auf Rückgabe des Geschenkes nur zulässig sein soll, wenn dieser Anspruch durch Vertrag anerkannt oder rechtshängig geworden ist. Auch hier entspricht es der persönlichen Beziehung zwischen dem Schenker und dem Beschenkten, daß die Entscheidung darüber, ob der Anspruch geltend gemacht werden soll, dem Schenker überlassen bleibt.

§. 754.

Aus §. 754 Abs. 1 in Verbindung mit §. 749a Abs. 1 ergiebt sich die Regel, daß Vermögensrechte allgemein nur insoweit gepfändet werden können, als sie übertragbar sind. Gegenüber der hiermit im Gesetz aufgestellten Regel erscheint es andererseits angemessen, in einer der Ausdrucksweise des Bürgerlichen Gesetzbuchs (zu vergl. §§. 1059, 1092) entsprechenden Fassung auch den schon gegenwärtig anerkannten Grundsatz zum Ausdrucke zu bringen, daß ein unveräußerliches Recht in Ermangelung besonderer Vorschriften der Pfändung insoweit unterworfen ist, als die Ausübung einem Anderen überlassen werden kann. Dies geschieht durch den neu eingefügten Abs. 3. Die Aenderung im folgenden Absatze hängt hiermit unmittelbar zusammen.

Der Abs. 6 des Entwurfs überträgt die Vorschriften, welche hinsichtlich der Zwangsvollstreckung in eine Forderung gelten, für die eine Hypothek besteht, auf die Zwangsvollstreckung in eine Reallast, eine Grundschuld oder eine Rentenschuld. Die Frage, inwieweit eine Reallast überhaupt der Pfändung unterliegt, beantwortet sich aus §. 1110 und §. 1111 Abs. 2 des Bürgerlichen Gesetzbuchs in Verbindung mit §. 749a Abs. 1, §. 754 Abs. 1 der Civilprozeßordnung.

§. 754a.

Das Gesetz über die Zwangsversteigerung und die Zwangsverwaltung vom 24. März 1897 hat die Antheile an einem im Schiffsregister eingetragenen Schiffe (die Schiffsparten) von dem sonst für Schiffe geltenden Versteigerungsverfahren ausgeschlossen und damit in Ansehung der Zwangsvollstreckung den Gegenständen des beweglichen Vermögens zugewiesen. Im Allgemeinen passen die Bestimmungen des §. 754 auch auf die Zwangsvollstreckung in die Schiffspart, und der Entwurf (§. 754a Abs. 1) erklärt sie daher für anwendbar. Daneben sieht er aber mit Rücksicht auf die hier in Betracht kommenden besonderen Verhältnisse einzelne Abweichungen vor.

Die Zuständigkeit für das Verfahren (zu vergl. §. 729 Abs. 2) wird dem Amtsgericht übertragen, in dessen Bezirke sich der Heimathshafen (§. 480 des Handelsgesetzbuchs) oder der Heimathsort (§. 6 des Gesetzes, betreffend die privatrechtlichen Verhältnisse der Binnenschiffahrt, vom 15. Juni 1895) des Schiffes befindet (Abs. 2). Um die Zuziehung der im Schiffsregister eingetragenen Pfandgläubiger zu dem Vertheilungsverfahren zu sichern, bestimmt der Abs. 3, daß dem Antrag auf Anordnung der Veräußerung ein Auszug aus dem Schiffsregister beizufügen ist, der alle die Part betreffenden Eintragungen enthält und nicht älter als eine Woche sein darf.

Die Vorschrift, daß die Pfändung mit der Zustellung des Beschlusses an den Schuldner wirksam wird (§. 754 Abs. 2), greift auch hier Platz. Der Entwurf (Abs. 4) sieht aber aus praktischen Gründen weiterhin vor, daß, wo gemäß §. 49 des Handelsgesetzbuchs ein Korrespondentrheder bestellt ist, der Pfändungsbeschluß sowohl dem Schuldner als dem Korrespondentrheder zugestellt werden soll. Erfolgt hier die Zustellung zuerst an den Korrespondentrheder, so wird die Pfändung schon mit diesem Zeitpunkte wirksam, obwohl jener nicht Vertreter des einzelnen Rheders ist, sondern den Geschäftsbetrieb der Rhederei führt (Handelsgesetzbuch §. 493 Abs. 1).

Nach Abs. 5 soll das Vollstreckungsgericht der Registerbehörde von der Erlassung des Pfändungsbeschlusses unverzüglich Mittheilung machen. Damit wird den Bundesstaaten, in welchen die Einrichtung besteht, die Pfändung der Part durch einen Vermerk im Schiffsregister für Dritte ersichtlich zu machen, die Beibehaltung dieser Einrichtung ermöglicht.

Ergiebt der dem Antrag auf Anordnung der Veräußerung beigefügte Auszug aus dem Schiffsregister, daß die Part mit einem Pfandrechte belastet ist, welches einem anderen als dem betreibenden Gläubiger zusteht, so hat das Vollstreckungsgericht die Hinterlegung des Versteigerungserlöses anzuordnen (Abs. 6 Satz 1; zu vergl. §. 710 Abs. 4). Die Vertheilung des Erlöses erfolgt in diesem Falle nach den für das Vertheilungsverfahren geltenden Bestimmungen der §§. 759 bis 768 mit der Maßgabe, daß Forderungen, für die ein Pfandrecht an der Part eingetragen ist, nach dem Inhalte des Schiffsregisters in den Theilungsplan aufzunehmen sind (Abs. 6 Satz 2).

§. 754b.

Um dem Gläubiger eines Gesellschafters die Befriedigung aus demjenigen zu sichern, was dem Gesellschafter bei der Auseinandersetzung zukommt, gewährt ihm das Bürgerliche Gesetzbuch (§§. 717, 725) die Befugniß, die Gesellschaft ohne Einhaltung einer Kündigungsfrist zu kündigen, sofern er auf Grund eines nicht blos vorläufig vollstreckbaren Titels die Pfändung des Antheils des Gesellschafters an dem Gesellschaftsvermögen erwirkt hat. Im Zusammenhange mit dieser Vorschrift bestimmt der §. 754b Abs. 1 Satz 1, daß der Antheil eines Gesellschafters an dem Gesellschaftsvermögen einer nach §. 705 des Bürgerlichen Gesetzbuchs eingegangenen Gesellschaft der Pfändung unterworfen ist (zu vergl. §. 135 des Handelsgesetzbuchs).

Andererseits erklärt aber der Entwurf im Abs. 1 Satz 2 die Pfändung des Antheils eines Gesellschafters an den einzelnen zu dem Gesellschaftsvermögen gehörenden Gegenständen mit Rücksicht darauf für unzulässig, daß nach §. 719 Abs. 1 des Bürgerlichen Gesetzbuchs der Gesellschafter weder über diesen Antheil verfügen, noch Theilung verlangen kann.

Aehnlich, wie das Rechtsverhältniß der Gesellschafter in Ansehung des Gesellschaftsvermögens, ist vom Bürgerlichen Gesetzbuche (§. 2033) das Rechtsverhältniß der Miterben in Ansehung des Nachlasses geregelt. Mit Rücksicht darauf bestimmt der Entwurf im §. 754b Abs. 2, daß die Vorschriften des Abs. 1 auch für den Antheil eines Miterben an dem Nachlaß und an den einzelnen Nachlaßgegenständen gelten sollen.

§ 754c.

Bei dem Güterstande der allgemeinen Gütergemeinschaft, der Errungenschaftsgemeinschaft und der Fahrnißgemeinschaft kann ein Ehegatte nicht über seinen Antheil an dem Gesammtgut und an den einzelnen dazu gehörenden Gegenständen verfügen, und dasselbe gilt im Falle der fortgesetzten Gütergemeinschaft für den überlebenden Ehegatten und die Abkömmlinge hinsichtlich ihrer Antheile (Bürgerliches Gesetzbuch §. 1442 Abs. 1, §. 1487 Abs. 1, §. 1519 Abs. 2, §§. 1549, 1557). In gleichem Umfange schließt der Entwurf (§ 754c Abs. 1) hier die Pfändung aus, entsprechend dem Grundsatze, daß ein nicht übertragbares Recht auch nicht gepfändet werden kann.

Abweichend von dem bezeichneten Grundsatze läßt der Entwurf (Abs. 2) nach der Beendigung der Gütergemeinschaft für den Antheil an dem Gesammtgute, nicht aber für den Antheil an den einzelnen dazu gehörenden Gegenständen, zu Gunsten der Gläubiger des Antheilsberechtigten die Pfändung zu. Der letztere kann seinen Antheil auch jetzt noch nicht veräußern, vielmehr ist er nur befugt, die Auseinandersetzung in Ansehung des Gesammtguts zu verlangen (Bürgerliches Gesetzbuch §. 1471 Abs. 2, §. 1497 Abs. 2, §§. 1546, 1549, 1557). Die Ausübung dieser Befugniß kann indessen den Gläubigern des Antheilsberechtigten schon im Hinblick auf diejenigen Verbindlichkeiten nicht entzogen werden, die nach der Beendigung der Gemeinschaft nur in seiner Person entstanden sind. Denn die Gläubiger wären in solchen Fällen bis zur Auseinandersetzung überhaupt außer Stande, sich die Befriedigung aus dem Gesammtgute zu sichern (zu vergl. §. 670i).

§. 754d.

Im geltenden Rechte ist die Frage, ob und inwieweit das Nutznießungsrecht des Ehemannes an dem eingebrachten Vermögen der Ehefrau zu Gunsten der Gläubiger des Mannes der Pfändung unterliegt, sehr verschieden geregelt. Die Zulässigkeit einer solchen Pfändung ist namentlich im preußischen Allgemeinen Landrecht (II 1 §§. 257, 258) anerkannt. Danach sind die Gläubiger des Mannes in der Lage, die Ausübung des ehemännlichen Nießbrauchs im Wege der Zwangsvollstreckung für sich in Anspruch zu nehmen und zu diesem Zwecke die Anordnung einer Verwaltung herbeizuführen. Das Recht der Gläubiger erstreckt sich jedoch nicht auf die eingebrachten Mobilien (Verordnung vom 7. April 1838 §. 3). Außerdem kann die Frau verlangen, daß ihr aus den Einkünften des Eingebrachten, soweit nöthig, der für ihren und der Kinder Unterhalt erforderliche Betrag gewährt, falls aber diese Einkünfte und das sonstige Vermögen des Mannes dazu nicht ausreichen, das Eingebrachte zurückgegeben wird.

Das Bürgerliche Gesetzbuch geht davon aus, daß das Verwaltungs- und Nutznießungsrecht des Ehemannes seinem Grunde und Zwecke nach ein höchst persönliches Recht ist. Diese Auffassung hat namentlich in der Vorschrift Ausdruck gefunden, daß das Recht nicht übertragbar ist (§. 1408). Im Einklange damit erklärt der Entwurf (§. 754d Abs. 1 Satz 1) das Recht auch für unpfändbar. Die gleiche Bestimmung findet sich schon in einzelnen neueren Landesgesetzen (oldenburgisches Gesetz vom 24. April 1873 Art. 10; zu vergl. das sächsische Gesetzbuch §. 1683).

Anders liegt die Sache bezüglich der Früchte des eingebrachten Gutes, welche der Mann kraft seiner Verwaltung und Nutznießung erworben hat. Diese Früchte fallen gleich den auf Grund eines Nießbrauchs erworbenen Früchten in das Vermögen des Mannes (Bürgerliches Gesetzbuch §§. 99, 954, 1073, 1383) und dürfen daher dem Zugriffe der Gläubiger des Mannes nicht schlechthin entzogen werden. Auf der anderen Seite kann aber auch hier der Zweck der ehelichen Nutznießung, dem Manne in den Einkünften des eingebrachten Gutes einen Beitrag zur Bestreitung der ehelichen Lasten zu gewähren, nicht unberücksichtigt bleiben. Diesen verschiedenen Interessen wird der Entwurf (§. 754d Abs. 1 Satz 2) durch die Bestimmung gerecht, daß die von dem Manne erworbenen Früchte der Pfändung insoweit entzogen sind, als der Ehemanne ihrer zur Erfüllung der mit der ehelichen Nutznießung verbundenen Verpflichtungen

(Bürgerliches Gesetzbuch §§. 1384 bis 1387), zur Erfüllung der ihm seiner Ehefrau, seiner früheren Ehefrau oder seinen Verwandten gegenüber gesetzlich obliegenden Unterhaltspflicht und zur Bestreitung seines standesmäßigen Unterhalts bedarf. Nach dem Vorgange des sächsischen Gesetzbuchs §. 1683 sollen hierbei alle Verwandten in Betracht kommen, denen der Ehemann Unterhalt zu gewähren hat. Wird nur der für die Ehefrau und die Kinder erforderliche Betrag der Pfändung entzogen, so ergiebt sich die Gefahr, daß der Ehemann unter Benachtheiligung dieser Berechtigten den in solcher Weise gekürzten Betrag thatsächlich gleichwohl zu Gunsten der hierher gehörigen Verwandten mitverwendet. Die Berücksichtigung der dem Manne seiner früheren Ehefrau gegenüber obliegenden Unterhaltspflicht (Bürgerliches Gesetzbuch §§. 1345, 1346, 1351, 1578, 1583, 1586) ist um deswillen geboten, weil nach §. 1609 Abs. 2 des Bürgerlichen Gesetzbuchs die frühere Ehefrau den volljährigen oder verheiratheten Kindern sowie den übrigen Verwandten vorgeht (zu vergl. §. 528 Abs. 1 Satz 1 daselbst).

Ueberschreitet die Pfändung der von dem Manne erworbenen Früchte des eingebrachten Gutes das nach dem Abs. 1 zulässige Maß, so kann er nach §. 685 bei dem Vollstreckungsgericht Einwendungen erheben. Die gleiche Befugniß wird durch den § 754b Abs. 2 auch der Ehefrau beigelegt. Von praktischer Bedeutung ist dies namentlich für den Fall, daß der Mann abwesend ist oder aus anderen Gründen die Wahrung der in Frage stehenden Interessen verabsäumt.

Bei der Errungenschaftsgemeinschaft und der Fahrnißgemeinschaft besteht in Ansehung des eingebrachten Gutes der Frau ein besonderes Nutznießungsrecht nicht, vielmehr fallen die Früchte des eingebrachten Gutes unmittelbar kraft Gesetzes dem Gesammtgute zu (Bürgerliches Gesetzbuch §. 1525 Abs. 1, §. 1550 Abs. 2). Ein Recht, dessen Pfändbarkeit besonders ausgeschlossen werden müßte, steht somit hier gar nicht in Frage. Die Pfändung der Früchte aber darf gegenüber den Gesammtgutsverbindlichkeiten nicht beschränkt werden, da dies mit dem Zwecke nicht vereinbar sein würde, welchem bei der Errungenschaftsgemeinschaft und der Fahrnißgemeinschaft das Gesammtgut zu dienen bestimmt ist.

§. 754e.

Die meisten geltenden Rechte lassen die Pfändung der dem Vater kraft seines Nießbrauchs am Vermögen des Kindes zufallenden Einkünfte in mehr oder minder weitem Umfange zu (vergl. preußisches Allgemeines Landrecht II 2 §§. 205, 206, sächsisches Bürgerliches Gesetzbuch §. 1820). Nur das oldenburgische Gesetz vom 24. April 1879 Art. 44 §. 4 schließt die Pfändung ganz aus. Der Entwurf (§. 754e) überträgt die im §. 754d bezüglich der ehelichen Nutznießung vorgesehenen Pfändungsbeschränkungen in entsprechender Weise auf die elterliche Nutznießung. Auch hier ergeben sich jene Beschränkungen aus der Bestimmung und der familienrechtlichen Natur der Nutzungsbefugniß. Die gleichen Beschränkungen sollen für die nach den §§. 1655, 1656 des Bürgerlichen Gesetzbuchs dem Vater oder der Mutter kraft der elterlichen Nutznießung zustehenden Ansprüche auf den jährlichen Reingewinn eines Erwerbsgeschäfts sowie auf die Nutzungen des der elterlichen Verwaltung nicht unterliegenden Vermögens gelten. Solange diese Ansprüche nicht fällig sind, liegt es im Interesse des Kindes, daß sie gleich dem Nutznießungsrechte selbst der Pfändung entzogen bleiben, damit nicht die Verwaltung des dem Kinde gehörenden Vermögens durch die Einmischung der Gläubiger des Vaters oder der Mutter gestört wird. Nach dem Eintritte der Fälligkeit aber wird die Pfändung nur unter den Beschränkungen zugelassen, welche bei den erworbenen Früchten Platz greifen, da sie in erster Reihe dem Zwecke dienen, die mit der elterlichen Nutznießung verbundenen Lasten zu bestreiten und die dem Vater oder der Mutter gesetzlich obliegenden Unterhaltspflichten zu erfüllen (zu vergl. Bürgerliches Gesetzbuch §§. 1654, 1658 Abs. 2).

§. 754f.

Zufolge §. 2338 Abs. 1 Satz 1 des Bürgerlichen Gesetzbuchs ist der Erblasser in der Lage, das Pflichttheilsrecht eines Abkömmlinges, der sich in solchem Maße der Verschwendung ergeben hat oder in einem solchen Maße überschuldet ist, daß sein späterer Erwerb erheblich gefährdet wird, durch die Anordnung zu beschränken, daß nach dem Tode des Abkömmlinges dessen gesetzliche Erben das ihm Hinterlassene oder den ihm gebührenden Pflichttheil als Nacherben oder Nachvermächtnißnehmer erhalten sollen. Der Erblasser kann auch für die Lebenszeit des Abkömmlinges die Verwaltung einem Testamentsvollstrecker übertragen; der Abkömmling hat in solchem Falle Anspruch auf den jährlichen Reinertrag (Bürgerliches Gesetzbuch §. 2338 Abs. 1 Satz 2). Nach dem Vorgange des preußischen Allgemeinen Landrechts (II 2 §. 429) handelt es sich darum, den Erfolg der Anordnung gegenüber den Gläubigern des Abkömmlinges sicherzustellen. Der Entwurf (§. 754f Abs. 1) bestimmt daher, entsprechend den Vorschriften des § 754d Abs. 1 Satz 2 und des §. 754e Abs. 2, daß die dem Abkömmling als Erben gebührenden Nutzungen oder Erträge der Erbschaft dem Zugriffe seiner Gläubiger insoweit entzogen sein sollen, als sie zur Erfüllung der ihm seinem Ehegatten, seinem früheren Ehegatten oder seinem Verwandten gegenüber gesetzlich obliegenden Unterhaltspflicht und zur Bestreitung seines standesmäßigen Unterhalts erforderlich sind. Die Gläubiger des Abkömmlinges werden durch diese Beschränkung nicht verletzt, da sie auf den Nachlaß keinerlei Recht haben. Dagegen muß, wie der §. 754f Abs. 2 ausdrücklich hervorhebt, die Beschränkung selbstverständlich wegfallen, wenn der Anspruch eines Nachlaßgläubigers oder ein auch dem Nacherben oder dem Testamentsvollstrecker gegenüber wirksames Recht geltend gemacht wird.

Die Vorschrift des §. 754f Abs. 3 betrifft den Fall, daß ein Ehegatte gemäß §. 1513 Abs. 2 des Bürgerlichen Gesetzbuchs den Antheil eines Abkömmlinges an dem Gesammtgute der fortgesetzten Gütergemeinschaft einer Beschränkung der im §. 2338 vorgesehenen Art unterworfen hat. In diesem Falle sollen mit Rücksicht auf die Gleichheit der Rechtslage die Vorschriften des §. 754f Abs. 1, 2 entsprechende Anwendung finden.

§§. 757 bis 757g.

Die Zwangsvollstreckung in das unbewegliche Vermögen, einschließlich des mit ihr verbundenen Aufgebots- und Vertheilungsverfahrens ist von der Civilprozeßordnung wegen ihres engen Zusammenhanges mit dem Liegenschaftsrechte der Regelung durch die Landesgesetzgebung überlassen worden. Nach den Landesgesetzen bestimmt sich zur Zeit insbesondere auch, welche Sachen und Rechte in Ansehung der Zwangsvollstreckung zum unbeweglichen Vermögen gehören, inwiefern der Gläubiger berechtigt ist, seine Forderung in das Hypothekenbuch eintragen zu lassen, und wie die Eintragung zu bewirken ist. Die selbständigen Vorschriften, welche die Civilprozeßordnung in den §§. 755 bis 757 giebt, beschränken sich auf die Regelung der Zuständigkeit des Vollstreckungsgerichts und auf einige Bestimmungen über die Erledigung von Rechtsstreitigkeiten, die in dem Verfahren entstehen.

Nachdem im Bürgerlichen Gesetzbuch ein gemeinsames Liegenschaftsrecht geschaffen war, ist durch das Gesetz vom 24. März 1897 auch die Zwangversteigerung und die Zwangsverwaltung einheitlich geregelt. Damit sind die §§. 755, 756 der Civilprozeßordnung entbehrlich geworden (zu vergl. §§. 1, 2, 15 des Gesetzes vom 24. März 1897). Für den Entwurf bleibt daher nur die Aufgabe, die Gegenstände, die der Zwangsvollstreckung in das unbewegliche Vermögen unterliegen, selbständig zu bestimmen (§§. 757, 757a) und die zulässigen Vollstreckungsmaßregeln im Allgemeinen zu bezeichnen (§§. 757b, 757e, 757f); dabei ist zugleich die in dem Gesetze vom 24. März 1897 nicht geregelte Eintragung einer Sicherungshypothek im Wege der Zwangsvollstreckung näher zu ordnen (§§. 757c, 757d). Ein Vorbehalt für die Landesgesetzgebung ist nur noch in Ansehung der Eisenbahnen und Kleinbahnen erforderlich (§. 757g).

§. 757.

Als Gegenstände, die der Zwangsvollstreckung in das unbewegliche Vermögen unterliegen, werden im Abs. 1 außer den Grundstücken die Berechtigungen, für welche die sich auf Grundstücke beziehenden Vorschriften gelten, und die im Schiffsregister eingetragenen Schiffe bezeichnet. Zu den genannten Berechtigungen gehört nach § 1017 Abs. 2 des Bürgerlichen Gesetzbuchs das Erbbaurecht. Das Gleiche gilt gemäß Art. 63 Abs. 2, Art. 68 Abs. 2 des Einführungsgesetzes zum Bürgerlichen Gesetzbuche hinsichtlich einiger Rechte, die im Uebrigen der landesgesetzlichen Regelung überlassen sind, nämlich hinsichtlich des Erbpachtrechts mit Einschluß des Büdnerrechts und des Häuslerrechts, sowie hinsichtlich des Rechtes zur Gewinnung eines den bergrechtlichen Vorschriften nicht unterliegenden Minerals. Ferner kann die Landesgesetzgebung für Berechtigungen, welche innerhalb der ihr vorbehaltenen Gebiete liegen, bestimmen, daß sie den auf Grundstücke bezüglichen Vorschriften unterliegen sollen. In Betracht kommen hier namentlich das Bergwerkseigenthum und die Fischereiberechtigungen (Einführungsgesetz zum Bürgerlichen Gesetzbuche Art. 67, 69), desgleichen die an Grundstücken bestehenden vererblichen und übertragbaren Nutzungsrechte (Art. 196 des Einführungsgesetzes).

Nach dem bürgerlichen Gesetzbuche (§§. 1106, 1114, 1192, 1199) kann der Bruchtheil eines Grundstücks mit einer Reallast, einer Hypothek, Grundschuld oder Rentenschuld nur belastet werden, wenn er in dem Antheil eines Miteigenthümers besteht. Die Zweckmäßigkeitsgründe, auf welchen diese Vorschriften beruhen, rechtfertigen es, wenn der Entwurf (§. 757 Abs. 2) auch die Zulässigkeit der Zwangsvollstreckung in den Bruchtheil eines Grundstücks oder einer Berechtigung davon abhängig macht, daß entweder der Bruchtheil in dem Antheil eines Miteigenthümers besteht oder der Anspruch des Gläubigers sich auf ein Recht gründet, mit welchem der Bruchtheil als solcher belastet ist. Der letztere Fall ist gegeben, wenn ein Miteigenthum nicht mehr besteht, ein früherer Miteigenthümer aber zu der Zeit, zu welcher das Miteigenthum noch bestand, seinen Antheil mit einem Rechte der bezeichneten Art belastet hat. Der Antheil an einem im Schiffsregister eingetragenen Schiffe unterliegt nach §. 754a der Zwangsvollstreckung in das bewegliche Vermögen.

§. 757a.

Nach §. 1147 des Bürgerlichen Gesetzbuchs erfolgt die Befriedigung des Hypothekengläubigers aus dem Grundstück und aus denjenigen Gegenständen, auf welche sich nach den §§. 1120 ff. die Hypothek erstreckt, im Wege der Zwangsvollstreckung. Der gleiche Grundsatz gilt nach den §§. 1105, 1107, 1192, 1199 in Ansehung der Reallast, der Grundschuld und der Rentenschuld. Damit ist aber der Frage nicht vorgegriffen, ob Gegenstände der bezeichneten Art für die Zwangsvollstreckung als Bestandtheile des unbeweglichen oder des beweglichen Vermögens zu behandeln sind. Die Entscheidung dieser Frage, die auch für den Fall von Bedeutung ist, daß die Zwangsvollstreckung wegen eines persönlichen Anspruchs betrieben wird, ist vielmehr der Regelung des Vollstreckungsverfahrens überlassen.

Der Entwurf (§. 757a Abs. 1) entscheidet die Frage dahin, daß die Zwangsvollstreckung in das unbewegliche Vermögen auch die Gegenstände umfaßt, auf welche sich bei Grundstücken die Hypothek erstreckt. Zugleich bestimmt er (§. 757a Abs. 2), daß diese Gegenstände, soweit sie Zubehör sind (Bürgerliches Gesetzbuch §§. 97, 98), nicht gepfändet werden können, im Uebrigen aber der Zwangsvollstreckung in das bewegliche Vermögen unterliegen, solange nicht ihre Beschlagnahme im Wege der Zwangsvollstreckung in das unbewegliche Vermögen (zu vergl. das Gesetz vom 24. März 1897 §§. 20 bis 22, 148, 151) erfolgt ist. Die Beziehungen, die zwischen dem Grundstück und denjenigen Gegenständen bestehen, auf welche sich die Hypothek erstreckt, rechtfertigen es, wenn eine Zwangsvollstreckung, die zur Trennung dieser Gegenstände von dem Grundstücke führt, nicht begünstigt wird. Ueberdies darf auch der Gläubiger im Hinblick auf die damit verbundenen Kosten und Weiterungen nicht gezwungen werden, seine Befriedigung aus dem Grundstück und aus den übrigen Gegenständen in getrenntem Verfahren zu suchen. Andererseits würde es indessen zu weit gehen und weder dem Interesse des Schuldners noch dem des Gläubigers entsprechen, wenn diesem die Befugniß, hinsichtlich der fraglichen Gegenstände die Zwangsvollstreckung in das bewegliche Vermögen zu betreiben, einfach versagt bliebe. Namentlich kann der Gläubiger wegen der das Grundstück betreffenden Mieth- und Pachtzinsforderungen (Bürgerliches Gesetzbuch §§. 1123 bis 1125) nicht lediglich auf die Einleitung der Zwangsverwaltung beschränkt werden.

Die Mehrzahl der Landesgesetze (zu vergl. beispielsweise das preußische Gesetz, betreffend die Zwangsvollstreckung in das unbewegliche Vermögen, vom 13. Juli 1883 §. 206, das bayerische Gesetz vom 23. Februar 1879 Art. 8) hält auch bezüglich des Zubehörs im Wesentlichen den Standpunkt fest, daß es der Pfändung unterliegt, solange nicht die Beschlagnahme im Wege der Zwangsvollstreckung in das unbewegliche Vermögen erfolgt ist. Die Erfahrung hat aber gezeigt, daß hierdurch die schon im öffentlichen Interesse gebotene Erhaltung des wirthschaftlichen Zusammenhanges zwischen dem Grundstück und dem Zubehör ernstlich gefährdet wird. Es erscheint daher sachgemäß, wenn der Entwurf nach dem Vorgange des französischen Rechtes (Code civil Art. 2118, 2204, Code de procédure Art. 592) die Pfändung des Zubehörs schlechthin ausschließt. Hiermit wird, wie sich von selbst versteht, den Hypothekengläubigern die Möglichkeit gegeben, einer gegen das Verbot erfolgten Pfändung von Zubehörstücken auch nach Maßgabe des §. 685 zu widersprechen, da der in der letzteren Bestimmung vorgesehene Rechtsbehelf nicht allein den Parteien, sondern auch jedem Dritten zukommt, dessen Interesse durch die Art der Zwangsvollstreckung verletzt wird.

Den Grundstücken stehen, was die Anwendung der vorstehend erörterten Bestimmungen betrifft, die im §. 757 bezeichneten Berechtigungen gleich. Für die im Schiffsregister eingetragenen Schiffe sollen diese Bestimmungen mit der Maßgabe gelten, daß bei ihnen die Zwangsvollstreckung auch die Gegenstände umfaßt, auf welche sich bei Schiffen das eingetragene Pfandrecht erstreckt (Bürgerliches Gesetzbuch §§. 1265, 1268). Damit stimmt im Wesentlichen das bremische Gesetz, betreffend die Zwangsvollstreckung wegen Geldforderungen in Schiffe u. s. w., vom 15. Dezember 1887 (§. 2) überein. Wie eingetragene Schiffe sind übrigens hier und im Verhältnisse zu der Vorschrift des

§. 757f Abs. 2 solche ausländischen Schiffe zu behandeln, die, wenn sie deutsche Schiffe wären, in das Schiffsregister eingetragen werden müßten. Es ergiebt sich dies zur Genüge daraus, daß auf die Zwangsversteigerung dieser Schiffe nach §. 171 des Gesetzes vom 24. März 1897 die Vorschriften über die Zwangsversteigerung der eingetragenen deutschen Schiffe entsprechende Anwendung finden.

§. 757b.

Neben der Zwangsversteigerung und der Zwangsverwaltung, die bereits durch das Gesetz vom 24. März 1897 geregelt worden sind, läßt der Entwurf (§. 757b Abs. 1) als weitere Maßregel der Zwangsvollstreckung in ein Grundstück die Eintragung einer Sicherungshypothek zu. Die Zwangshypothek ist von den meisten Landesgesetzen (zu vergl. insbesondere das preußische Gesetz vom 13. Juli 1883 §§. 2, 6 bis 12, das bayerische Gesetz vom 29. Mai 1886 Art. 40 ff., das sächsische Bürgerliche Gesetzbuch §. 394 in Verbindung mit dem Gesetze vom 4. März 1879 §§. 10, 11) schon jetzt anerkannt und im Rechtsverkehre vollständig eingebürgert. Sie giebt dem Gläubiger in dem Falle, daß er zu schonender Behandlung des Schuldners geneigt ist, die Möglichkeit, diese Schonung ohne Gefährdung seiner eigenen Interessen zu üben; nicht selten wird dadurch der Schuldner vor dem wirthschaftlichen Untergange bewahrt. Wenn der Entwurf, abweichend von dem in Preußen und anderen Bundesstaaten geltenden Rechte, die Zwangshypothek nur in der Form der Sicherungshypothek gewährt, so geschieht dies mit Rücksicht auf den Schuldner, welcher dadurch in der Lage bleibt, die ihm gegen die Forderung zustehenden Einreden auch einem dritten gutgläubigen Erwerber der Forderung gegenüber geltend zu machen (Bürgerliches Gesetzbuch §. 1184). Andererseits gewährt auch eine solche Hypothek dem Gläubiger, welcher von der Durchführung der Zwangsversteigerung zunächst absehen will, ausreichende Sicherheit.

Nach §. 757 Abs. 2 kann der Gläubiger verlangen, daß jede der zulässigen Vollstreckungsmaßregeln, Eintragung einer Sicherungshypothek, Zwangsversteigerung, Zwangsverwaltung, allein oder neben den übrigen ausgeführt werde. Diese Befugniß rechtfertigt sich durch die verschiedene Bedeutung, welche die einzelnen Maßregeln haben, und entspricht auch den sonst für die Zwangsvollstreckung geltenden Vorschriften der Civilprozeßordnung (zu vergl. §. 2 Abs. 2 des preußischen Gesetzes vom 13. Juli 1883).

§. 757c.

Wie die Zwangsvollstreckung überhaupt ist auch die Zwangsvollstreckung durch Eintragung einer Sicherungshypothek davon abhängig, daß der Gläubiger gegen den Eigenthümer des Grundstücks einen vollstreckbaren Titel erwirkt hat und daß die allgemeinen Voraussetzungen für ihren Beginn (§§. 671 ff.) vorliegen. Die Eintragung erfolgt nach §. 757c Abs. 1 Satz 1 auf Antrag des Gläubigers; sie soll, um den Schuldner vor Schwierigkeiten zu bewahren, auf dem vollstreckbaren Titel vermerkt werden (zu vergl. §. 9 Abs. 3 des preußischen Gesetzes vom 13. Juli 1883). Den Antrag hat der Gläubiger an das Grundbuchamt zu richten (zu vergl. §. 13 der Grundbuchordnung). Im Interesse sowohl der Beschleunigung als auch der Kostenersparniß ist nach dem Vorgange des preußischen Gesetzes vom 13. Juli 1883 (§. 12) und des bayerischen Gesetzes vom 29. Mai 1886 (Art. 40) von der Vermittelung des Prozeßgerichts oder des Vollstreckungsgerichts abgesehen. Die sonst gemäß §. 873 des Bürgerlichen Gesetzbuchs zur Entstehung einer Hypothek erforderliche Einigung zwischen dem Gläubiger und dem Eigenthümer sowie die im §. 19 der Grundbuchordnung bezeichnete Eintragungsbewilligung des Eigenthümers wird durch den vollstreckbaren Titel ersetzt. Zur Entstehung der Hypothek genügt daher hier die Eintragung (Abs. 1 Satz 2). Das Grundstück haftet, wie der Abs. 1 Satz 3 entsprechend dem Zwecke der Vollstreckungsmaßregel und im Anschluß an die allgemeine Vorschrift des §. 697 bestimmt, auch für die dem Schuldner zur Last fallenden Kosten der Eintragung.

Hat der Schuldner mehrere Grundstücke, so kann nach den geltenden Gesetzen (zu vergl. für Preußen §. 6 des Gesetzes vom 13. Juli 1883, für Bayern Art. 40 des Gesetzes vom 29. Mai 1886, für Sachsen §. 394 des Bürgerlichen Gesetzbuches und §. 10 des Gesetzes vom 4. März 1879) der Gläubiger verlangen, daß die Forderung auf sämmtliche Grundstücke ungetheilt eingetragen wird. Jedoch giebt für den Fall der Uebermäßigkeit der durch die Zwangshypothek begründeten Sicherheit das preußische Recht dem Schuldner die Befugniß, mittelst einer gegen den Gläubiger anzustellenden Klage die Vertheilung der Forderung auf einzelne Grundstücke oder die Befreiung einzelner Grundstücke von der eingetragenen Hypothek zu beantragen. Aehnliche Bestimmungen finden sich auch in anderen Gesetzen (zu vergl. Code civil Art. 2161, das sächsische Gesetzbuch §. 397). Jene Befugniß des Schuldners reicht indessen, wie die Erfahrung zeigt, nicht aus, um ihn gegen eine übermäßige Belastung seines

Grundbesitzes zu schützen. Auch erscheint es gegenüber den Schwierigkeiten, welche mit Gesammthypotheken regelmäßig verbunden sind, nicht angezeigt, deren Entstehung durch die Gesetzgebung zu begünstigen (zu vergl. §§. 64, 122 des Gesetzes über die Zwangsversteigerung und die Zwangsverwaltung vom 24. März 1897). Der Entwurf kehrt daher zu den Grundsätzen des früheren preußischen Rechtes (§§. 22, 23 der Verordnung vom 4. März 1834) zurück, indem er in Abs. 2 vorschreibt, daß der Betrag der Forderung nach der Bestimmung des Gläubigers auf die einzelnen Grundstücke zu vertheilen ist. Eine Gefährdung des Zweckes, welchem die Vollstreckungsmaßregel dient, oder eine unbillige Benachtheiligung des Gläubigers liegt hierin nicht, da dieser vor der Stellung des Eintragungsantrags in der Lage ist, das Grundbuch einzusehen und den Werth der einzelnen Grundstücke abschätzen zu lassen.

§. 757d.

Wird nach dem Beginne der Zwangsvollstreckung durch eine vollstreckbare Entscheidung die zu vollstreckende Entscheidung oder ihre vorläufige Vollstreckbarkeit aufgehoben oder die Zwangsvollstreckung für unzulässig erklärt oder deren Einstellung angeordnet, so sind die bereits erfolgten Vollstreckungsmaßregeln nach §. 691 Nr. 1, §. 692 der Civilprozeßordnung aufzuheben. Demgemäß muß, wenn die Zwangsvollstreckung durch Eintragung einer Sicherungshypothek erfolgt ist, in den bezeichneten Fällen das Recht des Gläubigers aus der Sicherungshypothek in Wegfall kommen. Entsprechend den Vorschriften des Bürgerlichen Gesetzbuchs über die Eigenthümerhypothek (§. 1163 Abs. 1) darf jedoch die Aufhebung des dem Gläubiger aus der Sicherungshypothek zustehenden Rechtes nicht durch die Löschung der Hypothek, sondern nur in der Weise sich vollziehen, daß der Eigenthümer des Grundstücks die Hypothek erwirbt (§. 757d Abs. 1 des Entwurfs).

Die gleiche Rechtslage ergiebt sich, wenn auf Grund der Vorschriften des §. 691 Nr. 2, 3 §. 692 der Civilprozeßordnung durch eine gerichtliche Entscheidung die einstweilige Einstellung der Vollstreckung und zugleich die Aufhebung der erfolgten Vollstreckungsmaßregeln angeordnet wird oder wenn die zur Abwendung der Vollstreckung nachgelassene Sicherheitsleistung oder Hinterlegung erfolgt. Auch hier erwirbt daher der Eigenthümer des Grundstücks die Hypothek (§. 757d Abs. 2).

§. 757e.

Die im §. 757e vorbehaltene Regelung der Zwangsversteigerung und der Zwangsverwaltung ist bereits durch das Gesetz über die Zwangsversteigerung und die Zwangsverwaltung, vom 24. März 1897, (Reichs-Gesetzbl. S. 97) erfolgt. Mit diesem Gesetze stehen die Vorschriften der §§. 757 ff. des Entwurfs in untrennbarem Zusammenhang, und es kann daher keinem Zweifel unterliegen, daß die Bestimmungen, welche für den Zeitpunkt des Inkrafttretens des fraglichen Gesetzes maßgebend sind (§. 1 des Einführungsgesetzes zu dem Gesetze vom 24. März 1897), in gleicher Weise auch auf jene Vorschriften Anwendung finden.

§. 757f.

Nach dem Abs. 1 finden auf die Zwangsvollstreckung in eine Berechtigung, für welche die sich auf Grundstücke beziehenden Vorschriften gelten (zu vergl. oben), die Bestimmungen über die Zwangsvollstreckung in Grundstücke entsprechende Anwendung. Diese Vorschrift schließt sich dem geltenden Rechte an (zu vergl. beispielsweise für Preußen das Gesetz vom 13. Juli 1883 §. 156, für Bayern das Gesetz vom 23. Februar 1879 Art. 2, für Sachen das Gesetz vom 15. August 1884 §. 3, für Hessen das Gesetz vom 4. Juni 1879 Art. 50).

Der §. 757f Abs. 2 betrifft die Zwangsvollstreckung in eingetragene Schiffe sowie in die ihnen nach § 171 des Gesetzes vom 24. März 1897 gleichgestellten ausländischen Schiffe (vergl. die Bemerkungen zu §. 757a oben S. 150). Einer Zwangsverwaltung steht die Zweckbestimmung der Schiffe entgegen. Im Einklange mit den meisten neueren Landesgesetzen hat deshalb schon das Gesetz vom 24. März 1897 von der Uebertragung dieser Vollstreckungsmaßregel auf Schiffe abgesehen und nur Bestimmungen über die Zwangsversteigerung von Schiffen getroffen. Ein Bedürfniß, daneben die zwangsweise Eintragung eines Pfandrechts zuzulassen, hat sich nicht geltend gemacht. Der Entwurf bestimmt daher, daß die Zwangsvollstreckung in ein eingetragenes Schiff nur durch Zwangsversteigerung erfolgt.

§. 757g.

Den besonderen landesgesetzlichen Vorschriften über die Zwangsversteigerung und die Zwangsverwaltung in die einem Eisenbahn- oder Kleinbahnunternehmen gewidmeten Grundstücke und sonstigen Vermögensgegenstände (die Bahneinheit) ist bereits durch einen Vorbehalt in dem Einführungsgesetze zu dem Gesetz über die Zwangsversteigerung und die Zwangsverwaltung, vom 24. März 1897, Rechnung getragen (zu vergl. §. 2 daselbst mit

Art. 112 des Einführungsgesetzes zum Bürgerlichen Gesetzbuche). Jener Vorbehalt bedarf aber, namentlich auch gegenüber den §§. 757 ff. des Entwurfs, einer Ergänzung für den Fall, daß ein Anderer als der Eigenthümer einer Eisenbahn oder Kleinbahn den Betrieb der Bahn kraft eigenen Nutzungsrechts ausübt, da auch hinsichtlich der Zwangsvollstreckung in ein solches Nutzungsrecht besondere mit dem Bahnbetriebe zusammenhängende landesgesetzliche Vorschriften bestehen (zu vergl. das preußische Gesetz, betreffend das Pfandrecht an Privateisenbahnen und Kleinbahnen und die Zwangsvollstreckung in dieselben, vom 19. August 1895, §. 58).

Im

§. 759

ist lediglich ein Versehen der bisherigen Fassung verbessert.

Im

§. 772

ist der gegenwärtig nicht ganz genaue Wortlaut berichtigt.

§. 774.

Der bisherige Abs. 2 gestattet im Falle der Verurtheilung zur Herstellung des ehelichen Lebens die Anwendung von Zwangsmaßregeln insoweit, als die Landesgesetze die Erzwingung der Herstellung des ehelichen Lebens für zulässig erklären. Dieser Vorbehalt zu Gunsten der Landesgesetze wird mit der einheitlichen Regelung des Eherechts gegenstandslos. Nach §. 1567 Abs. 2 Nr. 1 des Bürgerlichen Gesetzbuchs kann, wenn der zur Herstellung der häuslichen Gemeinschaft rechtskräftig verurtheilte Ehegatte dem Urtheile nicht Folge leistet, der andere Ehegatte, sofern dieses Verhalten gegen seinen Willen in böslicher Absicht ein Jahr lang, fortgesetzt worden ist, auf Scheidung wegen böslicher Verlassung klagen. Der Entwurf hat daher den fraglichen Vorbehalt beseitigt.

Der bisherige Abs. 2 enthält außerdem die Bestimmung, daß im Falle der Verurtheilung zur Eingehung einer Ehe die Anwendung von Zwangsmaßregeln ausgeschlossen ist. Das Bürgerliche Gesetzbuch (§. 1297 Abs. 1) läßt eine Klage aus dem Verlöbnisse auf Eingehung der Ehe überhaupt nicht zu. Gleichwohl ist die Bestimmung vom Entwurfe beibehalten, da sie noch für solche Fälle in Betracht kommen kann, in denen es sich um die Vollstreckung ausländischer Urtheile handelt.

Der

§. 774a

ordnet im Abs. 1 die Zuständigkeit für die Abnahme eines Offenbarungseides, zu dessen Leistung der Schuldner auf Grund der Vorschriften des bürgerlichen Rechtes (§§. 259, 260, 2028, 2057 des Bürgerlichen Gesetzbuchs) verurtheilt ist. Regelmäßig wird dasjenige Gericht, welches die Verurtheilung ausgesprochen hat, auch am sichersten in der Lage sein, die für die Leistung des Offenbarungseides in Betracht kommenden Verhältnisse zu übersehen. Mit Rücksicht hierauf bestimmt der Entwurf (Abs. 1 Satz 1), daß die Eidesleistung vor dem Prozeßgericht erster Instanz zu erfolgen hat. Das Verfahren bei der Abnahme des Eides soll sich (Abs. 1 Satz 2) nach den Vorschriften der §§. 440 bis 446 richten. Erscheint der Schuldner in dem zur Eidesleistung bestimmten Termine nicht oder verweigert er die Eidesleistung, so kann er nach Maßgabe der Vorschriften des §. 774 durch Geldstrafen oder durch Haft zur Leistung des Eides angehalten werden (Abs. 2 Satz 1). Ist der Schuldner zur Erzwingung der Eidesleistung in Haft genommen, so finden, wie der Entwurf im Abs. 2 Satz 2 vorsieht, die Vorschriften des §. 783 Anwendung. Danach kann der verhaftete Schuldner zu jeder Zeit bei dem Amtsgerichte des Haftorts beantragen, ihm den Eid abzunehmen. Dem Antrag ist ohne Verzug stattzugeben. Nach der Leistung des Eides wird der Schuldner aus der Haft entlassen und der Gläubiger hiervon in Kenntniß gesetzt. Diese Abweichung von der Regel des §. 774a Abs. 1 Satz 1 rechtfertigt sich durch die Rücksicht auf den Schuldner.

Erbietet sich der Schuldner, ohne daß er zur Leistung des Offenbarungseides verurtheilt worden ist, zur Eidesleistung, so sind für das Verfahren die Vorschriften des §. 261 des Bürgerlichen Gesetzbuchs und des §. 159 des Entwurfs eines Gesetzes über die Angelegenheiten der freiwilligen Gerichtsbarkeit maßgebend.

§. 777.

Die Vorschrift ist durch die Verweisung auf § 679 ihrem Sinne entsprechend vervollständigt.

Der

§. 779a

soll die Vorschrift des bisherigen §. 658 ersetzen. Dieser Vorschrift zufolge darf, wenn auf Bewirkung einer Eintragung im Grund- oder Hypothekenbuch erkannt ist, das für vorläufig vollstreckbar erklärte Urtheil nur in der Weise vollzogen werden, daß die Eintragung in der zur Sicherstellung eines Anspruchs auf Eintragung vorgeschriebenen Form (Vormerkung, Protestation, arrestatorische Verfügung, Dispositionsbeschränkung u. s. w.) erfolgt. Vom Standpunkte des Bürgerlichen Gesetzbuchs kommt hier als Sicherungsmittel die Eintragung einer Vormerkung (§§. 883ff.) und die Eintragung eines Widerspruchs (§. 899) in Betracht. Die Vormerkung dient zur Sicherung des Anspruchs auf Einräumung oder Aufhebung eines Rechtes an einem Grundstück oder an einem das Grundstück belastenden Rechte oder auf Aenderung des Inhalts oder des Ranges eines solchen Rechtes. Der Widerspruch ist dazu bestimmt, denjenigen, dessen dingliches Recht nicht oder nicht richtig eingetragen oder durch die Eintragung einer nicht bestehenden Belastung oder Beschränkung beeinträchtigt ist, gegen die mit dem öffentlichen Glauben des Grundbuchs (Bürgerliches Gesetzbuchs §§. 892, 1138 verbundenen Gefahren zu sichern.

Demgemäß werden vom Entwurfe die Fälle, in denen der Schuldner durch ein vorläufig vollstreckbares Urtheil zur Abgabe einer Willenserklärung verurtheilt ist, auf Grund deren eine Eintragung in das Grundbuch erfolgen soll, im Anschluß an die bezeichneten Vorschriften dahin geregelt, daß je nach Lage der Sache die Eintragung einer Vormerkung oder eines Widerspruchs als bewilligt gilt. Die Eintragung erfolgt also auf den Antrag des Gläubigers, ohne daß es einer weiteren Bewilligung des Schuldners bedarf (zu vergl. §. 13 Abs. 2, §. 19 der Grundbuchordnung). Diese Regelung ist in der Grundbuchordnung bereits vorausgesetzt, sofern sie (§. 25 Satz 2) die Bestimmung enthält, daß, wenn auf Grund eines vorläufig vollstreckbaren Urtheils nach den Vorschriften der Civilprozeßordnung eine Vormerkung oder ein Widerspruch eingetragen ist und demnächst das Urtheil oder dessen vorläufige Vollstreckbarkeit durch eine vollstreckbare Entscheidung aufgehoben wird, es zur Löschung nicht der Bewilligung des Berechtigten bedarf.

Die Vorschrift über die Eintragung einer Vormerkung oder eines Widerspruchs auf Grund eines vorläufig vollstreckbaren Urtheils bringt der Entwurf, entsprechend der Auffassung, von welcher schon der Entwurf eines Gesetzes über die Angelegenheiten der freiwilligen Gerichtsbarkeit (S. 35 der Denkschrift zu diesem Entwurf) ausgeht, auch hinsichtlich des Schiffsregisters zur Geltung. Danach wird insbesondere der Gläubiger, wenn der Schuldner durch ein vorläufig vollstreckbares Urtheil verurtheilt ist, ihm ein Pfandrecht an einem Schiffe zu bestellen, die Eintragung einer Vormerkung mit den Wirkungen herbeiführen können, welche das Bürgerliche Gesetzbuch an eine in das Grundbuch eingetragene Vormerkung knüpft.

§. 779b.

Für den Fall, daß auf Grund eines Urtheils, das eine Willenserklärung des Schuldners ersetzt (§§. 779, 779a), eine Eintragung in ein öffentliches Buch oder Register vorgenommen werden soll, wird durch §. 779b, entsprechend der Vorschrift des §. 700a, dem Gläubiger die Befugniß gewährt, an Stelle des Schuldners die Ertheilung solcher Urkunden, welche diesem auf Antrag von einer Behörde, einem Beamten oder einem Notar zu ertheilen sind, insoweit zu verlangen, als er der Urkunden zur Herbeiführung der Eintragung bedarf. In Betracht kommen hier wiederum das Grundbuch und das Schiffsregister. Aber auch für sonstige Eintragungen, beispielsweise in die Patentrolle (§. 19 des Patentgesetzes), in das Reichsschuldbuch oder ein Staatsschuldbuch, kann die Vorschrift von Bedeutung sein.

§. 779c.

Zur Uebertragung des Eigenthums sowie zur Bestellung eines Rechtes an einer beweglichen Sache bedarf es nach dem Bürgerlichen Gesetzbuche (§§. 929, 1032, 1205) der Uebergabe der Sache und der Einigung des Eigenthümers und des Erwerbers über den Eintritt der Rechtsänderung. Erfüllt der Eigenthümer die von ihm übernommene Verpflichtung zur Uebertragung des Eigenthums oder zur Bestellung des Rechtes nicht, so kann die zu dem Eintritte der Rechtsänderung erforderliche Erklärung des Eigenthümers nach Maßgabe des §. 779 der Civilprozeßordnung durch Urtheil ersetzt werden. Ob im Falle der Verurtheilung des Schuldners die Uebergabe der Sache als erfolgt gilt, wenn der Gerichtsvollzieher die Sache zum Zwecke der Ablieferung an den Gläubiger wegnimmt (zu vergl. §. 769 Abs. 1, §. 770 der Civilprozeßordnung), ist streitig. Uebereinstimmend mit der Rechtsprechung des Reichsgerichts entscheidet der Entwurf (Abs. 1) die Frage in bejahendem Sinne.

Dem entsprechend wird im Abs. 2 der für die Bestellung, Abtretung oder Belastung einer Hypothek, Grundschuld oder Rentenschuld erforderlichen Uebergabe des Hypotheken-, Grundschuld- oder Rentenschuldbriefs (Bürgerliches Gesetzbuch §§. 1117, 1154, 1192, 1199, 1274) die Wegnahme des Briefes durch den

Gerichtsvollzieher gleichgestellt, falls der Schuldner zu der Bestellung, Abtretung oder Belastung verurtheilt ist.

§. 779d.

Die Vorschriften des Bürgerlichen Gesetzbuchs (§§. 892, 893, 932ff., 1242) und des Handelsgesetzbuchs (§§. 366, 367) über den Schutz des gutgläubigen Erwerbers gelten nur für den Erwerb durch Rechtsgeschäft und finden daher auf einen Erwerb, der im Wege der Zwangsvollstreckung erfolgt, an sich keine Anwendung. Es liegt jedoch im Sinne dieser Vorschriften, wenn der Schutz auch demjenigen zu Theil wird, welcher gemäß §§. 779 und 779c erwirbt. Der Entwurf dehnt daher die Vorschriften zu Gunsten derjenigen, welche Rechte von einem Nichtberechtigten herleiten, auf den letzteren Fall aus.

§. 780.

Der Zusatz im §. 780 stellt gegenüber der Einschaltung des §. 774a klar, daß die Vorschriften des vierten Abschnitts über den Offenbarungseid an sich nur auf die Fälle des §. 711 und des §. 769 Anwendung finden.

§. 781.

Die vorgenommenen Aenderungen bezwecken eine Vereinfachung und Beschleunigung des die Leistung des Offenbarungseides betreffenden Verfahrens. In dem neuen Abs. 2 wird die bisher streitige Frage, ob die Anwesenheit des Gläubigers in dem zur Eidesleistung bestimmten Termin erforderlich ist, verneinend entschieden. Der Gläubiger kann danach, wie dies in der Praxis schon gegenwärtig meist zugelassen wird, den Antrag auf Erlaß des Haftbefehls (§. 782) auch schriftlich stellen.

Auf Grund des Wortlauts des bisherigen §. 781 Abs. 2 ist die Rechtsprechung zu dem Ergebnisse gelangt, daß über den Widerspruch des Schuldners durch ein förmliches, mittelst der Berufung anfechtbares Urtheil zu entscheiden sei. Von böswilligen Schuldnern wird dies vielfach zur Verschleppung mißbraucht. Um dem bezeichneten Mißstand entgegenzutreten, bestimmt der Entwurf (Abs. 3 Satz 1) im Anschluß an die sonst für das Vollstreckungsverfahren geltenden Vorschriften (zu vergl. §. 684 Abs. 3, §. 701), daß die Entscheidung über den Widerspruch durch Beschluß zu erfolgen hat. Bei der Vorschrift, daß die Eidesleistung erst nach dem Eintritte der Rechtskraft der Entscheidung erfolgt, soll es gemäß Abs. 3 Satz 2 des Entwurfs der Regel nach verbleiben; doch wird, gleichfalls um Verschleppungen abzuschneiden, dem Vollstreckungsgerichte die Befugniß gewährt, die Eidesleistung vor jenem Zeitpunkt anzuordnen, wenn bereits ein früherer Widerspruch rechtskräftig verworfen ist.

§§. 784, 795.

Die Vermuthung der Vermögenslosigkeit, die das Gesetz an die Eidesleistung oder die Haftverbüßung knüpft, führt dadurch, daß sie hinsichtlich ihrer Dauer nicht begrenzt ist, vielfach zu einer ungerechtfertigten Begünstigung der Schuldner. Der Entwurf bestimmt daher, daß sie eine Befreiung von der Leistung des Offenbarungseides nur für den Zeitraum von fünf Jahren begründen soll.

§. 795a.

Die Führung eines Verzeichnisses der Personen, die den Offenbarungseid geleistet haben, ist in einzelnen Bundesstaaten bereits durch die Verwaltung angeordnet. Der Entwurf stellt im Interesse der Sicherheit des Verkehrs eine reichsgesetzliche Vorschrift dieses Inhalts auf. In das Verzeichniß sind auch diejenigen Personen aufzunehmen, gegen welche gemäß §. 782 die Haft angeordnet ist (§ 795a Abs. 1 Satz 1). Ist gegen den Schuldner eine Haft von sechs Monaten vollstreckt worden, so soll dies (Abs. 1 Satz 2) mit Rücksicht auf die Vorschrift des §. 795 Abs. 1 vermerkt werden.

Die Einsicht des Verzeichnisses ist nach Abs. 3 Jedem gestattet. Andererseits entspricht es aber der Billigkeit, daß die Eintragung nur solange bestehen bleibt, als die Vorschriften der §§. 784, 795 es erfordern. Nach Ablauf der dort bestimmten Fristen soll deshalb die Eintragung gelöscht werden (§. 795a Abs. 2).

§. 796.

Dem bisherigen Abs. 2 zufolge wird die Zulässigkeit des Arrestes dadurch nicht ausgeschlossen, daß der Anspruch ein betagter ist. Hinsichtlich der Zulässigkeit des Arrestes zur Sicherung eines bedingten Anspruchs hat die Civilprozeßordnung mit Rücksicht auf die Verschiedenheit der landesgesetzlichen Vorschriften über die Wirkungen des bedingten Rechtes keine Bestimmungen getroffen. Den Wirkungen, welche das Bürgerliche Gesetzbuch (§§. 160 ff.) dem bedingten Rechte beilegt, entspricht es, wenn der Entwurf den §. 796 Abs. 2 dahin ergänzt, daß auch zur Sicherung eines bedingten Anspruchs der Arrest zulässig sein soll. Nur für den Fall, daß der bedingte Anspruch wegen der entfernten Möglichkeit des Eintritts der Bedingung einen gegenwärtigen Vermögenswerth nicht hat, erfordert es die Billigkeit gegen den bedingt Verpflichteten, die Zulässigkeit des Arrestes auszuschließen. Im Sinne des §. 796 Abs. 2 ist übrigens der Anspruch auch dann bedingt, wenn die Bedingung zwar eingetreten, das Ergebniß aber noch nicht bekannt ist. Die thatsächliche Ungewißheit, welche in einem solchen Falle besteht, darf der Erwirkung des Arrestes noch weniger hinderlich sein, als die rechtliche Ungewißheit.

§. 809.

Die Aenderung des Abs. 1 beruht auf demselben Grunde wie die gleichartige Aenderung des §. 704 Abs. 1.

§. 810a.

Im Anschluß an das geltende Recht bestimmt der Abs. 1, daß die Vollziehung des Arrestes in ein Schiff, auch wenn es im Schiffsregister eingetragen ist, durch Pfändung bewirkt wird. Die zur Bewachung und Verwahrung des Schiffes im einzelnen Falle erforderlichen Maßregeln hat nach den §§. 712, 808 der Civilprozeßordnung der Gerichtsvollzieher zu veranlassen.

Für die Pfändung eines bereits gepfändeten Schiffes sind im Allgemeinen die Vorschriften des §. 727 maßgebend; ist zur Zeit der Arrestvollziehung schon die Zwangsversteigerung des Schiffes eingeleitet, so entspricht es der Sachlage, wenn die in diesem Verfahren erfolgte Beschlagnahme (§§. 22, 162, 165 des Gesetzes vom 24. März 1897) als erste Pfändung im Sinne des §. 727 behandelt und der Gerichtsvollzieher verpflichtet wird, die Abschrift des Pfändungsprotokolls dem Vollstreckungsgericht einzureichen. Die dahin gerichtete Vorschrift des §. 810a Abs. 2 hat zur Folge, daß der Arrestgläubiger in dem eingeleiteten Zwangsversteigerungsverfahren als Betheiligter zuzuziehen ist (§. 9 des Gesetzes vom 24. März 1897).

Nach §. 810a Abs. 3 ist auf Antrag des Gläubigers das Arrestpfandrecht in das Schiffsregister einzutragen. Hierbei soll der aus dem Arrestbefehl ersichtliche Geldbetrag, durch dessen Hinterlegung die Vollziehung des Arrestes gehemmt und der Schuldner zu dem Antrag auf Aufhebung des vollzogenen Arrestes berechtigt wird, als der Höchstbetrag, für welchen das Schiff haftet, im Register ersichtlich gemacht werden. Vermöge der Eintragung ist in Gemäßheit der weiteren Bestimmung, daß auf das eingetragene Arrestpfandrecht die Vorschriften des Bürgerlichen Gesetzbuchs über das durch Rechtsgeschäft bestellte Pfandrecht an einem Schiffe Anwendung finden (zu vergl. §. 1262 Abs. 1), der Gläubiger gegen Verfügungen des Schuldners über das Schiff auch dann geschützt, wenn der Erwerber sich in gutem Glauben befindet.

§. 811.

Die Vollziehung des Arrestes in unbewegliches Vermögen bestimmt sich bisher nach den Landesgesetzen. Die neueren dieser Gesetze legen meist im Anschluß an die Vorschrift des §. 810 der Civilprozeßordnung, derzufolge die Vollziehung des Arrestes in bewegliches Vermögen für den Gläubiger ein Pfandrecht begründet, auch der Vollziehung des Arrestes in unbewegliches Vermögen pfandrechtliche Wirkungen bei (zu vergl. beispielsweise das preußische Gesetz vom 13. Juli 1883 §. 10, das bayerische Gesetz vom 29. Mai 1886 Art. 40, das hamburgische Gesetz vom 14. Juli 1879 §. 19). Der Entwurf, welcher nunmehr die Frage selbständig zu regeln hat, folgt diesen Vorgängen. Als zweckmäßigste Form der Gewährung einer dinglichen Sicherheit erachtet er wie bei der Zwangshypothek so im vorliegenden Falle die Eintragung einer Sicherungshypothek für die Forderung (§. 811 Abs. 1). Bei der Eintragung soll aber, entsprechend der Bestimmung im §. 810a Abs. 3 Satz 1, der Geldbetrag, durch dessen Hinterlegung die Vollziehung des Arrestes gehemmt und der Schuldner zu dem Antrag auf Aufhebung des vollzogenen Arrestes berechtigt wird (§. 803), angegeben und als der Höchstbetrag bezeichnet werden, für welchen das Grundstück oder die Berechtigung haftet (Bürgerliches Gesetzbuch §. 1190).

Im Uebrigen eignen sich die für die Zwangshypothek geltenden Vorschriften auch zur Anwendung auf die Arresthypothek, und der Entwurf trifft daher (§. 811 Abs. 2) eine Bestimmung in diesem Sinne.

Der neue Abs. 3 hängt mit den Bestimmungen des §. 809 Abs. 2, 3 zusammen, wonach eine gültige Arrestvollziehung sowohl von der Zustellung des Arrestbefehls an den Schuldner, als von der Wahrung einer bestimmten Frist seit dem Erlasse des Arrestbefehls abhängig ist. Der Entwurf stellt klar, daß mit dem Antrag auf Eintragung der Hypothek der Arrestbefehl im Sinne jener Vorschriften als vollzogen gilt. Auf diese Weise ist die Wahrung der Frist in die Hand des Gläubigers gelegt, ohne daß andererseits die Interessen des Schuldners gefährdet werden.

Verschiedene Landesgesetze gestatten zur Vollziehung des Arrestes auch die Anordnung einer Zwangsverwaltung (zu vergl. das preußische Gesetz vom 13. Juli 1883 §. 2 Abs. 3, §. 153 und das württembergische Gesetz vom 16. August 1879 Art. 27 Abs. 3). Eine solche Maßregel geht jedoch über den Sicherungszweck des Arrestes hinaus und ist für den Schuldner regelmäßig mit Härten verbunden. Gegen eine die Sicherheit der Hypothek gefährdende Verschlechterung des Grundstücks kann sich der Gläubiger durch die in den §§. 1134, 1135 des Bürgerlichen Gesetzbuchs vorgesehenen Rechtsbehelfe genügend schützen.

§. 812.

Der §. 803 gewährt dem Schuldner die Befugniß, durch die Hinterlegung eines in dem Arrestbefehle festzustellenden Geldbetrags die Vollziehung des Arrestes abzuwenden. Nach §. 809 Abs. 3 Satz 1 ist jedoch die Vollziehung schon vor der Zustellung des Arrestbefehls zulässig; der Schuldner ist daher nicht in der Lage, von jener Befugniß Gebrauch zu machen, wenn er nicht auf andere Weise die Höhe des festgestellten Geldbetrags rechtzeitig erfährt. Hieraus haben sich in den Fällen, in denen der persönliche Sicherheitsarrest (§. 798) durch Haft vollzogen wird, Mißstände ergeben, denen der Entwurf durch die Vorschrift des §. 812 Satz 2 abhelfen will. Danach ist in den bei der Verhaftung dem Schuldner vorzuzeigenden Haftbefehl (§. 812 Satz 1 in Verbindung mit §§. 789, 790) der gemäß §. 803 festgestellte Geldbetrag aufzunehmen.

§. 819a.

Hat auf Grund einer einstweiligen Verfügung eine Eintragung in das Grundbuch oder in das Schiffsregister zu erfolgen, so kann nach dem §. 13 der Grundbuchordnung und dem §. 96 des Entwurfs eines Gesetzes über die Angelegenheiten der freiwilligen Gerichtsbarkeit derjenige, zu dessen Gunsten die Eintragung erfolgen soll, diese unmittelbar bei dem Grundbuchamt oder der Registerbehörde beantragen. Der Entwurf legt aber im Anschluß an das in einzelnen Bundesstaaten, namentlich in Preußen und Mecklenburg, geltende Recht, behufs Beschleunigung der Sache auch dem Gerichte die Befugniß bei, seinerseits das Grundbuchamt oder die Registerbehörde um die Eintragung zu ersuchen (zu vergl. §. 39 der Grundbuchordnung).

§. 820.

Nach der Regel des Abs. 1 kann nur in dringenden Fällen ein Gericht, welches nicht das Gericht der Hauptsache ist, hinsichtlich des in seinem Bezirke befindlichen Streitgegenstandes eine einstweilige Verfügung erlassen. Der neu vorgeschlagene Abs. 2 erweitert diese Befugniß, indem er für die einstweilige Verfügung, auf Grund deren eine Vormerkung oder ein Widerspruch gegen die Richtigkeit des Grundbuchs oder des Schiffsregisters eingetragen werden soll (§§. 885, 899, 1263 des Bürgerlichen Gesetzbuchs), von dem Erfordernisse der Dringlichkeit vollständig absieht. Für die betreffenden Fälle, namentlich wenn es sich darum handelt, nach §. 648 des Bürgerlichen Gesetzbuchs den Unternehmer eines Bauwerkes zu sichern, ist eine Erleichterung und Beschleunigung des Verfahrens von besonderer Wichtigkeit. Hiervon gehen schon die Vorschriften des Bürgerlichen Gesetzbuchs (§. 885 Abs. 1 Satz 2, §. 899 Abs. 2 Satz 2, §. 1263 Abs. 2) aus, nach denen die einstweilige Verfügung, auf Grund deren eine Vormerkung oder ein Widerspruch einzutragen ist, durch die Glaubhaftmachung einer Gefährdung des zu sichernden Rechtes nicht bedingt ist. Die bezeichnete Erleichterung erscheint um so weniger bedenklich, als nach §. 25 Satz 1 der Grundbuchordnung und dem §. 99 Satz 1 des Entwurfs eines Gesetzes über die Angelegenheiten der freiwilligen Gerichtsbarkeit die Löschung der Vormerkung oder des Widerspruchs ohne die Bewilligung des Berechtigten erfolgt, wenn die einstweilige Verfügung durch eine vollstreckbare Entscheidung aufgehoben wird.

§. 821.

Bezüglich des neuen Abs. 2 darf auf die Erläuterung zu §. 101a verwiesen werden.

Durch

§. 822a

des Entwurfs wird der schon für andere Fälle (§. 274 Abs. 4, §. 563 Abs. 2, §. 655 Abs. 2) zur Geltung gebrachte und oben S. 72 ff., S. 122 näher erörterte Grundsatz, daß derjenige, welcher von einem außerordentlichen Rechtsbehelfe Gebrauch macht, dem Gegner für den daraus entstehenden Schaden auch dann verantwortlich ist, wenn ihm ein Verschulden nicht zur Last fällt, auf den Arrest und die einstweilige Verfügung ausgedehnt. Dabei soll es hier keinen Unterschied machen, ob sich die Anordnung der Maßregel als von Anfang an ungerechtfertigt erweist oder ob deren Aufhebung wegen der Unterlassung einer Prozeßhandlung seitens der Partei, die den Arrest oder die einstweilige Verfügung erwirkt hat, erfolgt. Zu ersetzen ist, wie in den anderen Fällen, sowohl der Schaden, der aus der Vollziehung der angeordneten Maßregel entsteht, wie auch der Schaden, der etwa durch eine Sicherheitsleistung verursacht wird, welche die Vollziehung der Maßregel abzuwenden oder deren Aufhebung zu erwirken bestimmt war.

§§. 827 bis 850g.

Die Civilprozeßordnung hat sich darauf beschränkt, in den §§. 823 bis 836 allgemeine Bestimmungen zu treffen, die, soweit nicht reichsgesetzlich oder nach Maßgabe des §. 11 des Einführungsgesetzes zur Civilprozeßordnung durch Landesgesetz ein Anderes bestimmt ist, für alle Aufgebotsfälle gelten. Nur das Aufgebotsverfahren zum Zwecke der Kraftloserklärung von Urkunden ist in den §§. 837 bis 850 besonders geregelt. Aber auch hier war die Civilprozeßordnung durch die Rücksicht auf die Verschiedenheit des bürgerlichen Rechtes genöthigt, der Landesgesetzgebung in weitem Umfang Abweichungen zu gestatten (zu vergl. §. 837 Abs. 2, §. 849).

Der Entwurf hat die allgemeinen Bestimmungen der §§. 823 bis 836 sachlich unverändert gelassen. Daneben verbleibt es bei dem Vorbehalt im §. 11 des Einführungsgesetzes, welcher im Allgemeinen dahin geht, daß die Landesgesetze in anderen als in den durch ein Reichsgesetz bestimmten Fällen die Anwendung der Bestimmungen der Civilprozeßordnung über das Aufgebotsverfahren ausschließen oder diese Bestimmungen durch andere Vorschriften ersetzen können. In Folge der reichsgesetzlichen Regelung der wichtigsten, bisher auf Landesrecht beruhenden Aufgebotsfälle wird jedoch das Anwendungsgebiet für jenen Vorbehalt in Zukunft erheblich beschränkt. Andererseits sind allerdings bezüglich einzelner durch Reichsgesetz geordneter Aufgebotsfälle im §. 850g Abs. 1 gewisse Abweichungen von den §§. 825, 827 der Landesgesetzgebung freigelassen.

Was das Aufgebotsverfahren zum Zwecke der Kraftloserklärung von Urkunden betrifft, so sind gegenüber dem bisherigen Rechte (Wechselordnung Art. 73, Handelsgesetzbuch Art. 301, 302) die Fälle, in denen ein solches Aufgebotsverfahren reichsgesetzlich zugelassen ist, durch das Bürgerliche Gesetzbuch (§§. 799, 808, 1162, 1192, 1199) und das neue

Handelsgesetzbuch (§. 228) gleichfalls beträchtlich vermehrt worden. Mit Rücksicht hierauf erscheint es geboten, auch das Verfahren unter Beseitigung der Landesgesetze einheitlich zu gestalten. Die neuen Vorschriften des Entwurfs (§§. 837 bis 850e) sollen demgemäß für alle Fälle Geltung haben, in denen das Aufgebotsverfahren zum Zwecke der Kraftloserklärung von Urkunden zugelassen ist, soweit nicht in diesen Vorschriften selbst (zu vergl. §. 839a Abs. 3, §. 842 Abs. 3 Satz 2, §. 850e Satz 2, §. 850g Abs. 2) oder im Einführungsgesetze zum Bürgerlichen Gesetzbuch (Art. 101, 102, 177) nach einzelnen Richtungen Vorbehalte für die Landesgesetzgebung gemacht worden sind.

Neben dem Urkundenaufgebot ist aber noch für eine Anzahl anderer durch das Bürgerliche Gesetzbuch zugelassener Aufgebotsfälle das Verfahren durch besondere Bestimmungen im Entwurfe geregelt. Die bezüglichen Vorschriften sind als §§. 836a bis 836rr zwischen die allgemeinen Bestimmungen und die Vorschriften über das Aufgebot von Urkunden eingestellt und zerfallen in vier Gruppen. Die erste Gruppe (§§. 836a bis 836r) hat das Aufgebotsverfahren zum Zwecke der Todeserklärung (Bürgerliches Gesetzbuch §§. 14 bis 17) zum Gegenstande. Die zweite Gruppe (§§. 836s bis 836w) betrifft das Aufgebotsverfahren zum Zwecke der Ausschließung des Eigenthümers eines Grundstücks nach §. 927 des Bürgerlichen Gesetzbuchs. Die folgenden Bestimmungen der §§. 836x bis 836cc regeln das Aufgebotsverfahren zum Zwecke der Ausschließung eines Hypotheken-, Grundschuld- oder Rentenschuldgläubigers (Bürgerliches Gesetzbuch §§. 1170, 1171); sie finden nach §. 836dd im Wesentlichen entsprechende Anwendung bei dem Aufgebotsverfahren, welches die Löschung einer Vormerkung, eines Vorkaufsrechts, einer Reallast und eines Schiffspfandrechts bezweckt (Bürgerliches Gesetzbuch §§. 887, 1104, 1112, 1269). Die letzte Gruppe (§§. 836ee bis 836rr) betrifft das Aufgebotsverfahren zum Zwecke der Ausschließung von Nachlaßgläubigern (Bürgerliches Gesetzbuch §. 1970) sowie das Aufgebotsverfahren zum Zwecke der Ausschließung von Gesammtgutsgläubigern im Falle der fortgesetzten Gütergemeinschaft (Bürgerliches Gesetzbuch §. 1489 Abs. 2, §. 1970). Außerdem trifft der Entwurf im §. 850f noch Bestimmungen für das Aufgebotsverfahren zum Zwecke der Ausschließung von Schiffsgläubigern gemäß §. 765 des Handelsgesetzbuchs und §. 111 des Gesetzes, betreffend die privatrechtlichen Verhältnisse der Binnenschiffahrt, vom 15. Juni 1895.

§§. 836a bis 836r.

Für das Aufgebotsverfahren zum Zwecke der Todeserklärung soll nach §. 836b dasjenige Amtsgericht zuständig sein, in dessen Bezirke der Verschollene den letzten inländischen Wohnsitz hatte. In Ermangelung eines solchen soll das zuständige Gericht für Angehörige eines Bundesstaats von der Landesjustizverwaltung, für andere Verschollene, d. h. für Deutsche, die keinem Bundesstaat angehören, und für Ausländer, die nach Art. 9 Abs. 2 des Einführungsgesetzes zum Bürgerlichen Gesetzbuch im Inlande für todt erklärt werden, vom Reichskanzler durch allgemeine Anordnung bestimmt werden. Durch diese Regelung wird für sämmtliche hier in Betracht kommenden Fälle ein inländischer Gerichtsstand geschaffen (zu vergl. Bürgerliches Gesetzbuch §. 1320 Abs. 3). Die Antragsberechtigung (§. 836c) ist nach dem Vorgange der meisten Landesrechte in erster Linie dem gesetzlichen Vertreter des Verschollenen beigelegt. Wenngleich die Herbeiführung der Todeserklärung an sich außerhalb der ihm als gesetzlichen Vertreter zugewiesenen Aufgaben liegt, so verlangt doch das praktische Bedürfniß, daß er in die Lage versetzt wird, durch den Antrag auf Todeserklärung die Vormundschaft oder Pflegschaft über den Verschollenen schließlich dem Ende zuzuführen. Mit Rücksicht auf die Wichtigkeit der Maßregel bestimmt aber der Entwurf, daß der gesetzliche Vertreter zu dem Antrage der Genehmigung des Vormundschaftsgerichts bedarf. Außer dem gesetzlichen Vertreter soll Jeder antragsberechtigt sein, der an der Todeserklärung ein rechtliches Interesse hat. Hiernach kommt die Befugniß zur Antragstellung, ohne daß dies einer besonderen Hervorhebung im Gesetze bedarf, namentlich dem Ehegatten, dem gesetzlichen oder eingesetzten Erben, den Lehens- und Fideikommißnachfolgern zu. Daneben kommt aber jeder Andere in Betracht, für den ein Recht von dem Tode des Verschollenen abhängt, und zwar selbst dann, wenn es sich um ein Recht gegen einen Dritten handelt, z. B. wenn Jemand eine auf den Tod des Verschollenen gestellte Versicherungspolize besitzt. Der Antragsteller hat die zur Begründung des Antrags erforderlichen Thatsachen (Bürgerliches Gesetzbuch §§. 14 bis 17) vor der Einleituug des Verfahrens glaubhaft zu machen (§. 836d; zu vergl. §. 266).

Hinsichtlich des Inhalts des Aufgebots wird die allgemeine Vorschrift des §. 824 Abs. 2 Satz 2 im §. 836e dahin ergänzt, daß der Verschollene aufzufordern ist, sich spätestens im Aufgebotstermine zu melden, widrigenfalls die Todeserklärung erfolgen werde; außerdem soll im Interesse der Ermittelung der Wahrheit nach dem Vorgange einer größeren Anzahl von Landesgesetzen an Alle, welche Auskunft über Leben oder Tod des Verschollenen zu ertheilen vermögen, die Aufforderung gerichtet werden, spätestens im Aufgebotstermine dem Gericht Anzeige zu machen. Die Dauer der Aufgebotsfrist wird, da die allgemeine Frist des §. 827 hier zu kurz ist, nach dem Vorgange des sächsischen Gesetzes vom 4. März 1879 (§. 17) auf mindestens sechs Monate festgesetzt (§. 836f). Für die Bekanntmachung des Aufgebots ist §. 825 maßgebend, jedoch kann nach §. 836g Abs. 1 in den Fällen der Kriegs- und Seeverschollenheit sowie in dem Falle, daß Jemand unter anderen Umständen in eine Lebensgefahr gerathen und seitdem verschollen ist, (§§. 15 bis 17 des Bürgerlichen Gesetzbuchs) die Bekanntmachung durch öffentliche Blätter unterbleiben, und das Gleiche soll dann gelten, wenn seit der Geburt des Verschollenen hundert Jahre verstrichen sind. Die Wahrscheinlichkeit des Todes ist unter den bezeichneten Umständen so groß, daß die das Verfahren vertheuernde Einrückung des Aufgebots in die öffentlichen Blätter entbehrlich erscheint. Eine weitere Erleichterung des Verfahrens sieht der Entwurf (§. 836g Abs. 2) für die Fälle, in denen die Bekanntmachung durch öffentliche Blätter unterbleibt, in der Weise vor, daß er die Aufgebotsfrist abkürzt; es soll hier genügen, wenn zwischen dem Tage, an welchem das Aufgebot an die Gerichtstafel angeheftet worden ist, und dem Aufgebotstermine mindestens sechs Wochen liegen.

Die Vorschrift des §. 836h, derzufolge jeder Antragsberechtigte neben dem Antragsteller oder statt des Antragstellers in das Verfahren eintreten kann, bezweckt, eine Wiederholung des Verfahrens für den Fall zu ersparen, daß der Antragsteller stirbt oder seinerseits das Verfahren nicht fortsetzt.

Der Zweck und die besondere Natur des Verfahrens, bei welchem ein Gegner des Antragstellers nicht vorhanden ist, sowie die Rücksicht auf die weitgehenden, auch im Verhältnisse zu Dritten sich äußernden Wirkungen der Todeserklärung machen es erforderlich, daß für die Entscheidung eine nach jeder Richtung zuverlässige Grundlage geschaffen wird. Der Entwurf (§. 836i) legt daher dem Gerichte die Pflicht auf, unter Benutzung der in dem Antrag angegebenen Thatsachen und Beweismittel von Amtswegen die zur Feststellung des Sachverhalts erforderlichen Ermittelungen zu veranstalten und die geeignet erscheinenden

Beweise aufzunehmen, und bestimmt andererseits, daß das Gericht sich nicht mit einer Glaubhaftmachung begnügen, sondern die Todeserklärung nur dann aussprechen darf, wenn es die zu ihrer Begründung erforderlichen Thatsachen für erwiesen erachtet (§. 836l Abs. 1). In dem Urtheile ist der Zeitpunkt des Todes nach Maßgabe des §. 18 Abs. 2 des Bürgerlichen Gesetzbuchs festzustellen (§. 836l Abs. 2). Meldet sich vor der Erlassung des Urtheils Jemand als der angeblich Verschollene und wird er als solcher vom Antragsteller nicht anerkannt, so liegt die Entscheidung des Streites dem Prozeßgericht ob; das Aufgebotsverfahren ist daher auszusetzen (§. 836k).

Erfolgt die Todeserklärung, so fallen, wie der §. 836m aus Gründen der Billigkeit im Anschluß an das preußische Allgemeine Landrecht (II, 18 §. 846) und an das bayerische Gesetz zur Ausführung der Civilprozeßordnung, vom 23. Februar 1879, Art. 117 bestimmt, die dem Antragsteller erwachsenen Kosten, welche zur zweckentsprechenden Durchführung des Verfahrens nothwendig waren, dem Nachlasse zur Last. Behufs Verminderung der Kosten und Herbeiführung eines möglichst gleichmäßigen Verfahrens erklärt der §. 836n, entsprechend der Gesetzgebung Preußens und anderer Bundesstaaten, es für zulässig, daß die Erledigung der Aufgebotsanträge von der Landesjustizverwaltung für mehrere Amtsgerichtsbezirke einem Amtsgerichte übertragen wird, jedoch unbeschadet des Rechtes des Antragstellers, die Erledigung durch das an sich zuständige Gericht zu verlangen.

In den §§. 836o bis 836r trifft der Entwurf einige besondere Bestimmungen für die Anfechtungsklage. Zufolge §. 834 Abs. 2 kann das im Aufgebotsverfahren ergehende Ausschlußurtheil nur unter bestimmten, einen wesentlichen Mangel des Verfahrens begründenden Voraussetzungen angefochten werden, während jede sachliche Nachprüfung durch das Prozeßgericht ausgeschlossen ist. Dem gegenüber erklärt der §. 836o in Anbetracht der eingreifenden Rechtsfolgen, welche mit der Todeserklärung und der Feststellung der Todeszeit verbunden sind, bei dem die Todeserklärung aussprechenden Urtheile die Anfechtungsklage auch dann für statthaft, wenn die Todeserklärung mit Unrecht erfolgt oder der Zeitpunkt des Todes unrichtig festgestellt ist. Damit jedoch die auf Grund der Todeserklärung geordneten Verhältnisse nicht nach langer Zeit wieder in Frage gestellt werden können, wird weiterhin (§. 836r Abs. 1 Satz 1, 2) vorgesehen, daß in den bezeichneten Fällen die Anfechtungsklage nur innerhalb der Frist von einem Monate zulässig ist und daß diese

Frist, abweichend von der allgemeinen Vorschrift des §. 835, schon mit der Erlassung des Ausschlußurtheils beginnt. Führt das Verfahren über die Anfechtungsklage zu dem Ergebnisse, daß die Todeserklärung mit Unrecht erfolgt oder daß der Zeitpunkt des Todes unrichtig festgestellt ist, so hat das Prozeßgericht im ersten Falle die Todeserklärung aufzuheben, im zweiten aber den Zeitpunkt des Todes nunmehr selbst zu ermitteln und nach Maßgabe des §. 18 Abs. 2 des Bürgerlichen Gesetzbuchs anderweit festzustellen; das so ergehende Urtheil wirkt für und gegen Alle (§. 836r Abs. 3). Da die Interessen der verschiedenen Betheiligten sich unter Umständen widerstreiten, so muß mit Rücksicht auf jene Wirkung verhütet werden, daß das Urtheil vor Ablauf der für die Erhebung der Anfechtungsklage bestimmten Frist erfolgt. Hierzu dient die Bestimmung im Abs. 1 Satz 3 des §. 836r. Auf derselben Erwägung beruht die Vorschrift des §. 836r Abs. 2, der zufolge mehrere Anfechtungsprozesse zum Zwecke gleichzeitiger Verhandlung und Entscheidung verbunden werden und behufs einheitlicher Feststellung des Sachverhalts die Grundsätze der nothwendigen Streitgenossenschaft (§. 59) in dem Verfahren zur Anwendung kommen. Die Berechtigung zur Erhebung der Anfechtungsklage ist, im Einklange mit der Vorschrift des §. 836c Abs. 1, Jedem beigelegt, der an der Aufhebung der Todeserklärung oder an der Berichtigung des Zeitpunkts des Todes ein rechtliches Interesse hat (§. 836p Abs. 1). Der §. 836p Abs. 2 regelt die Frage, gegen wen die Anfechtungsklage zu richten ist, in wesentlicher Uebereinstimmung mit der für das Entmündigungsverfahren geltenden Vorschrift des §. 624 Abs. 3. Durch den §. 836q wird noch eine Reihe anderer auf die Anfechtungsklage gegen einen Entmündigungsbeschluß bezüglicher Bestimmungen hierher übertragen. Insbesondere gehören dazu die Vorschriften, durch welche das Verfügungsrecht der Parteien eingeschränkt wird.

§§. 836s bis 836w.

Nach §. 927 des Bürgerlichen Gesetzbuchs kann der Eigenthümer eines Grundstücks, das sich seit dreißig Jahren im Eigenbesitz eines Anderen befindet, im Wege des Aufgebotsverfahrens mit seinem Rechte ausgeschlossen werden. Als zuständig für das Verfahren bezeichnet der Entwurf (§. 836t) im Anschluß an §. 839 Abs. 2 das Amtsgericht, in dessen Bezirke das Grundstück belegen ist. Dem Zwecke des Aufgebots entsprechend wird im §. 836u derjenige für antragsberechtigt erklärt, welcher das

Grundstück seit der im §. 927 des Bürgerlichen Gesetzbuchs bestimmten Zeit im Eigenbesitze hat; auf diese Besitzzeit kommt übrigens die während des Besitzes eines Rechtsvorgängers oder mehrerer Rechtsvorgänger verstrichene Zeit zur Anrechnung (Bürgerliches Gesetzbuch §. 927 Abs. 1 Satz 2 in Verbindung mit §. 943). Der Antragsteller hat die zur Begründung des Antrags erforderlichen Thatsachen vor der Einleitung des Verfahrens glaubhaft zu machen (§. 836 v). In dem Aufgebot ist der bisherige Eigenthümer aufzufordern, sein Recht spätestens im Aufgebotstermin anzumelden, widrigenfalls seine Ausschließung erfolgen werde (§. 836 w). Im Uebrigen gelten die allgemeinen Verfahrensvorschriften.

§§. 836 x bis 836 cc.

Zufolge §§. 1170, 1171 des Bürgerlichen Gesetzbuchs kann ein unbekannter Hypothekengläubiger im Wege des Aufgebotsverfahrens mit seinem Rechte ausgeschlossen werden, wenn seit der letzten sich auf die Hypothek beziehenden Eintragung in das Grundbuch zehn Jahre verstrichen sind oder wenn der Eigenthümer zur Befriedigung des Gläubigers oder zur Kündigung berechtigt ist und den Betrag der Forderung für den Gläubiger unter Verzicht auf das Recht zur Rücknahme hinterlegt. Diese Vorschriften finden nach §. 1192 Abs. 1, §. 1199 des Bürgerlichen Gesetzbuchs auf die Grundschuld und die Rentenschuld entsprechende Anwendung.

Auch für dieses Verfahren soll nach §. 836 y des Entwurfs das Gericht der belegenen Sache zuständig sein. Antragsberechtigt ist der Eigenthümer des belasteten Grundstücks (§. 836 z Abs. 1). Daneben wird für den Fall des §. 1170 des Bürgerlichen Gesetzbuchs das Antragsrecht auch einem im Range gleich- oder nachstehenden Gläubiger, zu dessen Gunsten eine Vormerkung zur Sicherung des Anspruchs auf Löschung der Hypothek eingetragen ist (Bürgerliches Gesetzbuch §. 1179), und bei einer Gesammthypothek, Gesammtgrundschuld oder Gesammtrentenschuld (zu vergl. §. 1175 Abs. 2 daselbst) überdies demjenigen gewährt, welcher auf Grund eines im Range gleich- oder nachstehenden Rechtes Befriedigung aus einem der belasteten Grundstücke verlangen kann, sofern der Gläubiger oder der sonstige Berechtigte für seinen Anspruch einen vollstreckbaren Schuldtitel erlangt hat (§. 836 z Abs. 2). Durch diese Vorschrift wird für die bezeichneten Fälle dem Gläubiger oder dem sonstigen Berechtigten, wenn er die Zwangsvollstreckung in das Grundstück betreiben will, die Möglichkeit eröffnet, die der wahren Rechtslage entsprechende Löschung vorgehender oder gleichstehender Rechte herbeizuführen, welche die Erzielung eines seine Befriedigung sichernden Gebots erschweren oder das Gebot zu seinem Nachtheil erhöhen würden (zu vergl. das preußische Gesetz, betreffend die Zwangsvollstreckung in das unbewegliche Vermögen, vom 13. Juli 1883 §. 5, das bayerische Gesetz, Aenderungen der Bestimmungen über die Zwangsvollstreckung in das unbewegliche Vermögen betreffend, vom 29. Mai 1886 Art. 11 Abs. 2). Wird das Aufgebot auf Antrag eines nach §. 836z Abs. 2 Antragsberechtigten erlassen, so soll es, wie §. 836bb Abs. 5 vorsieht, dem Eigenthümer von Amtswegen mitgetheilt werden, damit er in der Lage ist, sein Interesse rechtzeitig zu wahren.

Vor der Einleitung des Verfahrens hat der Antragsteller glaubhaft zu machen, daß der Gläubiger unbekannt ist (§. 836aa). Im Falle des §. 1170 des Bürgerlichen Gesetzbuchs ist außerdem glaubhaft zu machen, daß das Recht des Gläubigers nicht innerhalb der zehnjährigen Frist von dem Eigenthümer in einer nach §. 208 des Bürgerlichen Gesetzbuchs zur Unterbrechung der Verjährung geeigneten Weise anerkannt worden ist, da eine solche Anerkennung das Aufgebot ausschließen würde (§. 836bb Abs. 1). Die besonderen Bestimmungen, welche hinsichtlich der von dem Antragsteller glaubhaft zu machenden Thatsachen im §. 836bb Abs. 2 für den Fall getroffen sind, daß die Hypothek für die Forderung aus einer Schuldverschreibung auf den Inhaber bestellt oder der Grundschuld- oder Rentenschuldbrief auf den Inhaber ausgestellt ist (Bürgerliches Gesetzbuch §§. 1187 bis 1189, 1195, 1199), schließen sich dem §. 1188 Abs. 2 des Bürgerlichen Gesetzbuchs an. Uebrigens soll, damit nicht die Einleitung des Aufgebotsverfahrens zu sehr erschwert wird, in den Fällen des §. 836bb Abs. 1 und 2 nach Abs. 3 zur Glaubhaftmachung die eidliche Versicherung des Antragsstellers genügen, unbeschadet der Befugniß des Gerichts, anderweitige Ermittelungen anzuordnen. Als Rechtsnachtheil ist im Falle des §. 1170 des Bürgerlichen Gesetzbuchs anzudrohen, daß die Ausschließung des Gläubigers mit seinem Rechte erfolgen werde (§. 836bb Abs. 4), im Falle des §. 1171 des Bürgerlichen Gesetzbuchs dagegen, daß der Gläubiger nach der Hinterlegung des ihm gebührenden Betrags seine Befriedigung statt aus dem Grundstücke nur noch aus dem hinterlegten Betrage verlangen könne und sein Recht auf diesen erlösche, wenn er sich nicht vor dem

Ablaufe von dreißig Jahren nach der Erlassung des Ausschlußurtheils bei der Hinterlegungsstelle melde (§. 836cc Abs. 2, zu vergl. Bürgerliches Gesetzbuch §. 382, Einführungsgesetz zum Bürgerlichen Gesetzbuch Art. 145). Das Ausschlußurtheil darf demgemäß im Falle des §. 1171 erst erlassen werden, wenn die Hinterlegung, und zwar unter Verzicht auf das Recht zur Rücknahme, erfolgt ist (§. 836cc Abs. 4, zu vergl. Bürgerliches Gesetzbuch §. 376 Abs. 2 Nr. 1), während es zur Einleitung des Verfahrens genügt, daß der Antragsteller sich zur Hinterlegung erbietet (§. 836cc Abs. 1). Die Vorschrift des §. 836cc Abs. 3, wonach sich die Aufgebotsfrist, wenn die Fälligkeit der Forderung von einer Kündigung abhängt, um die Kündigungsfrist verlängert, entspricht dem §. 106 Nr. 2 der preußischen Grundbuchordnung (zu vergl. §. 199 Satz 2 des Bürgerlichen Gesetzbuchs).

§. 836dd.

Das Bürgerliche Gesetzbuch (§§. 887, 1104, 1112, 1269) gewährt auch bei der Vormerkung, dem Vorkaufsrechte, der Reallast und dem Pfandrecht an Schiffen die Möglichkeit, den Berechtigten im Wege des Aufgebotsverfahrens mit seinem Rechte auszuschließen. In allen diesen Fällen ist die Zulässigkeit des Aufgebotsverfahrens davon abhängig gemacht, daß der Berechtigte unbekannt ist und daß die im §. 1170 für die Ausschließung eines Hypothekengläubigers bestimmten Voraussetzungen vorliegen. Bei dem Schiffspfandrechte findet außerdem das Aufgebotsverfahren dann statt, wenn die Voraussetzungen des §. 1171 gegeben sind. Die Verwandtschaft der fraglichen Bestimmungen mit denjenigen der §§. 1170, 1171 des Bürgerlichen Gesetzbuchs rechtfertigt es, die für die letzteren getroffenen Verfahrensvorschriften im Wesentlichen auch hier zur Anwendung zu bringen. Wenn der Entwurf die Vorschriften des §. 836dd Abs. 2 nicht auf das Schiffspfandrecht ausdehnt, so hängt dies damit zusammen, daß nach dem §. 169 Abs. 1 des Gesetzes über die Zwangsversteigerung und die Zwangsverwaltung vom 24. März 1897 bei der Zwangsversteigerung eines Schiffes die Vorschriften über das geringste Gebot keine Anwendung finden, vielmehr durch den Zuschlag alle Pfandrechte an dem Schiffe erlöschen.

In den

§§. 836ee bis 836qq

regelt der Entwurf das durch §. 1970 des Bürgerlichen Gesetzbuchs zugelassene Aufgebotsverfahren zum Zwecke der Ausschließung von Nachlaßgläubigern. Er folgt hierbei im Wesentlichen dem preußischen Gesetze vom 28. März 1879.

Zuständig für das Verfahren soll das Amtsgericht sein, dem die Verrichtungen des Nachlaßgerichts obliegen, also in der Regel das Amtsgericht, in dessen Bezirke der Erblasser zur Zeit des Erbfalls seinen Wohnsitz oder in Ermangelung eines inländischen Wohnsitzes seinen Aufenthalt hatte (§. 836ff Satz 1, zu vergl. §. 70 des Entwurfs eines Gesetzes über die Angelegenheiten der freiwilligen Gerichtsbarkeit). Für den Fall, daß auf Grund des Art. 147 Abs. 1 des Einführungsgesetzes zum Bürgerlichen Gesetzbuche die Verrichtungen des Nachlaßgerichts einer anderen Behörde als einem Amtsgericht übertragen sind, sieht der Entwurf im Anschluß an den Art. 147 Abs. 2 die Zuständigkeit desjenigen Amtsgerichts vor, in dessen Bezirke die Nachlaßbehörde ihren Sitz hat (§. 836ff Satz 2). Antragsberechtigt ist jeder Erbe, der nicht für die Nachlaßverbindlichkeiten unbeschränkt haftet (§. 836gg Abs. 1). Daß dem Erben, der das Recht auf Beschränkung seiner Haftung bereits verloren hat, die Antragsbefugniß versagt wird, folgt aus der Bestimmung des Aufgebots, welches den Erben in den Stand setzen soll, sich über die Höhe des Schuldenbestandes zuverlässige Kenntniß zu verschaffen und dadurch eine Grundlage für die Entschließung zu gewinnen, ob er seine beschränkte Haftung geltend machen will. Andererseits führt der bezeichnete Zweck des Verfahrens von selbst dahin, daß die Antragsbefugniß des Erben nur dann ausgeschlossen werden darf, wenn er das Recht auf Beschränkung der Haftung gegenüber allen Nachlaßgläubigern verloren hat (§. 1994 Abs. 1 Satz 2, §. 2005 Abs. 1 des Bürgerlichen Gesetzbuchs), daß mithin die unbeschränkte Haftung, die lediglich einzelnen Gläubigern gegenüber eingetreten ist (§. 2006 Abs. 3 des Bürgerlichen Gesetzbuchs, §. 695 Abs. 1 des Entwurfs), dem Rechte des Erben, das Aufgebot zu beantragen, nicht entgegensteht. Neben dem Erben wird das Antragsrecht dem Nachlaßpfleger und dem Testamentsvollstrecker eingeräumt, wenn ihnen die Verwaltung des Nachlasses zusteht (§§. 836gg Abs. 2). Beide bedürfen des Antragsrechts, um ihre Aufgabe sachgemäß erfüllen zu können. Unter dem Nachlaßpfleger ist übrigens zufolge §. 1975 des Bürgerlichen Gesetzbuchs auch der zum Zwecke der Befriedigung der Nachlaßgläubiger bestellte Nachlaßverwalter mitverstanden; der letztere macht sich unter Umständen den Gläubigern gegenüber sogar verantwortlich, wenn er das Aufgebot der Nachlaßgläubiger nicht beantragt (zu vergl. §. 1980 Abs. 2 Satz 2, §. 1985 Abs. 2 des Bürgerlichen Gesetzbuchs). Solange der Erbe die Erbschaft noch nicht angenommen hat, ist mit der Möglichkeit zu rechnen, daß er sie ausschlägt. Durch die Ausschlagung würde aber ein vorher bereits eingeleitetes Aufgebotsverfahren gegenstandslos werden. Um den hieraus sich ergebenden Unzuträglichkeiten vorzubeugen, bestimmt der Entwurf (§. 836gg Abs. 3), daß der Erbe und der Testamentsvollstrecker den Antrag erst nach der Annahme der Erbschaft stellen können.

Da neben dem Nachlaßkonkurse für das Aufgebotsverfahren kein Raum ist, so soll nach §§. 836ii das Aufgebot nicht erlassen werden, wenn die Eröffnung des Nachlaßkonkurses beantragt ist. Durch die Konkurseröffnung wird das Aufgebotsverfahren beendigt. Die Vorschriften des §. 836kk über die Aufgebotsfrist (sechs Wochen bis sechs Monate) und über die Zustellung des Aufgebots an die von dem Antragsteller dem Gericht angezeigten Nachlaßgläubiger (§. 836hh) schließen sich im Wesentlichen dem preußischen Gesetze (§§. 7, 8) an, ebenso die im §§. 836mm getroffenen Bestimmungen über die Anmeldung einer Forderung, die Beifügung von Urkunden und die Einsicht der Anmeldungen (§. 12 des preußischen Gesetzes). Der **Rechtsnachtheil**, der nach §. 836ll den Gläubigern anzudrohen ist, die sich nicht melden, ergiebt sich aus §. 1973 des Bürgerlichen Gesetzbuchs.

Sind mehrere Erben vorhanden, so soll gemäß §. 836nn Abs. 1 Satz 1 der von einem Erben gestellte Antrag und das von ihm erwirkte Ausschlußurtheil, unbeschadet der Vorschriften des Bürgerlichen Gesetzbuchs (§. 2013) über die unbeschränkte Haftung, auch den anderen Erben zu Statten kommen. Die Bestimmung beruht auf der gleichen Erwägung wie die Vorschrift des Bürgerlichen Gesetzbuchs (§. 2063 Abs. 1), wonach die Errichtung des Inventars durch einen Miterben auch den übrigen Erben zu Statten kommt, soweit nicht ihre Haftung für die Nachlaßverbindlichkeiten unbeschränkt ist. Das Aufgebot der Nachlaßgläubiger hat übrigens, wenn mehrere Erben vorhanden sind, eine Wirkung, welche über die aus §§. 1970 bis 1973 des Bürgerlichen Gesetzbuchs sich ergebenden Rechtsfolgen hinausgeht; gemäß §. 2060 Nr. 1 des Bürgerlichen Gesetzbuchs haftet einem im Aufgebotsverfahren ausgeschlossenen Gläubiger nach der Theilung des Nachlasses jeder Miterbe nur für den seinem Erbtheil entsprechenden Theil der Verbindlichkeit. Der Entwurf (§§. 836nn Abs. 1 Satz 2) nimmt hierauf durch die

Vorschrift Rücksicht, daß bei dem Vorhandensein mehrerer Erben den Nachlaßgläubigern, welche sich nicht melden, auch der bezeichnete Rechtsnachtheil anzudrohen ist (zu vergl. §. 824 Abs. 2 Nr. 3 der Civilprozeßordnung). Die Erlassung des Aufgebots mit Androhung dieses Rechtsnachtheils kann von jedem Erben selbst dann beantragt werden, wenn er für die Nachlaßverbindlichkeiten unbeschränkt haftet (§. 836nn Abs. 2). Diese Ausnahme von der Regel des §. 836gg Abs. 1 ist mit Rücksicht darauf geboten, daß gemäß §. 2060 Nr. 1 des Bürgerlichen Gesetzbuchs der Miterbe nach der Theilung des Nachlasses den im Aufgebotsverfahren ausgeschlossenen Gläubigern auch dann nur für den seinem Erbtheil entsprechenden Theil ihrer Forderungen haftet, wenn sein Recht auf beschränkte Haftung erloschen ist. Von Bedeutung ist dieses Antragsrecht für den Fall, daß keiner der Miterben das Aufgebotsverfahren seinerseits beantragen will. Ist ein Nacherbe eingesetzt, so hat neben dem Vorerben auch er das Recht, das Aufgebot der Nachlaßgläubiger zu beantragen. Um die hiermit gegebene Möglichkeit eines wiederholten Verfahrens auszuschließen, bestimmt der §. 836oo, daß die bei dem Vorhandensein von Miterben maßgebende Vorschrift des §. 836nn Abs. 1 Satz 1 auf den Vorerben und den Nacherben entsprechende Anwendung zu finden hat (zu vergl. §. 2144 Abs. 2 des Bürgerlichen Gesetzbuchs).

Ist eine Ehefrau die Erbin und gehört der Nachlaß zum eingebrachten Gute oder zum Gesammtgute, so liegt es im Interesse beider Ehegatten, wenn jeder von ihnen befugt ist, das Aufgebot zu beantragen, ohne daß die Zustimmung des anderen Theiles erforderlich ist. Insbesondere läßt sich diese Befugniß dem Ehemanne schon mit Rücksicht darauf nicht versagen, daß die Nachlaßgläubiger aus dem eingebrachten Gute und aus dem Gesammtgute Befriedigung verlangen können und daß er, sofern der Nachlaß zum Gesammtgute gehört, auch persönlich für die Nachlaßverbindlichkeiten haftet (zu vergl. Bürgerliches Gesetzbuch §§. 1411, 1459, 1549). Des gleichen Schutzes bedarf der Ehemann, wenn der Nachlaß zum Gesammtgute gehört, auch nach der Beendigung der Gemeinschaft, weil seine persönliche Haftung für die Nachlaßverbindlichkeiten fortdauert (Bürgerliches Gesetzbuch §. 1459 Abs. 2). Der Entwurf trifft die in dieser Beziehung erforderlichen Vorschriften im §. 836pp Satz 1, 2. Die weitere im §. 836pp Satz 3 enthaltene Bestimmung, daß der von dem einen Ehegatten gestellte Antrag und das von ihm erwirkte Ausschlußurtheil auch dem anderen

Ehegatten zu Statten kommen, schließt sich den §§. 836nn, 836oo des Entwurfs und der für die Inventarerrichtung geltenden Vorschrift des §. 2008 Abs. 1 Satz 3 des Bürgerlichen Gesetzbuchs an.

Entsprechende Bestimmungen, wie sie im §. 836nn Abs. 1 Satz 1 und im §. 836oo für den Fall einer Mehrheit von Erben oder der Nacherbfolge vorgesehen sind, sollen nach §. 836qq auch bei dem Erbschaftskauf oder der sonstigen Veräußerung einer Erbschaft (§§. 2371, 2385 des Bürgerlichen Gesetzbuchs) gelten.

§§. 836rr.

Nach §. 1489 des Bürgerlichen Gesetzbuchs haftet bei der fortgesetzten Gütergemeinschaft der überlebende Ehegatte für die Gesammtgutsverbindlichkeiten persönlich. Soweit ihn jedoch die persönliche Haftung nur in Folge des Eintritts der fortgesetzten Gütergemeinschaft trifft, finden die für die Haftung des Erben für die Nachlaßverbindlichkeiten geltenden Vorschriften entsprechende Anwendung. Demgemäß ist auch ein Aufgebot zum Zwecke der Ausschließung von Gesammtgutsgläubigern zulässig. Hinsichtlich dieses Aufgebotsverfahrens sollen die Vorschriften der §§. 836ff bis 836qq entsprechende Anwendung finden, jedoch mit Ausnahme der §§. 836nn, 836oo, die sich wegen ihrer Voraussetzungen zur Uebertragung auf das hier in Rede stehende Rechtsverhältniß nicht eignen.

§. 837 bis 850e.

Wie bereits in den einleitenden Bemerkungen zu §§. 827 ff. (oben S. 166) dargelegt worden ist, soll der Entwurf, nachdem die Zulässigkeit der Kraftloserklärung von Urkunden durch das Bürgerliche Gesetzbuch und das Handelsgesetzbuch einheitlich geregelt worden ist, auch das Aufgebotsverfahren zum Zwecke der Kraftloserklärung einer Urkunde selbständig ordnen, wobei der Landesgesetzgebung Abweichungen nur noch in beschränktem Umfange gestattet bleiben. Dieser Standpunkt kommt in der neuen Fassung des §. 837 und in der Streichung des §. 849 zum Ausdrucke.

Die Aenderung des §. 838 Abs. 1 bezweckt lediglich, die Fassung mit dem Bürgerlichen Gesetzbuche (§. 799) in Einklang zu bringen. Durch den neuen §. 839a Abs. 1, 2 wird nach dem Vorgange des in Preußen und anderen Bundesstaaten geltenden Rechtes der Landesjustizverwaltung, wesentlich im

Interesse der Kostenersparniß, die Befugniß eingeräumt, die Erledigung der Anträge auf Erlassung des Aufgebots zum Zwecke der Kraftloserklärung eines auf den Inhaber lautenden Papiers für mehrere Amtsgerichtsbezirke einem Amtsgerichte zu übertragen, jedoch unbeschadet des Rechtes des Antragstellers, die Erledigung durch das nach §. 839 zuständige Gericht zu verlangen (zu vergl. §. 836n). Dieser Einschränkung gegenüber macht aber der Entwurf (§. 839a Abs. 3) mit Rücksicht auf die in mehreren Bundesstaaten bestehenden besonderen Einrichtungen einen Vorbehalt zu Gunsten solcher landesgesetzlichen Vorschriften, durch welche für das Aufgebotsverfahren zum Zwecke der Kraftloserklärung von Schuldverschreibungen auf den Inhaber, die ein Bundesstaat oder eine ihm angehörende Körperschaft, Stiftung oder Anstalt des öffentlichen Rechtes ausgestellt oder für deren Bezahlung ein Bundesstaat die Haftung übernommen hat, ein bestimmtes Amtsgericht für ausschließlich zuständig erklärt wird (zu vergl. bayerisches Ausführungsgesetz zur Civilprozeßordnung Art. 69 Abs. 2, württembergisches Gesetz, betreffend die auf Inhaber lautenden Staatsschuldscheine, vom 18. August 1879 Art. 5, badisches Gesetz, die Einführung der Reichs-Justizgesetze betreffend, vom 3. März 1879 §. 106). Auch der dem §. 842 neu hinzugefügte Abs. 3 bringt im Satz 2 bezüglich der öffentlichen Bekanntmachung des Aufgebots solcher Schuldverschreibungen, die von einem Bundesstaat ausgegeben sind, einen auf ähnlichen Erwägungen beruhenden Vorbehalt zu Gunsten der Landesgesetzgebung (zu vergl. das bayerische Gesetz, einige Bestimmungen über die Inhaberpapiere betreffend, vom 18. März 1896 Art. 4).

In den §§. 843 bis 845 ist die Fassung mit den Vorschriften des Bürgerlichen Gesetzbuchs (§§. 799, 801, 804, 805) in Uebereinstimmung gebracht.

Der §. 845a soll die Kraftloserklärung eines Werthpapiers für den nicht seltenen Fall erleichtern, daß nur die Haupturkunde, nicht auch die Zins-, Renten- und Gewinnantheilscheine in Verlust gekommen sind. Die Rücksicht auf den gutgläubigen Besitzer des Papiers macht es hier nicht nothwendig, den Aufgebotstermin nach Maßgabe der §§. 843 bis 845 hinauszuschieben. Andererseits hat der bisherige Inhaber des abhanden gekommenen Papiers ein dringendes Interesse daran, daß die Kraftloserklärung so rasch wie möglich erfolgt. Der Entwurf bestimmt daher (§. 845a Satz 1), daß die Vorschriften der §§. 843 bis 845 in dem bezeichneten Falle insoweit keine Anwendung finden, als die

Zins=, Renten= oder Gewinnantheilscheine, deren Fälligkeit nach diesen Vorschriften eingetreten sein muß, von dem Antragsteller vorgelegt werden. Um aber dem Antragsteller die Einlösung der fällig gewordenen Scheine zu ermöglichen, ist es (§. 845a Satz 2) der Vorlegung der Scheine gleichgestellt, wenn das Zeugniß der betreffenden Behörde, Kasse oder Anstalt beigebracht wird, daß jene Scheine ihr von dem Antragsteller vorgelegt worden seien.

Die gegenüber der bisherigen Vorschrift vereinfachte Fassung des §. 847 Satz 1 ergiebt sich aus dem Zusatze im §. 827. Der Satz 2 enthält eine durch die veränderte Lage der Gesetzgebung gebotene Ergänzung. Vermöge der künftig allein maßgebenden Vorschriften des Bürgerlichen Gesetzbuchs und der Civilprozeßordnung kann für ein auf den Inhaber lautendes Papier das Aufgebot an sich unmittelbar nach dem Verluste des Papiers beantragt werden; andererseits darf aber bei solchen Papieren, zu welchen Zins=, Renten= oder Gewinnantheilscheine ausgegeben sind, der Aufgebotstermin gemäß §§. 843 bis 845 der Civilprozeßordnung nicht eher stattfinden, als bis die dort bestimmten Fristen abgelaufen sind. Hieraus ergiebt sich die bisher im Wege landesgesetzlicher Vorschriften ausgeschlossene Gefahr, daß die Bekanntmachung des Aufgebotstermins unverhältnißmäßig lange Zeit vor diesem erfolgt und deshalb den Zweck verfehlt, den Termin auch zur Kenntniß Aller zu bringen, die das Papier in der Zwischenzeit erwerben könnten. Um dem zu begegnen, schreibt der Entwurf vor, daß der Aufgebotstermin nicht über ein Jahr hinaus bestimmt werden darf und daß, solange ein so naher Termin nicht bestimmt werden kann, das Aufgebot nicht zulässig ist (zu vergl. das bayerische Gesetz vom 18. März 1896 Art. 6 Abs. 3).

Meldet der Inhaber der Urkunde vor dem Aufgebotstermine seine Rechte unter Vorlegung der Urkunde an, so liegt es unter Umständen im Interesse des Antragstellers, vor der Erledigung des Verfahrens von der Urkunde Einsicht zu nehmen. Diesem Interesse trägt der §. 847a des Entwurfs Rechnung. Eine ähnliche Bestimmung findet sich schon in dem sächsischen Gesetze vom 6. März 1879 (§. 19).

Die Vorschriften über die Bekanntmachung des Ausschlußurtheils haben im §. 848 Abs. 2 eine Ergänzung dahin erfahren, daß die Bestimmungen des neuen §. 842 Abs. 3, wonach die Bekanntmachung des Aufgebots eines auf den Inhaber lautenden Papiers nicht nur durch den Reichsanzeiger, sondern auch durch bestimmte andere Blätter zu erfolgen hat, entsprechende Anwendung finden sollen (zu vergl. das bayerische Gesetz vom 18. März 1896 Art. 9). Der neue Abs. 2 des §. 850 sichert den aus der Urkunde Verpflichteten, welcher im Vertrauen auf das Ausschlußurtheil Leistungen bewirkt hat, gegen die Gefahr, noch einmal leisten zu müssen, falls demnächst das Urtheil in Folge einer Anfechtungsklage aufgehoben wird (zu vergl. §. 737 Abs. 2 des Entwurfs sowie das bayerische Gesetz vom 18. März 1896 Art. 10).

Die §§. 850a bis 850d enthalten die nähere Regelung der schon im Bürgerlichen Gesetzbuche (§. 799 Abs. 2, §. 802) und im Handelsgesetzbuche (§. 228) bei Inhaberpapieren vorgesehenen Einrichtung der Zahlungssperre. Die genannten Bestimmungen schließen sich in der Hauptsache den Vorschriften den bayerischen Gesetzes vom 18. März 1896 (Art. 3, 5, Art. 6 Abs. 3, Art. 7, 8) an.

Die Zahlungssperre erfolgt regelmäßig zugleich mit der Einleitung des Aufgebotsverfahrens, und zwar in der Weise, daß auf Antrag das Gericht an den Aussteller sowie an die in dem Papier und an die von dem Antragsteller bezeichneten Zahlstellen das Verbot erläßt, an den Inhaber des Papiers eine Leistung zu bewirken, insbesondere neue Zins-, Renten- oder Gewinnantheilscheine oder einen Erneuerungsschein auszugeben; mit dem Verbote, welches in gleicher Weise wie das Aufgebot öffentlich bekannt gemacht wird, ist die Benachrichtigung von der Einleitung des Aufgebotsverfahrens zu verbinden (§. 850a Abs. 1). Soweit die Zahlstellen nicht in dem Papiere bezeichnet sind, soll das an den Aussteller erlassene Verbot auch ihnen gegenüber wirksam sein (§. 850a Abs. 2); die rechtzeitige Benachrichtigung der Zahlstellen ist in diesem Falle Sache des Ausstellers. Daß eine dem Verbote zuwider geschehene Leistung nicht gegen den Antragsteller wirkt, ergiebt sich aus §§. 135, 136 des Bürgerlichen Gesetzbuchs. Auf der anderen Seite entspricht es den Vorschriften des §. 803 des Bürgerlichen Gesetzbuchs, wenn der Entwurf (§. 850a Abs. 3) bestimmt, daß die Einlösung der vor dem Verbot ausgegebenen Zins-, Renten- oder Gewinnantheilscheine von dem Verbote nicht betroffen wird (§. 850a Abs. 3).

Im §. 850b ist der Fall vorgesehen, daß die sofortige Einleitung des Aufgebotsverfahrens nach §. 847 Satz 2 unzulässig ist, die übrigen Erfordernisse für die Einleitung aber vorhanden sind. Die Zahlungssperre würde hier ihren Zweck verfehlen, wenn auch sie bis zur Einleitung des Aufgebotsverfahrens verschoben werden müßte. Der Entwurf läßt daher in diesem Falle die Zahlungssperre schon vor der Einleitung des Aufgebotsverfahrens zu. Für den Antrag sollen die Vorschriften des §. 824 Abs. 1, für die öffentliche Bekanntmachung des Verbots diejenigen des §. 825 maßgebend sein.

Wird die Zahlungssperre angeordnet, bevor seit der Zeit des glaubhaft gemachten Verlustes neue Zins-, Renten- oder Gewinnantheilscheine ausgegeben worden sind, so ist der etwaige Besitzer des Papiers zufolge der Vorschrift des §. 850a nicht mehr in der Lage, neue Scheine durch Vorlegung des Papiers bei der zur Ausgabe bestimmten Stelle zu erhalten. Vielmehr bleibt ihm, wenn diese Stelle die Aushändigung der Scheine unter Berufung auf die Zahlungssperre verweigert, nur der Weg, das Papier dem Gerichte vorzulegen. Erfolgt eine solche Vorlegung, so ist nach §. 850d Abs. 2 des Entwurfs die Zahlungssperre aufzuheben und der Inhaber des Papiers kann dann ohne Weiteres die neuen Scheine an der Ausgabestelle erheben. Unterläßt er es dagegen, sich an das Gericht zu wenden, so besteht der Verdacht, daß er das Papier nicht in gutem Glauben erworben habe. Mit Rücksicht hierauf sieht der Entwurf (§. 850c) vor, daß die sonst zum Schutze gutgläubiger Erwerber gebotene Beibringung des im §. 843 Abs. 2 vorgeschriebenen Zeugnisses nicht erforderlich ist, wenn die Zahlungssperre angeordnet wird, bevor seit der Zeit des glaubhaft gemachten Verlustes Zins-, Renten- oder Gewinnantheilscheine ausgegeben worden sind. Wie in einem solchen Falle der Aufgebotstermin zu bestimmen ist, falls das aufzubietende Papier zu den im §. 843 Abs. 1 bezeichneten Werthpapieren gehört, braucht nicht besonders geregelt zu werden. In Folge der Zahlungssperre werden allerdings für das aufzubietende Papier neue Scheine nicht mehr ausgegeben. Nach der bezeichneten Vorschrift kommt es aber bei der Bestimmung des Aufgebotstermins lediglich darauf an, wann der erste der neuen Scheine fällig ist, die für andere Papiere derselben Art (insbesondere der gleichen Serie) ausgegeben werden. Danach ist in dem fraglichen Falle für die Bestimmung des Aufgebotstermins der Zeitpunkt maßgebend, in welchem hinsichtlich des aufzubietenden Papiers der erste Schein fällig gewesen sein würde, wenn die Ausgabe nicht in Folge der Zahlungssperre unterblieben wäre.

Wird das in Verlust gekommene Papier dem Aufgebotsgerichte vorgelegt (zu vergl. §. 847a) oder wird das Aufgebotsverfahren in anderer Weise, z. B. durch Zurücknahme des Antrags oder durch Nichterscheinen des Antragstellers im Aufgebotstermine (§. 831), ohne Erlassung eines Ausschlußurtheils erledigt, so muß im Interesse des Inhabers des Papiers die Zahlungssperre von Amtswegen aufgehoben werden (§. 850d Abs. 1 Satz 1). Das gleiche Bedürfniß besteht, wenn die Zahlungssperre auf Grund des §. 850b vor der Einleitung des Aufgebotsverfahrens angeordnet worden ist und die Einleitung nicht innerhalb einer angemessenen Frist nach der Beseitigung des ihr entgegenstehenden Hindernisses beantragt wird (zu vergl. das sächsische Gesetz vom 6. März 1879 §. 12). Der Entwurf (Abs. 1 Satz 2) setzt die Frist auf sechs Monate fest. Ist das Aufgebot oder die Zahlungssperre öffentlich bekannt gemacht worden, so soll, um das Papier nicht dauernd in seiner Verkehrsfähigkeit zu beeinträchtigen, auch die Erledigung des Verfahrens oder die Aufhebung der Zahlungssperre durch das Gericht von Amtswegen im Reichsanzeiger bekannt gemacht werden (Abs. 1 Satz 3). Die Vorschrift des Abs. 3, derzufolge gegen den Beschluß, durch welchen die Zahlungssperre aufgehoben wird, sofortige Beschwerde stattfindet, entspricht dem §. 813 Abs. 4.

Urkunden, die den Gläubiger benennen, aber mit der Bestimmung ausgegeben werden, daß die in der Urkunde versprochene Leistung an jeden Inhaber bewirkt werden kann, z. B. Sparkassenbücher, können nach §. 808 des Bürgerlichen Gesetzbuchs, wenn nicht ein Anderes bestimmt ist, im Wege des Aufgebotsverfahrens für kraftlos erklärt werden. Daß auf dieses Aufgebotsverfahren die allgemeinen für die Kraftloserklärung von Urkunden geltenden Vorschriften Anwendung finden, ergiebt sich schon aus der neuen Fassung des §. 837. Daneben ist im §. 850e Satz 1 eine Reihe der auf die Inhaberpapiere bezüglichen Vorschriften, insbesondere die Zahlungssperre, für entsprechend anwendbar erklärt. Bei der geringen Bedeutung, welche die hier in Betracht kommenden Papiere zum Theil haben, erschien es jedoch angezeigt, daß die Landesgesetzgebung, wie dies im §. 850e Satz 2 geschieht, ermächtigt wird, über die Veröffentlichung des Aufgebots und der in den §§. 850a bis 850d vorgeschriebenen Bekanntmachungen sowie über die Aufgebotsfrist abweichende Vorschriften zu erlassen. Daneben verbleibt es bei dem aus dem Einführungsgesetze zum Bürgerlichen Gesetzbuch (Art. 102 Abs. 2) sich ergebenden Vorbehalte, demzufolge die landesgesetzlichen Vorschriften unberührt bleiben, welche für die Kraftloserklärung der Legitimationspapiere ein anderes Verfahren als das Aufgebotsverfahren bestimmen.

§. 850f.

Nach §. 765 des Handelsgesetzbuchs und §. 111 des Gesetzes, betreffend die privatrechtlichen Verhältnisse der Binnenschiffahrt, vom 15. Juni 1895 (in der Fassung des Einführungsgesetzes zum Handelsgesetzbuch Art. 12 Nr. XIV) ist im Falle der freiwilligen Veräußerung eines Schiffes der Erwerber berechtigt, die Ausschließung der unbekannten Schiffsgläubiger mit ihren Pfandrechten im Wege des Aufgebotsverfahrens zu beantragen. Die im §. 850f für dieses Verfahren getroffenen Bestimmungen entsprechen der Hauptsache nach den auf Grund des Art. 768 des bisherigen Handelsgesetzbuchs in den Bundesseestaaten erlassenen Gesetzen (zu vergl. insbesondere Art. 58 §§. 1 bis 3 des preußischen Einführungsgesetzes vom 24. Juni 1861) sowie dem §. 111 Abs. 2, 3 des Binnenschiffahrtsgesetzes in der bisherigen Fassung.

§. 850g.

Die im §. 850g der Landesgesetzgebung ertheilte Ermächtigung, bei den dort bezeichneten Aufgeboten die Art der Veröffentlichung und die Aufgebotsfrist abweichend zu bestimmen, rechtfertigt sich durch die Verschiedenheit der Verhältnisse in den einzelnen Bundesstaaten. Schon bisher war die Landesgesetzgebung vielfach genöthigt, bei der Regelung der fraglichen Aufgebote von den Vorschriften der Civilprozeßordnung abzugehen.

§§. 871 bis 871b.

Nach dem geltenden Rechte müssen die Streitigkeiten, welche die Ernennung oder Ablehnung eines Schiedsrichters (§. 855 Abs. 2, §§. 857, 858) oder das Erlöschen eines Schiedsvertrags (§. 859) zum Gegenstande haben, im ordentlichen Prozeßwege zum Austrage gebracht werden. Das Gleiche gilt, einer vielfach vertretenen Ansicht zufolge, wenn eine von den Schiedsrichtern für erforderlich erachtete richterliche Handlung auf Antrag einer Partei anzuordnen ist (§. 862). In allen diesen Fällen handelt es sich um eine außerhalb der eigentlichen Rechtsprechung liegende Thätigkeit des Gerichts, welche unbedenklich im Beschlußverfahren erledigt werden kann. Das Interesse des Gegners des Antragstellers wird hinreichend gewahrt, wenn seine Anhörung dem Gerichte zur Pflicht gemacht wird. Die hieraus sich ergebenden Aenderungen der das schiedsrichterliche Verfahren betreffenden Vorschriften sieht der Entwurf in den §§. 871 bis 871b vor.

Artikel II.

Mit Rücksicht auf die zahlreichen Aenderungen, welche die Civilprozeßordnung durch den Art. I erleidet, wird eine Veröffentlichung des neuen Textes für die praktische Handhabung unentbehrlich sein. Der Art. II Abs. 1 des Entwurfs ermächtigt daher den Reichskanzler, den Text der Civilprozeßordnung, wie er sich aus den in früheren Gesetzen vorgenommenen Aenderungen und aus dem Art. I ergiebt, durch das Reichs-Gesetzblatt bekannt zu machen.

Die Regel des Art. II Abs. 2, nach welcher, soweit in Reichs- oder Landesgesetzen auf Vorschriften der Civilprozeßordnung verwiesen ist, die entsprechenden Vorschriften des durch den Reichskanzler bekannt gemachten Textes an ihre Stelle treten, schließt sich dem Art. 4 des Einführungsgesetzes zum Bürgerlichen Gesetzbuch an.

Entwurf eines Einführungsgesetzes
zu dem
Gesetze, betreffend Aenderungen der Civilprozeßordnung.

Im

Artikel I

wird der Zeitpunkt, in welchem das Gesetz, betreffend Aenderungen der Civilprozeßordnung, in Kraft tritt, entsprechend dem Art. 1 des Einführungsgesetzes zum Bürgerlichen Gesetzbuche bestimmt.

Der

Artikel II

enthält die Aenderungen des Gesetzes, betreffend die Einführung der Civilprozeßordnung.

Die neue Fassung des

§. 11

ergiebt sich aus der Aenderung des §. 837 und der Streichung des §. 849 der Civilprozeßordnung.

Im

§. 15

ist die Nr. 2 durch die Streichung der beiden ersten Vorbehalte gekürzt worden. An die Stelle der landesgesetzlichen Bestimmungen über die Fortdauer des Gerichtsstandes einer Gesellschaft, einer Genossenschaft oder eines Vereins nach Auflösung derselben tritt die Vorschrift des §. 49 Abs. 2 des Bürgerlichen Gesetzbuchs in Verbindung mit §. 19 der Civilprozeßordnung (zu vergl. §. 156, §. 294 Abs. 2 des Handelsgesetzbuchs, §. 85 Abs. 2 des Gesetzes, betreffend die Erwerbs- und Wirthschafts-Genossenschaften, vom 1. Mai 1889). Aber auch bezüglich derjenigen Gesellschaften, Genossenschaften und Vereine, welche noch künftig dem Landesrecht unterliegen (zu vergl. Art. 83, 163, 167 des Einführungsgesetzes zum Bürgerlichen Gesetzbuche) bedarf es eines Vorbehalts nicht. Können sie in Gemäßheit der Landesgesetzgebung noch nach ihrer Auflösung verklagt werden, so ergiebt sich daraus von selbst, daß insoweit zugleich der bisherige Gerichtsstand fortdauert; dies gilt insbesondere auch von den juristischen

Personen des öffentlichen Rechtes (Bürgerliches Gesetzbuch §. 89). Der die Zahlungssperre bei Inhaberpapieren betreffende Vorbehalt erledigt sich durch die reichsgesetzliche Regelung dieser Einrichtung in den §§. 850a bis 850d (zu vergl. Art. 178 des Einführungsgesetzes zum Bürgerlichen Gesetzbuche).

Die bisherige Nr. 3 und mit ihr der Abs. 2 des §. 15 kommt in Wegfall, da das erbschaftliche Liquidationsverfahren durch die einschlägigen Vorschriften des Bürgerlichen Gesetzbuchs, der Civilprozeßordnung, der Konkursordnung und des Gesetzes über die Angelegenheiten der freiwilligen Gerichtsbarkeit reichsgesetzlich geregelt wird (zu vergl. Art. 213 Satz 2 des Einführungsgesetzes zum Bürgerlichen Gesetzbuche).

Die Fassung der Nr. 3, bisher Nr. 4, ist dem Art. 91 des Einführungsgesetzes zum Bürgerlichen Gesetzbuche nachgebildet und stellt gegenüber den in der Praxis hervorgetretenen Zweifeln klar, daß neben den politischen Verbänden insbesondere auch die kirchlichen Gemeinden, Verbände und Anstalten sowie die dem öffentlichen Rechte angehörenden oder unter der Verwaltung einer öffentlichen Behörde stehenden Stiftungen unter die Vorschrift fallen.

Die bisherige Nr. 5 verliert in Folge der Umgestaltung des bürgerlichen Rechtes ihre Bedeutung. Für die Uebergangszeit ist das Erforderliche schon im Art. 157 und im Art. 200 Abs. 1 Satz 2 des Einführungsgesetzes zum Bürgerlichen Gesetzbuche vorgesehen.

Im §. 16 ist die bisherige Nr. 1 gestrichen, da sie durch den §. 264a der Civilprozeßordnung ersetzt wird (zu vergl. die Begründung zu §. 264a oben S. 45).

Die Nr. 2 bis 4 sind als Nr. 1 bis 3 eingestellt; die bisherigen Nr. 3, 4 sind beibehalten, da sie noch für die der Landesgesetzgebung vorbehaltenen Gebiete in Betracht kommen. Dagegen werden die bisherigen Nr. 5 bis 8 mit dem Inkrafttreten des Bürgerlichen Gesetzbuchs gegenstandslos; sie sind daher gestrichen.

§. 24.

Die als §. 24 neu eingestellte Vorschrift über die Anwendung eines Vergeltungsrechts entspricht dem §. 4 Abs. 2 der Konkursordnung und dem Art. 31 des Einführungsgesetzes zum Bürgerlichen Gesetzbuche. Sie ist namentlich mit Rücksicht auf die Bestimmung des §. 293f Abs. 2 der Civilprozeßordnung von Werth, nach welcher die Anerkennung ausländischer Urtheile unter Umständen nicht an die Verbürgung der Gegenseitigkeit gebunden ist (zu vergl. oben S. 52).

Artikel III.

Die Aenderung des §. 4 des Lohnbeschlagnahmegesetzes hängt mit der Streichung des bisherigen §. 749 Abs. 3 der Civilprozeßordnung zusammen und ist bereits oben S. 139 erläutert worden.

Artikel IV bis VII.

Hinsichtlich der Kostengesetze beschränkt sich der Entwurf auf diejenigen Aenderungen und Ergänzungen, welche zufolge der in Aussicht genommenen Abänderungen der Civilprozeßordnung und der Konkursordnung nothwendig werden. Zum größten Theile handelt es sich lediglich um eine Berichtigung und Ergänzung der zahlreichen Verweisungen auf Vorschriften der Civilprozeßordnung und der Konkursordnung, wie sie in jenen Gesetzen enthalten sind. Zur Erläuterung werden daher folgende Bemerkungen genügen.

Artikel IV.

§. 10a.

Die Fassung des §. 230a der Civilprozeßordnung läßt den Schluß zu, daß es sich hier um die Geltendmachung zweier Ansprüche handelt, die gemäß §. 5 der Civilprozeßordnung und §. 9 des Gerichtskostengesetzes zusammenzurechnen sind. Thatsächlich ist aber die Rechnungslegung, die Vorlegung des Vermögensverzeichnisses, die Leistung des Offenbarungseids nur vorbereitender Natur, und das Interesse des Klägers an dem ganzen Prozesse beschränkt sich in der Regel auf den Werth der Leistungen, die er als Ergebniß jener Feststellungen beansprucht. In Berücksichtigung dieser Sachlage bestimmt der Entwurf, im Anschluß an die ähnliche Vorschrift des §. 10 Abs. 2 des Gerichtskostengesetzes, daß in dem fraglichen Falle für die Werthsberechnung nur der höhere Anspruch maßgebend ist.

Die Aenderung des

§. 15

ist eine Folge der Einführung einer Beschwerdesumme (Civilprozeßordnung §. 530 Abs. 2, §. 531 Abs. 3).

Im

§. 20

ist die Nr. 1 auf diejenigen Rechtsstreitigkeiten ausgedehnt, für welche der Entwurf eines Gesetzes, betreffend Aenderungen der Civilprozeßordnung, (§§. 592a, 592b, 836q) das Verfahren in Anlehnung an die für Ehe- und Entmündigungssachen geltenden Vorschriften ordnet, insbesondere die Erlassung eines Versäumnißurtheils gegen den Beklagten ausschließt.

Eine entsprechende Aenderung hat der §. 16 Abs. 1 Satz 2 der Gebührenordnung für Rechtsanwälte erfahren (Art. VII Nr. 2 des Entwurfs.

§§. 26, 34.

Für das durch die Aenderungen im §. 871 Abs. 2, 3 der Civilprozeßordnung vereinfachte Verfahren, betreffend die Ernennung oder Ablehnung eines Schiedsrichters oder das Erlöschen eines Schiedsvertrags, führt der Entwurf eine entsprechende Herabsetzung der Gebühren herbei, indem er die fraglichen Streitigkeiten aus dem §. 26 Nr. 10 des Gerichtskostengesetzes ausscheidet und in den §. 34 Nr. 2 einstellt (zu vergl. auch §. 22 Satz 1 der Gebührenordnung für Rechtsanwälte in der Fassung des Art. VII Nr. 3 des Entwurfs).

§§. 38, 39.

Die gemäß §. 97a der Civilprozeßordnung im Urtheil erfolgende Kostenfestsetzung ist als solche nicht gebührenpflichtig. Dagegen bedarf es einer Regelung der Gebühren für das die Abänderung der Kostenfestsetzung gemäß §. 100a betreffende Verfahren. Nach dem Entwurfe (§. 38 Nr. 1, §. 39 Abs. 3 Satz 1) soll hier ein Zehntheil der Gebühr mit der Maßgabe erhoben werden, daß die im besonderen Verfahren erfolgte Festsetzung der Kosten und ihre Abänderung als Ein Rechtsstreit gelten; demnach wird, wenn auf Grund des §. 100a der Civilprozeßordnung die zu erstattenden Kosten herabgesetzt werden, hierfür eine weitere Gebühr überhaupt nicht, im Falle der Erhöhung nur der etwaige Mehrbetrag der nach den Gesammtkosten zu berechnenden Gebühr zu erheben sein.

In der neuen Nr. 2 des §. 38 ist der Fall des §. 101a der Civilprozeßordnung berücksichtigt; auch hier soll gemäß §. 39 Abs. 3 Satz 2 das ganze Verfahren nur Einer Gebühr unterliegen.

Nach den gleichen Grundsätzen regelt der Entwurf (Art. VII Nr. 4, 8) die Anwaltsgebühren.

Der

§. 43

ist mit Rücksicht auf den §. 774a der Civilprozeßordnung, welcher die Vollstreckung eines auf Grund des bürgerlichen Rechtes ergangenen Urtheils auf Leistung des Offenbarungseids betrifft, entsprechend ergänzt und im Uebrigen mit der neuen Fassung des §. 781 der Civilprozeßordnung in Einklang gebracht worden.

Im

§. 44

ist unter Nr. 2 eine Gebühr für die vor der Einleitung des Aufgebotsverfahrens erfolgende Entscheidung über den Antrag auf Anordnung der Zahlungssperre (Civilprozeßordnung §. 850b) bestimmt (zu vergl. auch §. 40 Nr. 3 der Gebührenordnung für Rechtsanwälte in der Fassung des Art. VII Nr. 14 des Entwurfs).

Im

§. 53

ist, abgesehen von der Verweisung auf die in Aussicht genommenen neuen Vorschriften der Konkursordnung, der §. 195 Abs. 2 des letzteren Gesetzes durch den an dessen Stelle getretenen §. 93 Abs. 2 des Gesetzes, betreffend die Erwerbs- und Wirthschaftsgenossenschaften, vom 1. Mai 1889 ersetzt worden.

Artikel V.

Die in den

§§. 4, 10

der Gebührenordnung für Gerichtsvollzieher vorgenommenen Aenderungen stellen zunächst klar, daß die Gebühr für die zur Vollziehung eines Arrestes erfolgende Pfändung (§. 810 der Civilprozeßordnung) nach dem in dem Arrestbefehle gemäß §. 803 der Civilprozeßordnung festgestellten Geldbetrage zu berechnen ist; zugleich wird bei der Schiffspfändung (§. 810a der Civilprozeßordnung) mit Rücksicht auf die dem Gerichtsvollzieher in der Regel obliegende größere Mühewaltung der Mindestbetrag der Gebühr auf drei Mark und, wenn eine Pfändung aus den im §. 10 bezeichneten Gründen nicht stattgefunden hat, auf zwei Mark festgesetzt (§. 4 Abs. 2, §. 10 des Entwurfs).

Die neue Fassung des §. 4 Abs. 3 (künftig Abs. 4) ist durch die Einschaltung des §. 715a in die Civilprozeßverordnung veranlaßt.

Artikel VII.

Die sachlichen Aenderungen der Gebührenordnung für Rechtsanwälte sind im Wesentlichen bereits im Zusammenhange mit den Vorschlägen zum Gerichtskostengesetz (Art. IV) erläutert worden. Hier ist nur noch darauf hinzuweisen, daß der Entwurf in den §§. 23, 24 die Verweisungen auf das Gerichtskostengesetz mit dem durch die Novelle vom 29. Juni 1881 (Reichs-Gesetzbl. S. 178) geschaffenen Texte in Einklang bringt und das er (§. 31 Abs. 2) die Gebühren der Rechtsanwälte für ihre Thätigkeit in dem durch das Gesetz über die Zwangsversteigerung und die Zwangsverwaltung vom 24. März 1897 geregelten Verfahren der landesgesetzlichen Regelung vorbehält.

Artikel VIII, IX.

Der bisherige §. 706 Abs. 2 der Civilprozeßordnung ist in dem Entwurf eines Gesetzes, betreffend Aenderungen der Civilprozeßordnung, beseitigt. Er enthält eine Ermächtigung für die Landesgesetzgebung, die gerichtliche Zwangsvollstreckung auf Grund von Hypothekenurkunden zuzulassen, ohne daß der Schuldner sich der Zwangsvollstreckung ausdrücklich unterworfen hat. Von dieser Ermächtigung ist in mehreren Bundesstaaten, insbesondere in Bayern (Ausführungsgesetz zur Civilprozeßordnung vom 23. Februar 1879 Art. 127 ff.) und in Hamburg (Einführungs- vom 14. Juli 1879 §§. 4 ff.) Gebrauch gemacht worden. Es liegt kein Anlaß vor, in die unter der Herrschaft solcher landesgesetzlicher Vorschriften begründeten Rechtsverhältnisse einzugreifen und der Entwurf bestimmt daher (Art. VIII), daß die gedachten Vorschriften in Ansehung der Hypotheken in Kraft bleiben, welche schon zu der Zeit bestehen, zu welcher das Grundbuch als angelegt anzusehen ist.

Soweit der Entwurf eines Gesetzes, betreffend Aenderungen der Civilprozeßordnung, die gesetzlichen Fristen berührt, sieht er eine Herabsetzung dieser Fristen vor (§§. 557a, 567, 632); die Herabsetzung ist jedoch nirgends so erheblich, daß es geboten wäre, die neuen Vorschriften, etwa nach Maßgabe der Bestimmungen über die Berechnung der Verjährungsfrist im Art. 169 Abs. 2 des Einführungsgesetzes zum Bürgerlichen Gesetzbuche, schon auf die Fristen anzuwenden, welche zur Zeit des Inkrafttretens des neuen Gesetzes laufen. Vielmehr erscheint es zweckmäßiger, für die Berechnung jener Fristen an den bisherigen Vorschriften festzuhalten, wie der Entwurf im Art. IX Abs. 1 bestimmt. Hinsichtlich der Frist zur Erhebung des Widerspruchs gegen einen Zahlungsbefehl (§. 632) geht der Entwurf noch weiter, indem er die Wirksamkeit des alten Rechtes auf alle Fälle erstreckt, in denen der Zahlungsbefehl vor dem Inkrafttreten des neuen Gesetzes erlassen ist (Art. IX

Abs. 2). Da in den Zahlungsbefehl die Widerspruchsfrist aufgenommen werden muß, kann hier die Zustellung, welche die Frist in Lauf setzt, für die Anwendung des neuen Rechtes nicht maßgebend sein.

Von weiteren Uebergangsbestimmungen ist abgesehen. Da das Civilprozeßverfahren einer grundsätzlichen Umgestaltung nicht unterzogen wird, so können die Vorschriften des Entwurfs im Allgemeinen auf die beim Inkrafttreten des Gesetzes anhängigen Rechtsstreitigkeiten ohne Weiteres Anwendung finden. Selbstverständlich gilt das nicht von denjenigen Bestimmungen, welche mit dem neuen bürgerlichen Rechte zusammenhängen; denn die Voraussetzung für die Anwendung dieser Bestimmungen ist in jedem Falle, mag es sich um ein schon schwebendes oder um ein erst später anhängig werdendes Verfahren handeln, daß das betreffende Rechtsverhältniß nach dem neuen Rechte zu beurtheilen ist. Hinsichtlich einiger Arten des Aufgebotsverfahrens hat das Einführungsgesetz zum Bürgerlichen Gesetzbuch (Art. 161, 162, 178, 213) besondere Vorschriften nach dieser Richtung getroffen. Im Uebrigen ergiebt sich die Beantwortung der Frage, ob das bisherige oder das neue Prozeßrecht Platz greife, für den einzelnen Fall von selbst aus dem Verhältnisse der in Betracht kommenden Vorschriften zu dem bürgerlichen Rechte. So sind alle diejenigen Vorschriften, welche die Anlegung des Grundbuchs zur Voraussetzung haben (zu vergl. beispielsweise §. 293c Abs. 3, §§. 714, 731, 737a, 757 bis 757d, 757f, 811) unanwendbar, solange nicht im Sinne des Art. 186 des Einführungsgesetzes zum Bürgerlichen Gesetzbuche das Grundbuch als angelegt anzusehen ist. Ferner können im Hinblick auf den Art. 213 des bezeichneten Gesetzes die Bestimmungen der Civilprozeßordnung, welche das Erbrecht des Bürgerlichen Gesetzbuchs zur Voraussetzung haben, keine Anwendung finden, wenn der Erblasser vor dem 1. Januar 1900 gestorben ist.

Druck von A. W. Hayn's Erben, Berlin und Potsdam.

Kolibri 360 GmbH
Ferdinand-Jühlke-Straße 7
99095 Erfurt, Deutschland
produktsicherheit@kolibri360.de